espessantes na confeitaria
TEXTURAS E SABORES

Dados Internacionais de Catalogação na Publicação (CIP)
(Jeane Passos Santana – CRB 8ª/6189)

Canella-Rawls, Sandra
  Espessantes na confeitaria: texturas e sabores / Sandra Canella-Rawls. – 2.ed. – São Paulo : Editora Senac São Paulo, 2018.

  Bibliografia
  Índice de receitas.
  ISBN 978-85-396-2479-9 (impresso/2018)
  e-ISBN 978-85-396-2480-5 (ePub/2018)
  e-ISBN 978-85-396-2481-2 (PDF/2018)

  1. Confeitaria 2. Espessantes - Alimentos 3. Culinária : Espessantes (receitas e preparo) I. Título.

18-816s
CDD-641.86
BISAC KB095000
CKB101000
CKB024000

Índice para catálogo sistemático:
1. Confeitaria (receitas e preparo) : Espessantes   641.86

espessantes na confeitaria
TEXTURAS E SABORES | SANDRA CANELLA-RAWLS
2ª EDIÇÃO

Editora Senac São Paulo – São Paulo – 2018

Administração Regional do Senac no Estado de São Paulo
Presidente do Conselho Regional: Abram Szajman
Diretor do Departamento Regional: Luiz Francisco de A. Salgado
Superintendente Universitário e de Desenvolvimento: Luiz Carlos Dourado

Editora Senac São Paulo
Conselho Editorial: Luiz Francisco de A. Salgado
Luiz Carlos Dourado
Darcio Sayad Maia
Lucila Mara Sbrana Sciotti
Luís Américo Tousi Botelho

Gerente/Publisher: Luís Américo Tousi Botelho
Coordenação Editorial/Prospecção: Dolores Crisci Manzano e Ricardo Diana
Administrativo: grupoedsadministrativo@sp.senac.br
Comercial: comercial@editorasenacsp.com.br

Edição de Texto: Juliana Muscovick
Revisão Técnica: Luciana Moura de Abreu
Preparação de Texto: Thereza Pozzoli (Zareth Serviços)
Revisão de Texto: Heloisa Hernandez (coord.), Bianca Rocha, Janaina Lira, Karinna A. C. Taddeo, Marcela Magali Dias, Mariana B. Garcia
Fotos: Barbara Perales
Projeto Gráfico, Capa e Editoração Eletrônica: Antonio Carlos De Angelis
Impressão e Acabamento: Gráfica CS

Proibida a reprodução sem autorização expressa.
Todos os direitos desta edição reservados à
Editora Senac São Paulo
Rua 24 de Maio, 208 – 3º andar – Centro – CEP 01041-000
Caixa Postal 1120 – CEP 01032-970 – São Paulo – SP
Tel. (11) 2187-4450 – Fax (11) 2187-4486
E-mail: editora@sp.senac.br
Home page: http://www.livrariasenac.com.br

© Editora Senac São Paulo, 2014

Sumário

NOTA DO EDITOR 9

AGRADECIMENTOS 13

INTRODUÇÃO 15
    Uma nota sobre as medidas 21

ESPESSANTES, COLOIDES, EMULSÕES E GÉIS 23
    Agentes espessantes: carboidratos e proteínas 23
    Coloides e hidrocoloides 30
    Emulsões, espumas e géis 34
    Agentes espessantes utilizados como aditivos 38
    As receitas 40

PARTE 1: ESPESSANTES À BASE DE PROTEÍNAS – OVOS E QUEIJOS 43

O OVO 45
    Nascimento 47
    Estrutura e formação do ovo 49
    Composição 51
    Tamanho 55
    Como escolher e guardar ovos 57
    Tipos 64
    Subprodutos 70
    Ovos: nutrição 74
    Ovos: química 76
    Coagulação e suas funções 100
    Ovos como espessantes: conceito 107
    Métodos de cozimento 115

OS QUEIJOS 119
    Queijo coalho 120
    Os italianos 124
    Os franceses 128
    Os americanos 130
    Outros queijos populares 130
    Tofu: "queijo de soja" 134

APLICAÇÃO 1: BOLOS, MADELEINES, MERENGUES, PÂTES, MACARONS E SUFLÊS 135
    Principais ingredientes e suas funções 138
    Tipos de massa de bolo e seus métodos 139
    Como fazer bolos 140
    Bolos esponjosos: o genoise e outros 142
    Bolo de claras 166
    Bolos chiffon 170
    Bolos com alto teor de gordura 181
    Método cremoso: bolo inglês (pound cake ou bolo de libra) 195
    Método de muffins: o método de uma só tigela 207
    Outros tipos de bolos: guinness e financiers 220
    As madeleines 222
    Bolos pelo método siphon – Esponja de iogurte 226
    Merengues 227
    Macarons 243
    Suflês 252

APLICAÇÃO 2: CREMES, PUDINS, FLÃS, CHEESECAKES, QUICHES E CLÁSSICOS ASSADOS 263
    Ingredientes dos cremes e suas funções 264
    Flavorizantes e o sabor 267
    Métodos de preparação de cremes 272
    Assados: crème brûlée, pudim de leite e pot de crème 277
    Temperar: uma técnica importante na confeitaria 304
    Creme inglês 306
    Zabaione 309
    Flã 314
    Cheesecake 315

Quiche 325
Clássicos assados 330
Ambrosia de limão 336
Clafoutis 340

APLICAÇÃO 3: MOUSSES, SORVETES, SORBETS E OUTRAS SOBREMESAS CONGELADAS 345

Mousses 345
Sorvete, gelato, parfait e outras sobremesas congeladas 361

PARTE 2: ESPESSANTES À BASE DE PROTEÍNAS – GELATINA 397

A GELATINA 399

Gelatina: espessante 400
Gelatinizar: conceito 400
Características 402
Produção 404
Usos 407
Propriedades nutricionais e medicinais 409
Temperatura de gelificação 410
Informações gerais 411

APLICAÇÃO 4: VERRINES, CREME BÁVARO, CHARLOTE, TERRINE, PANNA COTTA, ENTREMETS E MIRROIR 415

Verrines 415
Creme bávaro | Bavaroise | Bavarian 432
Charlote 437
Terrines 446
Panna cotta 448
Entremets 455
Glaçagem, cobertura e acabamento 465

PARTE 3: ESPESSANTES À BASE DE POLISSACARÍDEOS – AMIDOS E MASSAS 471

AMIDOS 473

Critérios para a escolha do amido 474
Texturizantes à base de amido 474
Estrutura 475
Diferenças entre os amidos 480

Amido resistente e usos industriais do amido 480
Terminologia comercial: o amido modificado 481
Farinhas e espessantes 483
Amido, farinha, fécula e quinoa 489
Polvilho doce e polvilho azedo 511

APLICAÇÃO 5: MASSAS, PÂTES, TORTAS, COBBLER, BROAS E RECEITAS SEM GLÚTEN 513
Dicas para aplicação do amido 514
Tortas doces 528
Receitas sem glúten 552

A CONFEITARIA DE MASSAS 561
A maravilhosa e versátil pâte à choux 565

PARTE 4: ESPESSANTES À BASE DE POLISSACARÍDEOS – GOMAS 619

AS GOMAS MAIS CONHECIDAS 621
Carragena 622
Goma xantana 625
Goma guar 629
Goma tragacanto 631
Goma de alfarroba 631
Goma ágar-ágar, a gelatina japonesa 632
Alginatos 636
Pectina 637
Usos gerais das gomas 650
Vegetarianismo e dieta kosher 651
Estabilizantes e gomas em sorvetes 652
Números E em alimentos 653
A gastronomia molecular 655

BIBLIOGRAFIA 659

ÍNDICE DE RECEITAS 661

Nota do editor

Um *chef* habilidoso tem o domínio de técnicas culinárias que são refletidas em receitas apetitosas e dignas de deleite. No entanto, para que se torne ainda mais completo, é importante que conheça os produtos com os quais lida na cozinha, sabendo como os ingredientes reagem quando misturados, quais são as particularidades de cada um e por que determinados processos físico-químicos ocorrem durante a preparação. Dessa forma, a química torna-se área-irmã da gastronomia nesta publicação do Senac São Paulo, que tem como foco a origem das preparações e as características físico-químicas dos ingredientes que compõem os espessantes básicos das receitas de confeitaria.

Mas por que estudar os espessantes? Porque são componentes essenciais de qualquer receita – o agente responsável por aumentar a densidade de uma preparação para que se torne condensada e consistente. Na linguagem popular, é comum nos referirmos ao espessante como a mistura que "engrossa" ou que "dá liga" à preparação.

Este livro é resultado de uma extensa pesquisa e dos anos de experiência da *chef* Sandra Canella-Rawls nas áreas de doçaria, confeitaria e panificação. Sua pesquisa se deu pelos livros e também pela prática na sala de aula, em cursos no Brasil e nos Estados Unidos.

Dividido em quatro partes principais e cinco aplicações com mais de 250 receitas, o leitor poderá compreender qual é a melhor maneira de espessar uma mistura seguindo o critério de divisão entre proteínas (ovos, queijos e gelatina) e polissacarídeos (amidos, massas e gomas vegetais).

Este lançamento do Senac é direcionado a todos os *chefs*, cozinheiros, profissionais e estudantes da área de gastronomia e aos interessados em aprender a ciência e a técnica de espessamento na confeitaria.

Dedicatória

Dedico este livro à minha família, Sergio, Renata, Gabriel, Manuela e dona Zilmeia Canella; às minhas melhores e queridas amigas Sandroca e Elaine.
Aos meus alunos, pela motivação e confiança.

Agradecimentos

Ao Miami Culinary Institute (Miami Dade College), que me permitiu ensinar aprendendo, e aprender ensinando, oferecendo-me pleno apoio e espaço para que esse projeto fosse viabilizado.

À minha fotógrafa Barbara Perales, que capturou com profissionalismo e criatividade as minhas ideias.

Introdução

Ainda que o ponto principal de um alimento seja o sabor, há de se levar em consideração também sua textura, consistência, aparência e a sensação gustativa para uma apreciação completa. Problemas na consistência (na estrutura física) podem deixar um alimento pouco atraente, sem apelo visual; uma preparação coalhada ou gelatinosa, sem liga, muito espessa ou líquida demais, não é nada agradável de se olhar, menos ainda de engolir.

Nesta obra nos dedicaremos a entender a estrutura física comum entre os alimentos: como pode ser obtida ou destruída. Para aumentar a viscosidade de uma preparação ou um prato, o *chef* tem à sua disposição uma gama complexa de opções. O desafio está em fazer a escolha correta e saber trabalhá-la adequadamente.

Inúmeras preparações culinárias, como misturas, líquidos, molhos, doces e outras, em produções caseiras ou industriais, são espessadas, engrossadas, encorpadas, texturizadas, gelificadas ou gelatinizadas de várias maneiras. Agentes espessantes podem ser à base de proteínas (ovos e gelatina) ou de carboidratos (polissacarídeos: amidos, gomas vegetais e pectina).

São várias as maneiras de apresentação de uma preparação, com infinitas possibilidades de combinações de texturizantes. Os carboidratos podem se revelar sob a forma de féculas, araruta, amido de milho, sagu, tapioca, entre outras. As gomas vegetais manifestam-se por meio da goma xantana, do alginato, da goma arábica, entre outras. Em relação aos polissacarídeos, seus derivados sob a forma de açúcar são o ágar-ágar e a carragena. Há também outros agentes espessantes já presentes nos alimentos, como a caseína, contida no leite, que auxilia na preparação de pudins e outros cremes.

O espessante é a substância, o agente ou a mistura que aumenta a densidade de uma preparação, deixando-a mais condensada, consistente, grossa.

Cada espessante pode ser mais ou menos indicado para uma aplicação devido a diferenças de sabor, transparência ou opacidade, capacidade de congelamento, qualidade de gelificação e respostas às condições físico-químicas. Por exemplo, na presença de um ácido, a araruta se comporta melhor do que o amido de milho, que perde parte de sua potência na presença de acidez; na elaboração de alimentos que serão congelados, a araruta e a tapioca são mais indicadas que o amido de milho, que tende a se tornar esponjoso ou borrachudo quando congelado; já as sopas podem ser engrossadas com aveia e semolina.

Nesse contexto, há ainda as denominadas farinhas funcionais, extraídas de uma variedade de cereais, como o arroz, o trigo e o milho, e depois tratadas por uma aplicação de calor específico. Esse processo aumenta sua estabilidade, consistência e funcionalidade geral, tornando essas farinhas mais resistentes ao estresse da produção industrial, como acidez, condições de congelamento, etc.

Devemos considerar ainda que muitos agentes espessantes requerem cuidado extremo durante a cocção. Alguns tipos de amido perdem o poder de espessar quando cozidos por muito tempo ou em temperaturas muito altas. Por outro lado, se cozidos muito rápido ou em temperaturas muito baixas, os amidos podem deixar um gosto residual, típico de amido cru, ou ainda provocar sinérese, percebida quando a preparação esfria.

No caso das proteínas, destacam-se as gemas, tão tradicionalmente utilizadas na cozinha profissional como espessante. Além de seu rico sabor, oferecem ainda uma textura aveludada e sedosa quando cozidas a temperaturas corretas, porém, a exposição prolongada das gemas ao calor pode arruinar um molho muito facilmente. A proteína do iogurte é outro exemplo: se utilizada como espessante de sopas pode alterar um pouco o sabor, sendo apropriada apenas para certas preparações.

Os agentes gelificantes são aditivos usados na confeitaria tanto para espessar como também para estabilizar preparações, como geleias, sorvetes e produtos congelados, doces e confeitos em geral, mudando a textura de alimentos pela formação de gel. Muitos estabilizantes e espessantes são também agentes gelificantes.

A mudança de estado físico, de líquido para sólido, faz com que uma mistura mude de textura, de aparência e de sabor, até mesmo de odor às vezes, seja por meio do aumento da proporção de sólidos para o estado líquido, seja pelo uso de um agente espessante, pela exposição a uma significativa variação de temperatura ou pela combinação entre essas alternativas. Um espessante adequado absorve o fluido e engrossa a preparação sem alterar as propriedades físicas e químicas do alimento.

Os agentes espessantes podem ser classificados em dois grupos:

- CARBOIDRATOS POLISSACARÍDEOS: amidos, gomas vegetais e pectina. O amido é um pó sem sabor, que pode ser o amido de milho (ou maisena), a fécula de batata, a araruta, a farinha de trigo, a farinha de aveia, etc.
- PROTEÍNAS: ovos e gelatina.

A teoria da gelificação e do espessamento se baseia em uma verdade absoluta: as proteínas vegetais se gelificam e recursos complexos de alimentos também, como o leite, o amido, as gomas vegetais, os ovos e as carnes. Em todos os casos de espessamento, temos um gel-carboidrato ou um gel-proteína, com diferenças e similaridades entre si. Ao ser introduzido em um líquido, o agente espessante o absorve e ele então incha, ocasionando o espessamento. Quando um alimento espessado com amido é metabolizado, o agente espessante se rompe e o alimento se torna completamente fluido para ser absorvido pelo organismo. Se o agente espessante for uma goma vegetal (ágar-ágar, pectina, lignina, alginato e gomas), continuará a reter a água ainda durante a digestão.

Minha experiência como pesquisadora, chefe de produção e instrutora levou-me a pensar que deveríamos mandar os futuros *chefs* de cozinha para uma formação fora do círculo do sabor, dos pretensos *gourmands*, do sucesso, da pretensão, do esnobismo, enfim, do show. A combinação perfeita de técnicas culinárias da escola de gastronomia deve estar associada à magnitude do alimento e à substancial relação químico-física de um lado e à agricultura e à nutrição de outro. Muito frequentemente escutamos conversas informais sobre temas complexos de agricultura que vêm se reduzindo a termos-chave: orgânicos, fazenda-corporação, organismos geneticamente modificados, complexo agroindustrial. Porém, na verdade, não só meus alunos como também a maioria de nossos amigos nunca colocaram os pés em um centro de produção ou sequer plantaram uma cebolinha no quintal. Esses clichês repetidos como mantras não instigam a reflexão e acabam sendo percebidos como palavras sem significado concreto, arranjadas sobre um prato e dispostas para nosso sagrado consumo. Passamos as últimas gerações tratando de nos esquecer da roça, da granja, da cozinha simples, dos ingredientes, das origens, e muito preocupados em melhorar o lucro, os atalhos, o prazer da recompensa imediata, o impacto. Nossa televisão mostra *chefs* que em vez de usarem uma colher de pau parecem segurar uma varinha mágica: "simples e fácil, faça um prato em 10 minutos, com todo conforto. É eficiente, barato, disponível". Mas os efeitos dessas "vantagens" na manipulação do alimento são na verdade devastadores.

Podemos trazer para nossa vizinhança e arredores a busca dos ingredientes. Russ Parsons, no livro *How To Pick a Peach* (2007), sugere que considerar a origem geográfica ao escolher um alimento pode nos levar a melhores opções. Sua proposta é apenas "fazer um bom jantar", deixando para outras instâncias o ecologicamente correto, o politicamente correto, o físico-quimicamente correto. Trata-se de um ponto de vista de muito valor. Obviamente, frutas, legumes e verduras, por exemplo, começam com uma semente, em um solo propenso às interferências do clima. Quando são colhidos, já começam a se degradar, e quanto mais têm de viajar, maior deve ser sua resistência e durabilidade, mais fatores afetarão sua estrutura e maior será a necessidade de interferência dos agricultores e distribuidores para driblar as intempéries durante a produção, o armazenamento e a perda de qualidade na distribuição. Com tanto a arriscar, a agricultura não tem opção a não ser sacrificar certos aspectos para poder funcionar.

O que me preocupa é o que me instiga a educar. A maioria de nós não pensa que uma maçã não sai de uma caixa no supermercado, ou que um pão, um bolo ou um simples sorvete não revelam a complexidade de sua elaboração, distribuição e consumo. Nos Estados Unidos – onde vivo atualmente – ou em qualquer parte do planeta, não somos educados para pensar nesses detalhes; na verdade, somos quase que encorajados a ignorá-los.

As prateleiras de nossos supermercados estão lotadas de belíssimas frutas e pães, mas muitos desses alimentos não têm sabor nenhum ou estão comprometidos, nutricional ou estruturalmente. Mas não pretendo apenas passar adiante minhas angústias, prefiro acreditar que podemos nos informar e, com isso, decidir melhor o que consumir. O que cada um escolhe volta ao arbítrio individual – e, no caso dos *chefs,* ao paladar daqueles que alimentamos.

No caso específico da escolha do espessante, como citado anteriormente, devemos considerar o sabor, a transparência ou opacidade, a coloração e as respostas desse ingrediente às condições físico-químicas. Por exemplo, para espessar alimentos mais ácidos, a araruta pode ser uma opção melhor do que a maisena, que perde seu poder de engrossamento em misturas ácidas. Em um pH menor que 4,5 (ácido), a goma guar reduz a solubilidade aquosa, apesar de reduzir também sua capacidade espessante.

Consideramos também nesta publicação a demanda crescente de adaptação de receitas para eliminação do glúten, presentes na parte teórica sobre amidos e suas aplicações. As opções para uma alimentação sem glúten (*gluten-free*) são as seguintes: farinha de arroz, araruta, féculas (batata, tapioca), albumina, soro de leite desnatado (em pó), gomas, farinha de soja, farinha de feijões, farinha de milho, amido de milho (maisena), amaranto, farinha de nozes, amêndoas, quinoa e sorgo. Uma detalhada e rigorosa combinação de farinhas sem glúten pode ser encontrada no livro *Gluten-free Baking* (2008), de um professor do Culinary Institute of America (CIA), Richard J. Coppedge Jr.

Este meu trabalho é produto de extenuantes pesquisas nas áreas de doçaria (*pâtisserie*), confeitaria e panificação. A cozinha doce é um laboratório onde cada preparação é uma experiência físico-química, sabendo que as transformações em sabor, textura, coloração, odor, nutrição e apelo visual ocorrem por várias razões. Como *chef*, meus vinte anos de cozinha me deram uma certeza:

ao combinar ingredientes medidos com extrema precisão e seguir um procedimento baseado em métodos de mistura e cocção, estamos fazendo as vezes de cientistas. O conhecimento empírico penetrou em minhas tigelas e trouxe luz aos meus questionamentos. Minha pesquisa saiu dos livros e se aplicou em minhas salas de aula, nos muitos cursos que ministrei nos Estados Unidos e no Brasil. O que tenho o prazer de expor aqui é minha coletânea organizada de apontamentos, descobertas e aplicações.

A título de curiosidade, a cozinha profissional dispõe de uma hierarquia sólida, e alguns de seus produtos serão apresentados nesta obra. O *chef* executivo delega responsabilidades específicas a uma brigada de funcionários. Ao *chef pâtissier* (*chef* confeiteiro), cabe organizar e preparar sobremesas e outras delícias servidas durante uma refeição ou ao final dela. O *grand chef pâtissier* (chef confeiteiro executivo) garante a preparação das variadas produções servidas em sua área, com o auxílio de mestres em ofícios específicos, como:

- *CONFISEUR:* prepara confitures ou doces e pequenos petits-fours;
- *CHOCOLATIER:* prepara chocolates e bombons;
- *DÉCORATEUR:* prepara peças para decoração e bolos decorados;
- *BOULANGER (PADEIRO):* prepara pães, bolos, itens para café da manhã e *brunch*;
- *GLACIER:* prepara sobremesas frias e congeladas, tais como sorvetes, parfaits, mousses congelados, suflês, bombes, etc.

Estudaremos nesta publicação como os agentes espessantes modificam a textura, a aparência, a palatabilidade (sabor) e a capacidade de conservação à temperatura ambiente, com resfriamento ou com congelamento. Agentes espessantes são muitos; a lista inclui agentes emulsificantes, que, por exemplo, ajudam a firmar um molho hollandaise; a proteína do ovo, que firma a mistura de pudim; alguns amidos, como farinha de trigo, araruta, fécula de batata e amido de milho; a gelatina extraída das carcaças de animais; o gelificante extraído de algas marinhas (carragena); a pectina das frutas. Cada uma dessas categorias será discutida nas seções seguintes e exemplificada em receitas e técnicas de elaboração.

Gostaria ainda de pontuar que minhas receitas são testadas nos Estados Unidos, onde trabalho e resido. Alguns ingredientes provavelmente não serão encontrados nos supermercados do Brasil e muitas preparações podem parecer extremamente ousadas, ao passo que outras são simples demais. Mas para mim ovo é ovo em qualquer lugar e as receitas às vezes devem ser adaptadas a certas nuances. Tenho certeza de que as preparações que escolhi a dedo para este livro exemplificam com acuidade minhas experiências. É como sempre digo aos meus alunos: ainda que pareça chato e repetitivo, tente executar a receita primeiro como exposta no livro, só depois realize (timidamente) as alterações que lhe parecem interessantes. Lembre-se: é preciso aprender a andar antes de alçar voo.

UMA NOTA SOBRE AS MEDIDAS

Nas receitas deste livro, as medidas aparecem de formas variadas, ora indicando xícaras de leite, ora gramas. As xícaras de medidas, colheres e balanças de todos os tipos estão disponíveis no mercado, e também é possível encontrar jogos de medidas, mesmo que o mais confiável seja a balança de precisão. A balança não mente e é quase imune às diferenças climáticas, mesmo que o clima esteja úmido, seco ou chuvoso. A temperatura do local onde os ingredientes são guardados influencia, mas não compromete de forma drástica a pesagem. Ainda que a balança aponte para 120 gramas de farinha de trigo, por exemplo, essa medida pode conter uma certa variação de peso, se ela estava estocada no freezer, na geladeira ou em um ambiente com alto índice de umidade, pois o ingrediente pode ter absorvido água e, consequentemente, pesar mais.

Outro ponto de confusão seria a própria densidade dos ingredientes a serem pesados ou medidos. Caso eu meça 1 xícara de açúcar mascavo, ela pode pesar de 80 a 120 gramas. Isso depende do quanto se pressiona o ingrediente no medidor – obviamente, quanto mais compactado, mais o ingrediente cabe. Outro exemplo dessa controvérsia é a questão entre pesos e medidas de farinha: 1 xícara de farinha de trigo para pão pode pesar cerca de 120 gramas, ligeiramente mais do que 1 xícara de farinha de trigo para bolo, pois o maior conteúdo de amido nesta farinha deixa-a um pouco mais leve.

Por isso, minha preferência é sempre a utilização de uma balança, mas reconheço que nem todos temos acesso a esse tipo de instrumento; então, neste livro as receitas estarão expressas em xícaras, colheres e até pitadas, para aqueles dias menos pretensiosos em que fazemos a mistura simples de 1 xícara de claras e 2 xícaras de açúcar para obter aquele merengue perfeito ou um delicioso suspiro.

TABELA DE CONVERSÃO E EQUIVALÊNCIA DE MEDIDAS

INGREDIENTES SECOS

1 col. sopa	3 col. chá	15 g
⅛ xíc.	2 col. sopa	30 g
¼ xíc.	4 col. sopa	50 g
⅓ xíc.	5⅓ col. sopa	75 g
½ xíc.	8 col. sopa	125 g
⅔ xíc.	10⅔ col. sopa	150 g
¾ xíc.	12 col. sopa	175 g
1 xíc.	16 col. sopa	250 g

INGREDIENTES LÍQUIDOS

1 xíc.	240 g	250 ml
2 xíc.	480 g	500 ml
4 xíc.	960 g	1.000 ml
8 xíc.	1.920 g	2.000 ml

Espessantes, coloides, emulsões e géis

AGENTES ESPESSANTES: CARBOIDRATOS E PROTEÍNAS

Agentes espessantes são substâncias adicionadas a uma mistura líquida ou aquosa, a fim de aumentar sua viscosidade sem modificar substancialmente propriedades como sabor, odor e cor. Promovem a formação do "corpo", aumentam a estabilidade e melhoram a capacidade de suspensão entre os ingredientes. São aditivos comuns em produtos alimentícios, mas aparecem também em produtos cosméticos e de higiene pessoal. Alguns deles são, na verdade, agentes gelificantes, ou seja, formadores de gel.

Com base em como espessam e de onde esses texturizantes provêm, os agentes espessantes podem ser classificados em dois grupos básicos:

- CARBOIDRATOS POLISSACARÍDEOS
    - amidos de textura superfina, como as féculas: araruta, amido de milho, fécula de batata, tapioca e sagu, entre outros amidos.
    - gomas vegetais largamente utilizadas pela indústria alimentícia, como os agentes espessantes, os alginatos e as gomas xantana, guar e arábica.
- PROTEÍNAS: ovos e gelatina.

Os ovos assumem diversos papéis nas receitas, por sua solubilidade em água, sua excelente capacidade de emulsificação e de formação de espuma, sua resposta eficiente, sua capacidade de coagulação com calor e seu alto valor nutritivo.

A palavra "gelatina" é uma combinação do francês *gélatine* (geleia comestível) e do italiano *gelato* (congelar); uma proteína única, rica em aminoácidos essenciais. Entretanto, não é encontrada na forma livre na natureza, tampouco é alterada quimicamente ou produzida a partir de materiais geneticamente modificados. É inteiramente natural e trata-se de um material hidrocoloide que pode absorver até dez vezes seu peso em água.

COMO OS LÍQUIDOS SE ESPESSAM?

Misturas, líquidos, molhos, pudins e uma numerosa gama de preparações culinárias podem ser espessadas aumentando-se a proporção de sólidos para o líquido, pelo uso de um agente espessante ou pela combinação dessas duas formas.

Pode-se aumentar a proporção de sólidos no líquido acrescentando um agente coagulador/espessante (à base de proteína ou de carboidrato) ou usando uma técnica de preparação específica, como a redução.

A redução remove uma parte da fase contínua (o líquido) e concentra os espessantes contidos na mistura. Isso é feito pela fervura, por algum tempo, até que parte do líquido se evapore. Entretanto, recomenda-se não reduzir uma preparação mais do que 50%, porque o procedimento exacerba e concentra o sabor e o aroma, alterando as características da preparação.

Espessantes alternativos, algumas vezes chamados de gelatinas vegetais, podem provir de algas ou plantas, mas não mantêm relações químicas entre si, pois são carboidratos e não proteínas, como a gelatina de origem animal. O nome "gelatina" é coloquialmente aplicado para todos os tipos de gelificadores e géis, mas o correto seria chamar de gelatina somente o subproduto da proteína de origem animal. Assim, podemos afirmar que não existe uma fonte de gelatina vegetal.

Pode-se evitar a gelatina de origem animal utilizando vários agentes gelificadores e espessantes alternativos, adequados principalmente para os vegetarianos e para os que seguem a dieta *kosher*. Alguns são vendidos para uso doméstico, outros somente para uso industrial. Alguns exemplos são: a gelatina vegetal marinha, o ágar-ágar (em folha, flocos ou em pó); a naturalíssima pectina, no caso das frutas; o tubérculo araruta; a goma xantana (*Xanthan gum*, extraída do milho); o kudzu, amido em pó extraído de um tubérculo; e outras sementes e plantas oleaginosas, como as nozes. Lembramos, no entanto, que nem todo agente espessante *kosher* é vegetariano, como veremos em capítulo posterior.

Outra técnica para espessar um molho é a introdução de sólidos cozidos, como um vegetal amassado em forma de purê (batata, por exemplo). Quanto mais água essas partículas absorverem, mais espesso ficará o molho ou a mistura.

Empregado na culinária há séculos, o roux é prático e muito útil para pequenas quantidades de alimentos e sopas. Seus modos de preparação são infinitos, e sua utilização persiste apesar da grande variedade de espessantes e coagulantes disponíveis.

O sangue também é um espessante (usado no chouriço) quando coagula; o quiabo é outro espessante natural. Produtores de queijo e de pudins, por exemplo, coagulam o leite com renina, uma enzima encontrada no estômago de certos animais jovens.

Ainda outra maneira de se espessar uma mistura é pelo resfriamento. Um aumento de viscosidade ocorre pois, ao se esfriar o líquido, as moléculas de água perdem energia cinética e mobilidade. A 0 °C de água pura, as moléculas se aproximam, transformando seu estado final ou alterando-o significativamente.

Outros exemplos são as gomas arábica e tragacanto, bastante utilizadas em todo o mundo, principalmente em alimentos processados.

POR QUE OVOS ESPESSAM UMA MISTURA?

Quando o ovo é aquecido, a proteína se solidifica e espessa o líquido. Sob circunstâncias ideais, existe uma proporção ideal da proteína do ovo para outros ingredientes. Para uma preparação-padrão de pudim, por exemplo, um ovo grande deve ser o suficiente para espessar ⅔ de uma xícara de leite ou creme. Uma vez que a clara também contém proteína, o uso do ovo inteiro espessa a mistura na mesma proporção, apesar de afetar o produto final, que não será tão rico e macio em sabor quanto a preparação com o uso exclusivo de gemas. Além disso, o leite e o creme de leite contêm proteína que também se espessa. Já o uso do açúcar suaviza o espessamento, assim como a presença de um ingrediente ácido, como o suco de limão na preparação de uma torta de limão. Nesse caso, a maioria das receitas sugere usar apenas gemas ou aumentar a quantidade de ovos, pois esses ingredientes reduzem a capacidade espessante da proteína.

Tecnicamente existem vários tipos de proteína. Uma vez que cada tipo se solidifica a temperaturas diferenciadas e apresenta propriedades diferentes, daremos atenção à sua diversidade de ação e às suas características peculiares. Por exemplo, um pudim está magnificamente espessado ao atingir 85 °C, temperatura na qual as proteínas estão coaguladas. Acima de 85 °C, algumas delas perdem sua capacidade de coagulação e a parte aquosa do pudim se separa, começando a se desidratar, ainda na fôrma ou mais tarde, quando o pudim esfria e é servido. A cocção prolongada, ainda que a menos de 82 °C, causa o mesmo estrago.

COMO O AMIDO ESPESSA UMA MISTURA?

O amido espessa uma mistura de duas maneiras. A primeira é por sua presença física, que diminui a proporção de líquido na preparação e, assim, aumenta sua viscosidade. A segunda maneira é um pouco mais complexa: cada uma das moléculas de amido aprisiona moléculas de água e, no processo, reduz a proporção de água livre na preparação. Quando o amido é aquecido, a estrutura molecular de cada grânulo se estica, aumentando a retenção de água.

A viscosidade de uma preparação espessada com amido depende de uma série de variáveis. Como exemplo introdutório, vamos investigar brevemente a farinha de trigo comum. A primeira variável é a quantidade de amido (a farinha, neste exemplo) adicionada à mistura: qualquer proporção acentuada de farinha produz uma mistura mais espessa. A segunda variável liga-se ao tipo e à quantidade dos outros ingredientes da preparação, afetada por outros sólidos com conteúdo reduzido de água. Adicionando-se uma quantidade de açúcar ou de suco de limão, por exemplo, será necessária mais farinha, uma vez que esses ingredientes afetam quimicamente o poder espessante dela. O tipo de líquido também influi: o creme de leite produz uma consistência mais densa do que seu equivalente conteúdo de leite. Uma terceira variável pode ser a forma como o amido é adicionado à mistura, que será tratada no capítulo dedicado ao amido.

COMO A GELATINA ESPESSA UMA MISTURA?

A gelatina é uma proteína extraída de tendões e ossos de animais ou da alga marinha, outro gelificante potente, que muitas vezes forma a base do ágar-ágar. A adição desses agentes aumenta a viscosidade de um líquido quando seus grânulos são hidratados, crescendo cerca de dez vezes seu tamanho original, quando aprisiona as moléculas de água no processo. Esse fenômeno é de algum modo similar à ação espessante dos amidos, mas os resultados finais são diferentes. Uma preparação à base de agentes gelatinosos apresenta uma textura mais fina e manterá sua estabilidade em uma gama de temperaturas.

A firmeza de uma mistura à base de um gelatinoso depende da proporção entre agente e líquido, da temperatura da mistura e da presença de outros ingredientes nela. Pouca gelatina resulta em um produto subaquoso e muita gelatina pode ser capaz de sair saltando do prato sozinha. A proporção correta, quando esfriada e retirada do molde, suportará seu próprio peso; mexida, se mostra maleável e organizada. A firmeza varia inversamente à temperatura de preparação. Uma vez espessada, a preparação pode ser mudada para o estado líquido simplesmente por meio de seu reaquecimento. Resfrie a mistura e novamente ela estará em estado sólido. Esse processo pode ser repetido, embora não indefinidamente, pois a alteração extrema de temperatura destrói parcialmente a habilidade espessante do agente gelatinoso.

Alguns ingredientes, tais como açúcar em excesso, inibem a gelatinização, assim como algumas frutas frescas possuem enzimas que desestabilizam esse processo.

COMO AS GOMAS ESPESSAM UMA MISTURA?

Assim como a gelatina, as gomas espessam líquidos, mas de maneira diferente. A gelatina é uma proteína; as gomas são carboidratos complexos, cadeias longas de moléculas de açúcar (polissacarídeo) que têm a habilidade de absorver líquido em uma quantidade muitas vezes maior que seu volume. As gomas são utilizadas como espessantes, agentes gelificantes, emulsificantes e estabilizantes. A maioria das gomas vegetais são hidrocoloides (derivadas de plantas, plantas marinhas e microrganismos), mas algumas são pectinas e amidos. A gelatina tecnicamente não é um hidrocoloide, pois, devido à sua origem animal, é basicamente proteína, e não açúcar (ou polissacarídeo), mas pode ser considerada um hidrocoloide se for levada em conta sua habilidade em espessar.

As gomas provêm de várias fontes naturais: algas marinhas, seivas (como a borracha extraída da árvore), sementes e bactérias. As algas marinhas, para suportar as turbulências do fundo do oceano, se adaptam preenchendo suas células com uma grande quantidade de carboidratos, conseguindo não apenas uma característica gelatinosa, mas resistência à tensão ou flexibilidade. Em algumas algas, esses carboidratos tornam-se uma geleia viscosa transparente quando aquecidos em água e depois esfriados. A cozinha asiática utiliza bastante as algas para o espessamento de suas preparações, já o ocidente as utiliza mais timidamente, por desconhecimento de suas qualidades de espessamento e mais ainda pela textura, que não agrada a cozinha dos ocidentais. As gomas derivadas de algas marinhas incluem:

TABELA 1. GOMAS

Ágar-ágar	extraída de alga vermelha
Alginatos (ácido algínico, algina)	extraídos de alga marrom
Carragena	extraída de alga irlandesa
Goma guar	extraída do endosperma do feijão guar (*guaran*)
Goma-arábica	extraída da seiva de duas espécies de árvore de acácia
Goma tragacanto	extraída de arbustos do gênero *Astragalus*
Goma de alfarroba	extraída da planta carobeira (*carob*)
Goma xantana	produzida industrialmente
Goma gelana	produzida pela secreção de uma espécie de bactéria (*Sphingomonas elodea*)

As gomas provenientes de algas, assim como os açúcares, de que são compostas, contêm muitos átomos de hidrogênio e oxigênio com capacidade de estabelecer cadeias ou aglutinar-se e absorver água, transformando-os em excelentes formadores de suspensões hidrocoloides. Devido a essa tendência, as gomas formam gel em concentrações muito mais baixas do que a gelatina animal, por exemplo. A tendência delas é a de manter sua viscosidade ainda em temperaturas diferentes, permitindo que os géis sólidos formados se mantenham firmes durante a mastigação, ao contrário da gelatina, que derrete na boca.

As gomas são aditivos utilizados para espessar e estabilizar uma quantidade de alimentos, como geleias, confeitos e doces. Esses agentes fornecem textura por meio da formação de gel. Extratos de plantas como *konjac* e *Ficus pumila* são comumente utilizados em geleias e conservas na cozinha asiática. Alguns estabilizantes e espessantes são agentes gelificantes, como o ácido algínico (E 400), o alginato de sódio (E 401), o alginato de potássio (E 402), o alginato de amônio (E 403), o alginato de cálcio (E 404) e também polissacarídeos de algas, como o ágar-ágar (E 406), a carragena (E 407), a pectina (E 440) e a gelatina de origem animal (E 441).

COLOIDES E HIDROCOLOIDES

Solução coloidal, ou suspensão coloidal, é o objeto de estudo da ciência de interface e ciência coloide, introduzida em 1861 pelo cientista escocês Thomas Graham. Um sistema coloidal pode ser líquido, sólido ou gasoso. Em adição aos coloides que ocorrem naturalmente, a indústria moderna de processamento químico utiliza uma tecnologia avançada para criar novos coloides.

O coloide é uma substância uniforme e microscopicamente dispersa dentro de outra substância. Um sistema coloidal consiste em duas fases: fase dispersa, ou fase interna, e fase contínua, ou meio de dispersão.

Na fase dispersa, as partículas apresentam diâmetro entre 5 e 200 nanômetros. Tais partículas são normalmente invisíveis no microscópio óptico, devendo ser confirmadas por um ultramicroscópio ou um microscópio eletrônico. Misturas homogêneas com uma fase dispersa nessa variação de tamanho podem ser chamadas de aerossol, emulsão coloidal, espuma coloidal, dispersão coloidal ou hidrossol. As partículas da fase dispersa são afetadas fortemente pela química de superfície presente no coloide.

Alguns coloides são transparentes, outros são opacos ou apresentam coloração suave; cada tipo de mistura tem propriedades especiais pelas quais pode ser identificada. Por exemplo, uma suspensão sempre se assenta, ou decanta, depois de algum tempo porque as partículas em suspensão se separam do meio e caem no fundo do recipiente. Em contraste, as partículas coloidais tipicamente não se depositam no fundo do recipiente; como as partículas em uma solução, elas se mantêm em suspensão no meio que as contém. Em termos científicos, os coloides também exibem o que é chamado de movimento browniano, um movimento em zigue-zague aleatório, que pode ser visto apenas ao microscópio, causado pela colisão de moléculas com partículas de coloides em um meio de dispersão.

As partículas de um coloide são maiores do que moléculas, mas pequenas o suficiente para continuarem em suspensão permanentemente e manterem uma aparência homogênea. É difícil diferenciar um coloide e uma solução apenas observando-os.

COMO FUNCIONAM OS COLOIDES

Os coloides apresentam duas fases, uma dispersa e uma contínua. Por exemplo, em uma preparação com amido de milho, o amido é a fase dispersa, pois milhares de partículas de amido se distribuem no líquido e transformam a preparação em uma mistura contínua. Quanto maior a concentração de amido, mais a mistura se gelificará; com menos amido podemos simplesmente desacelerar a formação da fase contínua, mas ainda assim criar uma textura espessa e com certa fluidez.

Qualquer preparação culinária pode ser reconhecida como um coloide. Ele é composto de partículas de uma substância que se encontram dispersas, mas não dissolvidas, em outra substância. A mistura das duas substâncias é chamada de dispersão coloidal, ou sistema coloidal, que apresenta apenas duas fases, ou estados da matéria: de gases e líquidos ou sólidos e líquidos. Às vezes, especialmente na preparação de alimentos, mais de duas fases estão relacionadas. Esse sistema coloidal é conhecido como um sistema de dispersão complexo. O sorvete, por exemplo, compõe-se de uma mistura de leite, ovos, açúcar e aromas, que é batida e refrigerada lentamente. A agitação dispersa as bolhas de ar na mistura e quebra os cristais de gelo de grandes dimensões. O resultado é uma substância complexa, que contém sólidos (gorduras e proteínas do leite), líquidos (água) e gases (ar) em pelo menos dois estados coloidais.

O EFEITO TYNDALL

Para determinar se uma substância é uma solução ou um coloide, coloque água pura mais a substância em um copo de vidro transparente, segure-o contra um fundo escuro e, com o auxílio de uma pequena lanterna, observe como a luz perpassa o líquido. Se o feixe de luz for visível, o líquido é um coloide: as grandes partículas nesse tipo de mistura dispersam a luz. Isso é chamado de efeito Tyndall e pode ser observado em uma infinidade de situações, como em um quarto num dia bem ensolarado, quando as partículas de pó refletem a luz solar em um feixe visível (as partículas do ar são pequenas demais para refletirem a luz). Se é possível ver o feixe de luz que atravessa uma substância, então esse é um líquido com partículas menores, do tamanho de moléculas.

Outro exemplo do efeito Tyndall pode ser observado quando se acendem os faróis de um carro em uma noite de neblina ou nevoeiro: vê-se o feixe de luz porque ele faz um caminho por dentro da neblina (que é um coloide). Experimente com diversos líquidos para determinar quais substâncias são soluções e quais são coloides: suco de laranja, café, mel, água salgada, água com açúcar, gelatina, vinagre e o que mais nos interessa: a clara de ovo.

HIDROCOLOIDES

Empregados para influenciar a textura ou a viscosidade de alimentos, os hidrocoloides podem ser definidos como um sistema coloide no qual as partículas coloides são dispersas em água. Um hidrocoloide tem partículas espalhadas na água e, dependendo da quantidade de água disponível, podem ocorrer fases separadas, de gel ou de líquido.

Os hidrocoloides podem ser irreversíveis ou reversíveis. O ágar-ágar é um hidrocoloide reversível do extrato de alga marinha e pode existir em estado de gel ou em estado líquido, e alternar entre esses dois estados pela adição ou eliminação de calor.

Muitos hidrocoloides vêm de recursos naturais: o ágar-ágar e a carragena são extraídos de algas marinhas, a gelatina é produzida pela hidrólise de proteína de origem animal e a pectina é extraída da casca da maçã e da laranja. Outros hidrocoloides, como a goma xantana, a goma arábica e a goma guar, são derivados de celulose, como carboximetilcelulose, alginato e amido. São largamente utilizados pela indústria alimentícia para:

- controlar textura;
- espessar e gelificar soluções aquosas;
- estabilizar espumas;
- estabilizar emulsões;
- prevenir sedimentação e cremosidade;

- controlar propriedades organolépticas (sensação de paladar, liberação de sabor, etc.);
- inibir a formação e/ou a multiplicação de cristais.

Mesmo em uma proporção tão pequena quanto 1%, os hidrocoloides são capazes de produzir soluções altamente viscosas ou de formar gel em várias texturas e intensidades. Por seu poder de espessamento, são usados como estabilizantes em suspensões e emulsões em que funcionam como retardadores da sedimentação de partículas. Cada hidrocoloide tem características funcionais específicas, o que é consequência de sua estrutura química, tamanho molecular e forma.

PROPRIEDADES FUNCIONAIS DOS HIDROCOLOIDES

Os ingredientes descritos nos próximos capítulos são considerados hidrocoloides, ou seja, apresentam propriedades funcionais quando misturados em água ou líquido. São na maioria carboidratos, porém um importante hidrocoloide tem base em proteína, a gelatina. Entre as propriedades funcionais desses ingredientes, que são amplas e complexas, destacam-se:

- VISCOSIDADE: são muito utilizados em sistemas nos quais o conteúdo de gordura ou óleo foi reduzido ou eliminado pelo uso da água. Os hidrocoloides espessam água, a qual, em troca, substitui a gordura, dando ao produto características similares às de um alimento untuoso e seus efeitos desejáveis na produção de alimentos.
- ESTABILIDADE: quando se elimina ou se reduz a quantidade de óleo ou gordura em uma preparação, pode-se ainda formar uma emulsão caso se utilize um ingrediente capaz de espessar a água ou o líquido. A função do hidrocoloide aqui é manter ou estabilizar a emulsão formada, prevenindo sua separação, principalmente em alimentos congelados, nos quais também auxilia na prevenção da formação de cristais. A indústria alimentícia sempre pesquisa maneiras de evitar ou de diminuir

a formação de cristais e de estabilizar os produtos congelados, mas os hidrocoloides ainda são largamente utilizados.
- SUSPENSÃO: alguns deles criam soluções que mantêm as partículas de uma solução imobilizadas em uma suspensão.
- GELIFICAÇÃO: uma de suas principais características é a habilidade de gelificar e solidificar produtos fluidos. Por exemplo, nas misturas para sobremesa em pó, a carragena forma um gel firme.

EMULSÕES, ESPUMAS E GÉIS

A maioria dos coloides alimentares são chamados de hidrocoloides exatamente porque consistem em partículas dispersas em água, a qual representa cerca de 70% de todas as células do alimento. Esses coloides tipicamente são encontrados sob a forma líquida (como o leite), mas também podem existir nas formas sólida (como uma geleia) e gasosa (como a fumaça produzida pela queima de madeira, um coloide gasoso, constituído por cinzas, carbono e outras partículas suspensas no ar).

Um conceito básico é o de emulsão, importante em praticamente todas as áreas de preparação de alimentos. Emulsões, espumas e géis são formas comuns de coloides em alimentos.
- EMULSÕES: são tipicamente coloides de gordura e água. A maionese é um coloide de gordura (gemas e óleo) dispersado em um líquido (suco de limão ou vinagre).
- ESPUMAS: são coloides de bolhas de gás dispersas em um líquido ou em um sólido (como no colarinho do chope).
- GÉIS: são coloides de água em algum sólido, como de água dispersa na pectina contida em uma geleia de amoras.

Uma emulsão é a dispersão uniforme de um líquido em outro. Se as gotas de um líquido disperso são pequenas o suficiente e bem separadas umas das outras, a mistura permanecerá espessa em vez de líquida e sustentará uma solução por algum tempo. Quanto tempo essa emulsão conservará sua forma depende de o que está evitando que a fase dispersa se aglutine e separe um líquido do outro. Há muitos métodos para prevenir que a fase dispersa se aglutine e perca seu equilíbrio, e alguns funcionam melhor que outros. É uma tendência natural que moléculas iguais atraiam umas às outras. Por exemplo, se combinamos óleo e vinagre e agitamos a mistura, formaremos uma emulsão estável. A princípio, as gotículas de óleo lentamente começam a se atrair e a formar gotas mais pesadas. Ao crescerem, elas aumentam significativamente, incorporando mais gotas de óleo, até que observamos uma linha dividindo as gotas de óleo juntas no fundo do recipiente.

Uma maneira de tornar essa emulsão mais estável é evitar que as gotas se aglutinem. Isso se obtém de várias maneiras: por meio de um emulsificante, pela adição de sólidos finamente divididos, pela adição de um polissacarídeo ou pela adição de uma proteína ou mesmo de um líquido espesso, para sustentar a emulsão. Cada um desses ingredientes pode ser importante em situações diferentes.

Os emulsificantes apresentam uma propriedade física única de conter duas áreas distintas em uma mesma molécula. Cada uma dessas áreas prefere ser dissolvida em uma substância diferente, o que chamamos de balanceamento hidrofílico ou lipofílico (atração de água ou de gordura). Parece complicado, mas usemos o exemplo da lecitina encontrada na gema do ovo: ao se preparar uma maionese ou um molho hollandaise, por exemplo, uma parte da molécula de lecitina atrai a gordura e a outra parte atrai a água, ou as partes solúveis em água, da emulsão. Ou seja, uma molécula de lecitina envolve cada gotícula de óleo e de água, atuando como um gancho, protegendo e equilibrando as duas fases concomitantemente.

UM EXEMPLO DA CONFEITARIA: A EMULSÃO GANACHE

A ganache é uma emulsão de gorduras e água, uma mistura homogênea obtida de dois produtos que não se misturam: creme de leite (líquido) e gordura (chocolate). O calor derrete as gorduras presentes no chocolate e, quando delicadamente misturamos o creme de leite fervente ao chocolate, quebramos o tamanho das moléculas de gordura, criando micromoléculas que ficam em suspensão na água do creme de leite. A mistura resultante é brilhante, sedosa, cremosa e emulsificada.

A seleção dos componentes é determinante para o resultado: qual tipo de líquido se utiliza e qual tipo de chocolate se escolhe. Seu aspecto ou consistência depende da proporção de água e gordura do líquido utilizado, da qualidade do chocolate e da quantidade de lecitina, flavorizantes, etc. Um líquido mais denso, como o creme de leite, produz uma ganache mais cremosa. Por isso o creme de leite é o líquido mais utilizado para a elaboração da ganache, por conter gordura e água, elementos necessários para formar a emulsão.

A combinação da manteiga de cacau do chocolate com a gordura do creme de leite incrementa a qualidade da ganache, produzindo a desejável textura cremosa e aveludada. Se o teor de gordura for elevado demais, a ganache se separará. Como regra geral, um creme de leite com 35% a 40% de gordura proporciona melhores resultados. Ajuste a fórmula da ganache até obter o balanceamento perfeito entre água e gordura.

Outros hidrocoloides polissacarídeos em forma de pó são comumente utilizados pela culinária como espessantes ou emulsificantes, e podem estabilizar uma emulsão por meio da absorção de óleo e água em sua interface (ponto em que água e óleo se encontram). Polissacarídeos como gomas também interferem na capacidade de atração da água e do óleo na fase dispersa. A pectina presente em geleias e outros produtos à base de frutas pode não ser categorizada exatamente como emulsificante, mas atua como um. As gomas ágar-ágar, guar, carragena e xantana, entre outras, atuam interferindo diretamente no processo de aglutinação na fase dispersa ou formando uma matriz que aprisiona as gotículas dispersas. Os alimentos processados com frequência utilizam um ou vários desses polissacarídeos em forma de goma para garantir a textura.

Desde a textura aveludada proporcionada pelo amido de milho a texturas mais parecidas com uma cola ou uma goma, há uma variedade de amidos nas prateleiras dos supermercados. Cada um apresenta características específicas de gelificação e diferentes capacidades em espessar alimentos. Batata, milho, tapioca, arroz, sagu – os grânulos desses amidos são insolúveis em água, mas, quando aquecidos, incham e explodem, liberando amilose e formando uma pasta, ou massa, viscosa. As temperaturas nas quais os grânulos se saturam variam de acordo com a origem e são chamadas temperaturas de gelatinização, sendo típicas as da batata, de 60 °C, e do milho, de 67 °C. Ao esfriarem, as moléculas de amilose imediatamente se associam entre si, em um processo conhecido como retrogradação, e a gelatinização ocorre.

A gelatina é um exemplo de uma proteína que pode espessar e estabilizar da mesma maneira que os elementos anteriores. As proteínas naturalmente presentes no alimento podem ser emulsificantes bem eficientes, porque também têm propriedades hidrofílicas e lipofílicas. Uma vez que se apresentam em grandes moléculas, interferem com sucesso na aglutinação na fase dispersa.

O queijo é um coloide de gordura em sólidos; as claras são coloides viscosos de proteínas em líquido, e quando batemos uma clara em neve o coloide se transforma em espuma. Alguns hidrocoloides podem mudar de líquido para sólido e de volta para líquido, por mudança de temperatura (aquecimento ou resfriamento). Por exemplo, quando se aquece uma gelatina, um queijo ou algo pastoso ou sólido, o produto endurece de novo quando retorna à temperatura correta.

Os ingredientes utilizados para criar dispersões hidrocoloides podem ser de origem animal (gelatina), vegetal (pectina), metilceluloses (presentes em fibras) e em formas de gomas, ágar-ágar e outros produtos à base de algas marinhas (tabela 2).

TABELA 2. SISTEMAS COLOIDAIS

TIPO DE SISTEMA COLOIDAL	DESCRIÇÃO	EXEMPLOS
Espuma	gás disperso em um líquido	chantilly, espuma de cerveja
Espuma sólida	gás disperso em um sólido	marshmallow, nougat
Sólido/gel	sólido disperso em um líquido	gelatina, geleia de frutas
Emulsão	líquido disperso em um líquido	maionese, leite e lácticos
Emulsão sólida	líquido disperso em um sólido	manteiga, queijos

AGENTES ESPESSANTES UTILIZADOS COMO ADITIVOS

Na sociedade moderna, qualquer alimento processado contém aditivos, ingredientes que servem a muitos propósitos: manter ou melhorar a qualidade nutricional de um alimento; manter ou melhorar a qualidade do produto durante todo seu prazo de validade; auxiliar na preparação do alimento, incluindo sabor, textura e aparência.

Muitas substâncias são comumente utilizadas para obter esses "benefícios" na elaboração de alimentos, descritas nos rótulos por expressões como:

- FORTIFICADO e ENRIQUECIDO;
- CONSERVANTES: utilizados para prevenir que um alimento se deteriore pela ação de bactérias e fungos, o que consequentemente estende a longevidade do produto;
- EMULSIFICANTES: auxiliam a distribuir igualmente as partículas de um líquido em outro, melhorando a consistência e a textura;
- ESTABILIZANTES: texturizadores ou espessantes que dão corpo ao alimento, melhorando a consistência, estabilizando emulsões e afetando a sensação de paladar do alimento;
- UMECTANTES: auxiliam a reter a umidade do produto;

- MELHORADORES DE SABOR;
- CORANTES;
- ADOÇANTES.

O consumidor final, quando lê as palavras "farinha" ou "amido" na lista de ingredientes de um produto, não pensa na enorme variação de definição. De maneira geral, esses termos, mais aceitáveis ao consumidor médio, indicam espessantes de alimentos conhecidos como farinhas funcionais e amidos modificados. As farinhas funcionais são produzidas por uma variedade específica de cereal (trigo, amido, arroz ou outro) associada a um tratamento por calor específico, que aumenta a estabilidade, a consistência e a funcionalidade geral. Elas oferecem mais resistência a condições adversas comuns na indústria alimentícia, tais como congelamento e acidez acentuada.

PROPRIEDADES DOS AGENTES ESPESSANTES

Muitos são os agentes espessantes à disposição no mercado, e sua escolha deve levar em conta custo, propriedades, praticidade, entre outros requisitos. Como guia geral, estes são os pontos básicos para escolher um espessante:

- ESTABILIDADE: qual a estabilidade desse agente espessante quando se mistura com o líquido (quente ou frio)? A temperatura é a alma da estabilidade do espessante, além do tempo de cocção que ele pode suportar sem perder sua potência: ao ser cozida, a mistura perde sua firmeza/dureza (as moléculas se separam)?
- CONSISTÊNCIA: a consistência pode ser testada quando se incorpora o amido a um líquido: que grau de fluidez encontraria uma colher ao ser introduzida na mistura? Firme, borrachuda, encaroçada, líquida?
- SABOR: ao se provar a mistura, o agente espessante pode ser notado com evidência? O agente espessante deve ser escolhido levando-se em consideração sua força de espessamento no geral; ou seja, não deve ocultar ou deturpar os sabores lineares da preparação.

- **HABILIDADE EM MANTER A FORÇA:** em qual quantidade, por exemplo, uma mistura de amido com água deve ser adicionada a uma preparação antes que se obtenha a consistência desejada?
- **TRANSPARÊNCIA, COR E OPACIDADE:** após o agente espessante ser adicionado ao líquido, a mistura se apresenta transparente, levemente opaca ou completamente opaca?

COMO LER OS RÓTULOS COMERCIAIS

Estas são algumas funções encontradas nos rótulos de alimentos processados:

- **SUBSTITUIDORES DE GORDURA:** olestra, salatrim, goma guar, goma de alfarroba, goma xantana.
- **EMULSIFICANTES:** lecitina, ácido fosfórico, monoestearato de sorbitano, polissorbato 80, mono e diglicerídeos, pirofosfato tetrassódico.
- **ESTABILIZANTES E ESPESSANTES:** amido de milho, caseinato de sódio, caseinato de cálcio, polietilenoglicol (peg), polipropilenoglicol (ppg), lecitina, hidroxietilcelulose, carboximetilcelulose de sódio, xilenossulfonatos, ágar-ágar, gelatina, pectina, alginato, alginato de propilenoglicol, amido, amido modificado, carragena, goma guar, goma de alfarroba, goma de feijões ou leguminosas, goma acácia, goma arábica, óleo vegetal bromado, goma tragacanto, goma ghatti, goma karaya, goma furcelarana.

AS RECEITAS

As receitas não são um grupo de ingredientes isolados combinados e assados; elas são, antes de tudo, a expressão ou realização de uma reação físico-química. Cada ingrediente e cada instrução devem ser respeitados quanto à quantidade, temperatura e maneira de manipulação. A separação, ou pesagem dos ingredientes, também chamada de *mise en place*, é o primeiro passo para o sucesso de seu produto final, devendo ser seguida à risca. O método de mistura também deve ser seguido de modo escrupuloso.

Neste livro, dividi as receitas por blocos de ingredientes. Depois de tantos anos lendo, escrevendo, ensinando e cozinhando, encontrei uma maneira pessoal de ler receitas e entendê-las de maneira eficiente e rápida. Esse é o meu objetivo com as receitas aqui dispostas, ou seja, que meu leitor não tenha que ler duas páginas de instruções para fazer um simples bolo de chocolate. Isso é desanimador mesmo para mim. A minha contribuição reside exatamente em dividir os ingredientes em blocos de trabalho. Analisemos a fórmula a seguir:

Creme de baunilha 1
CREME DE CONFEITEIRO 1 | CRÈME PÂTISSIÈRE 1

INGREDIENTES			PROCESSO
1.000 g		leite	Em uma tigela, misture as gemas, o açúcar e o amido de milho.
160	g	açúcar	
1	un.	fava de baunilha	
½	col. chá	sal	Aqueça o leite com açúcar, baunilha e sal até ferver. Coe e retorne à cocção por 2 minutos para que o amido seja cozido.
200	g	gemas	
160	g	açúcar	
85	g	amido de milho	Retire do fogo, despeje em uma tigela e adicione a manteiga, mexendo bem. Cubra com um filme plástico grudado na superfície, para evitar a formação de nata.
80	g	manteiga	

Por conta da complexidade de edição, coloco as instruções ao lado dos ingredientes, afinal, nunca começamos uma receita porque sabemos fazer, mas porque temos os ingredientes exatos. Então, a instrução deve ser entendida como: ferva o primeiro grupo de ingredientes, despeje-o sobre o segundo grupo, batendo sempre e aplicando a técnica de temperagem, e por último coloque a manteiga, misturando bem. Caso tenha alguma dúvida, certifique-se de entender bem os ingredientes que deverão ser combinados (os blocos separados por linhas) e as instruções da receita. Atente-se também, no entanto, para a explicação das técnicas nas partes correspondentes de "Processo".

Tenho cerca de 5 mil receitas arquivadas; portanto, escolher algumas centenas para exemplificar e enriquecer este livro não foi tarefa fácil. Penso que, se um dia estiver em uma ilha e meu barco afundar, tentarei salvar meu baú... de receitas! Ou seja, eu as selecionei segundo meu prisma de domínio de técnicas e também pela necessidade que temos, como *chefs*, de dispor de um bem--ensaiado e dominado *paso doble*.

Quando convidada para dar um curso, essas receitas estão sempre comigo. Agora, ofereço minha bagagem pelas cozinhas mundo afora ao meu leitor. Não desista no caso de insucesso, tampouco arranque os cabelos. Faça boas escolhas: repita primeiro, engatinhe... depois crie e voe com suas próprias asas. E, como diria Julia Child... *Bon appétit*!

PARTE 1
Espessantes à base de proteínas
OVOS E QUEIJOS

O ovo

Um dos mais versáteis alimentos que conhecemos e recurso importante na dieta da humanidade desde que os povos da Índia e da China se dedicaram a domesticar aves, o ovo aparece em uma grande variedade de métodos e técnicas culinárias, além de ser um símbolo cultural da vida nova, até hoje existente em nossa cultura.

A presença do ovo na dieta e na economia atual é singular. Antes da Segunda Guerra Mundial, a maior parte da produção de ovos provinha de pequenas granjas. Nos anos 1960, o avanço tecnológico e o desenvolvimento de equipamentos mecânicos mais sofisticados facilitaram o surgimento de grandes operações comerciais. Em certas granjas, atualmente, até 1 milhão de aves são criadas e tratadas para uma megaprodução. Nos Estados Unidos, segundo o Egg Board, uma organização da indústria de ovos, cada uma das 235 milhões de aves no total produz em torno de 250 a 300 ovos por ano!

O ovo é um alimento completo em relação às proteínas, está disponível na natureza e também é o ingrediente natural mais utilizado no processamento de alimentos. Trata-se de uma proteína de tão alta qualidade que foi adotada como padrão de comparação para as outras; uma vez que o ovo é uma proteína completa, contém todos os aminoácidos essenciais que o corpo humano necessita para a formação de outras proteínas que serão utilizadas por ele. Os ovos têm um valor biológico (a eficácia com que a proteína é usada para o crescimento) de 93,7%; para comparar com outros alimentos, temos 84,5% para o leite, 76% para os peixes e 74,3% para a carne. Os ovos são a melhor proteína que o dinheiro pode comprar, e além disso contêm vitaminas e minerais valiosos.

Você sabia que o ovo pode executar mais de vinte funções na fabricação e transformação de alimentos? O ovo é polifuncional: expande, aglutina, engrossa, hidrata, seca, dá sabor, dá brilho, emulsiona, retarda a cristalização, enfeita, dá cor e adiciona nutrientes a qualquer preparação.

O ovo se mudou para fora de sua casca, adquiriu novos formatos e oferece propriedades funcionais que não são encontradas em outros alimentos.

Cozido, poché, mexido, frito, em omelete... o ovo pode ser servido de diversas maneiras, mas o que nos interessa é entender suas funções singulares nos produtos em que é utilizado como ingrediente. Na confeitaria, a proteína do ovo estrutura a maioria dos produtos, tornando extremamente necessária a compreensão de sua interação físico-química nas misturas.

O tema central deste capítulo é apresentar aspectos que permitem compreender, utilizar e controlar, entre outras coisas, a extrema sensibilidade do ovo à temperatura. Enquanto a clara enrijece as misturas, a gema lubrifica, com seu teor de gordura, e auxilia na emulsificação, promovendo um resultado cremoso e macio. O alto teor de umidade do ovo gera vapor, que auxilia a expansão e umidifica o amido; auxilia também a aglutinação dos ingredientes. Os ovos inteiros apresentam ainda poder espessante e poder emulsificante significativos, destacados na pâte à choux, em suflês e em cremes, por exemplo. As gemas são um excelente agente gelificador, destacado em pudins, creme inglês, creme de confeiteiro, molho hollandaise e molhos para saladas, por exemplo; como agente espessante e material estrutural, destacam-se em bolos dos tipos esponja, cremosos e de claras.

A diversidade de papéis do ovo na culinária decorre de alta solubilidade em água, excelente capacidade de formar espuma e emulsificar, capacidade de coagular ao calor e alto valor nutritivo.

Neste capítulo, exploramos as duas funções mais importantes do ovo na confeitaria: como espessante e como agente expansor. Quando o ovo é aquecido, a proteína se solidifica por coagulação. Idealmente, a proteína solidificante ao mesmo tempo espessa o líquido (por exemplo, o leite ou o creme de leite) no qual fica suspensa. Existem vários tipos de proteína, e cada tipo se solidifica a uma temperatura e apresenta propriedades diferenciadas; assim, estudaremos essa diversidade de ação e as características peculiares.

- COAGULAÇÃO é o processo pelo qual as proteínas se tornam insolúveis; é afetado por calor, adição de ácidos e álcalis fortes, metais e outros aspectos químicos.
- DESNATURAÇÃO é o processo de ruptura das ligações de hidrogênio entre as cadeias peptídicas de uma proteína. Em um estado avançado, a desnaturação se torna irreversível, pois haverá ruptura e aglomeração extrema de cadeias marginais; a aglutinação dessas cadeias rompidas de proteína chega a um tamanho em que começam a se precipitar, ou seja, coagular.

NASCIMENTO

Todos os animais trabalham duro para se reproduzir, mas o esforço reprodutivo da galinha é inigualável. Cada ovo corresponde a cerca de 3% do peso da ave. Em um ano de reprodução, uma galinha comum converte cerca de oito vezes o peso de seu corpo em ovos. Um quarto de sua energia diária é despendida para a formação do ovo. Ele se cria como um disco branco minúsculo, do tamanho de uma cabeça de alfinete, localizado no topo da gema. Aí está localizado o germén vivo da célula que contém seus cromossomos. Quando nasce, a galinha apresenta milhares de células germinativas microscópicas em seu ovário.

Ao crescer, as células germinativas da ave alcançam gradualmente alguns milímetros em diâmetro e, após dois ou três meses, acumulam uma forma de gema dentro de sua membrana fina. Ao chegar à idade de reprodução, entre quatro e seis meses de vida, as células do ovo começam a amadurecer com células diferentes em estágios distintos, de acordo com seu tempo de maturação; uma maturação plena ocorre em média após dez semanas. Durante a décima semana, a célula germinativa rapidamente acumula na gema gorduras e proteínas, que são sintetizadas pelo fígado da ave. A coloração da gema depende dos pigmentos presentes na dieta da ave: uma dieta rica em alfafa e milho, por exemplo, oferece um amarelo forte. No final, a gema se torna uma célula germinada pequena, mas que contém provisões para se sustentar por 21 dias; após essas três semanas, o embrião já terá desenvolvido condições de armazenar seu próprio reservatório alimentar.

Enquanto a gema do ovo dá ao embrião uma estrutura para um processo independente, as demais partes providenciam proteção e abrigo para a célula germinada. Sua construção leva em média 25 horas e começa quando o ovário expele a gema pronta. A gema é agarrada por uma abertura no oviduto; se a ave foi fecundada nos últimos dias, haverá um esperma estocado em um "ninho" na parte superior do oviduto que se fundirá com a célula germinativa já pronta para o desenvolvimento. Fertilizada ou não – e na maioria dos ovos não é fertilizada –, a gema passará de duas a três horas descendo vagarosamente do topo do oviduto. Proteínas que protegem as células do oviduto adicionam uma camada grossa a essa membrana, que cobrirá cerca da metade do volume final da clara. O produto final tem quatro camadas de albumina, alternadamente finas e grossas. A primeira camada grossa de albumina é dobrada em espiral na parede do oviduto para formar a calaza, um cordão levemente elástico que posiciona a gema nas pontas da casca e permite a ela uma rotação enquanto está suspensa no meio do ovo. Esse sistema amortece o impacto entre o embrião e a casca e previne um contato prematuro entre eles, o que poderia prejudicar o desenvolvimento do embrião.

O ovo é formado a partir de uma interação de processos hormonais, estruturais e nutricionais; permanece no infundíbulo por 15 minutos e então se move para o buraco, onde permanece por três horas. Lá se forma parte do albúmen. Membranas de ovos são colocadas no istmo e permanecem de 1 a 2 horas, onde mais albúmen é formado. Os movimentos para a glândula da casca ou útero duram de 19 a 20 horas. Aqui a formação do albúmen é concluída, o reservatório é criado e a forma de ovos normais é atingida. O cálcio e o fósforo necessários para a formação da casca dos ovos devem ser armazenados cerca de catorze dias antes de chegar à altura da postura dele. O ovo gasta cerca de 26 horas de libertação para o infundíbulo para oviposição. O tempo mínimo entre dois ovos é 26 horas e meia. Por conseguinte, uma galinha bem-alimentada e bem-tratada produz de 200 a 240 ovos em um ano.

ESTRUTURA E FORMAÇÃO DO OVO

O ovo é único por diversas razões, e uma delas sem dúvida está em sua própria estrutura elaborada e original. Destinado por natureza para a reprodução, protege e provê uma dieta completa para um embrião, e serve como principal recurso alimentar para os primeiros dias de vida da ave.

É uma estrutura verdadeiramente surpreendente, com várias camadas, cada uma contribuindo de forma diferente para o conjunto. Vale salientar que a dieta da galinha afeta a composição do ovo.

A gema é bem-centrada e circundada pela membrana vitelina, que não apresenta coloração. O disco germinal, onde ocorre a fertilização, está ligado à gema. Projetados nos dois lados da gema, aparecem dois cordões torcidos, esbranquiçados, conhecidos como calaza. A função desses cordões é ancorar a gema junto à clara (membrana albuminosa espessa) e dar suporte para a gema se manter centrada no ovo, embora ainda permitam a rotação da gema. A calaza pode variar de tamanho e densidade, o que não afeta a cocção nem o valor nutricional do ovo.

A figura a seguir mostra a estrutura básica do ovo:

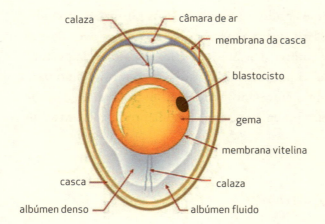

Em suma, estes são os aspectos básicos da estrutura do ovo:

- MEMBRANAS DO RESERVATÓRIO INTERIOR E EXTERIOR: oferecem proteção contra a entrada de bactérias e cercam o albúmen.
- ALBÚMEN: a clara do ovo ou albúmen é a parte transparente da célula do ovo, que circunda a gema, formada por água e pela proteína albumina. O albúmen é a principal fonte de riboflavina e proteínas.
- GEMA: é a parte amarela do ovo e serve como importante fonte de vitaminas, minerais e gordura.
- CALAZA: estrutura torcida como uma corda, que ancora a gema no centro do ovo para a proteção. A calaza circundada de forma proeminente indica frescor.

A FORMAÇÃO DE UM OVO

O processo de formação do ovo pode ser descrito pelos seguintes passos:

1. GEMA: tudo começa com uma gema dentro de uma galinha. A gema (ovócito) é produzida pelo ovário da galinha em um processo chamado ovulação.

2. FERTILIZAÇÃO: a gema é liberada para o oviduto (um tubo longo em espiral dentro do sistema reprodutivo da galinha), onde pode ser fertilizado internamente por um gameta masculino.
3. CLARA | ALBUMINA: a gema continua descendo o oviduto (fertilizado ou não), em uma parte chamada *magnus*, onde é coberta por uma membrana (membrana vitelina), fibras estruturais e camadas de albumina.
4. CALAZA: ao percorrer o trajeto dentro do oviduto, o ovo continuamente gira em um tubo espiral. Esse movimento torce as fibras estruturais (calaza), que formam cordões que posicionam e ancoram a gema na parte grossa da clara. Cada gema é posicionada pela ação de duas calazas, uma em cada extremidade.
5. CASCA: depositada ao redor do ovo na parte baixa do oviduto da galinha, exatamente antes de ele ser botado, a casca é feita de calcita, uma forma cristalina de carbonato de cálcio. Essa viagem toda dura cerca de um dia apenas. A galinha leva entre 24 a 26 horas para preparar e ser capaz de botar um ovo. Trinta minutos depois, o processo todo se reinicia.
6. EMBRIÃO: a blastoderma fertilizada cresce e se torna um embrião. Enquanto cresce, seu alimento primário é a própria gema, e a disposição de seus restos (como ureia, por exemplo) é coletada em um saco chamado alantoide. A troca de oxigênio e gás dióxido de carbono ocorre através da casca do ovo.
7. PERÍODO DE INCUBAÇÃO: o embrião se desenvolve dentro do ovo por 21 dias, até que a pequena ave encontre seu caminho para fora da casca.

COMPOSIÇÃO

A composição da casca do ovo é importante dos pontos de vista sanitário, estético e de higiene alimentar. Ela contém carbonato de cálcio (94%), carbonato de magnésio (1%), fosfato de cálcio (1%) e resquícios orgânicos (4%).

Um ovo de galinha padrão pesa aproximadamente 57 gramas, embora não haja consenso sobre esse valor na comunidade científica. Desse peso, a casca constitui cerca de 11%, ficando no interior a clara, com 58%, e a gema, com 31%. Essas proporções não variam em geral, e aplicam-se a qualquer tamanho de ovo.

TABELA 3. A COMPOSIÇÃO CENTESIMAL DO OVO

COMPONENTE	%	ÁGUA	PROTEÍNA	GORDURA	MINERAIS
Ovo inteiro	100	65,5	11,8	11	11,7
Clara	58	88	11	0,2	0,8
Gema	31	48	17,5	32,5	2
Casca	11	-	-	-	-

Fonte: U.S. Department of Agriculture (USDA).

A clara e a gema são separadas por uma membrana vitelina. Há também uma bolsa de ar, formada pela contração do conteúdo durante o resfriamento e pela perda de umidade. Um ovo de boa qualidade apresenta bolsa de ar pequena. A casca é formada por duas membranas e milhares de poros, que permitem que o ovo "respire".

FUNÇÕES DA CASCA

Cerca de 8 mil a 10 mil poros microscópicos permitem a passagem de umidade e gases para dentro (O_2) e para fora (CO_2) do ovo. Além disso, a casca previne a entrada de bactérias e outros micróbios, principal motivo pelo qual ovos com rachaduras não deveriam ser consumidos sem procedimentos prévios de preparo.

A coloração da casca varia entre as espécies de aves; em galinhas, pode variar de branco a marrom. As diferenças da cor das cascas são puramente estéticas e não apresentam impacto no sabor, no valor nutricional ou na qualidade. Devido ao fato de os pigmentos carotenoides depositados quase que exclusivamente na gema não apresentarem valor de vitamina A, gemas mais amarelas não possuem necessariamente maior teor dessa vitamina.

A maioria dos ovos são brancos, pois provêm de uma variedade de galinhas que produz maior quantidade de ovos. Outro fator determinante é a alimentação da ave, que promove diferenças na coloração; as galinhas, por exemplo, podem botar ovos verdes-oliva, azulados, coral e até roxos.

A COMPOSIÇÃO DA GEMA

ÁGUA	PROTEÍNA	GORDURA	MINERAIS
48%	17,5%	32,5%	2%

Fonte: U.S. Department of Agriculture (USDA).

- Proteína principal: membrana vitelina (39,5%); gorduras: triglicérides, fosfolipídios (a lecitina é o principal fosfolipídio) e colesterol.
- Representa ⅓ do peso do ovo (sem casca) e seu propósito biológico é quase que exclusivamente nutritivo. É a maior fonte de vitaminas e minerais do ovo, incluindo ácidos graxos essenciais e proteína.
- A coloração da gema varia do amarelo-claro ao alaranjado forte, oriundo de pigmentos de plantas chamados xantofilas, que provêm da dieta da ave, como milho e alfalfa.
- O ovo de pata apresenta uma coloração mais alaranjada devido ao betacaroteno (vitamina A) natural, mas também a pigmentos chamados cantaxantina, que a pata obtém ao se alimentar de pequenos insetos aquáticos e crustáceos.
- A gema consiste em uma pequena esfera de gema branca cercada de gema amarela. Em alguns ovos, bandas finas de gema branca alternam-se com bandas espessas de gema amarela ao redor de um ponto central. O germén encontrado na superfície da gema é conectado à gema branca por uma pequena látebra em forma de tubo.
- Com a exceção da riboflavina e da niacina, as gemas contêm a maior parte das vitaminas do ovo.

- Uma gema apresenta cerca de 60 calorias e 215 miligramas de colesterol, uma porcentagem dietética significante, considerando que a American Heart Association sugere a ingestão máxima diária de 300 mg/dia.
- A proteína da gema é predominantemente vitelina e está presente no complexo lipoproteico na forma de lipovitelina.

A COMPOSIÇÃO DA CLARA

ÁGUA	PROTEÍNA	GORDURA	MINERAIS
88%	11%	0,2%	0,8%

Fonte: U.S. Department of Agriculture (USDA).

O albúmen possui camadas finas e grossas. A fina é mais próxima da casca e protege o branco espesso em um ovo de alta qualidade. A albumina espessa é o principal componente do ovo e a principal fonte de riboflavina e proteínas; 80% delas são divididas em: ovalbumina (39,50%), que coagula com calor; conalbumina (14%), que coagula com calor; e ovomucoide (12%), que não coagula com calor. A albumina é um pouco mais opaca do que verdadeiramente branca devido à presença de dióxido de carbono. Com o envelhecimento do ovo, esse gás escapa, então, a albumina em ovos mais velhos é menos transparente do que a de ovos frescos.

Quando batida vigorosamente, a clara forma uma espuma que aumenta em volume consideravelmente, entre seis vezes e oito vezes, o que torna a adição de claras em neve essencial para a elaboração de produtos aerados, como merengues, bolos de claras, bolos do tipo esponja, mousses, etc.

A clara representa ⅔ do peso do ovo (sem casca), mas cerca de 90% é água, além de algumas proteínas de alta qualidade e alguns minerais. É composta de três camadas: uma externa, de consistência fina, uma grossa e uma terceira, adjacente à gema. A espessura da clara pode ser determinada pelos atributos da ave, que pode apresentar uma proporção diferenciada entre a camada fina e a espessa. Além disso, as condições de conservação também podem afetar a espessura da albumina e a proporção de albumina clara e fina.

TABELA 4. CONSTANTES FÍSICO-QUÍMICAS DAS CLARAS E GEMAS

PROPRIEDADE/FATOR	ALBUMINA	GEMA
Temperatura de coagulação (°C)	61	65
Densidade (g/cm³)	1,035	1,035
pH	7,6	6
Índice de refração	1,3562	1,4185
Coeficiente de solubilidade por CO_2	0,71	1,25
Viscosidade	25	200

TAMANHO

Os ovos de galinha são classificados por tamanho, para efeitos de vendas. O U.S. Department of Agriculture (USDA) estabeleceu um sistema de graduação de ovos que considera as qualidades interna e externa dos ovos, não se baseando unicamente no tamanho como padrão de qualidade. A coloração da casca do ovo e a coloração da gema dizem respeito apenas à alimentação e à qualidade da ave produtora, não interferindo em nenhuma outra particularidade.

A graduação AA significa que o ovo contém clara espessa e gema firme, o que significa, para efeitos culinários, que não se espalhará quando quebrado ou frito. A graduação A apresenta gemas arredondadas e claras espessas, mas levemente mais ralas que as da graduação AA.

O TAMANHO DO OVO E AS RECEITAS

Vários fatores determinam o tamanho do ovo, e o principal é a idade da ave – ao envelhecer, os ovos tendem a ser maiores. Outros fatores incluem a espécie da ave, seu peso e o ambiente em que vive: superpopulação do ambiente, se vivem em galinheiro ou quintal, sua alimentação, a exposição ao calor, o estresse.

Embora qualquer tamanho de ovo possa ser utilizado para preparações como omelete e ovos fritos, mexidos e pochés, as receitas de confeitaria são desenvolvidas, em sua maioria, com base em um ovo grande, de 57 gramas, que deve ser assumido como padrão em todas as preparações de confeitaria, exceto se diferentemente especificado. Em uma fórmula balanceada, a diferença entre usar ovos de tamanho menor ou de tamanho maior comprometeria completamente o resultado.

A tabela abaixo demonstra a padronização dos ovos conforme a Resolução 005 de 5 de julho de 1991 (Brasil, 1991).

TABELA 5. CLASSIFICAÇÃO DO OVO

TIPO	PESO POR MEDIDA	PESO MIN./ DÚZIA	CLASSE/ QUALIDADE	PONTOS ANALISADOS
Tipo 1 (jumbo)	Acima de 66 g	792 g	A	Aparência e integridade da casca
Tipo 2 (extra)	60-65 g	720 g	B	Câmara de ar
Tipo 3 (grande)	55-60 g	620 g	C	Aparência da clara
Tipo 4 (médio)	50-55 g	540 g	D (sujo)	Aparência da gema
Tipo 5 (pequeno)	40-50 g	540 g	E (trincado)	
Tipo 6 (industrial)	Abaixo de 45 g	540 g		

MANCHAS DE SANGUE

As manchas de sangue por vezes são encontradas na gema e, ao contrário da opinião popular, não indicam que o ovo foi fertilizado. As manchas são causadas pela ruptura de veias sanguíneas na superfície da gema durante a formação do ovo ou por um acidente similar nas paredes internas da ave. Estima-se que apenas 1% dos ovos apresentam essas manchas, e eles são apropriados para consumo.

COMO ESCOLHER E GUARDAR OVOS

As mudanças na qualidade do ovo estão relacionadas a vários aspectos, sendo o principal deles o aumento do pH, que ocorre quando o dióxido de carbono se difunde para fora do ovo. Isso pode causar um aumento do pH em ovos frescos de 7,9 a 9,3, para a clara; o pH da gema é inicialmente 6,2. Com um pequeno aumento do pH, o dióxido de carbono, um produto das vias metabólicas no frango, forma um ácido calconcarbônico e hidrogenocarbonato.

Tal qual todos os seres vivos, esses pequenos embriões começam a envelhecer assim que nascem. Os cuidados podem retardar o envelhecimento e manter o frescor necessário para que o ovo se deteriore o mais lentamente possível. Armazenar em temperatura levemente superior ao ponto de congelamento (-2 °C) e com umidade a 90% mantém a qualidade dos ovos por várias semanas. Aumentar a temperatura e/ou a umidade de estocagem diminui o tempo de armazenamento do ovo.

PRESERVAÇÃO E QUALIDADE

O ovo deve ser mantido "em pé", ou seja, com a parte maior para cima e a mais fina para baixo. Isso ajuda a retardar sua deterioração porque maximiza a distância entre a gema e a bolsa de ar natural do ovo. Esse espaço é o local de maior risco dentro do ovo para o desenvolvimento de bactérias patogênicas, e a gema é mais perecível do que a clara. Parece então lógico posicioná-lo de modo a manter a gema o mais longe possível da bolsa de ar.

Podemos preservar a qualidade do ovo de diversas maneiras, como por meio da conservação em geladeira ou do congelamento, da aplicação de óleo mineral e da pasteurização.

CONSERVAÇÃO EM GELADEIRA E CONGELAMENTO

O crescimento rápido de bactérias pode ocorrer entre 4 °C e 60 °C. Sob refrigeração (7 °C ou menos), as baixas temperaturas impedem que as bactérias se proliferem. A salmonela, por exemplo, não se desenvolve abaixo de 4 °C.

O congelamento não destrói a salmonela, embora enfraqueça bastante algumas de suas células. Alguns alimentos sofrem alteração de qualidade durante o processo de congelamento, mas sairão do freezer tão seguros ou inseguros quanto entraram.

Todos os ovos são suscetíveis a deterioração durante o armazenamento; a questão é como minimizar esse processo. Para isso, mantenha os ovos sob refrigeração em sua embalagem original e não os lave, uma vez que contêm uma camada protetora natural. Cada casca de ovo contém em média 7 mil poros microscópicos, por isso os ovos podem absorver odores com facilidade. Mantenha os ovos na embalagem original para protegê-los da perda de umidade e de alimentos com cheiro forte, como peixe, cebola, etc.

Qualquer alimento, particularmente aqueles ricos em proteína, pode conter microrganismos que causam enfermidades. A casca do ovo intacta e as membranas entre a clara e a gema possuem propriedades químico-físicas capazes de deter ou controlar o crescimento de bactérias dentro do ovo. A parte interna do ovo é considerada quase que estéril.

Faça um sistema de rotação, assim como com outros alimentos, priorizando o uso daqueles que foram guardados antes, ou seja, use primeiro os ovos mais velhos. O rótulo deve informar a data de embalagem e o prazo de validade, que é de 30 dias.

APLICAÇÃO DE ÓLEO MINERAL

Outro procedimento para conservação do ovo é a aplicação de uma quantidade mínima de óleo mineral na casca, o que auxilia na vedação parcial dos poros, deixando o ovo menos suscetível à invasão de microrganismos e contribuindo também para preservar a umidade, reter o gás carbônico e proteger contra o aumento do pH.

PASTEURIZAÇÃO

Esse processo mata as bactérias presentes. Desde que não ocorra uma contaminação cruzada (a partir de mãos ou utensílios sujos, refrigeração inadequada ou contato com outros alimentos), os alimentos pasteurizados não apresentam riscos eminentes de intoxicação. Nos Estados Unidos, os ovos vendidos em supermercados são irradiados e/ou pasteurizados (aquecidos com água fervendo ou ar quente) por um certo período de tempo.

O benefício principal da pasteurização dos ovos é destruir bactérias patogênicas sem alterar as propriedades funcionais das proteínas. Muitas empresas aplicam métodos de pasteurização de ovos em casca para destruir bactérias, especialmente a salmonela. Os ovos são aquecidos a 60 °C (temperatura que destrói completamente as bactérias) e mantidos assim por 3 a 5 minutos.

As proteínas da clara são relativamente suscetíveis ao calor empregado durante o processo de pasteurização, e isso pode afetar adversamente as propriedades de espuma. Entretanto, nos Estados Unidos, muitos produtores adicionam agentes promotores de expansão em espuma, tais como o sulfato de sódio e outros citratos, que ajudam a restaurar um pouco da capacidade de formação da "neve" perdida pela pasteurização. Já os ovos inteiros e as gemas, quando pasteurizados, não sofrem alterações significativas em suas propriedades de cocção e preparação.

DETERIORAÇÃO

Devemos estar atentos aos sinais de envelhecimento e deterioração do ovo, pois podem prejudicar suas funções e palatabilidade.

- ENCOLHIMENTO DO OVO E CONSEQUENTE AUMENTO DA BOLSA DE AR: significa que água foi perdida por meio da célula de ar e da casca. Esse processo acontece mais aceleradamente em um ambiente morno e seco, por isso os ovos devem ser sempre mantidos sob refrigeração.
- LIQUEFAÇÃO: uma quantidade da água migra da clara para a gema, que fica mais fluida. Para poder acomodar esse excesso de água, a membrana vitelina se estica e fica mais fraca. A clara também aumenta sua fluidez e se torna mais fina, principalmente pelos fatores: aumento de alcalinidade devido à perda de CO_2; rompimento do gel da ovomucina

por atividade da lisozima; e redução do número de cadeias de dissulfeto contido na proteína da ovomucina. Em geral, o aumento de fluidez gera uma redução no suporte mecânico e subsequente achatamento do ovo quando a casca se rompe.

- **MUDANÇAS EM pH:** o pH de um ovo fresco é próximo do ponto neutro, ou seja, perto de 7,6. Ao envelhecer, o ovo perde CO_2 por meio da casca e o pH da clara aumenta para 8,9 a 9,4; o pH da gema altera-se de 5,9 a 6,1 para 6,8.
- **DECOMPOSIÇÃO DE BACTÉRIAS:** com o envelhecimento, a porosidade da casca aumenta e pode permitir a infiltração de bactérias.

TESTE DE FRESCOR

Pode-se tratar um ovo para estender sua durabilidade e seu frescor, tornando-o menos perecível. Quando botado pela galinha, ele está na mesma temperatura do corpo da ave, e para ser conservado deveria ser mantido à mesma temperatura ou em torno de 0 °C, para que seus poros continuem fechados.

Para verificar se o ovo é fresco, coloque-o em um copo de água à temperatura ambiente. O ovo fresco afunda e o ovo mais velho flutua, porque, ao envelhecer, o tamanho de suas células de ar aumenta, causando a flutuação.

Em um ovo fresco, a gema se mantém firme e alta, enquanto a clara se mantém espessa e próxima da clara. Um ovo mais velho apresenta gema mais achatada e clara mais fina e aquosa.

Não lave ovos para não retirar sua camada protetora natural. Para uma manutenção mais prolongada, quebre os ovos, separe-os e mantenha-os em recipiente fechado e datado.

NORMAS DE HIGIENE E SAÚDE

Quanto antes utilizarmos os ovos, menos as bactérias poderão se multiplicar. Entretanto, o manuseio e o armazenamento correto praticamente eliminam as chances de contaminação ou proliferação de bactérias tóxicas. Conforme um ovo envelhece, sua clara se torna mais grossa e a gema vai se achatando, o que enfraquece suas membranas. Essas mudanças afetam a aparência, a qualidade nutricional e as propriedades funcionais. Os ovos guardados por um período mais prolongado tendem a secar, principalmente em um refrigerador *frost-free*.

Como tudo o que é orgânico, um dia os ovos se deterioram pela ação de organismos. Apesar de inconvenientes, esses organismos não necessariamente causam doenças gastroestomacais. As bactérias *Streptococcus*, *Staphylococcus*, *Micrococcus* e *Bacillus* podem ser encontradas na casca do ovo porque toleram condições secas. Com o envelhecimento, entretanto, morrem e são substituídas por bactérias nocivas, como coliformes e *Flavobacterium*. As mais comuns são diversos tipos de *Pseudomonas*, capazes de se desenvolver a temperaturas um pouco acima do ponto de refrigeração e abaixo da temperatura ambiente. Se presentes em grande número, podem dar aos ovos um odor azedo ou frutoso e uma coloração azul-esverdeada.

Embora seja mais comum o crescimento de bactérias, pode ocorrer o desenvolvimento de bolor sob condições muito úmidas ou se os ovos forem lavados em água contaminada. Fungos como *Penicillium*, *Alternaria* e *Rhizopus* podem causar manchas na casca e atingir o interior do ovo. Por isso, dispense ovos com cascas que pareçam sujas ou grudentas. Uma sensação de que a casca está um pouco pegajosa já pode ser um sinal de crescimento de bactéria; e, ainda que não se veja a coloração típica do bolor, pode-se sentir um pó em certas partes da casca.

O risco de se contrair uma doença ou infecção alimentar de ovos é muito pequeno. Nos Estados Unidos, acredita-se que 1 a cada 20 mil ovos poderia estar infectado, e que um consumidor médio poderia encontrar 1 ovo contaminado a cada 84 anos.

Os mesmos nutrientes que fazem do ovo um alimento de alta qualidade para os humanos também o fazem ambiente ideal para o crescimento de bactérias. Além de alimento, as bactérias necessitam de umidade, uma temperatura favorável e tempo para poder se multiplicar.

Um microrganismo de particular importância para ovos e produtos à base de ovos é a bactéria *Salmonella enteritidis*, ou apenas salmonela. Adaptada para sobreviver em um local incomum, no trato gastrointestinal de aves, ela não causa doenças nas aves, mas pode contaminar os alimentos e causar doenças em seres humanos. A contaminação por essa bactéria é rara, mas pode-se diminuir o risco de prejuízos à saúde humana com refrigeração e cocção a temperaturas que a eliminam.

SALMONELA

Muitas empresas aplicam métodos de pasteurização nos ovos em casca com o objetivo de destruir bactérias, especialmente a salmonela. Os ovos são aquecidos a 60 °C (temperatura que destrói completamente as bactérias) por 3,5 minutos. Nas receitas, a salmonela não cresce em ambientes com pH (nível de acidez) de 4 ou menos. A presença de ingredientes ácidos contribui para o controle do pH, entretanto não garante um pH constante. Os próprios ovos aumentam seu pH quando envelhecem.

Na elaboração de produtos com validade mais extensa, independentemente do pH registrado no momento da finalização da preparação, devemos medir constantemente o pH com um instrumento de medição acurado. Não devemos contar apenas com a acidez ou alcalinidade dos ingredientes para garantir a destruição ou o controle da proliferação de bactérias.

Se um ovo estiver contaminado por salmonela e for guardado sob refrigeração, manipulado de acordo com normas de higiene e por fim cozido apropriadamente, o resultado será apenas uma deliciosa refeição e nada mais, pois a cocção correta elimina a bactéria.

ALERGIA E INTOXICAÇÃO ALIMENTAR

A maneira como compramos, conservamos, manipulamos, cozinhamos e servimos alimentos é de extrema importância, pois todos eles podem abrigar microrganismos (vírus e bactérias) e toxinas capazes de causar doenças.

Uma intoxicação alimentar pode ocorrer quando microrganismos ou toxinas entram no alimento ou as bactérias já presentes em certos alimentos não são destruídas, o que usualmente se consegue cozinhando-os. Sintomas comuns de intoxicação alimentar incluem: náusea, vômito, diarreia, cólica abdominal, cólica intestinal e dor de cabeça.

Além da salmonela, outros tipos de microrganismos podem ser encontrados no ovo. Nos Estados Unidos, o Departamento de Agricultura exige que os ovos sejam lavados com detergente especial e higienizados para eliminar riscos.

Na verdade, o ovo apresenta naturalmente muitas barreiras capazes de prevenir a entrada e proliferação de bactérias; além da casca, a gema apresenta membranas e a clara tem camadas que podem lutar contra bactérias de várias maneiras. A estrutura da casca também contém um composto antibacteriano chamado lisozima. Além disso, algumas camadas da clara desencorajam o crescimento de bactérias por serem alcalinas e formarem barreiras naturais que impedem que a bactéria encontre os nutrientes que necessita. A camada grossa das claras também desencorpa o movimento das bactérias e a última camada é composta de cordões espessos que contêm pouca ou nenhuma água, mas uma alta concentração de materiais protetores. Essa camada espessa aprisiona a gema centrada no ovo e recebe uma proteção máxima de todas as outras camadas.

Alguns alimentos são mais propensos que outros a provocar reações alérgicas devido ao tipo de proteínas que eles contêm. O tamanho da molécula de proteína é importante porque certas proteínas são mais digeríveis, absorvíveis e/ou mais estáveis que outras. Os ovos contêm proteínas que em estado cru apresentam tamanho e estabilidade de risco e assim são suscetíveis a causar alergia, mas na maioria das vezes não vencem os efeitos da aplicação de calor. Isso explica porque alguns indivíduos podem ser alérgicos ao consumo direto de ovos, mas toleram significativamente bem alimentos elaborados com ovos, como bolos, biscoitos e mesmo pudins, por exemplo.

O grupo de risco mais frequente é o dos bebês com menos de 1 ano. A partir dessa idade, o risco é progressivamente menor. Poucas crianças apresentam alergia ao produto depois dos 6 anos de idade. Além disso, diferentemente de outras alergias (como ao amendoim e às nozes, por exemplo), a alergia ao ovo usualmente desaparece nessa idade e o alimento pode ser reintroduzido na dieta sob orientação médica.

TIPOS

FREE RANGE

A maior diferença (e às vezes a única) entre ovos vendidos como *free range*, "criados soltos, ao ar livre", e os *factory farmed*, ou "de granja", é que as aves, no primeiro caso, podem circular livremente de dia e ficam presas em abrigos apenas à noite. Entretanto, cada país tem sua própria legislação de *free range*. O Departamento de Agricultura dos Estados Unidos, por exemplo, não define padrões e permite que os produtores de ovos rotulem livremente qualquer ovo como *free range,* e muitos produtores ainda rotulam seus ovos como *cage-free*. Na Austrália, o governo estabelece normas bem mais restritas e os ovos que não se enquadram devem ser rotulados como botados em gaiola ou em ambiente confinado.

Free range não significa, na legislação americana, que as aves foram mais bem alimentadas do que em granjas comuns, sem alimentos embutidos ou modificados. Esse é mais um motivo para os ovos *free range* serem mais baratos que os ovos orgânicos.

Os ovos *free range* muitas vezes apresentam gemas com uma coloração bem alaranjada, devido à abundância de gramíneas e de insetos na dieta das aves. Uma gema mais amarelada ou mais alaranjada, entretanto, não garante que a ave foi criada solta, pois aditivos na alimentação das aves, tais como pétalas de calêndula, algas desidratadas ou alfafa, também dão uma coloração mais forte à gema.

OVOS ORGÂNICOS

Ao comprar ovos, normalmente temos que escolher entre os marrons ou brancos, grandes ou pequenos, mais caros ou mais baratos. De modo geral, não diferenciamos uns dos outros, porém, isso está mudando. Como consumidora, vou às feirinhas dos produtores (*farmer's market*) que se espalharam em todos os bairros da Califórnia, nos Estados Unidos, onde os produtores oferecem seus produtos diretamente para os consumidores. Essas deliciosas visitas domingueiras me dizem que uma caixinha de determinados ovos não é a mesma coisa que as outras.

Podemos comprar ovos com base na cor da casca, no tamanho e também em vários outros critérios: conteúdo orgânico da alimentação das aves, quantidade ou qualidade de liberdade e espaço de que desfrutam, tamanho de suas gaiolas ou galinheiros, quanto recebem de carne para se alimentar, vigilância de práticas que não causem sofrimento às aves, etc.

Hoje, a mais nova tendência entre os produtores é diferenciar seus produtos usando preocupações nutricionais específicas. Esse novo nicho propõe o patenteamento dos ovos, e a patente revela que todos os benefícios são provenientes da dieta da qual se alimentam as aves. O que uma galinha come tem efeito significante no que estará presente no ovo. Com uma dieta rica em vitamina E e baixa em gordura saturada, os ovos acabam sendo patenteados por seu alto conteúdo de vitamina E e baixa gordura saturada.

São duas as maneiras possíveis para mudar o conteúdo de um ovo. A tradicional é a seleção por raça: o produtor investiga mil ovos, de mil aves diferentes, e encontra as galinhas que produzem, por exemplo, ovos com o menor conteúdo de colesterol; essas aves serão isoladas e postas para procriar, em um processo repetido por várias gerações, até que se possa dizer que é uma raça de aves que produzem ovos com menos colesterol. A segunda maneira envolve a engenharia genética, pela qual alguns genes são adicionados ou retirados do DNA da galinha.

O QUE É PRODUTO ORGÂNICO?

As práticas de agricultura orgânica se baseiam em um equilíbrio entre a natureza e a produção alimentar, alcançado com métodos e materiais de baixo impacto ambiental. O objetivo principal é otimizar a saúde e a produtividade em comunidades interdependentes de áreas agrícolas, plantas, animais e pessoas.

Para ganhar o certificado de orgânico, o produtor não pode utilizar produtos químicos capazes de acumular resíduos ou poluir a água, o ar ou o alimento. Deve investir em diversas técnicas de produção, como rodízio produtivo, melhoria da qualidade do solo pelo uso de compostos orgânicos e emprego de materiais naturais no controle de pestes, por exemplo. Nenhum conservante ou elemento irradiado pode ser utilizado. Não se pode utilizar nenhum fertilizante sintético, pesticidas perigosos ou outros produtos químicos tóxicos na terra durante os três anos anteriores ao requerimento do certificado orgânico, e nunca mais a partir daí. Na verdade, vale ressaltar que, devido ao uso extenso e prolongado de pesticida no método convencional de produção de alimentos, se reconhece a hipocrisia da expressão *pesticide free*, ou "livre de pesticida"; afinal, como parte de um planeta contaminado, seria impossível dizer que existe um produto completamente livre de qualquer contaminação.

Outro aspecto fundamental para a certificação orgânica está no compromisso de tratar os animais sem crueldade. Seu comportamento natural deve ser respeitado; eles devem receber apenas alimentos orgânicos, viver ao ar livre, não receber aplicações de antibióticos ou hormônios e ter acesso amplo ao pasto. De nenhuma maneira podem ser confinados ou abatidos com sofrimento. A certificação orgânica requer ainda o respeito ao bem-estar das aves, proibindo o corte dos bicos ou asas sem anestesia, métodos comuns na produção avícola regular.

Os ovos orgânicos são postos por aves que vivem em ambientes, temperaturas e condições apropriados e controlados, e que são alimentadas sem pesticidas, fungicidas, herbicidas e fertilizantes comerciais. As aves para reprodução comercial não podem receber hormônios. Devido ao custo elevado desse tipo de ave, bem como ao tamanho das produções, os ovos orgânicos são mais caros do que ovos comuns. O conteúdo nutricional, o tamanho e o frescor, entretanto, são os mesmos das outras aves.

A granja industrial é uma prática de criação de animais em confinamento de alta densidade de ocupação que opera como uma fábrica, prática que se tornou padrão na agroindústria. O objetivo é se obter o máximo de produção ao custo mais baixo possível – o que envolve fatores como o uso de biotecnologia, de equipamentos modernos e a globalização da economia. Esse tipo de produção requer pesticidas e antibióticos para conter a contaminação de doenças e pestes exacerbadas pela situação de confinamento superpopulacional. Existem diferenças de práticas e técnicas de país para país, mas que não eliminam o debate contínuo acerca dos benefícios e riscos dessas verdadeiras fazendas-fábrica. Questiona-se a eficiência da produção alimentar, o impacto ambiental, o tratamento digno aos animais, os riscos à saúde e se esse é o caminho para resolver o problema de uma demanda crescente pela também ascendente população mundial.

A Organização Mundial da Saúde Animal (OIE) e a Organização das Nações Unidas (ONU) estimam que nas próximas décadas se somarão bilhões de novos consumidores nos países em desenvolvimento comendo alimentos das fazendas-fábrica. Atualmente, cerca de um quinto do planeta tem capacidade de responder adequadamente às crises originadas por doenças animais, como a doença da vaca louca, a dengue, etc. O uso ilimitado de antibióticos aumenta a chance de desenvolvimento de uma resistência pandêmica a práticas adotadas, agravadas pelo sistema global de distribuição de alimentos.

O pasto ou o alimento orgânico que é oferecido aos animais deve ser cultivado por produtores certificados. Para se tornar um produtor orgânico, a plantação e, no caso da produção de animais, o pasto devem estar completamente livres de organismos geneticamente modificados (OGMs) e de fertilização sintética três anos antes da certificação. Caso a plantação esteja livre de organismos mas sofra contaminação cruzada, ou seja, se o agricultor aplica aditivos em alguma parte de sua plantação, a terra será inutilizada como pasto orgânico. No caso das aves, nenhum alimento feito com restos de produtos animais (*by-products*) pode ser utilizado.

Na produção de aves e ovos orgânicos não é obrigatório que as aves vivam soltas e tenham livre acesso ao ambiente externo. Segundo a regulamentação norte-americana, as aves devem ter à disposição um ambiente externo protegido contra predadores, todo forrado por redes/ninhos de desova. Abrem-se pequenas portinholas em determinados horários e elas podem sair se quiserem.

Aves produtoras de ovos orgânicos ainda são criadas em confinamento, exatamente como aves produtoras de cunho industrial. Podem ser criadas fora das gaiolas e galinheiros e andar pela área mínima de circulação, calculada segundo o número de aves e o espaço, em metros quadrados. Infelizmente, esses padrões de espaço não são calculados para o bem-estar dos animais, mas para simplesmente amenizar o impacto do alto confinamento e as condições perversas do ambiente. É mais dinheiro pelo tratamento VIP, que é pura fachada.

Numa operação orgânica, os ninhos são colocados sobre cinturões, não diretamente no chão, e as aves são estimuladas a botar apenas dentro do ninho. Caso um ovo seja encontrado no chão, deve ser descartado. O sistema de cinturões automatizados se incumbe de levar o ovo até um depósito, o que diminui ou elimina o contato humano com os ovos (algo que, segundo o produtor orgânico, perturbaria a ave, afetando a produção).

Produtores orgânicos também não podem dar às aves antibióticos de nível baixo (geralmente adicionados ao alimento); podem usá-los apenas durante uma contaminação ou uma infecção. Os benefícios a longo prazo para o sabor e o valor nutricional desses ovos normalmente superam as pequenas desvantagens da quantidade (por princípio, qualidade acima da quantidade).

FORMAS DIFERENCIADAS DE OVOS

O termo se refere ao processamento e às formas de ovos utilizadas na indústria para produzir alimentos e ingredientes; de modo geral, a todas as formas de ovos fora da casca. No início, os ovos eram removidos da casca para processamento posterior. O processo consistia em quebra do ovo, filtragem, mistura, estabilização, adição de ingredientes, pasteurização, esfriamento, congelamento ou secagem e empacotamento. Pode ser aplicado a ovos inteiros, apenas claras ou apenas gemas; os ovos podem ser modificados com a adição de outros produtos, mas de maneira geral todos são pasteurizados. Tais derivados podem ser encontrados sob diversas formas, como líquida, congelada e em pó.

Esses produtos não são novos; a secagem de ovos destinada ao comércio já era realizada em Saint Louis, no estado norte-americano de Missouri, por volta de 1880. A primeira produção comercial de ovos inteiros congelados começou em 1903, e a de ovos separados, em 1912. As máquinas de quebrar ovos começaram a ser utilizadas em 1951. Para o consumidor, os substitutos de ovos sem colesterol, refrigerados ou congelados, se tornaram acessíveis em 1973, com claras, sabor artificial de ovo e outros aditivos. Os produtos à base de ovos nos Estados Unidos consumiam 31% da produção de ovos geral em 2007, 66 milhões de ovos *in natura*.

As formas alternativas de ovos (líquida, congelada e seca) são vendidas em supermercados, e todas são usadas pela indústria na elaboração de alimentos, desde maionese até sorvete. A popularidade se deve à praticidade e ao fator econômico, já que em quantidades industriais os ovos líquidos são bem mais baratos, mais fáceis de armazenar e de pesar.

Trabalhei em uma companhia que revendia ovos para a Disney, em Orlando. Usavam-se somente ovos líquidos (congelados), por exigência da empresa, que afirma serem menos perecíveis, diminuindo o risco de contaminação de alimentos, e por aspectos sanitários gerais. Os valores nutricionais são os mesmos dos ovos em casca, assim como a maioria das propriedades funcionais.

SUBPRODUTOS

Os subprodutos são produzidos nos Estados Unidos sob rigorosa e contínua inspeção sanitária. O primeiro passo é a quebra do ovo e a separação das claras e gemas. Em um processo completamente automatizado, os ovos são levados por cinturões, lavados e têm as cascas higienizadas; então, são quebrados e separados em claras e gemas, ou misturados. O ovo líquido será filtrado, misturado e resfriado antes da continuação do processo. Nos Estados Unidos, por lei, todos os subprodutos de ovos distribuídos para consumo devem ser pasteurizados; isso significa que devem ser rapidamente aquecidos, mantidos a essa temperatura por algum tempo e rapidamente esfriados. Esse processo destrói a salmonela, mas não cozinha o ovo nem altera sua coloração, seu sabor ou seu valor nutricional. Claras desidratadas, por exemplo, depois de secas, são submetidas à pasteurização de novo.

Um excelente uso para produtos pasteurizados é em receitas nas quais o ovo ficará cru, como maionese, molhos de salada (Caesar salad), molho hollandaise, gemada, sorvetes e recheios de torta à base de ovos – como o da torta de limão –, zabaione, entre outros.

Todos os alimentos, especialmente os delicados como ovos e derivados, ainda que pasteurizados, podem ser contaminados caso não sejam manipulados de maneira apropriada e conservados estritamente segundo a especificação do fabricante.

- Produtos congelados não devem apresentar sinais de descongelamento.
- Produtos refrigerados devem ser mantidos a 4,4 °C ou menos.
- Produtos desidratados não devem formar grumos ou se apresentarem endurecidos.

FORMAS

Os substitutos de ovos frescos favorecem pessoas preocupadas com o controle de colesterol (porque não contêm gemas), que são alérgicas à gema, que não podem consumir ovos *in natura* ou que são intolerantes aos produtos elaborados com ovos. A clara do ovo é sempre utilizada nesses produtos, combinada com outros ingredientes para criar a textura e o sabor similares aos do ovo; porém, para os alérgicos à clara, esse tipo de substituto de ovo não é adequado.

Nos Estados Unidos, por exemplo, são vendidos ovos em casca, ovos inteiros congelados, gemas congeladas, claras congeladas, ovos pasteurizados e ovos secos. Além dessas variedades, produtos à base de ovos também se apresentam à disposição do consumidor. Vale lembrar que toda substituição de ingrediente acarreta mudança no produto final. Assim, se você tem à disposição apenas um certo tipo de ovo, experimente e adapte sua receita.

Produtos derivados de ovos são vendidos em uma variedade de formas. Antes restritos à indústria alimentícia e afins, hoje o consumidor direto também pode encontrar nos supermercados ovos líquidos (ovos inteiros, claras e gemas) e substitutos de ovos, ovos secos e claras em embalagens de fácil manipulação. As formas disponíveis são:

- ovos desidratados;
- ovos congelados;
- produtos refrigerados à base de ovos;
- produtos especiais.

OVOS DESIDRATADOS

O processo de produção de ovos desidratados é simples, foi iniciado em 1870 e progrediu consideravelmente. Oferece controle microbial ao ovo com a redução dos níveis de água, por meio de várias técnicas. Comercialmente expandido para o exército americano nos anos 1930, mistura ovo inteiro e/ou gemas com açúcar e glicose de milho, albumina em flocos, sólido de claras instantâneo, sólidos de gemas, sólidos de gemas estabilizados e ovos inteiros. As formas secas também contêm algum tipo de amido ou espessante para a obtenção da textura adequada. Extrato de fermento (bactéria) também é adicionado, juntamente com gomas naturais, para fazer o papel de texturizador.

Nos Estados Unidos, os ovos inteiros desidratados mais consumidos são uma mistura de ovos inteiros, leite desnatado em pó, óleo de soja e uma pequena quantidade de sal. Usualmente, 2 colheres de sopa (30 gramas) são diluídas em ¼ xícara, ou 60 milímetros, de água. Embalagens de 200 gramas, equivalentes a 6 ovos, são muito comuns em distribuição para bancos de alimentos, reservas indígenas, escolas públicas e famílias que recebem auxílio governamental; esses ovos também são um importante produto nos esquemas de distribuição de alimentos em situações de desastres/calamidades públicas, como furacões e terremotos. Esse tipo de substituto funciona bem para ovos mexidos, omeletes e variadas receitas.

São dois os produtos à base de claras desidratadas:

- CLARAS EM PÓ: as claras desidratadas são pasteurizadas e completamente seguras da contaminação de bactérias. Produzem um volume excepcional e estabilizam as espumas à base de claras, sendo indicadas para uso em bolos de claras, bolos aos quais se incorporam claras em neve (chiffons e genoises e bolos do tipo esponja), coberturas à base de merengues crus ou assados, confeitos como suspiro, nougat (ou torrone), macaron, etc. Substituição: 1 clara = 2 colheres de chá de claras em pó diluídas (2 colheres de sopa de água morna).
- PÓ PARA MERENGUE: produto pasteurizado, contém claras secas, açúcar, cremor de tártaro e amido de milho. É utilizado para a elaboração de glacê real, merengue e coberturas de claras estabilizadas ou cozidas (marshmallow, merengue italiano) e œufs à la neige (floating island). O pó para merengue pode ainda ser adicionado ao merengue suíço e ao francês, bem como a outros doces. Uso: 4 claras equivalem a 1 colher de chá de merengue em pó, ou siga as orientações do fabricante.
- CONSERVAÇÃO: as claras em pó, ou desidratadas, devem ser armazenadas em ambiente seco, a 21 °C, distantes de luz ou odor forte. Retire apenas a quantidade que irá utilizar imediatamente. Após abrir a embalagem, é preciso fechá-la, lacrá-la e mantê-la em local fresco.

OVOS CONGELADOS

Podem ser claras, gemas, ovos inteiros, ovos inteiros com adição ou não de açúcar, ovos inteiros fortificados, gemas com adição de açúcar, misturas de ovos inteiros. Tipicamente, o substituto congelado emprega tofu ou leite desnatado, corante artificial amarelo, sabor artificial de ovo e alguma forma de amido ou espessante. Os substitutos congelados funcionam bem para ovos mexidos, bolos e tortas e como agentes aglutinadores. O produto congelado tem um prazo de validade mais curto (depois do descongelamento), mas os benefícios para a saúde compensam.

Conserve os ovos na temperatura de 4 °C, mas não os congele dentro da casca; quebre-os em um recipiente limpo e tampe-os hermeticamente.

- **CONGELAMENTO DE OVO INTEIRO:** o ovo inteiro tolera bem o congelamento sem necessidade de aditivo, mas uma pitada de sal ou um pouco de glicose de milho auxilia na estabilização das proteínas. Quebre os ovos, misture-os bem e coloque-os em pequenos recipientes, com etiqueta para data e número de ovos. Uso de ovos inteiros congelados: 3 colheres de sopa equivalem a 1 ovo fresco.

- **CONGELAMENTO DE CLARAS:** acondicione-as em recipientes pequenos, sem nenhum aditivo. Etiquete com data e quantidade de claras. Duração de 1 mês a 3 meses. Uso de claras congeladas: 2 colheres de sopa equivalem a 1 clara fresca. Após congeladas, as claras apresentarão mais facilidade para adquirir volume, pois o congelamento e o descongelamento reduzem a tensão em sua superfície, facilitando extremamente sua capacidade de inflar-se depressa.

- **CONGELAMENTO DE GEMAS:** depois de congeladas, as gemas ficam com consistência "borrachuda" e apresentam certa disfuncionalidade. Suas propriedades gelatinizantes naturais fazem com que se espessem ou gelatinizem quando congeladas. Por vezes, se congeladas no estado natural, ficam tão espessas que será impossível usá-las em uma receita. Para retardar essa gelatinização, acrescente sal, açúcar ou glicose de milho às gemas que serão congeladas. Ao congelá-las as gemas, adicione, para cada ¼ de xícara, ⅛ de colher de chá de sal ou 1½ colher de chá de açúcar ou glicose de milho. Etiquete o recipiente com data e quantidade e indique se tem sal ou açúcar.

Ao comprar produtos congelados, verifique se estão na temperatura correta. Para descongelar, deixe-os no refrigerador durante algumas horas ou descongele-os em água corrente. Use produtos descongelados o mais rápido possível; não ultrapasse três dias em geladeira.

No caso de claras, gemas e várias misturas, mantenha os produtos sob refrigeração e consuma-os o mais rápido possível. Claras pasteurizadas podem ser armazenadas lacradas por até três meses e refrigeradas após abertas por uma semana apenas. Confira a etiqueta da embalagem, pois o tempo de armazenagem pode variar de fabricante para fabricante.

OVOS: NUTRIÇÃO

Um dos alimentos mais nutritivos e completos que se pode comprar, o ovo contribui imensamente para uma dieta saudável e balanceada. Um ovo médio oferece em torno de 80 kcal e uma variedade de nutrientes que incluem proteínas de alta qualidade, vitaminas (A, B2, riboflavina, B12, D) e minerais. Por seu moderado teor de gordura saturada, os ovos são uma opção saudável e rápida a qualquer refeição. Além de nutritivos, são saborosos, versáteis e convenientes. Contêm todos os oito aminoácidos essenciais, conhecidos como blocos construtores de proteína. Os aminoácidos essenciais são aqueles que devem ser ingeridos porque nosso organismo não consegue produzi-los.

- Um ovo fornece 6,25 gramas da proteína de alta qualidade.
- A gema contém um agente emulsificante, a lecitina, que reage como estabilizador da emulsão água e óleo, prevenindo sua separação. A lecitina atrai as partículas de óleo e água, e forma uma fina camada ao seu redor para protegê-los de dispersão.

- As proteínas são um extenso grupo de compostos orgânicos encontrados em todos os organismos vivos. Incluem oxigênio, carbono, hidrogênio e nitrogênio, e a maioria também contém sulfa.
- As albuminas são um dos grupos de proteínas globulares solúveis em água que formam coágulos insolúveis quando expostas ao calor; ocorrem nas claras, no leite, no sangue e nas plantas. A albumina sérica é 55% da proteína de plasma no sangue, auxilia a regular a pressão osmótica e aumenta o volume do plasma. A lactoalbumina é uma das proteínas do leite.
- A clara apresenta mais da metade da proteína contida no ovo, contendo riboflavina, niacina, cloro, sódio, magnésio, potássio e enxofre.
- Os ovos contêm vitaminas A, B (tiamina, riboflavina e niacina) e D, todas essenciais para o desenvolvimento na infância e na adolescência.
- Os ovos contêm um abundante suplemento de minerais, tais como fósforo e ferro, fundamentais para a saúde.
- Os ovos são limitados em cálcio (a maior parte está na casca) e contêm pouca ou nenhuma vitamina C.
- A gordura contida nas gemas é tão finamente emulsificada que apresenta digestão simples, mesmo para bebês.

TABELA 6. ANÁLISE NUTRICIONAL DE 1 OVO GRANDE (57 GRAMAS)

Calorias	80	kcal
Proteína	6,3	gramas
Gorduras totais	5	gramas
Gorduras monoinsaturadas	2	gramas
Gorduras poli-insaturadas	0,07	gramas
Gorduras saturadas	1,5	gramas
Colesterol	213	miligramas
Carboidratos	0,6	grama
Sódio	63	miligramas

OVOS: QUÍMICA

As proteínas do ovo mudam quando são aquecidas, batidas ou misturadas com outros ingredientes, e compreender essas transformações nos auxilia a entender o papel dos ovos na culinária. As proteínas são compostas por uma longa cadeia de aminoácidos. As proteínas das claras são moléculas longas torcidas, dobradas e curvadas em um formato mais ou menos esférico. Uma variedade de ligações químicas fracas mantém a proteína separada da água que a cerca.

- AQUECIMENTO: com a aplicação de calor, ocorre uma agitação das proteínas das claras, fazendo com que elas se movam e se batam nas moléculas de água que as circundam. Toda essa movimentação quebra as ligações entre as proteínas, que já eram fracas. As proteínas dos ovos se desdobram e batem em outras proteínas livres, estabelecendo novas ligações químicas conectando uma proteína à outra. Após essas trombadas e acasalamentos, as proteínas antes solitárias formam uma cadeia interconectada de proteínas. A água na qual antes flutuavam é capturada e aprisionada na cadeia de proteína. Assim, se deixadas a uma alta temperatura por muito tempo, muitas cadeias vão se formar e as claras se tornarão borrachudas.
- BATIDA: quando batidas, as proteínas para a elaboração de um merengue ou um suflê incorporam bolhas de ar na solução água-proteína. Adicionar essas bolhas de ar às claras desdobra as proteínas, assim como quando as aquecemos. Na verdade, as estruturas de aminoácidos que constituem as proteínas são atraídas por água, ou seja, são hidrofílicas. Outros aminoácidos são repelidos pela água, os hidrofóbicos. As claras contêm tanto aminoácidos hidrofílicos quanto hidrofóbicos; quando as proteínas se dobram, os aminoácidos hidrofóbicos se juntam no centro, tratando de se esquivar da água, e os hidrofílicos vão para fora, mais próximos à água. Quando uma proteína do ovo se vê acuada por uma bolha de ar, parte da proteína é exposta e parte ainda está na água.

Ela se desdobra para que a parte hidrofílica fique imersa na água – e a parte hidrofóbica possa sair ao ar. Uma vez que as proteínas se desdobram e se combinam entre si – assim como aconteceu quando o ovo foi aquecido –, cria-se uma rede capaz de conter as bolhas de ar em seu lugar. Quando aquecidas, essas bolhas de ar se expandem devido ao aquecimento do gás dentro delas. Tratada apropriadamente, a rede que circunda as bolhas se solidifica no calor e a estrutura não entra em colapso quando as bolhas explodem.

■ MISTURA: água e óleo não se misturam. Em muitas receitas misturamos bases oleosas e bases aquosas e precisamos que fiquem dessa maneira. Normalmente, as gemas entram nas preparações para criar uma emulsão. A maioria das emulsões alimentares são conhecidas como do tipo óleo em água, o que significa que minúsculas gotas de óleo (gordura) são dispersas através da água. Se colocarmos água e óleo em uma jarra e chacoalharmos, dispersamos o óleo. Entretanto, para prevenir que as gotículas de óleo cedam, uma substância chamada emulsificante é requerida. A gema do ovo contém um grande número de emulsificantes, e isso torna as gemas tão importantes quando fazemos molhos como maionese e hollandaise, por exemplo. Muitas proteínas na gema podem atuar como emulsificantes porque contêm certos aminoácidos que repelem água e outros que atraem água. Misturar as proteínas completamente com água e óleo resulta na ação de uma porção de proteína aderir à água e outra parte aderir ao óleo.

A CLARA

Clara é o nome comum pelo qual conhecemos um líquido transparente, também chamado de albumina, contido no ovo. Em ovos de galinha, a clara é formada a partir de camadas de secreções da parte anterior do oviduto da ave durante a passagem do ovo. Forma-se ao redor da gema, fertilizada ou não, exatamente com a função de protegê-la e prover nutrição adicional ao crescimento do novo embrião. A clara representa 58% do peso do ovo inteiro, sendo 88% água e 11% proteína; o restante consiste de minerais e carboidratos. Em estrutura, a clara apresenta ⅞ da água do ovo, ⅛ da proteína, 0% da gordura e pequenas quantias de niacina, riboflavina, potássio, enxofre, cloro e magnésio. Assim como a gema, apresenta camadas concêntricas, alternadas em finas e espessas. Ao redor da gema fica a clara espessa, conhecida como albumina espessa, que é envolvida pela clara fina.

A clara tende a se tornar mais fina quando o ovo envelhece. Por isso, os ovos frescos se mantêm firmes durante a cocção e os ovos mais velhos se esparramam. A clara é mais opaca do que verdadeiramente branca devido à presença de dióxido de carbono; ao envelhecer, essa substância escapa e a clara fica mais transparente. Ou seja, quanto mais fresco o ovo, mais se nota a presença da clara grossa. A ovomucina é a proteína que dá à clara sua aparência gelatinosa, tornando-a espessa.

A clara pura (não diluída) coagula em aproximadamente 60 °C, ou se torna gelatinosa nessa temperatura. A coagulação pode iniciar a uma temperatura ligeiramente mais baixa, mas a quantidade coagulada em temperatura mais baixa é indeterminada. Na coagulação, ocorrem mudanças na clara, que passa de transparente para uma massa branca e opaca. Se o ovo é aquecido lentamente, isso ocorre a 62 °C, e ele fica mais firme a 64 °C ou 65 °C.

A ALBUMINA

Essa palavra deriva do latim *albus,* que significa "branco". São quatro camadas alternadas de albumina grossa e fina, que contêm aproximadamente quarenta proteínas diferentes e a água (67% do peso total do ovo). Mais da metade da proteína da clara é ovalbumina, seguida de ovomucina e globulinas.

COMPOSIÇÃO QUÍMICA DA CLARA

A clara representa cerca de ⅔ do peso total do ovo, sendo 90% água. O restante apresenta-se em forma de proteína, vitaminas, matéria graxa, glicose e traços de minerais. Um ovo grande contém cerca de 20 quilocalorias e zero colesterol. Em um ovo de tamanho grande (padrão), a clara perfaz em torno de 38 gramas, com 4,7 gramas de proteínas, 0,3 grama de carboidrato e 62 miligramas de sódio.

Na verdade, a clara é uma mescla coloidal homogênea; em virtude de ser um coloide, apresenta um fenômeno muito particular de dispersão de luz, chamado efeito Tyndall (discutido na Introdução). Sua composição é de aproximadamente 90% de água e o restante de proteína, traços de minerais, matérias graxas, vitaminas (riboflavina que proporciona uma coloração suavemente amarelada) e glicose (responsável pelo escurecimento do ovo conservado por um tempo mais prolongado). As proteínas da clara estão presentes para defender o ovo de infecções de bactérias e outros microrganismos, e sua função biológica é deter as agressões bioquímicas do exterior.

TABELA 7. ESTRUTURA DE PROTEÍNAS NA CLARA

TIPO DE PROTEÍNA	(%)
Ovalbumina	54
Ovotransferrina	12
Ovomucoide	11
Globulinas	8
Lisozima	3,5
Ovomucina	1,5
Avidina	0,06
Outros	10

ESPUMA E COAGULAÇÃO

O estresse físico de bater as claras com um batedor pode criar uma espuma. Dizemos "pode" porque, na presença de quaisquer resquícios de gordura, principalmente resquícios de gemas, as batidas não atingirão seu pico. Então, na ausência de gordura, são dois tipos de estresse físico que são causados pela agitação: no primeiro, o batedor circula o líquido sobre si, criando uma força que desdobra as moléculas de proteína, o que chamamos desnaturação; o segundo vem do ar que é acumulado e aprisionado dentro da mistura, causando à proteína uma mudança em seu estado natural. Essas proteínas desnaturadas se juntam, e ar e água se encontram, criando ligações múltiplas com as outras proteínas; ainda que se tornem uma espuma, mantêm o ar incorporado em seu lugar. Esse processo é chamado de coagulação.

A coagulação é uma mudança físico-química que ocorre quando a proteína é convertida de líquido para o estado semissólido ou sólido, causada por calor, sal, ácidos e álcalis. A clara coagula a 60 °C, a gema a 65 °C e ovo inteiro entre 63 °C e 65 °C. Essas temperaturas diferentes de coagulação são o resultado da diferença na estrutura da clara e da gema. A taxa na qual as proteínas do ovo coagulam aumenta à medida que a temperatura aumenta. A clara coagula a uma temperatura ligeiramente mais baixa que a gema.

Ao submetermos o ovo a atrito físico, provocamos a coagulação. Quando batida, a clara cria e aprisiona bolhas de ar que ficam presas, formando-se uma espuma. Conforme se vai batendo, mudanças ocorrem na espuma e as bolhas de ar diminuem no tamanho e aumentam em número. A espuma torna-se grossa e dura, e perde suas propriedades de fluidez com o aumento da quantidade de ar que é incorporado.

A proteína da clara é elástica, permitindo que o ar captado preserve suas qualidades para expandir com o calor, sem danificar a espuma. Quando as claras são batidas, incluímos ar e, ao mesmo tempo, a espiral da proteína torcida se desdobra e se reorganiza, capturando o ar, formando uma espuma estável. Assim, a espuma é criada quando as moléculas de ar são cercadas por proteínas estendidas das claras e bolhas de ar são formadas e aprisionadas na mistura.

Quando a clara é batida vigorosamente, forma-se uma espuma e ela é aumentada em volume de seis a oito vezes. As claras em neve são essenciais para a produção de suflês, merengues, mousses e bolos estilo pão de ló (esponja).

Quando o ovo e o açúcar são batidos sobre a água quente, observa-se o aumento no volume de espuma. Adicionado a suflês, o ar se expande com o calor e atua como um agente de expansão. Ovos batidos inteiros têm a mesma capacidade de espuma que a clara, mas em menor grau. Na preparação de doces, a adição de claras faz a inclusão de ar mais favorável do que uma solução de açúcar e água, que sozinha não pode capturar o ar.

O FATOR pH

O potencial de hidrogênio iônico, mais conhecido como pH, é uma característica de todas as substâncias determinada pela concentração de íons de hidrogênio. Introduzido em 1909, o conceito indica a acidez, a neutralidade ou a alcalinidade de um meio.

Usada para descrever o grau de acidez ou de alcalinidade (basicidade) de uma substância, a escala de pH varia de 0 a 14, e o valor médio, 7, corresponde a soluções neutras. Acima de 7, as soluções são consideradas básicas; abaixo de 7, são ácidas. Os valores que separam cada unidade aumentam em proporção à distância do ponto médio, que é o 7, para terem um equilíbrio certo entre acidez e alcalinidade.

Um ponto de pH significa uma concentração 10 vezes maior ou menor do que a anterior/posterior na escala. É como dizer, por exemplo, que um pH 5 é cem vezes mais ácido que um pH 7 (neutro). Ou seja, um ponto de diferença se converte em uma diferença enorme de concentração, que altera significativamente o objeto estudado.

O sangue humano, por exemplo, tem pH levemente alcalino (de 7,35 a 7,45); se estiver acima ou abaixo disso, pode indicar sintomas e doenças. Quando ácido, o corpo absorve menos minerais e outros nutrientes, diminuindo a produção de energia nas células, a capacidade de reparação de células danificadas e a eliminação de metais pesados (como o alumínio de panelas), tornando-se propenso a ter fadiga e muitas doenças. Podemos dizer que um pH de 6,9, levemente ácido, pode induzir ao coma e mesmo ao óbito.

TABELA 8. EXEMPLOS DE VALORES DE pH

SUBSTÂNCIA	pH	
Suco gástrico	1 – 3	mais ácido
Sumo de limão	2,2 – 2,4	
Refrigerantes tipo cola	2,5	
Vinagre	2,4 – 3,4	
Cremor de tártaro	3 – 4	
Cerveja	4 – 5	
Café	5	
Chá	5,5	
Leite	6,3 – 6,6	menos ácido
Água pura	7	neutro
Sangue humano	7,35 – 7,45	menos alcalino
Proteína de clara de ovo	7,6 – 7,9	
Água do mar	8	
Bicarbonato de sódio	9	
Água sanitária	12,5	
Hidróxido de sódio (soda cáustica)	13,5	mais alcalino

Para manter uma dieta saudável, deveríamos equilibrá-la consumindo alimentos cítricos e parte de alimentos alcalinos (60%), como frutas, verduras, alguns grãos (lentilhas, feijões, sementes e nozes), muitas ervas e condimentos de ação específica. Um ponto de restrição é a ingestão de alimentos processados, carregados em farinhas e açúcares, refrigerantes, café e alguns chás.

A manutenção de um pH saudável em nosso corpo começa com o próprio conhecimento dos níveis traduzidos na escala: todos os alimentos e bebidas têm um pH que pode mudar quando digerido. O suco de laranja, por exemplo, é ácido fora do corpo, com pH entre 3 e 4, mas depois de metabolizado deixa resíduos alcalinos. Assim, o efeito do pH do alimento dentro de seu corpo pode ser diferente do pH do alimento em si.

[CLARAS E pH

As claras são utilizadas em produtos alimentícios por várias propriedades funcionais, que são fortemente influenciadas por: pH, força iônica e concentração de sais. Alterações de pH influenciam na capacidade de gelificação da clara e modificam a temperatura de coagulação e consequentemente a característica de seu gel. Por exemplo, em um pH igual a 7, as propriedades viscoelásticas e a microestrutura das claras também se alteram.

TABELA 9. VALORES DE pH NAS CLARAS

INGREDIENTE	pH
Clara líquida (normal)	9
Clara pasteurizada	8-10
Clara em pó	6,5
Ovo fresco (nunca refrigerado, não pasteurizado)	9-10

As espumas tendem a ser mais resistentes quando formadas com pH mais baixo (número mais baixo), o que produz bolos de estruturas mais finas e delicadas, por exemplo. A adição de cremor de tártaro para reduzir o pH é uma técnica utilizada há muitos anos e ainda branqueia as claras.

AERAÇÃO: AS BOLHAS DE AR DA ESPUMA

As espumas de claras são feitas de bolhas de gás separadas por filmes de proteínas líquidas muito finos. Quando agitadas, as moléculas estritamente coesas relaxam e começam a se desdobrar e esticar. No decorrer do processo, as proteínas esticadas começam a dar voltas sobre si mesmas, criando uma longa e elástica superfície. Isso é conhecido como pico suave, no qual as bolhas de ar estão relativamente maiores e a espuma se mostra instável porque as proteínas não se ligaram o suficiente para criar uma estrutura rígida capaz de aprisionar as bolhas de ar. Continuando a bater, as proteínas avançam em sua capacidade de interligar-se e aprisionam as bolhas de ar, separando-as.

As bolhas ficam menores e em maior quantidade, construídas em uma cadeia tridimensional de moléculas de proteínas unidas. A chave é estabelecer uma espuma uniforme e fina, mas que ainda apresente umidade e elasticidade suficientes para não romper as cadeias de ar formadas.

O açúcar potencializa o ganho de volume máximo de incorporação de ar, evitando que haja batimento excessivo, que pode comprometer a estrutura da clara em neve. Caso batidas demais, muito depressa ou muito vagarosamente, as proteínas sofrerão excesso de coagulação, tornando-se muito rígidas e rompendo-se, espremendo todo o líquido para fora da espuma formada. Tecnicamente, isso é chamado de sinérese.

COMO MONTAR AS CLARAS

Trata-se de uma tarefa simples, mas, para um resultado de efeito de leveza, será requerido equipamento e procedimento adequados. Primeiro, a separação dos ovos é essencial: mesmo uma gota de gema vai reduzir drasticamente a oito vezes o volume desejado. Principiantes podem alcançar melhor resultado à mão com um batedor globo. Uma batedeira com um anexo de globo vai fazer um bom trabalho, mas atente-se para o fato de que um número maior de batidas acarretará uma espuma granulada e instável. Quando as claras começam a espumar, pode-se conseguir maior estabilidade adicionando uma pitada de cremor de tártaro. O açúcar, além de dar sabor, aumenta a estabilidade nas receitas de doces. No entanto, também aumenta o tempo e reduz a quantidade de batimento, oferecendo leveza e volume. Para alcançar os melhores resultados, adicione o açúcar lentamente só depois que as claras começarem a formar os picos. Eis algumas dicas para conseguir o resultado desejado:

- Certifique-se de que a tigela e os batedores estejam completamente limpos. Para obter maior volume, as claras devem estar à temperatura ambiente quando batidas e não devem ter contato com gordura.
- Use recipiente de metal (cobre é excelente) ou de vidro; evite recipientes de plástico.

- Bata previamente as claras em espuma antes de começar a adicionar açúcar. Adicione o açúcar vagarosamente e em etapas. De vez em quando, pare a batedeira e tente trazer as claras do fundo para o topo, a fim de assegurar que a mistura seja batida uniformemente. Para a elaboração de merengues ou claras com açúcar, bata até que o açúcar esteja completamente dissolvido e o pico quase não forme dobras quando você levantar o batedor.
- Amenize a perda de elasticidade adicionando outra clara, e bata somente até a mistura ficar brilhosa e ainda cremosa. Isso será útil se as claras forem batidas em excesso, pois perderão a elasticidade, se tornarão secas e quebradiças e não conseguirão formar as bolhas de ar da espuma.
- Incorpore as claras à mistura mais pesada, e não o contrário, quando adicionar claras em neve à sua receita. Incorpore o mais rápido e delicadamente possível, adicionando as claras em etapas, com o auxílio de uma espátula tipo pão-duro – e sem bater. Quanto mais agilidade e delicadeza, menos perda de volume e ruptura de bolhas, ou células de ar, ocorrerão. Umas poucas irregularidades na mistura são aceitáveis, sumirão com o peso total.
- Adicione uma pequena quantia de cremor de tártaro, suco de limão ou vinagre (algumas gotas apenas) para estimular a coagulação. Isso estabilizará as claras, acelerando a obtenção do volume e da rigidez desejados. Os famosos tachos de cobre também dão bons resultados por causa da presença de ácido natural em sua superfície. Ao utilizá-los, não é preciso usar nenhum outro elemento ácido.

[ADIÇÃO DE CREMOR DE TÁRTARO OU VINAGRE EM CLARAS EM NEVE

Ambos servem para aumentar a acidez das claras. No caso do cremor de tártaro, a adição de uma pitada faz diferença no volume final e na textura de suflês. Como um elemento ácido, o cremor de tártaro é particularmente eficiente na desnaturação (quebra) das cadeias de proteína presentes nas claras. Isso melhora suas propriedades de aglutinação e ao mesmo tempo faz com que coagulem mais vagarosamente, permitindo às proteínas manterem-se mais elásticas e com melhores resultados estruturais.

[ESTABILIZANDO UMA MISTURA DE CLARAS: COBRE E CREMOR DE TÁRTARO

O material da tigela faz diferença na qualidade da formação da espuma. Na França do século XVIII, os *chefs* utilizavam uma tigela de cobre para bater suas claras. Elas produzem uma espuma amarelada e cremosa que é mais difícil de sair do ponto do que as espumas batidas em tigelas de outros materiais, como plástico, inox ou vidro. Alguns íons de cobre migram do recipiente para dentro das claras, formando um complexo amarelado com uma das proteínas do ovo, a conalbumina. A mistura de conalbumina e cobre é mais estável do que a conalbumina sozinha, o que faz com que as claras batidas em um recipiente de cobre sejam menos propensas à desnaturação (quebra).

Quando o ar é atraído para dentro das claras, a ação mecânica desnatura as suas proteínas, rompendo o seu alinhamento. As proteínas desnaturadas, ou desalinhadas, coagulam, firmando a espuma e estabilizando as bolhas de ar. Caso a mistura seja batida em excesso em uma outra tigela, as proteínas se desprenderão completamente e coagularão em torrões, o que é irreversível. Um recipiente de cobre reduz a quantidade de moléculas de proteínas livres para se desnaturarem e coagularem porque algumas estão articuladas no complexo conalbumina-cobre.

O cobre pode também reagir com os grupos contendo enxofre (presente na gema) de outras proteínas, estabilizando as proteínas do ovo ainda mais. Embora o ferro e o zinco, encontrados em outros recipientes, também formem complexos com a conalbumina, esses complexos não fazem a espuma estável. Uma tigela de prata também fornece um resultado excelente; na falta desses elementos, pode-se adicionar uma pitada de cobre em pó (encontrado nos empórios naturalistas). Em tigelas de vidro ou aço inoxidável, o cremor de tártaro deve ser adicionado às claras para auxiliar em sua estabilização. Esse sal ácido pode alterar o pH da clara para um patamar ácido por incrementar o número de íons de hidrogênio livres na clara. Isso estabiliza a espuma e é uma alternativa mais viável que uma tigela de cobre ou de prata, artefatos de difícil acesso; ⅛ de colher de chá (0,5 grama) de cremor de tártaro é o suficiente para se obter o efeito desejado.

ESTÁGIOS DAS CLARAS BATIDAS

Ao bater claras em neve, classificamos em três estágios o pico que se forma ao levantar o batedor: suave, firme e rígido. Se as claras forem batidas demais, vão parecer secas e acabarão desmanchando.

Mas qual é a diferença de formulação e temperatura entre o merengue suave e o rígido? A diferença está na quantidade de açúcar utilizado: um merengue suave normalmente requer 3 colheres de sopa (45 gramas) para cada clara (em torno de 30 gramas), enquanto um merengue duro exige o dobro disso: 4 colheres de sopa (60 gramas). A temperatura para assar ou secar um merengue macio é mais alta, entre 177-232 °C. Isso é necessário para que o merengue não seque completamente e comece a caramelizar ou dourar. O merengue duro é assado/seco a temperaturas menores, como a 121 °C. O tempo de cocção é mais longo e promove a secagem completa do merengue, dando suas características de leveza e crocância.

COCÇÃO DE CLARAS

Quando aplicamos calor à albumina, devemos sempre aplicá-lo moderadamente para controlar o enrijecimento de suas proteínas:

TABELA 10. REAÇÕES DA ALBUMINA DE ACORDO COM A TEMPERATURA

TEMPERATURA	REAÇÃO
57 °C	Fibras brancas em fitas
71 °C	Massa branca gelificada, quase opaca, sólida e digerível
100 °C	Massa seca, que gradativamente se encolhe, tornando-se indigerível. Com mais calor se torna dura e borrachuda.

ESPUMAS OU MERENGUES

No forno, a espuma de claras sofrerá o impacto do calor, que a coagulará, unindo as proteínas ao redor das células de ar e criando uma estrutura que se estabilizará. A coagulação das claras em neve ocorre em média entre 62-65 °C. Devido à variedade das proteínas presentes nas claras, algumas coagulam antes das outras (em diferentes temperaturas). As proteínas que coagulam mais devagar são a chave para a expansão da espuma, porque mantêm a elasticidade enquanto a estrutura começa a estabilizar-se.

COZINHANDO AS CLARAS

Cozinhar as claras antes de introduzi-las em preparações que não serão submetidas a cocção posterior (suflês congelados, baba de moça, mousses, cremes bávaros, etc.) é recomendável como segurança contra contaminações. O método para cozinhar as claras que não são pré-pasteurizadas é exatamente simular a pasteurização ou cozinhar o açúcar e proceder como com um merengue italiano. Primeiramente, faça um banho-maria, misture as claras e o açúcar (pelo menos 2 colheres de sopa de açúcar para cada clara) e o cremor de tártaro (⅛ de colher de chá para cada 2 claras). Bata sem parar até que o termômetro marque 71 °C.

A outra maneira de cozinhar as claras é pela elaboração de um merengue italiano, em que uma calda cozida a 116 °C é entornada lentamente sobre as claras montadas e batidas até a mistura chegar à temperatura ambiente (exploraremos esse processo mais detalhadamente adiante).

Vale ressaltar que é necessário utilizar açúcar no banho-maria, caso contrário as claras se coagularão rapidamente. Teste com um termômetro, pois não há indicação visual do processo. Caso esteja utilizando um recipiente de alumínio, elimine o cremor de tártaro, pois esse agente reage com o alumínio criando uma espuma acinzentada e inadequada.

Quando as claras são batidas (por exemplo, em um merengue), mudam da forma líquida para uma forma de ar em líquido ou espuma. A formação e a qualidade do resultado serão afetadas por várias condições:

- temperatura (muito quente ou muito fria);
- gordura;
- sal;
- açúcar;
- detergente;
- frescor das claras.

As claras apresentam sua significante capacidade de espumar devido à combinação de proteínas. A ovomucina auxilia a estabilizar a espuma enquanto as globulinas encorajam a formação de pequenas bolhas e uma textura suave. Ao batermos as claras, as proteínas se desnaturam, o ar é aprisionado dentro da mistura e forma-se uma espuma.

Ao ser levemente aquecida, a proteína do ovo coagula e forma uma espuma permanente. A natureza elástica da clara é importante porque permite que o ar incorporado se expanda durante o aquecimento sem romper a espuma.

Nos produtos cozidos, a aeração do ovo ocorre durante a mistura e o cozimento. Na fase de mixagem, o ar é incorporado quando os ovos são batidos e delicadamente acrescidos aos demais ingredientes da mistura. Durante o cozimento, o ar se expande com o calor e continua até se atingir a temperatura em que os ovos coagulam e a estrutura recém-criada se torna fixa.

OUTROS INGREDIENTES NA FORMAÇÃO DE ESPUMA

Claras em neve são quase sempre montadas, ou batidas, com outros ingredientes, que podem afetar o processo de formação de espuma, bem como sua consistência final.

O açúcar tanto auxilia como retarda a formação da espuma; adicionado muito antecipadamente, retarda a formação e reduz o volume e a leveza, mas também pode melhorar a estabilidade de uma espuma. Por tornar o líquido mais espesso e denso, o açúcar diminui a drenagem das paredes das bolhas e a espessura da textura. No forno, o açúcar dissolvido se prende nas moléculas de água, retardando sua evaporação, enquanto a albumina aproveita esse tempo para coagular e reforçar a espuma crua. Normalmente ele é adicionado às claras depois de se obter uma pequena espuma, quando muitas proteínas já estão partidas e abertas.

A adição de sal aumenta o tempo de batimento e diminui a estabilidade de uma espuma. Os cristais de sal se dissolvem em íons positivos de sódio e negativos de cloro, e esses provavelmente competem pelas lacunas entre as proteínas abertas, com isso reduzindo o número de ligações proteína-proteína e enfraquecendo a estrutura geral. Assim, é mais indicado que se adicione o sal aos outros ingredientes de uma mistura e não às claras.

Muito raramente uma receita pede que se ponha água na espuma, mas uma quantidade pequena aumenta o volume e a leveza dela. A água afina as claras, entretanto, é mais provável que algum líquido seja drenado da espuma. Albumina diluída a 4% ou mais de seu volume em água não produz um merengue estável.

A GEMA

Responsável por alimentar o embrião em desenvolvimento, a gema fica suspensa na clara por duas tiras espirais de um tecido chamado calaza. Antes da fertilização, a gema, juntamente com o disco germinal, é uma célula única, uma das poucas que podem ser vistas a olho nu. Se o ovo é fertilizado, a gema ficará grudada à parte exterior da clara; se não for fertilizado, então a parte exterior da clara nem existirá.

Em estrutura, a gema apresenta 50% em água, ⅙ em proteína, ⅓ em gordura e emulsificantes (lecitina). Nela estão todas as vitaminas solúveis em gordura (A, D, E e K), além de ser um dos poucos ingredientes que contêm vitamina D naturalmente. Ela também contém fósforo, manganês, ferro, iodo, cobre e cálcio. Com a exceção da niacina e da riboflavina, a gema contém uma alta proporção das vitaminas do ovo, contribui com 33% do seu peso líquido e contém aproximadamente 60 calorias, três vezes mais que a clara.

Em um ovo tamanho grande, de 57 gramas, a gema pesa em torno de 18% (10,3 g) e contém aproximadamente 2,7 gramas de proteína, 210 mg de colesterol, 0,61 grama de carboidratos e 4,51 gramas de gordura total, uma porcentagem de colesterol dentro do limite recomendado pela American Heart Association, de 300 miligramas por dia.

TABELA 11. VALOR NUTRITIVO DA GEMA

Água	4,9%
Proteína	3 g
Gordura	6 g
Ácido Graxo Saturado	1,7 g
Ácido Graxo Monoinsaturado	2,2 g
Ácido Graxo Poli-insaturado	0,7 g
Colesterol	272 mg
Carboidrato	traços
Cálcio	26 mg
Fósforo	86 mg
Ferro	0,9 mg
Potássio	15 mg
Sódio	8 mg
Vitamina A	310 UI
Vitamina A (Retinol Equivalente)	94 UI
Tiamina	0,04 mg
Riboflavina	0,07 mg
Niacina	traços
Ácido Ascórbico	0

Fonte: Emedix.uol.com.br

Manchas de sangue na gema não são prejudiciais nem estão contaminadas, e tendem a desaparecer com o envelhecimento do ovo. Ao contrário do que se pensa, as manchinhas de sangue não são bactérias; lembre-se: não se vê bactéria a olho nu. Essas pequenas manchas encontradas nas gemas são causadas pela ruptura de uma veia de sangue na superfície da gema quando ela está sendo formada, ou por um acidente similar nas paredes do ovoduto. Química e nutricionalmente, ovos com essas manchas são perfeitos para ser consumidos.

A FORMAÇÃO DA GEMA DUPLA

Entre 3-5% dos ovos de galinha apresentam gemas duplas. Algumas galinhas, devido a uma determinação genética ou uma deformação em seu oviduto, parecem se especializar em botar ovos com duas gemas. Quando encontramos um desses ovos no meio de uma dúzia de ovos regulares, quer dizer que ocorreu um erro: não da galinha, mas da inspeção. Todos os ovos devem ser inspecionados, e essa inspeção deveria ter sido capaz de capturar a presença da gema dupla antes da continuidade do processo. Completamente apropriado para consumo, o ovo com duas gemas contém uma maior quantidade de lecitina e gordura, mas a utilização acidental de um desses ovos não ocasiona mudanças radicais a quaisquer preparações.

A gema dupla ocorre quando a ovulação acontece muito rapidamente ou quando a gema se associa a uma outra. Esses ovos podem ser de uma ave jovem, uma vez que seu ciclo reprodutivo ainda não está completo e sincronizado. Existem casos de raças híbridas de aves que produzem gemas duplas. Usualmente, um ovo de gema dupla será mais longo e fino do que um ovo comum.

A gema é responsável pelas propriedades emulsificantes do ovo provenientes da gordura e da lecitina que contêm (as claras não contêm gordura). Ambas contribuem para a obtenção de uma textura fina, pois unem a água e a gordura de uma receita, tornando o produto mais cremoso, de textura mais macia. Isso é importante especialmente na elaboração de molhos, cremes, pudins, etc.

FUNÇÕES DA GEMA

- **ESTABILIZANTE DE EMULSÃO:** a proteína na gema protege as gotículas de óleo e estabiliza uma emulsão. Os substitutos da gema utilizam uma goma para minimizar essa ação, mais frequentemente a goma xantana. Essa goma aumenta a viscosidade de bolos e outras preparações, contribuindo para a estabilidade da emulsão durante a elaboração e os primeiros estágios da cocção.

- AMACIANTE | SUAVIZANTE: os triglicérides da gema contribuem para a maciez do produto; algumas fórmulas que utilizam algum tipo de substituto de gema incluem óleo vegetal e outras incorporam um substituto de gordura como a maltodextrina.
- COAGULAÇÃO: a gema começa a engrossar perto de 60 °C, mas não chega a uma fase em que não flui até aproximadamente 70 °C. Uma vez que não muda de cor durante a coagulação, é mais difícil determinar quando está coagulada.

[CAPACIDADE DE EMULSIFICAÇÃO

As gemas são utilizadas para emulsionar dois líquidos que normalmente não se combinam facilmente. Os emulsificantes estão contidos no ovo, na gelatina, no leite desnatado e na mostarda. A maionese é uma mistura de azeite e vinagre ou sumo de limão que é emulsionada com a adição de gema, que contém o emulsificante lecitina. Esse processo é feito acrescentando-se um a um os ingredientes, e a consequência disso é dispersar e suspender um líquido todo ao outro. Sem o emulsificante os dois líquidos ficariam separados, ou seja, ele estabiliza a mistura.

As propriedades de um emulsificante dependem de sua estrutura molecular; a proteína e os complexos de lipoproteínas de gema têm excelentes propriedades emulsificantes. A lecitina contém um agente emulsificante que atua como um estabilizante de emulsão entre o óleo e a água, o que impede que essas misturas de densidades tão diferentes se separem. A lecitina atrai as partículas de água e forma uma camada fina em torno delas para preveni-las de se dispersarem.

A gema proporciona uma fase viscosa, que impede o movimento contínuo e a coalescência das gotículas de óleo dispersas, promovendo assim a estabilidade.

Só os ovos mais frescos deveriam ser utilizados na preparação de molhos emulsionados. Mas por quê? Em um ovo mais velho, o teor de lecitina declina lentamente, enquanto o seu teor de colesterol permanece inalterado. O equilíbrio entre os dois, então, fica menos favorável para emulsões de óleo e água. Os sistemas de emulsão mais estáveis geralmente são constituídos por misturas de dois ou mais emulsificantes, um com tendências lipofílicas (uma atração pelas gorduras) e outro com tendências hidrofílicas (uma atração pela água). Somente em casos relativamente raros um emulsificante único deve ser suficiente. O trabalho de emulsificação na maionese, e quase certamente no molho béarnaise, é realizado por um conjunto de substâncias, pelas invisíveis moléculas de colesterol, lecitina e outros emulsificantes.

A LECITINA DE SOJA

A lecitina, hoje, é um dos produtos da moda na vanguarda gastronômica, sendo antes utilizada apenas com fins medicinais. Foi descoberta pelo cientista francês Maurice Gobley, que a encontrou na gema em 1850 e a nomeou a partir de "gema de ovo", em grego *lekithos*. Até ser resgatada como o subproduto do processamento da soja, em meados de 1930, a única fonte conhecida de lecitina era o ovo. Atualmente, lecitina é um nome genérico para uma categoria de compostos solúveis de água e gordura, chamados fosfolipídios. Os níveis de fosfolipídios nos óleos de soja são maiores (de 1,5% a 3%) que os de outros óleos, mas muito inferiores ao encontrado nas gemas (30%).

A lecitina é um fosfolipídio (lipídio que possui fósforo em sua molécula) com propriedades emulsificantes, extraído da gema do ovo ou, por refino, dos óleos de soja e girassol (mais abundante). Pode ser encontrada na forma de pó com variadas granulometrias e também na forma líquida.

Seu uso culinário deve-se à sua capacidade de facilitar a formação de espumas, por isso, é comum adicionar a lecitina a um líquido que não possui propriedades saponinas (capacidade de capturar o ar e encapsulá-lo em bolhas, como o sabão, o que ocorre devido ao alto conteúdo de lipídios da lecitina).

A lecitina de soja tem uma composição diferente da lecitina da gema. A fração solúvel em álcool, enriquecida em fosfatidilcolina (PC), é mais similar em composição à da lecitina do ovo. O PC é um ativador fosfolipídico que apresenta excelente resposta como estabilizante de emulsões de óleo em água. É o componente principal tanto da lecitina de soja, desfragmentada por álcool, quanto da lecitina da gema. Por isso, a lecitina de soja enriquecida é sempre o material de escolha quando se pretende formular um substituto para a lecitina do ovo.

A lecitina de soja nasce como um subproduto da massa de sobra do processamento da soja. Como um subproduto, contém solventes e pesticidas, e apresenta consistência levemente plastificada. Antes de ser branqueada em um amarelo mais atrativo visualmente, a coloração da lecitina de soja fica entre bronzeado-sujo e marrom-avermelhado. Segundo historiadores, a expansão do processamento da soja e do refinamento do óleo de soja nas refinarias europeias após 1908 levou ao problema de como e onde dispor a sobra desse processamento, uma massa fermentada, de odor extremamente forte. Empresas alemãs decidiram secar a vácuo essa "sobra", patenteando o processo e vendendo o produto como "lecitina de soja". Cientistas foram contratados para encontrar usos para essa substância, e já em torno de 1940 havia milhares de receitas, utilizações e sugestões do benefício da utilização da lecitina de soja.

Como uma substância emulsificante encontrada em todas as membranas das células de todos os organismos vivos, a lecitina ocorre naturalmente no corpo humano. Muitas pessoas tomam suplementos de lecitina, embora não se encontre nada conclusivo sobre os benefícios dela em uma dieta regular. A lecitina pode ser completamente metabolizada, o que a faz virtualmente atóxica para o consumo humano. É prescrita por profissionais da saúde por acreditar-se que poderia auxiliar a diminuir o colesterol ao ligar-se a proteínas de alta densidade, e com isso removê-lo dos tecidos. Essa associação da lecitina com a mobilização de gordura faz com que ela seja indicada como auxiliar em dietas de redução de peso e para prevenir e reverter quadros de demência, exacerbando a liberação de certos hormônios e auxiliando no tratamento de desordens da mente, tais como aquelas que são sequelas de derrame. Entretanto, os estudos sobre essa substância e suas associações a funções cerebrais são inconsistentes até o momento.

[USO CULINÁRIO

Por ser um potente emulsificante, a lecitina também auxilia na manutenção ou retenção de umidade, podendo ser encontrada na forma líquida ou em pó, como em grânulos (similares à própria soja), em lojas de produtos naturais. Atualmente é feita do feijão de soja em escala comercial. Pode também ser feita limitadamente a partir do óleo de canola, pois a canola contém apenas 50% da lecitina contida na soja, o que torna seu custo não efetivo.

Presente em muitos alimentos processados, é mais comumente utilizada como emulsificante para manter água e gordura unidas, em alimentos como margarina, manteiga de amendoim, confeitos de chocolate, sorvetes, cremes para café e muitas fórmulas alimentares para crianças. É também importante por seu papel como conservante de alimentos, estendendo o tempo de prateleira (validade) e sendo utilizada para melhorar a capacidade de mistura, aumentar a cristalização, prevenir a formação de grumos e manter o produto menos pegajoso. É um surfactante de potência média que atua na interface entre duas substâncias e reduz a tensão entre elas.

Para usá-la em produtos alimentícios, devemos compreender que a lecitina de soja é saudável, comestível e natural, diferentemente dos compostos sintéticos, que podem atuar de maneira análoga, mas apresentam efeitos fisiológicos não naturais.

A maioria da lecitina vendida atualmente é obtida da soja, do girassol e da semente de uva. Além de ser amplamente utilizada na elaboração industrial de doces, a lecitina é comumente aplicada:

- Em SPRAYS ANTIADERENTES, como o desmoldante (*spray* para uso culinário).
- Na REDUÇÃO DA QUANTIDADE DE GORDURA EM RECEITAS E PRODUTOS, por exemplo em maioneses e outros molhos de salada cremosos.

- Em COSMÉTICOS, amaciando a pele e auxiliando outros ingredientes a penetrarem a barreira da derme.
- Em SUBSTITUIÇÃO AO OVO, em receitas em que ele cumpre um papel emulsificante, não coagulante. Ou seja, serve perfeitamente para produções similares à maionese. Nesse caso, substituir por peso, considerando que um ovo pesa em média 57 gramas e a gema em torno de 25 gramas; utilize, para cada gema, em torno de 5 gramas de lecitina.
- Como EMULSIFICANTE, unindo líquidos e gordura (as gorduras não são solúveis em água). Por isso, é usada abundantemente na fabricação de bombons, chocolates, confeitos, fondants e até mesmo de pães.
- Em ESPUMAS; não é necessário que haja creme de leite para a formação de uma espuma, pois a lecitina de soja fornece a "proteína" necessária para a preparação. Por ser um tipo de gordura, ao aplicarmos um movimento mecânico e produzirmos ar, a presença da lecitina ajuda a reter a espuma estável.
- No pH DE AMBIENTES MUITO ÁCIDOS funciona com menor eficácia, por isso não é recomendável. Além disso, devemos lembrar que a lecitina não é um hidrocoloide e, quando em um ambiente ácido, sente dificuldade em entrelaçar e formar gel.

A LECITINA NOS PRODUTOS

No chocolate, a lecitina, por ser um agente umectante notavelmente eficaz, é adicionada durante a moagem do cacau, provocando um umedecimento instantâneo, diminuindo o tempo desse processo e produzindo um chocolate estável, cuja viscosidade não muda com o tempo, a fusão ou a agitação. Por sua tremenda capacidade em reduzir a viscosidade do chocolate, a lecitina apresenta uma vantagem econômica acentuada sobre a manteiga de cacau. No processo de "temperar", o chocolate que contém lecitina tolera muito bem os limites altos de temperatura e apresenta uma solidificação brilhante e resistente à separação da gordura do açúcar. A lecitina também evita que o chocolate apresente manchas brancas, elementos graxos que migraram para a superfície.

Em doces e sorvetes, a lecitina diminui a viscosidade e abaixa o ponto de fusão, melhorando sua sensação de paladar. Em produtos com alto teor de gordura, as propriedades emulsificantes e antioxidantes da lecitina são muito importantes. Por exemplo, a adição de 1% de lecitina de soja faz com que o óleo ou a gordura se disperse e se emulsione rapidamente. A lecitina de soja serve também como fixador de sabores voláteis usados na produção de doces e como dispersante de cores solúveis na gordura da preparação, como as coberturas à base de manteiga, utilizadas largamente na confeitaria.

A adição de 0,15% de lecitina em sorvetes facilita a obtenção de uma estrutura de ar mais fina, evidenciada pelas propriedades melhoradas de fusão. Funciona também como agente estabilizador, para melhorar a textura e as qualidades de imersão. Evita a cristalização em sorvetes e sorbets.

Em pães, biscoitos e massas assadas, a lecitina ajuda a misturar a gordura na massa. Também melhora a fermentação da massa de pães, tornando-a menos pegajosa e mais maleável, facilitando a mistura. É ainda utilizada como complemento ou até substituto da gema. Em panificação, confeitaria e massas frescas, a lecitina pode substituir parcial ou completamente os ovos.

Em massas, facilita a sova, diminuindo o tempo de mistura e cumprindo uma função auxiliar como homogeneizador; é muito útil na produção de várias massas, igualando a pigmentação do produto.

A lecitina com a água cumpre uma função umectante, evitando a retrogradação rápida do amido e dando ao produto maior durabilidade. Em massas frescas, a adição de 0,5% de lecitina à farinha auxilia na mistura da massa, tornando-a mais fácil de manipular e mais uniforme. Outra vantagem aparece no produto cozido, no qual se nota um aumento de peso e volume, produzindo menos desintegração.

Na margarina, a lecitina há muito tempo é utilizada como emulsificante, pois permite dissolver a água em óleo e formar uma mistura estável. A adição de 1% de lecitina provoca absorção de umidade e, por conseguinte, impede a exsudação; ao mesmo tempo, combate a tendência da margarina de salpicar quando é utilizada para fritar. Lembramos que a margarina é um exemplo de emulsão de água em gordura, enquanto a maionese é um exemplo de emulsão de gordura em água.

Em produtos congelados, a lecitina abaixa a tensão superficial da água, impedindo a formação de cristais de gelo.

Para molhos, é um excelente emulsificante, estabilizando vinagretes e outros. Funciona bem como antioxidante em alguns óleos e mal em outros, porém, geralmente é um antioxidante relativamente bom. Para usá-la como antioxidante em gorduras e óleos, basta 0,001% a 0,25%, sempre dependendo do produto em questão.

Em frituras, o adsorbato, que é a mescla de lecitina e água, impede que o óleo seja absorvido, resultando em um produto final menos gorduroso, conservando-o mais fresco e úmido. Isso implica até o uso levemente menor de gordura durante a fritura.

Em salgadinhos não levedados, bem como em biscoitos e torradas, a formação de adsorbatos evita que a umidade desça a níveis muito baixos e com isso diminui a quebra dos produtos durante empacotamento, manipulação e transporte.

Nos queijos, geralmente se usa lecitina nos de rápida rotação no mercado. Ela aumenta o rendimento, mantém o queijo mais fresco e, em queijos de alto conteúdo de gordura, evita a perda de oleosidade, melhorando a qualidade do produto.

Em produtos desidratados, como leite em pó, a incorporação de lecitina evita a formação de caroços durante a reidratação.

COAGULAÇÃO E SUAS FUNÇÕES

As propriedades funcionais do ovo não podem ser reproduzidas por nenhum outro ingrediente. A clara e a gema começam como bolsas de água contendo moléculas dispersas de proteína. Na clara, a maioria das moléculas de proteína acumula uma carga elétrica negativa, por isso se repelem entre si, enquanto na gema algumas proteínas se repelem e outras se atraem, formando pacotes de gordura e proteína (lipoproteínas). Ou seja, as proteínas no ovo cru se mantêm compactas e se separam umas das outras ao flutuarem ou serem dispersadas em um líquido. Quando aplicamos calor ao ovo, todas as suas moléculas se mexem mais depressa e com mais força, colidindo com outras que mantêm as longas cadeias em sua forma compacta.

A partir daí, as proteínas se abrem e se reconectam umas com as outras em uma cadeia tridimensional. Ainda existe muito mais água do que proteína, mas a água está agora dividida entre os incontáveis pequenos bolsos de uma cadeia de proteína contínua, de tal maneira que não pode se juntar em outro alinhamento novamente. O ovo líquido se torna um sólido úmido. E, porque as novas e grandes moléculas de proteína se misturaram de maneira densa o suficiente para refletir os raios de luz, a clara se torna opaca.

Em quase todas as preparações com ovos, a intenção é transformar um líquido – só de ovos ou de ovos com outros líquidos – em um delicado sólido. Cozinhar a mistura demais dará à preparação uma característica borrachuda ou separará os ovos, formando grumos firmes e um líquido aquoso (sinérese). Mas por quê? Isso acontece pois as proteínas se conectam exclusiva e apertadamente entre si, e a parte aquosa da cadeia de proteína é sugada para fora.

A chave para o sucesso da cocção do ovo e das receitas que se baseiam em sua coagulação correta como espessante está em evitar o cozimento excessivo, em que a coagulação vai além do ponto certo. Acima de tudo, lembre-se do controle de temperatura. Para resultados macios, homogêneos e suculentos, os ovos devem ser aquecidos apenas até a temperatura em que coagulam, sempre abaixo do ponto de ebulição da água, 100 °C. A temperatura exata depende da mistura de todos os ingredientes.

POR QUE OS OVOS SE ESPESSAM NA PREPARAÇÃO?

A gema e a clara contêm proteínas em forma de bobinas, ou molas e chumaços complexos, que são separadas umas das outras. Quando os ovos são aquecidos, as proteínas sofrem desnaturação e se separam de seus feixes de ligação fortes, até colidirem umas contra as outras e formarem fios soltos, achatados e longos. Essas fitas são interligadas em um enlaçamento tridimensional. Fica fácil entender se pensarmos na clara: ela é transparente porque as proteínas não estão ligadas entre si. Quando aquecidas, as proteínas se torcem (processo chamado de desnaturação) e se separam de suas cadeias, começam a se trombar entre si e acabam se aglutinando e formando cordões soltos, achatados e longos. Esses pequenos cordões estão presos a uma parede tridimensional perfurada. Seu conteúdo aquoso fica aprisionado entre suas vertentes, e isso faz com que a mistura engrosse. A clara se transforma de praticamente transparente em opaca, formando um gel sólido. O líquido acaba aprisionado nesses cordões, e isso espessa a mistura.

Quando misturas de ovos, como pudins, molhos e cremes, são cozidas muito rapidamente, a proteína extrapola seu nível correto de coagulação e se separa do líquido, deixando uma mistura coalhada fina e um pouco de líquido azedado (soro); trata-se da sinérese, um processo químico de perda de capacidade gelatinizadora. Usualmente, o termo é aplicado a tortas ou bolos com cobertura de merengue e a cremes cozidos, como o creme de confeiteiro. Para prevenir essa quebra ou coagulação, o Egg Board, órgão cuja função é o marketing e a promoção de ovos para consumo humano, define que se deve abaixar a temperatura, mexer, se for apropriado na receita, e esfriar a mistura rapidamente, colocando-a em uma tigela sobre gelo e mexendo por alguns minutos, até que a cocção esteja completa, como em um creme inglês.

Cozinhar em fogo brando mantém as proteínas do ovo soltas até que a mistura fique quente o suficiente para que se realinhem pelo calor, por volta de 71 °C. Ainda que se aplique um calor brando, quando uma mistura é aquecida acima de 82 °C as proteínas se tornarão mais espessas, coagulando, e a água será espremida para fora, formando os túneis da sinérese. Outro exemplo dos efeitos da exposição excessiva ao calor pode ser observado em um cheesecake rachado: os ovos superaquecidos encolhem quando esfriam, causando uma grande fenda no meio e formando pequenas rachaduras por cima.

A presença de amido na receita ajuda a evitar que as proteínas do ovo, quando desenroladas, se unam muito precipitadamente, portanto, quando aquecido a uma temperatura muito alta, o creme não vai se partir com a expulsão de água. Quando a mistura estiver quente o suficiente, em torno de 100 °C, as proteínas simplesmente se unirão. Entretanto, se um creme à base de amido não for cozido completamente, a mistura não se unirá em um gel.

As gemas têm uma enzima que auxilia a digestão do amido, chamada enzima alfa-amilase. Para uma bem-sucedida gelificação de amido, ela tem de ser destruída, o que se obtém cozinhando o creme quase até a fervura (um pouco menos de 100 °C). Caso contrário, as sobras dessas enzimas não digeridas no gel do amido estragarão a receita, formando um creme líquido.

USOS E FUNÇÕES DO OVO NA CULINÁRIA

- **BOLOS E DOCES TIPO PASTRIES:** bolo tipo esponja, coagulante e colorante;
- **PUDINS E CREMES:** coagulante e flavorizante;
- **OVOS MEXIDOS, OVOS POCHÉS E OMELETES:** coagulante e flavorizante;
- **MOLHOS DE SALADA E MAIONESE:** emulsificante;
- **MERENGUES E SUFLÊS:** uso como espuma, bolo tipo esponja;
- **BALAS E CONFEITOS:** inibidor da formação de cristais;
- **SORVETES:** emulsificante e texturizante;
- **SALSICHAS, BOLO DE CARNE E SALGADINHOS:** aglutinador por coagulação;
- **PESCADOS:** aglutinador por coagulação;
- **CREPES, WAFFLES E PANQUECAS:** coagulante e flavorizante;

- CROISSANTS, SONHOS E DONUTS: texturizante e flavorizante;
- MASSAS E PASTAS: colorante, flavorizante e aglutinador;
- BRILHO E ACABAMENTO: em pães, tortas, biscoitos e afins, a clara dá um brilho transparente e a gema cria uma finalização dourada.

Acrescentar ovos em uma mistura melhora o sabor e a textura sentida pelo paladar, além de dar mais cor a uma infinidade de produtos alimentares, especialmente àqueles em que os corantes artificiais são proibidos ou indesejados.

Mais especificamente, os ovos têm as seguintes utilizações:

- PROPRIEDADES FUNCIONAIS: espuma, coagulação, emulsificação, controle de cristalização, exacerbação de sabor e coloração.
- ESTRUTURA: quando as proteínas do ovo coagulam, dão estrutura a muitos produtos assados (experimente não colocar os ovos em uma mistura de cookies). Quando a mistura é assada, as proteínas vagarosamente se firmam, dando estrutura à preparação para que mantenha sua forma ao esfriar.
- VALOR NUTRICIONAL: ovos são ricos em nutrientes; adicionados a preparações como pães, massas, vegetais, suflês e molhos, aumentam ou melhoram o valor nutricional do alimento.
- AGENTE DE VOLUME: claras em neve adicionam ar a uma preparação, formando uma espuma fina e delicada. As bolhas (ou células) de ar se expandem com o calor, fazendo a preparação crescer. As claras aumentam de seis a oito vezes em volume quando batidas em espuma. Quando essa espuma é aquecida, a proteína coagula em torno das células de ar, mantendo uma estrutura esponjosa estável. Bolos pão de ló, merengues, suflês e uma série de preparações se caracterizam pela espuma das claras.
- SELAGEM, COLORAÇÃO E BRILHO: ovos dão cor a vários produtos alimentares. O brilho pode ser feito com claras, gemas ou ovos inteiros; na pincelagem em pães e outros produtos assados, os ovos geram uma

substanciosa e visualmente atraente camada de verniz brilhante. Esse verniz deve-se principalmente à interação da proteína e da gordura.

- ESPESSANTES EM MOLHOS, CREMES E RECHEIOS: as proteínas do ovo coagulam quando aquecidas e espessam um líquido. Tanto a clara como a gema têm proteínas que coagularão, mas a gema é mais rica em gordura e dá uma sensação única de paladar, cremosa e sedosa. A presença de outros ingredientes, como açúcar, amido ou mesmo água, aumenta a temperatura na qual o ovo se coagulará.
- CLAREAMENTO DE FLUIDOS: todas as impurezas em líquidos podem ser clareadas ou até filtradas com a adição de ovo batido levemente e que depois será filtrado em um pano de musselina, para obter caldo de carne claro, sopas e geleias. A clara do ovo coagula na presença de partículas estranhas em um líquido quente. Por exemplo, quando adicionada a um líquido quente, endurece os elementos estranhos, trazendo-os à tona.
- CONTROLE DA CRISTALIZAÇÃO: a adição de claras em doces auxilia o controle da cristalização.
- DECORAÇÃO: ovos cozidos são ótimos para enfeitar pratos.
- AGENTE COAGULANTE: a coagulação dos ovos é essencial para muitos produtos alimentares e trata-se da solidificação do ovo por meio da aplicação de calor. Quando os ovos são aquecidos, a proteína da clara e da gema começa a coagular, tornando o ovo líquido mais firme. Conforme o aquecimento continua, o ovo acaba se tornando sólido.
- AGENTE AGLUTINADOR: o ovo cru inteiro acrescenta umidade a uma mistura e mantém os ingredientes juntos. Quando o alimento é aquecido, a proteína coagula, vinculando ou agregando os ingredientes. Esta é uma propriedade muito útil para a ligação em produtos como bolo de carne, croquetes e outras misturas glutinosas. A temperatura de coagulação pode ser controlada pelo ajuste de pH e pela adição de sais e outros ingredientes. Quando o alimento é mergulhado em ovo antes da fritura, forma-se uma camada protetora que evita que o óleo seja absorvido pelo alimento.

- **AGENTE EMULSIFICANTE:** um emulsificante é um agente coesivo que faz com que moléculas opostas, como água e óleo, se combinem. O ovo tem alto poder emulsificante, especialmente a gema, devido à presença de lipoproteínas. Essa propriedade é muito apreciada na confecção de sorvetes, na qual também auxilia e retarda a cristalização do açúcar.

O PODER EMULSIFICANTE DO OVO

Emulsionar é criar meios para combinar dois líquidos que não se combinam facilmente, como azeite e vinagre. A combinação é feita lentamente, acrescentando-se um ingrediente após o outro, enquanto se mexe depressa, para dispersar e suspender um líquido do outro.

A gema contém uma boa quantidade de colesterol, e as proteínas e os complexos de lipoproteínas da gema têm excelentes propriedades emulsificantes. Como a lecitina, o colesterol é um emulsificante, mas, ao contrário dela, estabiliza água em emulsão de óleo e desestabiliza óleo em emulsão de água, no molho béarnaise, por exemplo. A lecitina atua como uma emulsão que estabiliza a mistura entre o óleo e a água, impedindo a separação.

A gema contém substâncias favoráveis e desfavoráveis para a formação de molhos emulsionados. A adição de colesterol em um molho previamente estável pode causar agregação das gotículas de óleo, enquanto a lecitina poderia restaurar esses molhos separados.

As emulsões mais estáveis geralmente são constituídas por dois ou mais emulsificantes, uma parte com tendência lipofílica (de atração para gorduras) e a outra, hidrofílica (de atração para água).

Para o cozinheiro, é fundamental conhecer as opções e dispor de duas ou mais estratégias para evitar o fracasso total. A coagulação irreversível das proteínas do ovo, que acompanha o sobreaquecimento, pode ser minimizada e até mesmo evitada pelo uso de vinagre e vinho branco, em quantidade suficiente para manter a mistura de gema líquida nitidamente ácida. A incorporação bem-sucedida do óleo de manteiga como gotículas depende de emulsificantes naturais contidos na gema. Se o sucesso for mais importante que a fidelidade à tradição, sugiro manter um potinho de lecitina de soja escondido no armário. E, em última instância, recorde-se de que a agitação rápida de um molho teimoso pode salvá-lo.

POR QUE AS EMULSÕES SE PARTEM?

As emulsões podem se romper quando uma mistura emulsificada se torna saturada. Por exemplo, uma toalha de banho é capaz de absorver certa quantidade de água, então começa a pingar o excedente, processo similar ao que ocorre em uma emulsão na qual muito líquido ao sofrer dispersão é adicionado, sem a quantidade correta de um emulsificante que mantenha as gotículas separadas.

O excesso de calor também é uma das causas pelas quais a emulsão pode se partir. Ocorre especialmente quando o emulsificante é uma proteína ou parte de um sistema de proteínas, pois essas proteínas, quando superaquecidas, sofrerão desnaturação. Proteínas são moléculas relativamente grandes que, em seu estado natural, ficam dobradas em certa configuração; quando expostas a calor, ácido ou agitação, tendem a se desdobrar e mudar de forma. Esse processo é conhecido como desnaturação.

Por fim, a agitação da emulsão pode ocasionar seu rompimento; bater um creme de leite a ponto firme é outro exemplo de uma emulsão de gordura em água. Se agitadas ao extremo, as moléculas de gordura se separam da solução. Já a manteiga e a margarina são exemplos de uma emulsão de água em gordura e, se expostas ao calor excessivo, se separarão. O chocolate é uma emulsão estabilizada em parte pela temperatura ambiente; ao derreter o chocolate, respeite as regras, ou também a emulsão será separada.

OVOS COMO ESPESSANTES: CONCEITO

Para prosseguir na discussão sobre as propriedades do ovo, necessitamos definir certos termos e conceitos ligados ao fenômeno do espessamento do ovo propriamente dito. À primeira vista, esses termos podem parecer similares e repetitivos, porém cada um tem sua função particular na compreensão da extrema versatilidade do ovo.

DESNATURAÇÃO

A desnaturação é um processo de mudança estrutural em uma proteína ou um ácido nucleico que resulta na redução ou perda de suas propriedades biológicas. É causada pela exposição ao calor, a químicos e pH extremos. As diferenças entre ovos crus e cozidos são o melhor exemplo e resultado de desnaturação.

A desnaturação é um termo usado mais frequentemente do que a coagulação para denotar algumas alterações nas proteínas. A mudança de características definidas em proteínas ocorre quando elas são alteradas, e uma das maneiras de realizá-la está na coagulação. A questão está na maneira pela qual a desnaturação pode ser provocada.

A coagulação das proteínas pode ser provocada por uma variedade de processos. Já a desnaturação da proteína do ovo acontece de três maneiras: pela ação do calor, por uma ação mecânica (bater) ou pela mudança de acidez no pH, que pode ocorrer pela ação de ácidos, álcalis, sais, álcool ou radiação e por vibrações ultrassônicas. Todos esses fatores podem provocar a desnaturação da proteína e convertê-la de um polímero solúvel a uma forma insolúvel.

Independentemente da maneira como ocorreu a desnaturação, as moléculas hélicas (arranjo proteico tridimensional alinhado) realinham-se de maneira plana, formando cadeias intermoleculares, e as cadeias de proteína se encolhem. Em seu estado cru, o ovo é transparente porque a luz refrata e passa por entre suas moléculas individuais de proteína. Quando se desnatura, o ovo muda de aparência, de transparente para opaco. Quando cozido, a luz que antes podia penetrar o ovo agora não consegue mais penetrar a massa de proteína que foi formada.

Na culinária, um dos principais meios de coagulação é o calor. A coagulação das proteínas por calor é usada na preparação de produtos alimentares e, normalmente, não é reversível. Caso contrário, muitos pratos cozidos poderiam voltar à sua consistência original crua. Qualquer teoria da coagulação das proteínas por calor não deve apenas explicar como as proteínas se tornam insolúveis pelo calor, mas também o efeito de outros fatores. A coagulação das proteínas por calor é influenciada por eletrólitos, açúcar, temperatura e tempo; o efeito de alguns desses fatores pode ser determinado em laboratório, mas a compreensão do seu modo de ação é muito escassa na área de química e bioquímica.

Na desnaturação, a proteína ou o polipeptídio é transformado de um estado organizado a um desorganizado sem a quebra de suas ligações covalentes ou qualquer processo exceto modificação química, que não envolve a ruptura das ligações entre os peptídeos, o que causa uma mudança tridimensional na estrutura da proteína do seu estado *in vivo*. Também ocorrem interações solúveis de proteína que acarretam mudanças nas propriedades físicas, como a perda da solubilidade da proteína. A desnaturação pode ser pequena ou extensa e ocorre quando uma molécula de proteína (de forma tridimensional) se abre, transformando sua natureza. Essa é uma mudança irreversível.

A adição de açúcar exerce um efeito protetor por controlar a velocidade de desnaturação e a formação final das ligações intermoleculares. A utilização de açúcar aumenta a temperatura de coagulação da mistura e produz uma mudança na qualidade do gel obtido. O açúcar inibe e retarda a desnaturação das proteínas do ovo, em taxas variáveis, dependendo do produto. Em um creme, por exemplo, o açúcar retarda a coagulação, fazendo com que o espessamento ocorra apenas a 82 °C ou mais. Já na produção de espumas, o açúcar retarda a formação da espuma nas claras. Entretanto, uma vez que a espuma se forma, será mais estável.

COAGULAÇÃO

Processo pelo qual proteínas se tornam insolúveis, afetado por: calor, adição de ácidos, sal, agitação, álcalis fortes, metais e vários outros químicos. A coagulação é uma mudança físico-química que ocorre quando a proteína é convertida do estado líquido para semissólido ou sólido. A coagulação por calor é um processo de tempo com o calor como acelerador. A clara coagula a uma temperatura menor que a gema. A temperatura de coagulação também é afetada por solventes (materiais iônicos) e pH. Amidos, carboximetilcelulose e gomas às vezes são adicionados aos produtos de ovos para evitar ou limitar a sinérese, um processo que ocorre em ovos cozidos, porque o coágulo (gel), formado no aquecimento a temperaturas excessivamente elevadas ou devido à acumulação de calor, se torna tão firme que espreme o líquido para fora, criando líquido e coalhada.

A coagulação por agitação ocorre quando o ovo é batido. Por exemplo, quando se bate a clara, as bolhas de ar ficam presas no líquido branco, formando espuma. À medida que se vai batendo, mudanças ocorrem na espuma: as bolhas de ar diminuirão em tamanho e aumentarão em quantidade, e a espuma ficará grossa e dura.

O processo de coagulação é provocado pela aplicação de calor em todos seus aspectos: a temperatura de coagulação, o tempo necessário para a coagulação e os fatores que causam a variação de temperatura na coagulação.

Devido a suas propriedades coagulantes, a proteína do ovo, quando adicionada a leite e farinha, forma a estrutura da preparação. Quando um alimento é mergulhado em ovo e frito em óleo, o ovo forma uma capa protetora que envolve o alimento e evita que o óleo seja absorvido por ele. A coagulação também é importante quando combinamos ingredientes, como em um bolo, ou na clarificação de fluidos e no espessamento de molhos.

TEMPERATURA E COAGULAÇÃO

Geralmente, um ovo inteiro começa a se tornar opaco em torno de 60 °C e aumenta a viscosidade a 72 °C. A 75 °C, ele apresenta a viscosidade de um requeijão macio e aumenta a firmeza até 87 °C. A primeira parte do ovo a coagular é a clara pura (não diluída), que coagula a aproximadamente 60 °C, ou se torna gelatinosa a essa temperatura. Na coagulação, o ovo de cor transparente muda para uma massa branca e opaca. Se o ovo é aquecido lentamente, ele enrijece quando alcança 62 °C, e fica ainda mais firme entre 64-65 °C. Já a coagulação da gema requer uma temperatura mais alta do que a da clara. Ela começa a engrossar a 65 °C e não muda de cor durante a coagulação, por isso é difícil determinar quando é coagulada. Quando a clara e a gema são misturadas e aquecidas lentamente, a mistura começa a engrossar a 65 °C, e coagula não muito longe de 70 °C.

A coagulação do ovo determina a temperatura a que certos pratos, como cremes e pudins, por exemplo, podem ser aquecidos. Se aquecidos além desse ponto, a separação em sólidos e líquidos pode resultar em supercoagulação, provocando sinérese.

TABELA 12. TEMPERATURAS DE COAGULAÇÃO DE OVOS

PARTE DO OVO	TEMPERATURA DE COAGULAÇÃO
Clara	62-65 °C
Gema	65-70 °C
Ovo inteiro	68-70 °C (fica opaco ao redor dos 60 °C e aumenta gradualmente de viscosidade até o máximo de 72 °C)
Cremes e pudins	82 °C

PROTEÍNAS

Este grande grupo de compostos orgânicos é encontrado em todos os organismos vivos. É formado por carbono, hidrogênio, oxigênio, nitrogênio e também um pouco de enxofre. As albuminas são solúveis em água mas se transformam em insolúveis quando coagulam sob calor. As seroalbuminas auxiliam a regular a pressão osmótica e a melhorar o volume de plasma; elas também se juntam e transportam ácidos graxos. A lactoalbumina, por sua vez, é a albumina do leite.

A coagulação é a agregação desordenada das moléculas de proteínas já desnaturadas, ou seja, é um passo adiante do processo de desnaturação. O ovo fluido ou líquido é convertido a um estado sólido ou semissólido (gel). A água escapa da estrutura quando hélices simples se alinham. A coagulação resulta na precipitação da proteína e usualmente é uma ocorrência desejada. Porém, o *curdling* (ou coalho) pode acontecer na sequência, o que não necessariamente é desejável. Na culinária, o *curdling* é a quebra de uma emulsão ou coloide em grandes partes, uma coagulação intencional e desejável na fabricação de queijos, por exemplo, mas indesejável na preparação de molhos e cremes. Após a desnaturação e a coagulação, a continuidade de exposição aos fatores coaguladores pode acarretar uma supercoagulação na qual a mistura se encolhe e se torna excessivamente firme. Alguns fatores desenvolvidos na desnaturação, na subsequente coagulação e no possível *curdling* merecem ser analisados com cuidado:

- CALOR: o calor deve ocorrer vagarosa e brandamente. A clara se desnatura e coagula, e então se torna sólida a uma temperatura entre 62-65 °C; as gemas começam a coagular a partir de 65 °C e se tornam sólidas a 70 °C. Ovos inteiros coagulam a uma temperatura intermediária. Em preparações como pudins e cremes, a rapidez e a intensidade com que se aplica calor para a cocção da mistura devem ser controladas.
- TAXA E INTENSIDADE DA APLICAÇÃO DO CALOR: uma temperatura suave coagula o ovo com mais segurança do que uma alta temperatura. Uma temperatura baixa permite uma margem de erro ou um tempo extra entre a temperatura de coagulação e a indesejável aproximação à temperatura que provocará o *curdling*. Um calor aplicado rapidamente pode exceder a temperatura de coagulação e chegar ao patamar do *curdling*, o que não tem volta nem solução. Dê ao creme o tempo necessário para conseguir coagular-se.
- USO DE UM BANHO-MARIA: controla a rapidez e a intensidade do calor e da coagulação.

Certamente, o calor é o fator crítico para se chegar à desnaturação da proteína do ovo e formar estrutura. No entanto, o calor tem muitos outros fatores causais. Deve-se lembrar que o aquecimento do ovo em si, líquido ou seco, depende da forma como foi feita a pasteurização. Esse calor vai diminuir as propriedades funcionais desses ovos.

O uso do ovo associado ao método de transformação do produto alimentar vai fazer a diferença na reação de cocção. O efeito dos ingredientes secundários ou complementares certamente vai variar dependendo do produto e da função do ovo na preparação. Isso também ocorre para a temperatura e o tempo em que o ovo é exposto. Vejamos uma análise mais aprofundada a seguir:

AÇÚCAR

A adição de açúcar exerce um efeito protetor por controlar a velocidade de desnaturação e a formação final das ligações intermoleculares, como explicitado nas páginas anteriores.

LIPÍDIOS

As gorduras, os óleos e os emulsificantes – lipídios em geral – interferem na coagulação das proteínas do ovo à medida que suavizam ou amaciam o produto. Ao adicionarmos lipídios a uma mistura, veremos uma coagulação mais lenta, porque eles formam uma capa protetora nas proteínas do ovo. Produtos elaborados com uma grande quantidade de lipídios, em forma de produtos lácticos ou mesmo gemas, são macios e tenros, mas também caracterizados por uma certa tridimensionalidade, pois encorpam o produto com cremosidade. Por isso, a contribuição dos ovos na elaboração de cremes e pudins não pode ser desestimada; a cocção para que cremes e pudins elaborados com leite homogeneizado coagulem demora consideravelmente mais do que para cremes elaborados com leite não homogeneizado. A penetração de calor é mais lenta, e a viscosidade e a força de formação de gel são mais eficientes utilizando o leite não homogeneizado.

SAIS

O teor de sal do ovo ou do material com o qual é combinado afeta a coagulação das proteínas do ovo e pode ser demonstrado por meio da combinação de ovo com um creme, mas substituindo o leite por água destilada, aquecido de 83 °C a 86 °C. Se a esse creme de água destilada uma concentração de sal é adicionada, a coagulação ocorre sobre o aquecimento.

Os sais que afetam a coagulação são o lactato de ferro, o cloreto férrico, o cloreto de cálcio, o cloreto de sódio, o cloreto de alumínio, o sulfato de alumínio, o sulfato de sódio, o sulfato de magnésio, o acetato de sódio, o acetato de potássio, o tartarato de sódio, o tartarato de potássio, o fosfato de cálcio (hidratado e secundário), o fosfato de sódio e o potássio. No entanto, alguns podem produzir um coágulo mais firme do que outros, pois cada concentração de sal traz uma coagulação definitiva e diferenciada. Se o creme de água destilada é aquecido entre 83-86 °C antes de o sal ser adicionado, a coagulação ocorre, mas, quando a mistura é agitada, a coagulação ocorre em maior ou menor grau.

AMIDO

A presença do amido aumenta a temperatura de coagulação do ovo, interferindo substancialmente no processo, que se torna mais lento.

NÍVEL DE ACIDEZ

Quando o pH diminui e se torna mais ácido, a coagulação do ovo ocorre mais rapidamente. Um ovo mais velho, portanto mais alcalino, apresenta coagulação mais lenta de que um ovo fresco de pH mais neutro. Quando cozinhamos um ovo e provocamos uma mudança com a inclusão de vinagre na água, por exemplo, melhoramos a desnaturação e a coagulação. Quando adicionar um ingrediente ácido a uma mistura, fique atento ao tempo de coagulação, que será significativamente menor.

TABELA 13. FATORES QUE ELEVAM OU REDUZEM A TEMPERATURA DE COAGULAÇÃO DE UMA MISTURA

AUMENTA A TEMPERATURA DE COAGULAÇÃO	DIMINUI A TEMPERATURA DE COAGULAÇÃO
Adição de açúcar	Adição de sal
Diminuição do número de ovos utilizados	Aumento do número de ovos utilizados
Adição de um ingrediente ácido, como suco de limão ou vinagre	

TEMPERATURAS PARA CONSUMO DOS OVOS

O calor é um fator crítico para a desnaturação da proteína do ovo e a formação de estrutura. O ovo na pasteurização é submetido a uma temperatura de 60 °C e mantido a essa temperatura durante 3 a 5 minutos. De acordo com o Código de Alimentos do Departamento Americano (FDA Food Code, 2014), ovos para consumo podem ser cozidos a 63 °C por 15 segundos.

Em uma receita, o ovo é diluído com os outros ingredientes, tais como leite ou açúcar (pelo menos ¼ de xícara de líquido ou açúcar para cada ovo em um pudim básico), e a mistura deve ser cozida a 71 °C, temperatura que destrói qualquer bactéria nociva em poucos segundos. A cocção adequada busca aquecer o ovo e outros alimentos a uma temperatura alta o suficiente para eliminar as bactérias nocivas.

Novamente, lembramos que o aquecimento dos ingredientes adicionados e a concentração do ovo, entre outros fatores, afeta os índices de variação de temperatura, bem como a otimização do processo. Existe uma relação essencial entre o tempo e a temperatura de aquecimento a que se submete a proteína do ovo para sua desnaturação e coagulação: quanto mais rápido a mistura é aquecida, mais baixo o ponto de aumento de viscosidade.

MÉTODOS DE COZIMENTO

Existem seis métodos básicos para cozinhar os ovos:

COCÇÃO | ASSADO

O alimento é cozido quando preparado no forno com calor radiante ou conduzido à cocção a partir de um recipiente aquecido para o prato. Para garantir que os ovos e pratos de ovos coagulem uniformemente, eles geralmente são cozidos em um recipiente chamado banho-maria, em água quente. Pratos preparados geralmente dessa forma são ovos cozidos, creme de ovos e suflês. Devido à diferença de composição, não é necessário assar tortas e cozidos em banho-maria.

Os ovos são cozidos em pratos de creme cobertos com papel-alumínio para que a gema não seque. Para uma variação interessante, os pratos podem ser revestidos com purê de batatas, tomate picado ou bacon frito.

EBULIÇÃO

Durante o processo de ebulição, o calor é transmitido através da água. A temperatura atingida no prazo determina a firmeza da gema. Quando o ovo é aquecido lentamente até 96 °C, a penetração do calor é mais eficaz e a coagulação ocorre de modo uniforme; se for cozido a 100 °C, a clara ficará borrachuda antes que o calor chegue à gema. O ovo à temperatura ambiente e colocado em água fria fica menos suscetível à quebra.

O tempo de cozimento é contado a partir do momento em que a água começa a "chiar". Para ovos moles, o tempo de cozimento é de 3 a 4 minutos; para ovos em ponto médio, de 6 a 7 minutos; para ovos duros, 10 minutos.

O excesso de calor causa uma camada azul em torno da gema, porque o ferro nela contido reage com o enxofre da clara e forma sulfureto de ferro. Depois de cozido, o ovo deve ser esfriado imediatamente e descascado para evitar superaquecimento.

FRITURA

Neste processo, a comida é preparada pelo calor direto da panela. Os ovos devem ser fritos em fogo médio para evitar que a proteína encolha demais ou que eles se tornem resistentes e marrons nas bordas.

ESCALFE

Um alimento escalfado se dá quando o ovo é cozido pelo calor (ou vapor) que é transmitido por meio da água em ebulição lenta. Devemos utilizar ovos frescos que devem ser depositados em água aromatizada com um pouco de suco de limão. Cubra e deixe cozinhar por 10 a 12 minutos. Os ovos também podem ser cozidos ao leite, vinho, suco de tomate, caldo de carne ou em sopa rala. Escalfados, os ovos podem ser preparados com antecedência e reaquecidos antes de servir, colocando-os de volta no líquido quente por alguns minutos.

MEXIDO

Ovos mexidos são cozidos com um pouco de leite em uma panela untada sobre o calor direto ao serem mexidos até ficarem macios e cremosos. Devem ser preparados em fogo baixo e removidos enquanto o calor ainda os deixa cremosos. Quando se tornam demasiado secos, um ovo cru batido pode ser dobrado em quantidade na mistura do ovo.

OVOS NO MICRO-ONDAS

Nesse tipo de forno, as micro-ondas penetram no alimento e ativam suas moléculas para vibrarem a uma velocidade muito alta. A vibração gera calor, que cozinha o alimento em poucos minutos. Um ovo dentro da casca não pode ser cozido no micro-ondas, porque a pressão se acumula demais e o ovo pode explodir.

Todos os pratos com ovos podem ser preparados no micro-ondas, desde que se tenha em mente que:

- Devem ser feitos de preferência à temperatura média, alta ou em aproximadamente 70% da potência.
- O cozimento continua após o desligamento do forno. Os ovos são muito sensíveis ao calor, e um período de repouso deve sempre ser considerado.
- A gema se define primeiro porque as moléculas de gordura são mais facilmente atraídas pelas micro-ondas.
- As claras devem ser preparadas em um prato pequeno, para que não se espalhem e fiquem cozidas por igual.
- A membrana da gema deve ser perfurada para não explodir.

Os queijos

Um dos alimentos mais antigos, o queijo é datado de cerca de 4 mil anos, quando o ser humano começou a criar animais e processar seu leite. Esse alimento nutritivo é elaborado usualmente a partir de leite de vaca, mas também pode ser obtido do leite de outros mamíferos, como a búfala, a camela, a cabra, a ovelha, a rena e o iaque-fêmea. É produzido pela coagulação da proteína do leite, a "caseína", e é tipicamente acidificado; a adição de uma enzima, localizada na mucosa do estômago da vaca e chamada de renina, ou coalho, provoca coagulação. Os sólidos se separam do líquido (soro) e são pressionados, ou moldados, em sua forma final. Alguns queijos se coalham pela simples adição de um ácido, como suco de limão ou vinagre. Porém, em sua maioria, os queijos são acidificados a um grau menos expressivo por microrganismos que transformam os açúcares do leite (lactose) em ácido láctico, o que será complementado pela adição do coalho. As opções vegetarianas para a coagulação e o coalho são menos populares, sendo na maioria produzidas pela fermentação de um fungo (*Mucor miehei* e também alguns da espécie *Cynara*).

Em relação ao leite, o queijo conserva um alto conteúdo de gordura, proteína, cálcio e fósforo, com as vantagens de melhor portabilidade e maior durabilidade. A durabilidade depende do tipo de queijo: os mais duros usualmente apresentam maior validade do que os queijos suaves e médios. Para se tornar um *expert* em queijos – assim como um *gourmand* ou um enólogo –, necessita-se uma educação formal e anos de degustação.

QUEIJO COALHO

Um passo importante na elaboração de um queijo está na separação do leite em coalhos (coágulos) sólidos e soro, o que usualmente se obtém pela acidificação (cultura) e pela adição da enzima renina. Os queijos frescos são coalhados apenas pela acidez; a acidificação pode ser obtida apenas pela adição de um ácido, como um suco de limão (queijo fresco), mas frequentemente se utiliza uma colônia de bactérias para converter os açúcares contidos no leite em ácido láctico; as famílias dessas culturas de bactéria são relativas a *Lactococci*, *Lactobacilli* ou *Streptococci*. Os queijos suíços também utilizam *Propionibacter shermani*, que produz bolhas do gás dióxido de carbono durante o envelhecimento, provocando os "olhos", "buracos" ou alvéolos que se vê no queijo suíço e no emental. O uso da renina produz um gel borrachudo, se comparado com os coalhos frágeis produzidos pela coagulação ácida sozinha. Também permite-se coagular um queijo em um nível de acidez mais baixo, uma vez que as bactérias responsáveis pelo sabor são inibidas em ambientes de alta acidez. Em geral, queijos mais macios, pequenos e frescos são coalhados por mais ácido do que renina, enquanto os queijos maiores, mais firmes e curados foram mais expostos ao contato com essa proteína.

O PROCESSO DE COALHO

Quando está coalhado, o queijo já está em um estágio semelhante ao de um gel firme. Os queijos suaves e macios já estão essencialmente completos, sendo apenas drenados, salgados e empacotados. Para os demais queijos, pode-se cortar as partes coalhadas em cubos pequenos uniformes, o que permite que mais água seja drenada de cada pedaço, produzindo queijos mais firmes. Alguns queijos duros são então aquecidos entre 35-55 °C, o que força ainda mais a drenagem do soro, afetando a cultura de bactérias, as reações químicas derivadas e, por conseguinte, o sabor do queijo.

A renina é um grupo de enzimas que coagula as proteínas do leite para formar um gel usado na fabricação de queijo. A enzima é extraída do estômago de bezerros alimentados de leite e também é responsável por liberar glicomacropéptideos da kappa-caseína do leite. Dado que a proteína do leite é formada por 82% de caseínas, a renina revela-se um agente de espessamento muito eficaz.

O sal participa com outras funções além de adicionar ou exacerbar (realçar) sabores: conserva o queijo sem se deteriorar, suga a umidade do coalho (o sal é hidroscópico) e firma a textura do queijo, promovendo sua interação com as proteínas naturais.

A RENINA

A renina, ou coalho, é um complexo de enzimas naturais tradicionalmente utilizado na produção de queijos. Entre as várias enzimas, há uma chamada proteolítica (protease), que coagula o leite, fazendo com que se separe em sólidos (coalhos) e líquido (soro). A enzima ativa nela é chamada renina, EC 3.4.23.4 ou quimosina, mas existem outras enzimas importantes, como a pepsina e a lipase. Devido à sua procedência animal, muitos queijos e produtos lácticos não são indicados para vegetarianos e veganos.

A renina é extraída da mucosa interna da quarta câmara do estômago (abomaso) de ovelhas jovens, sendo então um produto deixado de lado pelos que são contra o abatimento de animais. Os animais mais velhos apresentam menos renina ou quimosina e um índice mais alto de pepsina, por isso não exercem as mesmas funções coagulantes. Considerando-se que cada ruminante produz uma renina específica para digerir seu próprio leite materno, existem vários tipos, incluindo a de cabra e a de carneiro.

A elaboração de queijos pode ter começado com a prensagem e a salga de leite coalhado, para preservá-lo. As evidências arqueológicas mais antigas de fabricação de queijos foram encontradas em túmulos egípcios, em murais datados de cerca de 2000 a.C. Os queijos tendiam a ser bastante ácidos e salgados, semelhantes em textura ao rústico queijo cottage ou ao queijo feta. O queijo produzido na Europa, onde os climas são mais frios do que no Oriente Médio, necessita menos sal para conservação. Com menos sal e menor acidez, o queijo tornou-se um ambiente adequado para microrganismos, mofo e fungos "úteis", dando aos queijos curados ou envelhecidos sabor pronunciado e interessante.

Na Ásia, a coalhada é essencialmente uma preparação vegetariana. No subcontinente indiano, usa-se leite de búfala para fazer requeijão, devido ao seu teor de gordura mais elevado, que produz uma coalhada mais espessa. A qualidade da coalhada depende do coalho usado. O tempo para coagulação também varia de acordo com as estações do ano: menos de 6 horas em tempo quente e boas condições atmosféricas, até 16 horas no frio. Na indústria, considera-se como temperatura ideal 43 °C durante 4 horas.

Para alguns queijos, o leite é coalhado com ácidos, como vinagre ou suco de limão, e a maioria deles são acidificados em menor grau por bactérias que transformam açúcares do leite em ácido láctico; em seguida, a adição de coalho conclui a coagulação.

MÉTODO DE EXTRAÇÃO TRADICIONAL

O estômago seco e limpo de ovelhas jovens é cortado em pequenos pedaços, que são colocados em salmoura com um pouco de vinagre ou vinho, para manter uma solução de pH baixo. Depois de algum tempo (às vezes uma noite ou mais, ou uma série de dias), essa solução é filtrada; a renina crua que sobra será utilizada para coalhar o leite; cerca de 1 grama dessa solução normalmente coagula entre 2 e 4 litros de leite. Ainda hoje, produtores de queijo europeus utilizam esse método.

MÉTODO MODERNO

O estômago da ovelha, depois de limpo, é submetido a um congelamento intenso, triturado e depois depositado em uma solução extratora de enzimas. A renina decorrente dessa extração é ativada pela adição de um ácido. Usualmente, 1 quilo de queijo contém 0,0003 grama de enzima de renina.

FONTES ALTERNATIVAS DE COALHO

Devido à escassez de matéria-prima apropriada para a produção de uma concentração de renina de boa qualidade, desde a época dos romanos a humanidade busca alternativas para coalhar o leite por meio da utilização de enzimas de plantas, fungos e recursos microbianos, o que torna esses queijos apropriados para o consumo de vegetarianos. Nos Estados Unidos, uma renina geneticamente modificada (microbial) é uma alternativa barata para a indústria do queijo, enquanto os países europeus ainda tendem a utilizar a renina animal como fonte principal. Como a coagulação apropriada é realizada por uma ação enzimática, a tarefa é encontrar enzimas que processem a caseína (proteína encontrada no leite fresco) de maneira similar, o que levaria a um sabor e uma textura próximos dos resultantes do uso da enzima animal, a renina.

OUTRAS TÉCNICAS QUE INFLUENCIAM A TEXTURA E O SABOR DO QUEIJO

- **ESTIRAMENTO (MUÇARELA, PROVOLONE):** o coalho é estirado até desenvolver um corpo fibroso e viscoso.
- **LAVAGEM (EDAM E GOUDA):** o coalho é lavado em água morna, diminuindo a acidez e dando um sabor mais atenuado, menos azedo ou ácido.
- **ENVELHECIMENTO (*AFFINAGE*):** um queijo recém-preparado apresenta um sabor mais salgado e brando e, no caso das variações mais firmes, uma textura mais elástica. Tais qualidades, dependendo do produto, são altamente apreciadas, mas usualmente os queijos devem ser curados sob condições controladas, durante alguns dias ou por vários anos. Ao envelhecer, os micróbios e enzimas presentes transformam a textura e intensificam os sabores e aromas, pois as proteínas (caseína) presentes na gordura do leite se alinham a uma cadeia complexa de aminoácidos, aminos e ácidos graxos. Alguns queijos receberão bactérias antes ou durante o envelhecimento e ainda, obviamente, sofrerão a ação das

bactérias naturalmente presentes no meio ambiente; hoje muitos fabricantes controlam as colônias de bactérias no local de armazenamento, como em muitas produções de qualidade de queijos suaves como o brie, o camembert, o roquefort e o gorgonzola.

OS ITALIANOS

ASIAGO

Queijo de leite de vaca não pasteurizado, produzido nas províncias de Vicenza e Trento. Sua textura depende do tempo de cura: o asiago fresco (*asiago pressato*) apresenta textura macia, sendo curado por cerca de um mês e vendido como queijo fresco e suave. O asiago envelhecido (*asiago d'allevo*) é curado por períodos determinados: *mezzano*, de 4 a 6 meses; *vecchio*, mais de 10 meses; *stravecchio*, por 2 anos.

- ELABORAÇÃO a partir do leite de vaca
- ORIGEM: Itália, regiões de Veneza e Trentino
- TIPO: firme
- CONTEÚDO DE GORDURA: 34% a 48%
- TEXTURA: quebradiça, aberta e regular
- COLORAÇÃO: amarelada

GRANA PADANO

Criado pelos monges cistercienses de Chiaravalle no século XII, ainda é produzido ao longo do vale do rio Pó, nas partes leste e norte da Itália. *Grana* significa "granuloso" em italiano, e se refere ao interior fino, de textura granulosa, com perfume adocicado intenso. É feito a partir de leite de vaca não pasteurizado, semidesnatado, e geralmente é envelhecido por 2 anos. Desenvolve uma crosta externa firme e espessa, que protege o interior flocado, seco e fragrante. Ao envelhecer, o grana padano desenvolve sabor pronunciado, salgado e complexo; sua textura se torna mais e mais esfacelada ou quebradiça.

Os tipos vendidos referem-se aos estágios de envelhecimento: grana padano 9 a 16 meses, grana padano *oltre 16 mesi* (mais de 16 meses) e grana padano riserva (mais de 20 meses).

- ELABORAÇÃO: a partir de leite de vaca
- ORIGEM: Itália, região do vale do rio Pó
- TIPO: duro, artesanal
- CONTEÚDO DE GORDURA: 39% a 41%
- TEXTURA: quebradiça, densa e granulosa
- CROSTA: natural
- COLORAÇÃO: amarelada

RICOTA

Queijo fresco elaborado a partir do soro do leite de cabra, ovelha, vaca ou búfala, que sobra da produção de outros queijos. A ricota tem baixos teores de gordura e altos teores de proteína; a caseína é filtrada e retirada do soro durante o processo de sua elaboração, sendo uma opção para pessoas com alergia a essa proteína. Sua consistência leve e delicada e seu sabor "limpo" fazem da ricota um queijo excelente em muitas preparações, como: lasanha, manicotti, cassata, cheesecake, calzone, pizza e ravióli, além de nossos famosos patês para acompanhar torradas e pães.

- ELABORAÇÃO: a partir de leite de vaca, ovelha, cabra e búfala
- ORIGEM: Itália
- TIPO: fresco suave, soro
- CONTEÚDO DE GORDURA: 10,1 g/100 g
- TEXTURA: de cremosa a granulosa
- COLORAÇÃO: branca

MASCARPONE

Da região da Lombardia, é elaborado a partir do leite de vaca e do coalho do creme do leite provocado por um ácido cítrico ou acético. Trata-se de um creme grosso ou um queijo fresco, "amanteigado" e macio; seu alto teor de gordura, entre 60% e 75%, confere-lhe uma extrema habilidade cremosa e espessante. É utilizado no tiramisu.

- ORIGEM: Itália, região da Lombardia
- TIPO: processado, fresco macio
- CONTEÚDO DE GORDURA: 60% a 75%
- TEXTURA: cremosa e macia
- COLORAÇÃO: branca

MUÇARELA

Queijo coalhado, a muçarela tradicional é feita com leite de búfala de rebanhos criados em poucas regiões, como Itália e Bulgária. Atualmente é feita com leite de vaca não envelhecido e que deveria ser consumido algumas horas após sua fabricação – o que não ocorre normalmente.

- TIPOS DE MUÇARELA: fresca, *fior di latte*, *low-moisture mozzarella* e defumada (*affumicata*)
- ELABORAÇÃO: a partir de leite de búfala ou de vaca
- ORIGEM: Itália, nas regiões de Campânia, Abruzzo, Molise e Apúlia
- TIPO: semimacio
- CONTEÚDO DE GORDURA: 45%
- TEXTURA: elástica, borrachuda e maleável
- COLORAÇÃO: branca

MUÇARELA DE BÚFALA

Elaborada a partir de leite de búfala, apresenta maior conteúdo de cálcio, maior índice de proteína e menos colesterol do que o leite de vaca. É manufaturada sob regulações mais estritas em várias regiões da Itália e por vários países ao redor do mundo. Esta *mozzarella* fresca, de textura semielástica, é produzida pelo aquecimento do coalho até que se possa esticar o queijo que será formado em várias modelagens, o que dá um sabor levemente ácido.

- ELABORAÇÃO: a partir de leite de búfala
- ORIGEM: Itália, regiões de Campânia, Pesto e Foggia
- TIPO: macio
- CONTEÚDO DE GORDURA: 21%
- TEXTURA: cremosa, macia e elástica
- COLORAÇÃO: branca

PARMIGIANO REGGIANO

Rei dos parmesões, esse tipo de queijo é controlado por um grupo paragovernamental, o Consorzio Parmigiano-Reggiano, e trata-se de um dos produtos mais premiados da indústria de queijo italiana, apenas produzido nas províncias de Parma, Reggio Emília, Módena e Bolonha. Rico, de sabor adocicado e aroma distinto, esse queijo segue uma tradição de mais de 800 anos, de não empregar aditivos e alimentar as vacas com uma dieta especial sem silagem. As rodas de parmigiano pesam aproximadamente 40 quilos, sendo envelhecidas ou curadas por no mínimo 18 meses a até 3 anos.

Com alto teor de cálcio e relativamente baixo teor de gordura, o parmigiano reggiano é vendido em dois estágios de maturação: 18 meses, com sabor adocicado, agudo e cortante; de 2 a 3 anos, com sabor puro, agudo e adocicado.

- ELABORAÇÃO: a partir do leite de vaca
- ORIGEM: Itália, regiões de Parma, Reggio Emília, Módena, Bolonha (por toda a região conhecida como Emília-Romanha) e Mântua (Lombardia)
- TIPO: artesanal, duro ou firme
- CONTEÚDO DE GORDURA: 25,83 g/100 g
- CONTEÚDO DE CÁLCIO: 1,184 mg/100 g
- TEXTURA: granulosa
- CROSTA: natural
- COLORAÇÃO: palha

OS FRANCESES

BRIE

Um dos mais populares queijos franceses; o nome "a rainha dos queijos" foi dado em homenagem a uma região de apenas 5 mil quilômetros de tamanho, Brie, onde foi originalmente produzido. A maioria das pessoas reconhece qualquer pequeno disco de queijo com uma crosta branca, de interior levemente amarelado, como brie ou camembert; no entanto, o verdadeiro brie é considerado o brie de nangis, de sabor amanteigado e cremoso, com um aroma de terra e cogumelo. Os similares distribuídos mundo afora não apresentam as mesmas características, o original é um queijo instável, de sabor complexo e superfície levemente marrom. O brie de exportação, entretanto, é estabilizado, nunca maduro, o que lhe estende a durabilidade e o defende contra infecções bacteriológicas.

Ele é produzido a partir de leite de vaca integral ou semidesnatado; o coalho é adicionado ao leite cru e então aquecido a 37 °C para provocar a coagulação; então é despejado em moldes e mantido em repouso por 18 horas. Depois disso, o queijo é salgado e curado por no mínimo quatro semanas, o que lhe outorga uma coloração pálida com um toque cinzento abaixo da crosta.

- ELABORAÇÃO: a partir do leite de vaca pasteurizado
- ORIGEM: França, regiões de Brie e Nangis; Seine-et-Marne
- TIPO: macio-maduro
- CONTEÚDO DE GORDURA: 8,4 g/100 g
- TEXTURA: macia e madura
- CROSTA: branca
- COLORAÇÃO: branca, amarelada

CAMEMBERT

Foi criado a partir de leite de vaca cru em 1971, por Marie Harel, na região da Normandia. Atualmente uma porcentagem reduzida de produtores elaboram seus queijos a partir de leite cru, da maneira como foi originalmente criado. Um desses exemplos é o camembert fresco, de sabor suave, duro, textura quebradiça, leitoso e adocicado. Ao amadurecer, fica com um interior semilíquido e uma crosta branca típica, com sabor rico e amanteigado. A coloração da crosta, extremamente branca, se deve a um fungo branco, chamado *Penicillium candidum*. A casca deve ser ingerida como parte do queijo.

- ELABORAÇÃO: a partir de leite de vaca
- ORIGEM: França, região da Normandia
- TIPO: macio-maduro
- CONTEÚDO DE GORDURA: 45%
- TEXTURA: cremosa, madura e macia
- CROSTA: esbranquiçada
- COLORAÇÃO: levemente amarelada

CRÈME FRAÎCHE

Creme levemente azedo que contém 28% de gordura animal e um pH ácido em torno de 4,5. Por lei, contém apenas leite e uma cultura de bactérias pelo azedamento. Originalmente um produto francês, encontram-se versões similares por todo o mundo. Sua utilização em molhos quentes se deve à característica de não coalhar ao ser aquecido.

ROQUEFORT

Popular queijo francês, é produzido especificamente nos arredores da região de Roquefort e envelhecido por cinco meses.

- ELABORAÇÃO: a partir de leite de ovelha
- ORIGEM: França, arredores de Roquefort-sur-Soulzon
- TIPO: artesanal semimacio, com veias azuis
- TEXTURA: cremosa e quebradiça
- CROSTA: natural
- COLORAÇÃO: azul

OS AMERICANOS

CREAM CHEESE

Fresco, de aroma láctico, suave em textura e sabor, é produzido a partir de uma combinação de leite de vaca desnatado com creme ou nata. Pela lei dos Estados Unidos, deve conter a partir de 33% de gordura. É uma boa opção para vegetarianos, pois, como seus primos boursin e mascarpone, é coagulado por um ácido cítrico e não pela enzima renina.

- ELABORAÇÃO: a partir do leite de vaca
- ORIGEM: Estados Unidos, região de Chester, Nova York
- TIPO: fresco suave, processado
- CONTEÚDO DE GORDURA: 65%
- TEXTURA: cremosa
- COLORAÇÃO: branca

OUTROS QUEIJOS POPULARES

DINAMARCA: HAVARTI

Mais famoso queijo dinamarquês, o havarti apresenta textura suave, muito cremosa; queijo semimacio, natural, envelhecido ou curado por três meses. Apresenta pequenos orifícios e coloração entre creme e amarelada; pode ter sabor de agudo a suave e amanteigado, dependendo de seu amadurecimento.

O havarti defumado é uma variedade de crosta defumada, que lhe outorga uma dimensão completamente diferente do havarti tradicional.

- ELABORAÇÃO: a partir do leite de vaca
- ORIGEM: Dinamarca
- TIPO: semissuave, processado
- CONTEÚDO DE GORDURA: 11,0 g/100 g
- TEXTURA: macia e sedosa
- COLORAÇÃO: amarelo-pálida

ESPANHA: MANCHEGO

Produzido na região de La Mancha, terra natal do famoso Dom Quixote, é elaborado a partir de leite de ovelha não pasteurizado – o original utiliza apenas leite de animais da região de La Mancha. A casca não é comestível. São vários os tipos de manchego, e suas diferenças dependem do período de envelhecimento.

O semicurado é um manchego "jovem", de 3 meses, úmido e suave, de sabor frutoso e com aparência levemente pungente. Quando curado, é envelhecido por 6 meses e desenvolve um sabor caramelado e adocicado, de acidez distintiva. Na forma de *viejo*, é envelhecido por 1 ano e torna-se granular, enquanto o interior adquire uma coloração de caramelo acentuada, com sabor levemente adocicado ou caramelado.

- ELABORAÇÃO: a partir de leite de ovelhas da região de La Mancha
- ORIGEM: Espanha, região de La Mancha
- TIPO: semimacio
- CONTEÚDO DE GORDURA: 57%
- CROSTA: encerada
- COLORAÇÃO: de amarelo-pálido a amarelo-caramelo

HOLANDA: GOUDA

Esse queijo, que homenageia a cidade holandesa de Gouda, é um dos mais populares no mundo e responsável por cerca de 50% dos queijos importados consumidos mundialmente.

Existem sete tipos de gouda, categorizados segundo seu envelhecimento: o *Graskaas* (jovem gouda) está pronto para ser consumido em semanas após sua produção; no outro extremo, o superenvelhecido *Overjarig* apresenta sabor forte e firme, de interior dourado e sabor salgado. Entre esses dois extremos, encontramos outros goudas classificados por textura e envelhecimento: *Jong, Jong belegen, Belegen, Extra belegen* e *Oud*. Cada queijo se torna mais firme em textura e rico em sabor; a crosta encerada também muda de coloração de acordo com a idade, indo desde negro, amarelo e laranja até vermelho. É apresentado em rodas de 5 a 12 quilos.

- ELABORAÇÃO: a partir de leite de vaca, cabra ou ovelha
- ORIGEM: Holanda, região de Gouda
- TIPO: semifirme, artesanal, processado
- CONTEÚDO DE GORDURA: 31 g/100 g
- TEXTURA: quebradiça, densa e elástica
- CROSTA: encerada
- COLORAÇÃO: amarela

GRÉCIA: FETA

O queijo mais consumido na Grécia. Pela legislação da União Europeia, apenas os queijos manufaturados nas regiões de Macedônia, Trácia, Tessália, centro da Grécia, Peloponeso e Lesbos podem ser chamados de *feta*. Queijos similares são produzido nos arredores do Mediterrâneo e do Mar Negro, mas são chamados por lei de "queijo branco".

Para fazer o feta tradicional, 30% de leite de cabra é misturado ao leite de ovelhas, que se alimentam nos pastos de regiões delimitadas; a firmeza, a textura e o sabor diferem de uma região para outra. Esse queijo é depositado em tonéis e adquire seu sabor pungente e salgado pela curagem em salmoura. A textura depende do envelhecimento, variando de cremosa a quebradiça.

- ELABORAÇÃO: a partir de leite de cabra e ovelha
- ORIGEM: Grécia, regiões de Macedônia, Trácia, Tessália, centro da Grécia, Peloponeso e Lesbos
- TIPO: macio, salgado (salmoura)
- CONTEÚDO DE GORDURA: 21 g/100 g
- TEXTURA: cremosa, quebradiça e aberta
- COLORAÇÃO: branca

SUÍÇA: EMENTAL | *EMMENTAL GRAND CRU*

Produzido na região que vai de Vosges à Saboia, via Franco-Condado, o emental apresenta tarja vermelha e IGP; a tarja vermelha garante a qualidade dos ingredientes, e o IGP corresponde a *Indication Géographique Protégée*, ou seja, Indicação Geográfica Protegida. Corresponde a um processo de produção pelo método tradicional, que não permite a utilização de aditivos químicos ou corantes. É elaborado a partir de leite cru de vacas alimentadas com gramíneas das regiões de altas montanhas, e conta ainda com a garantia da ausência de silagem (armazenamento).

Trata-se de um queijo grande, cozido e manipulado sob pressão para maturar; tem aroma adocicado e seco, com crosta lavada e pintada. O selo *Emmental Grand Cru* suíço é dado ao queijo feito de leite cru, e o *emmental* francês ao feito com leite pasteurizado.

- ELABORAÇÃO: a partir do leite de vaca
- ORIGEM: Suíça
- TIPO: artesanal, macio
- CONTEÚDO DE GORDURA: 40%
- TEXTURA: firme
- CROSTA: lavada
- COLORAÇÃO: amarelo-pálida

QUEIJO FRESCO (*QUESO BLANCO*) LATINO-AMERICANO

Queijo não amadurecido, elaborado a partir de leite de vaca ou de uma combinação de leite de vaca e cabra ou ovelha. As expressões "queijo branco" (português) e "*queso blanco*" (espanhol) correspondem a uma infinidade de produções regionais, variáveis nas zonas de um mesmo país e entre os países latino-americanos. Por não serem amadurecidos, recebem a denominação geral de "queijo branco".

De fácil elaboração, usualmente começam com a fervura de leite fresco de vaca e a adição de um agente acidulante, que formará coalhos; segue-se a drenagem dos coalhos. A textura, assim como o sabor, em geral é suave, firme, variando do cremoso ao quebradiço.

- ELABORAÇÃO: a partir do leite de vaca ou cabra
- ORIGEM: América Latina
- TIPO: macio, fresco
- TEXTURA: quebradiça, firme e sedosa
- COLORAÇÃO: branca

TOFU: "QUEIJO DE SOJA"

Apesar da existência do leite de soja pré-fabricado, a maioria dos produtores de tofu prefere fazer seu próprio leite de soja, por imersão, moagem, fervura e secagem, ou, menos comumente, com a utilização de feijões de soja frescos. Depois da coagulação das proteínas, a suspensão do óleo (emulsão) do leite cozido é o passo mais importante na produção desse tipo de queijo. Esse processo é realizado com o auxílio de coagulantes; os mais comuns são sais e ácidos.

APLICAÇÃO 1.
Bolos, madeleines, merengues, pâtes, macarons e suflês

Os ovos são essenciais na massa de bolo. Podemos fazer bolo sem farinha, mas dificilmente sem ovos. Na massa de bolo, os ovos melhoram a qualidade do creme, pois aumentam a quantidade de bolhas, ou células, que vão se expandir durante a cocção; as células de ar se inflam na cocção, e a evaporação de parte da umidade, na forma de vapor, aumenta o volume da preparação. As gemas ajudam a criar uma coloração amarelada, dando ao bolo uma aparência melhor. As características de sabor dos ovos são únicas: a gordura do ovo contribui para maciez e sabor adocicado; a umidade do ovo e sua capacidade natural de misturar gordura ajudam a manter o resultado umedecido e assim retardar seu envelhecimento.

Os bolos constituem a estrutura, a textura e o sabor de muitas preparações, desde um simples bolo de fubá ou uma base para petit-four até um bolo de chocolate. Os bolos se distinguem não apenas pelos sabores e ingredientes especiais, mas também e principalmente pelo balanceamento de sua formulação e pelo método de mistura.

Em muitas ocasiões, já me frustrei com o comentário de alguns alunos que disseram: "Fiz essa receita e não gostei, vou modificá-la". Não! As receitas, ou fórmulas, são muito mais do que uma ideia, são uma combinação físico-química, não é tão simples assim modificá-las. Se uma receita não deu certo, verifique se seguiu cada passo impecavelmente, se os ingredientes foram pesados com exatidão, se foram selecionados com rigor, se foram misturados

[Bolo de limão e framboesa]

corretamente ou se foram assados conforme a instrução. Na dúvida, repita a receita com o mesmo rigor, e só depois julgue se o resultado está a seu contento quanto à textura, coloração, volume, sabor, apresentação, viabilidade, custo e praticidade. Então, só assim troque a receita e escolha outra.

Para garantir o sucesso de uma massa, devemos estar atentos para fazer a mistura completa e uniforme de todos os ingredientes da fórmula. É preciso formar, incorporar e aprisionar bolhas de ar, sempre em quantidade de acordo com o método de mistura apropriado para a formulação, além de desenvolver uma granulometria e uma textura de massa apropriadas. Os vários métodos de mistura, de aeração e uma combinação de métodos serão discutidos neste capítulo.

PRINCIPAIS INGREDIENTES E SUAS FUNÇÕES

De acordo com sua função, os ingredientes de uma formulação de bolo podem ser considerados em quatro grupos básicos (alguns, como as farinhas, exercem mais de uma função e por isso aparecem em dois grupos).

- INGREDIENTES DE ESTRUTURA: garantem o volume e a forma: ovos, farinha, cacau em pó e féculas. Os ovos contribuem com a proteína estrutural, e os ingredientes secos, por conta da proteína do glúten e outras moléculas, oferecem firmeza.
- INGREDIENTES SUAVIZANTES: atuam na formação da estrutura, suavizando a preparação e melhorando sua textura e seu sabor: açúcar em qualquer forma – como mel, melado e glicose de milho –, gorduras líquidas ou cremosas e agentes levedantes.
- UMECTANTES: dão umidade à preparação. São líquidos como água, leite e derivados lácticos, óleo, ovos, açúcar invertido ou açúcar em qualquer forma líquida, como mel, melado ou glicose.
- SECANTES: absorvem a umidade, como farinhas, cacau em pó, leite em pó e féculas.

TIPOS DE MASSA DE BOLO E SEUS MÉTODOS

Um bolo pode ser definido como uma preparação doce, com variações de textura, assado de diferentes formas e com infinitas opções de tamanho e qualidade. Geralmente contém, entre os ingredientes, farinha, leite, açúcar, ovos, levedantes químicos, extratos flavorizantes, especiarias e, em alguns casos, manteiga.

Existe uma imensa variedade de bolos, entre eles o bolo pullman (assim chamado por ser assado na fôrma retangular e comprida, semelhante ao vagão que tem esse nome), o bolo de fubá, o bolo de claras, o pão de ló, o bolo-mousse e os bolos de frutas.

A maior parte dos bolos da confeitaria moderna pode ser classificada em dois grandes grupos, os bolos com alto teor de gordura, ou amanteigados, e os bolos com baixo teor de gordura, ou tipo esponja.

BOLOS COM ALTO TEOR DE GORDURA: AMANTEIGADOS

Elaborados pelo método cremoso, também chamado método de dois estágios, ou método de farinha e manteiga. Sua estrutura provém da incorporação de ar à gordura, que resulta em um bolo com alto conteúdo de gordura. São expandidos (crescem) principalmente devido ao gás dióxido de carbono, presente nos levedantes químicos, no fermento químico em pó ou no bicarbonato de sódio. O ar incorporado à gordura batida ou aos ovos também auxilia na expansão do produto. O bolo inglês, por exemplo, baseia-se no ar aprisionado durante a formação do creme de gordura e açúcar e nos ovos para conseguir sua estrutura.

BOLOS COM BAIXO TEOR DE GORDURA: ESPONJA

Elaborados pelo método esponjoso, também chamado método de bolo de claras, método chiffon ou método por separação. Nele, as claras são batidas em neve e incorporadas à massa no final.

Subdividem-se em dois tipos básicos: de ovos inteiros, que podem ser feitos por vários métodos; e de ovos separados. Ambos se baseiam no batimento dos ovos ou das claras para sua expansão e textura. A expansão é obtida pelo ar que é incorporado à mistura e pela produção de vapor. As proteínas dos ovos, o amido e a proteína da farinha são incorporados à película aquosa que envolve as células de ar para contribuir com a estabilidade. O açúcar, além de sua função no sabor, também exerce efeito estabilizante sobre as proteínas do ovo, atuando em parte como suavizador, contrabalanceando os efeitos da proteína do ovo e da farinha.

Um bom exemplo de bolo tipo esponja é o de claras: inicia-se com um merengue ao qual se adiciona farinha para dar estabilidade e textura. Costuma-se adicionar cremor de tártaro para abaixar o pH, estabilizar e branquear a espuma, a fim de obter um bolo de granulometria mais fina.

Outro bom exemplo de bolo esponjoso são os do tipo chiffon, que crescem devido ao gás dióxido de carbono (presente nos levedantes químicos, no fermento químico em pó ou no bicarbonato de sódio), aos ovos e à adição de claras batidas em neve.

COMO FAZER BOLOS

Além de misturar os ingredientes uniformemente, o processo de mistura tem outras funções bem importantes, como a formação e o aprisionamento do ar dentro da massa. Nas preparações levedadas quimicamente, os gases formados durante o processo são exacerbados com os gases liberados pelos levedantes químicos. Tanto o ar quanto o dióxido de carbono dão leveza à massa, criando células de ar que posteriormente formarão o miolo da massa. Durante o processo de mistura, a fricção rompe as partículas grandes, permitindo que se hidratem mais rápido com água. Durante a mistura, a propriedade da água como solvente universal é muito importante, pois auxilia a dissolver ou a hidratar partículas e moléculas.

O ar contido numa preparação é uma mistura de gases nitrogênio, oxigênio e uma pequena parte de dióxido de carbono. O oxigênio participa de várias reações químicas, incluindo as que fortalecem as redes de glúten.

As células de ar são milhares de pequenas bolsas ou bolhas que ficam dentro da maioria dos produtos assados. Tecnicamente conhecidas como "miolo", as células de ar ficam presas na rede de amido e proteína. Elas são criadas por múltiplas ações: expansão de gases pela aplicação de calor e pelo vapor; levedação química, causada por bicarbonato de sódio e fermento químico em pó; levedação mecânica, causada pelo método de mistura, tanto cremoso como espumoso ou esponjoso.

A água, durante o processo de mistura, hidrata ou dissolve várias moléculas, grandes e pequenas. Mesmo que a formulação não contenha água em si, ingredientes como purê de frutas ou frutas picadas, leite e derivados (manteiga, ricota, iogurte, creme de leite), óleo e mesmo ovos exercerão funções similares. Moléculas mal dissolvidas ou pouco hidratadas não reagem da maneira esperada. O açúcar, por exemplo, se não for bem dissolvido, não será capaz de hidratar ou suavizar uma preparação, nem de estabilizar um merengue ou sequer adoçar. Os levedantes químicos só são ativados quando dissolvidos em água, caso contrário não conseguem produzir dióxido de carbono para levedar. Moléculas maiores, como as proteínas e as féculas, não se dissolvem por completo na água, mas se hidratam, pois, de outra maneira, também não exerceriam suas funções.

A EMULSÃO

A gordura não se dissolve na água. A do tipo sólida divide-se em pequenos pedaços e a líquida divide-se em pequenas gotas durante a mistura, formando a emulsão. Qualquer substância coberta de gordura não absorve água facilmente, e essa é uma das formas com que a água suaviza a massa: as gorduras criam uma camada e envolvem os ingredientes que dão estrutura, como proteínas e féculas, e interferem na sua capacidade de absorver água e dar sustentação.

A COCÇÃO

Alguns fenômenos, como a gelatinização da fécula, não acontecem à temperatura ambiente, apenas com calor. Durante a cocção ocorrem vários fenômenos, como: a liberação da ação expansora do gás dióxido de carbono e do vapor; a gelatinização dos grânulos do amido; a coagulação e a desnaturação das proteínas dos ovos e da farinha.

A gordura se derrete com a penetração do calor e libera o ar aprisionado durante o processo de mistura, que por sua vez impulsiona a expansão da preparação. A água evapora gerando vapor e, junto ao ar, expande-se, empurrando as paredes das células, o que faz o produto crescer. Em outras palavras, o derretimento da gordura é essencial ao crescimento e à textura do produto. Em geral, quanto mais tempo para derreter, mais o produto cresce, pois os gases se expandem ao mesmo tempo em que as paredes das células estão firmes o suficiente para conservar sua forma. Uma vez derretida, a gordura começa a distribuir-se pela massa, cobrindo as redes de glúten, as proteínas do ovo e as féculas. A gordura oferece suavidade à preparação. Normalmente, quanto antes ela derreter, mais rápido se suavizará a preparação, pois a gordura terá mais tempo para envolver os ingredientes que geram a estrutura. A gordura líquida suaviza mais que a sólida, pois o óleo envolve os ingredientes estruturais já na etapa de mistura.

BOLOS ESPONJOSOS: O GENOISE E OUTROS

Todos os tipos de bolos apresentam uma grande variedade de receitas. Sua estrutura vem exatamente do ar incorporado na massa durante a aeração dos ovos, o que dá ao bolo sua leveza, sua textura aerada (esponjosa). Entretanto, normalmente a maioria das receitas de massas esponjosas contém nenhuma ou pouca manteiga. Genoise, pão de ló, sponge cake, ladyfingers, angel food cake, biscuit de Savoie e biscuit roulade são exemplos de bolos esponjosos.

Ovos são o ingrediente principal desses tipos de bolos, geram a umidade e a estrutura, cruciais para a sua característica textura leve e flexível. Uma quantidade insuficiente de ovos não permitirá que o bolo se estruture; uma quantidade excessiva tornará a mistura úmida, pesada e pegajosa.

Além dos ovos, os bolos esponjosos contêm açúcar, farinha e, algumas vezes, manteiga derretida. Esse último ingrediente dá o nome ao bolo esponja amanteigado, que normalmente será assado em discos e não em fôrmas retangulares para rocambole. As características de um bolo esponjoso podem ser alteradas com ajustes no balanceamento (proporção) dos ingredientes e/ou com aditivos.

Quem primeiro fez esse tipo de bolo não deixou registro. Tenha sido por acidente ou por experimento planejado, o fato é que a leveza conferida ao bolo pela introdução mecânica de ar à massa e sua consequente expansão durante a cocção abriu caminho para a produção da grande variedade de massas esponjosas que conhecemos atualmente.

TABELA 14. FÓRMULAS E TEXTURAS DE MASSAS DE BOLOS ESPONJOSOS

INGREDIENTE	TEXTURA LEVE	TEXTURA MÉDIA	TEXTURA DENSA
Ovos	50%	40%	33,3%
Açúcar	25%	30%	33,3%
Farinha	25%	30%	33,3%

CARACTERÍSTICAS

Qualquer preparação em que uma parte do ovo – seja a clara, a gema ou o ovo inteiro – é responsável pela textura trata-se de um bolo esponjoso. As suas principais características são:

- APARÊNCIA: o volume final do bolo esponjoso aumenta em 1 ½ do volume inicial. A superfície superior apresenta-se caramelizada, levemente porosa e seca ao toque. O interior contém coloração amarelada para bolos esponjosos à base de ovos inteiros, ainda que separados, e branca no caso dos bolos de claras.

- **TAMANHO DAS CÉLULAS E TEXTURA:** os bolos esponjosos são extremamente leves; as células de ar são de tamanho médio e uniformemente distribuídas, sendo um pouco maiores que em bolos com manteiga ou com grande quantidade de gordura.
- **MACIEZ:** a crosta do bolo deve requerer pouco esforço de mastigação.
- **SENSAÇÃO DE PALADAR:** esponjoso e levemente úmido.
- **SABOR:** delicadamente adocicado, com aroma e sabor de ovo predominantes.
- **COCÇÃO:** durante a cocção, as mudanças são: as células de ar se expandem e a proteína da clara se estica, aumentando o volume do bolo. Ao chegar aos 60 °C, o amido começa a se gelatinizar e, durante esse processo, vai absorver a umidade, inchando-se e então firmando – o que auxilia a estrutura do produto assado. Aos 75 °C, as proteínas presentes na farinha e no ovo começam a coagular, formando a maior parte da estrutura dele.

Esse processo de formação da estrutura está diretamente relacionado à temperatura correta de cocção. Se a proteína coagular antes que os gases tenham se expandido apropriadamente, o produto ficará com pouco volume e crescimento insuficiente. Caso a mistura seja assada em um forno muito frio, os gases se evaporarão antes que a proteína consiga coagular, resultando em um produto duro.

Com a evaporação da umidade da parte externa pela direta aplicação de calor, a superfície se torna seca, permitindo que o calor e o vapor reajam com o amido na superfície para formar uma coloração caramelizada. Isso acontece enquanto o calor quebra o amido em um açúcar simples (dextrose), ocorrendo então o processo chamado dextrinização. Com a presença da proteína glúten na farinha, outro processo de caramelização ocorre, a reação de Maillard.

Primo do nosso famoso pão de ló, o bolo genoise foi criado por um *chef* confeiteiro nascido na cidade de Gênova, hoje na Itália, enquanto trabalhava em uma *pâtisserie* na cidade francesa de Bordeaux. Ele foi copiado por um *pâtissier* parisiense, que levou a receita a um estabelecimento da capital chamado Chiboust. Em todas as partes do mundo, esse bolo, também chamado de genovês, é utilizado na produção de várias tortas e gateaux.

MÉTODOS DE ELABORAÇÃO

De acordo com a qualidade estrutural desejada e o propósito final da esponja, cada fórmula deve ser elaborada a partir de alguns parâmetros.

Há três métodos principais para a elaboração de um genoise:

- MÉTODO QUENTE: os ovos são batidos inteiros com açúcar, em banho-maria, a 40 °C;
- MÉTODO FRIO OU À TEMPERATURA AMBIENTE: pode ser também pelo método frio por separação – variante do método frio;
- MÉTODO ESPONJOSO OU MÉTODO CHIFFON: o bolo é estruturado não apenas pela ação de um levedante químico, mas também pela incorporação de uma espuma de claras, ou merengue.

No método quente, ovos e açúcar são aquecidos gentilmente em banho-maria até atingirem mais ou menos 40 °C. O objetivo disso é relaxar as proteínas dos ovos, provocando uma rápida explosão em tamanho (volume), e também auxiliar a dissolver os grânulos do açúcar. A mistura então é batida até ficar leve e espumosa, atingindo três vezes seu volume inicial. Então a farinha peneirada é adicionada aos poucos, para não romper a cadeia de ar desenvolvida para estruturar a massa. Caso se esteja usando manteiga, derretida ou esfriada, esta deve ser apenas acrescentada à massa, quase sem mexer, suavemente. Exemplos: genoise e madeleines.

No método frio, os ovos à temperatura ambiente são batidos com açúcar em ponto de fita firme (quando caem da pá formando uma fita). A farinha peneirada é adicionada levemente, somente até incorporar, fazendo uma massa lisa e homogênea, seguida ou não da manteiga derretida. Exemplos: biscuits e ladyfingers.

No método por separação, uma variação do método frio, as claras são separadas das gemas: metade do açúcar é batido com as gemas, até triplicarem de volume; e a outra metade é batida com as claras, até o ponto de um merengue firme. A farinha peneirada é incorporada na mistura de gemas e o merengue é adicionado pouco a pouco. Caso se utilize manteiga, essa entrará por último.

No método frio chiffon, usualmente o diferencial está na utilização de óleo em vez de manteiga. Os ingredientes secos são peneirados, adiciona-se o açúcar e forma-se a massa incorporando ovos, óleo e um líquido que pode ser leite, água, suco, etc. As claras são batidas em neve com uma parte do açúcar e uma pitada de cremor de tártaro, depois incorporadas delicadamente à massa. O bolo é assado à temperatura de 180 °C a 190 °C por 40 a 50 minutos, dependendo dos ingredientes e do tamanho da fôrma.

Os biscoitos champanhe são feitos pelo método de separação. A mistura é mangueada[1] sobre a placa em pequenos cilindros de 6,5 centímetros a 9 centímetros, com um bico liso médio ou grande. Os pequenos cilindros recebem uma camada espessa de açúcar de confeiteiro ou impalpável e depois vão ao forno.

O bolo de claras (ou angel food cake) é uma preparação sem gordura (*fat-free*), altamente aerada, esponjosa e branca, cujos ingredientes básicos são claras batidas com açúcar e farinha, uma pitada de sal e outra de cremor de tártaro (para balancear o pH das claras) e um flavorizante, como baunilha. É assado em uma fôrma especial, com um buraco no meio e funda.

A UTILIZAÇÃO DO GENOISE E DO BISCUIT

Por serem bolos de estilo europeu, o genoise e o biscuit tendem a ser secos, por isso necessitam ser umedecidos com xarope, especialmente se forem

---

[1] O termo "manguear" refere-se à utilização de uma manga de confeitar ou de um saco de confeitaria, para dispensar, decorar, esboçar linhas e contornos e também para dar forma a massas de biscoitos, cremes e mousses.

utilizados logo após assados e/ou como ingrediente de base para tortas. O xarope dá aos bolos secos uma superfície macia, mas preste atenção na dosagem: pouco xarope deixa o bolo seco e sem sabor, enquanto o excesso resulta em um bolo encharcado. Os europeus usualmente recorrem a algum tipo de licor para flavorizar os xaropes, promovendo ainda mais o sabor do produto.

O genoise difere do pão de ló por levar menos farinha e açúcar, bem como por conter manteiga clarificada (manteiga que foi derretida e aquecida até a água evaporar e os sólidos do leite afundarem e serem removidos). Os sólidos de leite contidos na manteiga (que também realçam o sabor) vão caramelizar e a manteiga produzirá um bolo mais úmido, mais macio e mais saboroso.

O bolo biscuit, por outro lado, lembra o conhecido pão de ló porque em geral não contém manteiga, mas obrigatoriamente conterá mais ovos.

CUIDADOS

Nos dois bolos, genoise e biscuit, pode-se trocar um pouco da farinha por amido de milho: os grãos da massa se compactam, fazendo que o bolo retenha mais umidade ou líquido. A farinha ideal para essas elaborações contém menos proteína, e deve ser utilizada em ambos os produtos para mais textura e para um sabor mais adocicado.

A *mise en place* dos ingredientes inclui também dois elementos que se costuma esquecer:
- forno na temperatura correta;
- fôrmas previamente untadas e forradas com papel-manteiga.

Os ingredientes devem de preferência estar à temperatura ambiente. Os ovos podem ser aquecidos em banho-maria para obterem mais volume rapidamente. A manteiga deve ser derretida e esfriada porque, se ainda estiver quente, pode queimar as bolhas de ar da massa, produzidas na aeração dos ovos. A farinha deve ser peneirada duas vezes e adicionada aos poucos, mas completamente.

Na elaboração de rocamboles (roulades e jelly rolls), a massa deve ser posta em fôrma baixa e grande, tipo placa, forrada com papel-manteiga untado e espalhada com uma espátula. Assim, ela assará em uma camada fina, em temperatura de média a alta. Quando retirá-la do forno (apenas caramelizada de leve, não escura), polvilhe açúcar de confeiteiro e enrole firmemente, enquanto ainda morno. Quando esfriar, desenrole-a, coloque o recheio e depois a cobertura.

Uma grande variedade de recheios e coberturas darão a característica final do produto: creme chantilly, flavorizado ou puro; creme de limão (lemon curd), creme de manteiga, geleias, ganache, creme de confeiteiro (crème pâtissière) e até mesmo sorvetes.

GOMAS COMO ADITIVOS

A indústria de alimentos utiliza vários umectantes, conservantes, melhoradores e outros aditivos que exercem funções importantes para a lucratividade de uma empresa. As gomas, um tipo de hidrocoloide, vêm sendo já por décadas utilizadas industrialmente, porém pouco sabemos do que se trata, de como e por que são utilizadas.

Na maioria das vezes, as gomas são agentes naturais compostos de carboidratos hidrofílicos (que atraem água), derivados de plantas. Suas funções associam-se ao combinar ou estabilizar a água no alimento, afetando suas propriedades reológicas. Gomas diferentes produzem mudanças diferentes, mas, em geral, ajudam a estabilizar (ou criar) emulsões ou atuam como agentes espessantes, afetando a textura.

Em confeitaria e na panificação, as gomas dão condicionamento às massas, sejam levedadas ou não. Dois aditivos comuns são a xantana e a guar. A primeira é altamente eficiente para melhorar a viscosidade, criando uma textura quase elástica, enquanto a segunda tem um efeito mais moderado na viscosidade, criando uma textura mais macia e cremosa.

Ao usar gomas, é importante considerar como incorporá-las à mistura. Devem ser bem dissolvidas antes de ser hidratadas. Caso sejam adicionadas ao líquido diretamente, serão formados grumos quase impossíveis de desmanchar.

A maneira de incorporar a goma depende da fórmula. Pode-se misturá-la previamente com um ingrediente seco, como o açúcar, na proporção de 1 para 4. Pode-se também dissolvê-la em um líquido com pouca ou nenhuma atividade líquida, como a glicose. E pode-se ainda dissolvê-la em uma pasta com gordura, óleo ou manteiga derretida.

O momento em que a goma deve ser agregada depende da mistura ou massa: para bolos de método cremoso, misture-a com o açúcar, na fase gordurosa; já na produção de esponjas, a goma deve entrar com os ingredientes secos, como a farinha.

As gomas podem ser utilizadas em misturas para bolo por várias razões, e até para auxiliar na suspensão de partículas, como maçãs em um bolo de maçãs, ou mirtilos em um muffin.

As misturas de bolo em sua forma mais simples são essencialmente uma emulsão de ingredientes. Componentes típicos como açúcar, ovos, líquidos, farinha e gordura contêm emulsificantes e estabilizantes naturais, como lecitina, amido e glúten. É fácil criar uma emulsão temporariamente estável sem usar gomas, mas estas, quando bem utilizadas, auxiliam na obtenção de um produto mais consistente, em misturas mais tolerantes. Isso é importante em produtos com tempo de manipulação maior ou que necessitam de um reforço para tolerar o processo industrial, por exemplo.

Em resumo, as gomas podem: produzir texturas mais consistentes, com interiores mais abertos; aumentar o volume e a durabilidade; e reduzir os efeitos prejudiciais de congelamento e descongelamento.

Com um pouco de paciência, uma caderneta para tomar notas e espírito empírico, podemos testar e então controlar os efeitos das gomas sem sacrificar a qualidade e a originalidade da preparação.

RECEITAS

Bolo genoise
MÉTODO QUENTE COM OVOS INTEIROS

Com textura esponjosa e leve (baseada nos ovos), essa preparação de característica seca usualmente é embebida com uma calda ou xarope, e utilizada em numerosas combinações de recheios e coberturas. Sua preparação começa com o relaxamento das cadeias de proteína, pelo aquecimento dos ovos com o açúcar em banho-maria (método quente). A mistura deve ser batida até formar uma esponja em ponto de fita, etapa fundamental para a textura final. A farinha deve ser peneirada e incorporada com delicadeza; depois, junta-se o flavorizante (substância que agrega sabor e aroma) e por fim a manteiga derretida.

INGREDIENTES			PROCESSO
10	un.	ovos	Prepare um banho-maria. Coloque os ovos inteiros na tigela da batedeira, depois o açúcar, o sal e o extrato de baunilha. Comece a bater com um batedor, agite até chegar a 40 °C, o que suaviza as gemas e permite a obtenção de volume mais rápido.
1	xíc.	açúcar	
1	pitada	sal	
1	col. chá	extrato de baunilha	
1 ¼	xíc.	farinha para bolo (cake flour)	
60	g	manteiga derretida	Retire do banho-maria e transfira para a batedeira com o globo. Bata até obter uma espuma densa e de pico firme.
			Adicione a farinha peneirada em três estágios e então a manteiga derretida, com delicadeza, cuidando para não deflacionar a mistura.
			Transfira para uma assadeira e asse a 200 °C por cerca de 30 minutos (dependendo do tamanho da assadeira e da potência de seu forno).

Bolo biscuit de chocolate
MÉTODO FRIO POR SEPARAÇÃO

Ao se bater os ovos, são formadas células de ar que são incorporadas à mistura. Como esponjas puras, essas células são inteiramente responsáveis pela expansão, uma vez que não se utiliza agente químico.

INGREDIENTES			PROCESSO
170	g	gema	Bata a gema com o açúcar até branqueá-los.
150	g	açúcar	
170	g	clara	Bata a clara em neve com o açúcar a ponto médio. Incorpore ⅓ da clara batida à gema branqueada e depois adicione a mistura peneirada de ingredientes secos. Acrescente o restante da clara, mexendo com delicadeza.
40	g	açúcar	
60	g	cacau em pó	
90	g	farinha para bolo (cake flour)	
60	g	manteiga derretida	

Adicione a manteiga, misturando com delicadeza.

Despeje em molde forrado com papel-manteiga (não unte, nem aplique spray).

Apenas com o auxílio da espátula, puxe a mistura até o topo do molde.

Asse a 180 °C por 30 a 40 minutos, até que fique firme ao toque e caramelizado (ou dourado). Não abra o forno durante a cocção.

Biscoito champanhe
MASSA GENOISE – MÉTODO POR SEPARAÇÃO

Esta esponja, que será mangueada com bico liso, terá melhor resultado com uma massa *genoise* feita pelo método de ovos separados. Após manguear a massa, peneire sobre os biscoitos uma boa camada de açúcar de confeiteiro, de preferência duas vezes. Para acrescentar o sabor de chocolate, substitua 45 gramas de farinha de trigo por cacau em pó.

INGREDIENTES			PROCESSO
10	un.	gemas	Bata as gemas com o açúcar, o sal e o extrato de baunilha, até o ponto de fita.
150	g	açúcar	
1	pitada	sal	
1	col. chá	extrato de baunilha	Bata um merengue com as claras e o açúcar a ponto médio.
10	un.	claras	
150	g	açúcar	
240	g	farinha para pão, peneirada	Misture os ingredientes secos peneirados às gemas com delicadeza. Adicione as claras e mexa cuidadosamente.
60	g	amido de milho	

Disponha a mistura em um saco de confeiteiro com um bico liso médio e mangueie os biscoitos com tamanho uniforme.

Peneire uma camada espessa de açúcar de confeiteiro e deixe descansar por 3 minutos. Peneire uma segunda camada.

Asse os biscoitos a 200 °C por 15 minutos, ou até que dourem. Eles devem ficar firmes ao toque e com bom volume.

Pão de ló

Este bolo do tipo esponja pode ser feito pelos métodos quente, frio inteiro ou por separação, e flavorizado de diversas maneiras. Na preparação do sabor chocolate, substitua 45 gramas de farinha por cacau em pó.

INGREDIENTES			PROCESSO
8	un.	ovos	Bata os ovos com o açúcar, o sal e o extrato de baunilha, até o ponto de fita.
1	xíc.	açúcar	
1	pitada	sal	
1	col. chá	extrato de baunilha	Peneire a farinha e misture com delicadeza aos ovos montados.
1	xíc.	farinha de trigo	
			Asse a 200 °C por 15 minutos, ou até atingir uma coloração dourada; ao toque, deve se manter firme e com bom volume.

Rocambole

Um bolo estilo rocambole, ou roulade, começa como um bolo esponjoso que, assim que sai do forno, é virado sobre uma toalha de cozinha ou pano de prato e enrolado. Um recheio ou uma rica cobertura, de sabor forte e substancioso, costuma complementar a textura macia e a delicadeza do bolo. Em termos de estrutura, um bolo rocambole deve ser de massa fina (o máximo possível), igualmente distribuída e "enrolável", ou seja, flexível à manipulação, sem quebrar.

INGREDIENTES			PROCESSO
100	g	pasta de amêndoas	Esmigalhe bem a pasta de amêndoas; adicione o açúcar, o sal e o extrato de baunilha.
100	g	açúcar	
1	pitada	sal	Misture até reduzir a grânulos e uniformes.
1	col. chá	extrato de baunilha	
10	un.	gemas	Adicione as gemas e bata até que fiquem leves e tripliquem em tamanho.
100	g	farinha para bolo (cake flour), peneirada	Peneire os ingredientes secos e reserve.
60	g	amido de milho	
10	un.	claras	Bata as claras, adicionando o açúcar aos poucos, até que fiquem firmes. Despeje a metade desse merengue na mistura de gemas batidas, depois adicione os ingredientes secos peneirados, incorporando aos poucos.
100	g	açúcar	

Adicione o restante do merengue com delicadeza.

Ponha em meia assadeira forrada com papel--manteiga e asse a 180 °C por 13 minutos, ou até que a massa se encolha nas laterais. Vire em um pano de prato levemente umedecido e pulverizado com açúcar.

Trabalhe rápido: deixe a massa enrolada até o momento de rechear (congele, se preciso).

Espalhe o recheio com o auxílio de uma espátula, puxando em direção a você. Pulverize com açúcar de confeiteiro ou com a cobertura desejada.

[Rocambole]

Roulade suisse

INGREDIENTES

1	un.	gema
170	g	ovo
1	col. chá	extrato de baunilha
1	pitada	sal
170	g	açúcar
120	g	farinha de trigo peneirada
5	un.	claras
50	g	açúcar

PROCESSO

Faça um bolo esponja, pelo método por separação: bata, até triplicar de volume, a gema com o ovo, o extrato de baunilha, o sal e o açúcar.

Adicione a farinha de trigo peneirada; depois acrescente, mexendo delicadamente, as claras batidas com o açúcar em ponto de merengue médio/firme.

Coloque a massa em uma assadeira retangular grande forrada com papel-manteiga ou tapete de silicone, assegurando-se de distribuí-la em uma camada uniforme e bem fina.

Asse a 200 °C por 10 a 12 minutos. Vire em um pano de prato úmido pulverizado com açúcar.

Trabalhe rápido: deixe o bolo enrolado até o momento de rechear (congele se preciso).

Espalhe o recheio com o auxílio de uma espátula, puxando em direção a você. Enrole bem firme e disponha o roulade com a abertura para baixo. Pulverize com açúcar de confeiteiro ou com a cobertura desejada.

Rocambole de chocolate

INGREDIENTES		
135	g	gema
340	g	açúcar
315	g	ovo
1	col. chá	extrato de baunilha
80	g	farinha para pão
80	g	cacau em pó
200	g	clara
1	pitada	sal
40	g	açúcar

PROCESSO

Faça um bolo esponja, pelo método por separação: bata, até triplicar de volume, a gema, o açúcar, o ovo e o extrato de baunilha.

Adicione a farinha para pão e o cacau em pó peneirados.

Incorpore, mexendo delicadamente, a clara batida em ponto de neve médio/firme com o sal e o açúcar.

Coloque a massa em uma assadeira grande forrada com papel-manteiga, assegurando-se de distribuí-la em uma camada uniforme e bem firme.

Asse a 200 °C por 10 a 12 minutos. Vire em um pano de prato úmido e pulverizado com açúcar.

Aplique o recheio e enrole bem apertado.

Torta-mousse de chocolate
SEM GLÚTEN

INGREDIENTES			PROCESSO
BOLO			**BOLO**
120	g	gema	Bata a gema e o açúcar até o ponto de fita.
60	g	açúcar	
50	g	cacau em pó	Adicione o cacau em pó peneirado e misture delicadamente.
180	g	clara	Bata a clara e o açúcar em neve até fazer um merengue firme e brilhante. Incorpore a clara à massa.
130	g	açúcar	
			Despeje na assadeira e nivele com uma espátula flexível.
			Asse a 190 °C por 15 minutos, ou até ficar firme e começando a soltar das laterais.
MOUSSE			**MOUSSE**
240	g	chocolate 56%	Derreta os chocolates em banho-maria.
3	xíc.	gotas de chocolate, chips	Bata o creme de leite em ponto de médio para firme e reserve na geladeira.
1.000 g		creme de leite fresco	
¾	xíc.	clara	Bata a clara até espumar; adicione o açúcar pouco a pouco, até formar um merengue firme e brilhante.
½	xíc.	açúcar	
			Adicione o chocolate derretido à clara montada, trabalhando rapidamente.
			Quando a mistura estiver à temperatura ambiente, adicione o creme montado a ponto médio e trabalhe até obter uma mousse cremosa e homogênea.

(cont.) ▶

GANACHE

160	g	creme de leite fresco
250	g	chocolate 56%
30	g	manteiga

GANACHE
Ferva o creme de leite; adicione o chocolate picado e misture suavemente até derretê-lo; adicione a manteiga à temperatura ambiente e misture bem. Reserve. Para ser utilizada em cobertura, deve estar em uma temperatura aproximada de 50 °C.

MONTAGEM
Corte o bolo em três camadas. Distribua um terço da mousse sobre a primeira camada, coloque a segunda camada de bolo, ponha o segundo terço de mousse, a terceira camada e cubra com mousse. Decore com rosetas de ganache.

Bolo de chocolate e amêndoas

Esta é uma esponja intensamente flavorizada e texturizada pela presença de chocolate, amêndoas e manteiga. Este bolo fica excelente tanto servido sozinho, em um café ou chá, quanto como base de tortas.

INGREDIENTES

200	g	chocolate 56%
200	g	manteiga
10	un.	gemas
120	g	açúcar
1	pitada	sal
½	col. chá	extrato de amêndoa
100	g	farinha para bolo (cake flour)
100	g	farinha de amêndoas

MERENGUE

10	un.	claras
55	g	açúcar
1	pitada	cremor de tártaro

PROCESSO

Derreta o chocolate e a manteiga em banho-maria.

Bata as gemas, o açúcar, o sal e o extrato de amêndoa até o ponto de fita.

Adicione a mistura de chocolate às gemas batidas.

Peneire os ingredientes secos e incorpore-os à mistura de chocolate e gemas.

Bata um merengue médio e adicione com delicadeza à mistura. Despeje em forminhas de bolo inglês pequenas, bem untadas.

Asse a 180 °C por 18 minutos, dependendo da fôrma.

Joconde

Essa massa leve, flavorizada por amêndoas, é um biscuit de estilo francês, supostamente criado por um *pâtissier* em homenagem à *Gioconda* (*Joconde*, em francês, também chamada de *Mona Lisa*). Constitui a base de uma infinidade de preparações clássicas, como petit-fours e a célebre L'Opéra.

INGREDIENTES			PROCESSO
280	g	ovo	Bata o ovo, a gema, o sal, a baunilha e o açúcar.
100	g	gema	
1	col. chá	sal	Adicione os ingredientes secos peneirados e misture bem.
1	col. chá	baunilha	
280	g	açúcar	
180	g	farinha para bolo (cake flour)	Por último, adicione a manteiga derretida e misture delicadamente com uma espátula, até obter uma massa homogênea.
210	g	farinha de amêndoas	
1	col. chá	fermento em pó	
70	g	manteiga derretida	Despeje em fôrma untada e forrada com papel-manteiga.
			Asse a 180 °C por cerca de 20 minutos. A massa deve ficar completamente seca e firme ao toque; um palito inserido nela deve sair completamente limpo.

RECEITAS

Torta Opéra

Homenagem ao Opéra Garnier, edifício histórico parisiense também chamado de Ópera de Paris e palácio Garnier, este gateau é uma preparação elaborada. Sua base é uma esponja de amêndoas chamada joconde, recheada com camadas finas de creme flavorizado com café e de ganache, embebidas com calda de café, cobertas com um glacê de chocolate.

INGREDIENTES

BOLO JOCONDE

16	un.	ovos
480	g	açúcar
1	pitada	sal
380	g	farinha para bolo (cake flour)
100	g	farinha de amêndoas
100	g	cacau em pó
½	col. chá	fermento químico
2	col. sopa	manteiga derretida

CALDA

200	g	água
200	g	açúcar
3	col. sopa	licor de café

CREME DE MANTEIGA FRANCÊS

1.000	g	manteiga, temp. ambiente
200	g	chocolate ao leite 36%, derretido
130	g	água
700	g	açúcar
100	g	glicose de milho
240	g	gema
1	col. sopa	baunilha
3	col. sopa	extrato de café
½	col. chá	sal

PROCESSO

BOLO JOCONDE

Método esponjoso a quente de ovos inteiros: bata os ovos, o açúcar e o sal até triplicarem de volume. Adicione os ingredientes secos peneirados, incorporando com delicadeza; adicione a manteiga derretida.

Distribua em meia assadeira untada e forrada com papel-manteiga. Asse a 180 °C por 20 minutos, até que esteja firme no centro e recuando nas bordas.

CALDA

Ferva a água com o açúcar.

Adicione o licor de café.

CREME DE MANTEIGA FRANCÊS

Coloque a manteiga para fazer uma pomada.

Derreta o chocolate e reserve.

Faça uma calda aquecendo a água, o açúcar e a glicose de milho até 115 °C.

Bata a gema com a baunilha, o extrato de café e o sal até triplicarem de volume.

Adicione a calda em fio e bata até esfriar.

Acrescente o chocolate derretido e, então, a manteiga em pomada.

Faça um creme consistente e homogêneo.

(cont.) ▶

ESPESSANTES NA CONFEITARIA

GLAÇAGE

4	un.	gelatina em folhas
1	xíc.	água gelada
160	g	creme de leite fresco
200	g	açúcar
2	col. sopa	água
80	g	cacau em pó

GLAÇAGE

Hidrate a gelatina na água gelada por 15 minutos.

Ferva o creme de leite, o açúcar e a água até atingir 113 °C. Retire a água da gelatina e esprema bem. Ela deve pesar cinco vezes o peso inicial, no caso, 48 g. Coloque a gelatina espremida no líquido quente e misture bem, mas sem formar espuma. Adicione o cacau em pó, mexendo com leveza. Coe. Utilize levemente morno.

MONTAGEM

Corte o bolo joconde em três tiras de mesmo tamanho.

Distribua uma camada fina de chocolate meio amargo derretido sobre toda a superfície do bolo. Inverta.

Pincele a calda quente.

Coloque o creme de manteiga em manga de confeitar, distribuindo cerca da metade da quantidade em uma camada bem fina.

Monte a outra camada, regando com a calda e uma camada fina de ganache.

Disponha a terceira camada do joconde, embeba e distribua a outra metade do creme de manteiga em uma camada fina sem ondulações. Alise com o auxílio de uma régua para que fique completamente reto. Congele por 30 minutos.

Com a glaçage a 40 °C, distribua em um movimento rápido que cubra o topo niveladamente. Não se preocupe com os lados, pois após refrigerar por outros 45 minutos, cortamos as arestas do retângulo com uma faca limpa e quente. Essa torta recebe a inscrição de L'Opera com chocolate derretido, e suas laterais devem mostrar o interior em detalhes.

Faça um glaçage com a ganache.

Tres leches

Este é um bolo esponjoso regado com uma calda elaborada com três tipos de leite, usualmente leite evaporado, leite condensado e leite integral ou creme de leite, que se combinam em uma calda doce e de boa densidade. A cobertura, similar a marshmallow ou a um merengue italiano, é mangueada, queimada com um maçarico e decorada com cerejas marrasquino. Pode-se também cortar o bolo ao meio, para umedecer cada parte com a calda, rechear com um creme e finalizar da mesma maneira, com merengue italiano e as cerejas. Criado na Nicarágua, é extremamente popular no México, em Cuba, em Porto Rico, na Guatemala e nos Estados Unidos.

INGREDIENTES			PROCESSO
MASSA			**MASSA**
1	un.	bolo genoise	Corte o bolo ao meio e perfure toda a massa.
RECHEIO			**RECHEIO**
250	g	cream cheese	Misture o cream cheese até obter uma pomada lisa, adicionando a manteiga e o leite condensado; misture até ficar cremoso.
75	g	manteiga, temp. ambiente	
100	g	leite condensado	
CALDA			**CALDA**
150	g	leite evaporado ou creme de leite	Aqueça todos os ingredientes e entorne a calda sobre o bolo perfurado, em três estágios, até que o bolo esteja completamente saturado.
100	g	leite	
300	g	leite condensado	
			Distribua o recheio.
			Sobreponha a outra camada e sature com a calda ainda morna.

(cont.) ▶

MERENGUE ITALIANO

60	g	água
175	g	açúcar
60	g	glicose de milho
120	g	clara
1	pitada	cremor de tártaro

MERENGUE ITALIANO

Misture a água, o açúcar e a glicose de milho em uma panela limpa.

Coloque o termômetro para açúcar e cozinhe até a temperatura de 110 °C. Comece a bater o merengue.

Quando a calda chegar a 116 °C, despeje sobre a clara montada, em fio, bem devagar.

Bata até esfriar.

Espalhe sobre a massa embebida e queime com um maçarico.

Decore com cerejas marrasquino.

Sirva frio.

BOLO DE CLARAS

Um bolo de claras é um merengue ao qual se adiciona farinha para criar estabilidade e textura. A expansão resulta do ar no merengue e do vapor produzido durante a cocção. As proteínas das claras, somadas ao amido e à proteína da farinha, são incorporadas ao filme aquoso que envolve as células de ar, contribuindo para sua estabilidade. O açúcar exerce não apenas sua ação como edulcorante e flavorizante, mas também como estabilizante das proteínas das claras, por seus efeitos amaciantes e por equilibrar a textura pesada que pode ocorrer juntando-se a proteína do ovo e da farinha. Uma pitada de cremor de tártaro abaixa o pH e estabiliza a mistura, branqueando a espuma e contribuindo para um bolo de textura fina.

O tipo e a proporção de ingredientes, o método de manipulação e a temperatura de cocção são aspectos de igual importância para preparar um bolo de claras. As claras são o primeiro ingrediente por peso, e o açúcar vem em segundo. Este nunca deve exceder a concentração de claras; quanto mais próximos, mais maciez se observará no produto final. O açúcar deve ser adicionado gradualmente às claras, à temperatura ambiente.

A concentração de farinha de trigo não deve exceder à metade do peso das claras. Uma farinha de granulometria fina e de baixo conteúdo de glúten deve ser peneirada e adicionada à mistura cuidadosamente. Após a adição da farinha, mexa o mínimo possível.

Como qualquer bolo esponjoso, o bolo de claras deve ser assado a temperaturas entre 170 e 200 °C por 30 a 40 minutos. Quando misturado e assado corretamente, sua parte de cima apresenta pequenas rachaduras. A temperatura e o tempo variam de acordo com o tamanho da fôrma e outras condições. O bolo de claras não deve ser seco.

Comece comprando a fôrma própria para bolo de claras: em forma de tubo, com fundo removível, normalmente de 21 a 23 centímetros. Invista em um bom material, uma vez que a fôrma do bolo de claras nunca pode receber *spray*.

[Bolo de claras]

O principal ingrediente no bolo de claras é a própria clara – ela é responsável pela espuma, que causará a expansão ou o crescimento do bolo. Como em todos os merengues, cuide para que os batedores, os utensílios e as claras não contenham nenhuma contaminação: qualquer quantidade de gordura, ainda que irrisória, interfere na formação da espuma ou do merengue.

Bolo de claras

Sem gordura (*fat-free*) e sempre leves, bolos de claras são ideais para o verão: acompanham com sucesso frutas tropicais, com uma colherada despretensiosa de creme de leite batido.

INGREDIENTES

1 ¾	xíc.	açúcar
1	xíc.	farinha
¼	col. chá	sal
12	un.	claras
⅓	xíc.	água morna
1 ½	col. chá	cremor de tártaro
1	colher	extrato de baunilha

PROCESSO

Aqueça o forno a 170 °C.

Em um processador, pulverize o açúcar em um pó fino. Peneire a metade do açúcar (⅔ de xícara) com a farinha e o sal.

Bata as claras com a água morna, o cremor de tártaro e o extrato de baunilha, até espumarem. Em velocidade média, comece a adicionar a outra metade do açúcar, pulverizado aos poucos. Bata até obter um merengue estável, mas a ponto médio.

Incorpore delicadamente os ingredientes secos peneirados, mexendo apenas até que a farinha esteja umedecida. Trabalhar demais a mistura faz com que as bolhas de ar da espuma se enfraqueçam, reduzindo significativamente o volume da mistura.

Asse por 35 a 40 minutos ou até que o bolo esteja seco. Quando retirá-lo do forno, imediatamente inverta a fôrma. O ideal é usar um molde de pudim.

BOLOS CHIFFON

O bolo chiffon é o primo mais jovem dos bolos esponjosos, uma preparação relativamente nova na confeitaria. O método chiffon baseia-se em uma emulsão entre gemas e gordura; os ingredientes secos peneirados são adicionados à emulsão e depois as claras em neve são incorporadas delicadamente. Os bolos chiffon não são apenas levedados pela presença dos ovos, mas também quimicamente, pela adição de fermento em pó. Geralmente, utiliza-se óleo na preparação desse bolo, ao qual é difícil incorporar ar. Por isso, ovos e açúcar são batidos em uma espuma espessa, e o óleo, adicionado em emulsão.

Nesse caso, como os outros bolos esponjosos, o chiffon esponjoso deve ser assado imediatamente, porque o merengue de claras tende a murchar em pouco tempo quando exposto ao ar. Asse entre 180 e 190 °C por cerca de 40 minutos (dependendo do tamanho da fôrma, da receita e do forno). Quando frio, é uma ótima opção na montagem de tortas com o recheio de sua escolha. Utilize óleo de boa qualidade, pois a manteiga e/ou gordura hidrogenada não funcionam satisfatoriamente.

A palavra *chiffon* deriva do francês, numa correlação com "roupa esfarrapada, confortável, como em retalho". O bolo chiffon foi inventado em meados de 1920, por um ex-vendedor de seguros que abriu um negócio envolvendo comemorações e festas nos arredores de Los Angeles. O senhor Harry Baker vendeu sua fórmula para a companhia General Mills nos anos 1940, e o segredo de sua preparação estava na utilização de óleo, um ingrediente desconhecido, até então, na preparação de bolos.

Bolo salgado

Esta preparação serve como base para uma infinidade de variações: adicione fibras ou experimente espinafre, brócolis, cenoura, beterraba, palmito e tomate, combinados a seu gosto. Varie as especiarias e os condimentos, como orégano, manjericão, alho e cebola salteados.

INGREDIENTES			PROCESSO
200	g	vegetais, salteados	Prepare os vegetais – cebola sauté, pimentão, brócolis ou o que preferir – e escorra bem.
3	un.	gemas	
140	g	óleo	
480	g	farinha de trigo	Bata as gemas até ficarem levemente esponjosas; emulsifique acrescentando óleo aos poucos.
25	g	fermento em pó	
10	g	sal	
1	col. chá	noz-moscada	Adicione a metade dos ingredientes secos peneirados, o leite e depois a outra metade dos ingredientes secos.
80	g	queijo ralado	
500	g	leite	
3	un.	claras	Bata as claras em neve úmidas (nível médio) e adicione-as suavemente à massa.

Unte uma fôrma de 18 cm e despeje metade da mistura. Disponha os vegetais e o restante da massa.

Asse a 180 °C por cerca de 30 minutos.

RECEITAS

Bolo chiffon de chocolate
BLACK VELVET

INGREDIENTES			PROCESSO
3	un.	ovos	Misture os ovos, o óleo, o iogurte, o café, o chocolate derretido e a baunilha até resultar em uma mistura aveludada.
3	xíc.	óleo de girassol	
1 ⅔	xíc.	iogurte	
1 ½	xíc.	café	
150	g	chocolate 56%, derretido	Peneire os ingredientes secos e envolva-os na mistura.
1	col. sopa	baunilha	
3	xíc.	farinha de trigo	Lembre-se de que trabalhar a mistura em excesso faz com que as bolhas de ar da espuma se enfraqueçam, reduzindo significativamente o volume da preparação.
3 ½	xíc.	açúcar	
½	col. sopa	fermento em pó	
2 ½	col. chá	bicarbonato	
1	col. chá	sal	
1 ½	xíc.	cacau em pó	Asse a 170 °C por 35 a 40 minutos, ou até que o bolo esteja seco.

ESPESSANTES NA CONFEITARIA

Bolo chiffon de pistache

Na culinária, o termo *chiffon* sugere leveza e maciez, e em um bolo chiffon se introduz um ingrediente emulsificante (óleo e gemas ou ovos, por exemplo). O óleo contribui com umidade e dá ao bolo um tempo de vida mais longo, sob refrigeração ou mesmo sob congelamento. Os ovos podem ser adicionados inteiros ou separados, com a adição de claras em neve para suavizar a preparação. Este bolo deve ser utilizado como base para a montagem de tortas. O pistache pode ser retirado ou substituído por um outro flavorizante.

INGREDIENTES			PROCESSO
240	g	gema	Bata a gema, o sal e o açúcar até dobrarem de volume; diminua a velocidade e incorpore o óleo, o extrato de baunilha e a essência ou pasta de pistache até emulsificar.
1	col. chá	sal	
175	g	açúcar	
90	g	óleo	
1	col. sopa	extrato de baunilha	
1	col. sopa	essência de pistache	Peneire os ingredientes secos e envolva-os nas gemas em três estágios, alternando com a água. Adicione o pistache picado.
270	g	farinha de trigo	
1	col. sopa	fermento em pó	
3	col. sopa	água	
1/3	xíc.	pistache, tostado e picado	Adicione a clara em neve batida com o açúcar, mexendo delicadamente.
250	g	clara	
200	g	açúcar	Trabalhar a mistura em excesso faz com que as bolhas de ar da espuma se enfraqueçam, reduzindo significativamente o volume da preparação.
			Asse a 180 °C por 35 a 40 minutos, ou até que o bolo esteja seco.

APLICAÇÃO 1. BOLOS, MADELEINES, MERENGUES, PÂTES, MACARONS E SUFLÊS

Bolo de cenoura em estilo americano
MÉTODO EM DOIS ESTÁGIOS

INGREDIENTES

BOLO

3	xíc.	farinha para bolo (cake flour)
2	xíc.	açúcar
1	xíc.	açúcar mascavo
½	col. sopa	bicarbonato de sódio
½	col. sopa	fermento químico
1	col. sopa	canela em pó
½	col. chá	noz-moscada
1	col. chá	sal
1 ½	xíc.	óleo
1	col. sopa	extrato de baunilha
6	un.	ovos
2	xíc.	cenoura, ralada
1	xíc.	nozes, picadas

RECHEIO E COBERTURA

420	g	cream cheese
250	g	açúcar impalpável
1	col. chá	baunilha
120	g	manteiga

PROCESSO

BOLO

Em uma tigela grande, misture todos os ingredientes secos e peneire.

Em outro recipiente, misture todos os ingredientes líquidos. Adicione os ingredientes líquidos aos secos de uma só vez e misture completamente, até obter uma massa homogênea.

Asse a 180 °C por 20 minutos e depois por mais 20 minutos a 160 °C. O bolo deve estar completamente seco e firme ao toque; um palito inserido nele deve sair completamente limpo.

RECHEIO E COBERTURA

Faça uma pomada com o cream cheese, batendo por cerca de 20 minutos em primeira velocidade.

Adicione o açúcar peneirado com a baunilha, e depois a manteiga à temperatura ambiente. Bata até fazer um creme homogêneo.

MONTAGEM

Corte o bolo ao meio e, sobre uma metade, espalhe, nivelando, 250 gramas de recheio. Coloque a outra metade do bolo e decore-o com o creme.

Cubra as laterais com nozes picadas.

Faça pequenas cenourinhas com creme de manteiga, laranja e verde.

[Bolo de cenoura]

Boston cream pie
MÉTODO DE BOLO EM DOIS ESTÁGIOS

Trata-se, na verdade, de um bolo (*cake*), não uma torta (*pie*). São duas camadas de bolo recheadas com creme de baunilha, e o conjunto é decorado com um glacê de chocolate, depois cortado em pedaços, como uma torta.

INGREDIENTES			PROCESSO
BOLO			**BOLO**
225	g	farinha para bolo (cake flour)	Faça o bolo, pelo método, em dois estágios: 1) misture todos os ingredientes secos peneirados e reserve; 2) misture todos os ingredientes líquidos e adicione-os aos secos; depois, mexa até obter uma mistura homogênea.
225	g	açúcar	
2	col. chá	fermento químico	
¼	col. chá	sal	
2	un.	claras	
1	un.	ovo	Distribua em duas fôrmas para torta.
70	g	leite	Asse a 150 °C por cerca de 40 minutos.
70	g	creme de leite fresco	Nivele e disponha a parte mais larga para baixo.
1	col. chá	extrato de baunilha	
170	g	manteiga derretida	
CALDA			**CALDA**
½	xíc.	água	Ferva todos os ingredientes.
½	xíc.	açúcar	
3	col. sopa	rum	
RECHEIO			**RECHEIO**
250	g	creme de confeiteiro	Misture o creme de confeiteiro com o rum e o chantilly. Espalhe sobre a primeira camada da torta.
2	col. sopa	rum	
¼	xíc.	creme de leite fresco, batido firme	

(cont.) ▶

GLACÊ

115	g	chocolate 56%
15	g	manteiga
15	g	rum
55	g	glicose de milho
15	g	cacau em pó

GLACÊ

Derreta o chocolate com a manteiga e reserve. Misture o rum, a glicose e o cacau em pó.

Adicione, à mistura de rum, o chocolate derretido com a manteiga. Mexa sem incorporar ar.

Aqueça a 40 °C, espalhe no centro da torta e deixe um excesso cair pelos lados.

MONTAGEM

Se a massa estiver muito desnivelada ou côncava, nivele.

Coloque a primeira camada com a parte mais larga para baixo e umedeça com a calda. Coloque o recheio, a segunda massa e cubra com o glacê.

Torta piña colada com bolo chiffon

Esta receita básica é uma excelente alternativa para um bolo rápido. Para um chiffon de baunilha, omita a essência de coco e o coco ralado.

INGREDIENTES			PROCESSO
BOLO CHIFFON (2 CM X 21 CM)			**BOLO**
420	g	farinha para bolo (cake flour)	Peneire a farinha para bolo com o fermento químico em pó e o sal; adicione o açúcar e o coco ralado.
20	g	fermento químico	
10	g	sal	
360	g	açúcar	
80	g	coco ralado	
220	g	gema	Em uma tigela, misture a gema e adicione o óleo gradualmente, a água, a essência de coco (opcional) e a baunilha. Misture por 1 minuto em velocidade moderada.
210	g	óleo	
330	g	água	
1	col. sopa	baunilha	
1	col. chá	essência de coco (opcional)	
420	g	clara	Bata a clara com o cremor de tártaro até formar espuma; adicione o açúcar pouco a pouco e bata até obter um ponto firme. Agregue à mistura, com delicadeza.
⅛	col. chá	cremor de tártaro	
180	g	açúcar	
			Asse a 180 °C por cerca de 40 minutos. O bolo deve ficar completamente seco e firme ao toque; um palito inserido nele deve sair completamente limpo. Inverta o bolo logo após assado.
RECHEIO			**RECHEIO**
22,5	g	gelatina em pó	Hidrate a gelatina no rum gelado por 15 minutos.
½	xíc.	rum	
600	g	cream cheese, temp. ambiente	Enquanto isso, coloque o cream cheese e o açúcar em uma batedeira e misture até ficar cremoso, raspando a tigela duas vezes. Certifique-se de que a mistura se torne completamente cremosa.
240	g	açúcar	
200	g	suco de abacaxi	
1.000	g	creme de leite, fresco, montado	Esquente o suco de abacaxi, adicione a gelatina e misture bem. Adicione ⅓ do cream cheese, temperando. Adicione o restante do cream cheese.
			Monte o creme de leite a ponto médio/firme. Incorpore com delicadeza, como em uma mousse, ao creme.

(cont.) ▶

CALDA

300	g	suco de abacaxi
60	g	Malibu
200	g	leite de coco

CALDA

Aqueça ligeiramente o suco de abacaxi e acrescente os outros ingredientes.

MONTAGEM

Corte cada bolo em três camadas e umedeça com a calda morna. Espalhe 200 gramas do recheio entre cada camada.

Cubra o bolo e decore com abacaxi e fitas de coco.

Torta de abacaxi

INGREDIENTES			PROCESSO
BOLO			**BOLO**
450	g	açúcar	Bata os açúcares, o sal e o ovo.
150	g	açúcar mascavo	
½	col. chá	sal	Adicione o óleo e o extrato de baunilha e
310	g	ovo	emulsione.
460	g	óleo	
1	col. sopa	extrato de baunilha	Adicione os ingredientes secos peneirados e misture bem.
420	g	farinha para bolo (cake flour)	
1	col. sopa	fermento químico	
½	col. chá	canela em pó	
½	col. chá	gengibre em pó	
¼	col. chá	noz-moscada, moída	
CALDA			**CALDA**
180	g	açúcar	Misture todos os ingredientes em uma pomada firme. Despeje sobre uma fôrma untada e forrada com papel-manteiga.
300	g	açúcar mascavo	
120	g	manteiga, temp. ambiente	
60	g	mel	
60	g	glicose de milho	Distribua as rodelas de abacaxi e coloque uma cereja no meio de cada espaço. Despeje a massa do bolo.
1	col. chá	canela	
60	g	água	
1	lata	abacaxi em calda, drenado	
1	vidro	cerejas em calda, drenadas	Asse a 180 °C por cerca de 40 minutos. A torta deve ficar completamente seca e firme ao toque; um palito inserido nela deve sair completamente limpo. Retire do forno e deixe descansar por 10 minutos.
			Inverta e acomode as frutas que podem ter se deslocado durante a cocção ou desmontagem.

BOLOS COM ALTO TEOR DE GORDURA

O tipo e a proporção dos ingredientes, o método de mistura e o de cocção determinam as características dos bolos ricos em gordura. A farinha de partículas menores e mais fina, com menos proteína, também afeta a qualidade do bolo; o branqueamento dela diminui o pH e modifica suas propriedades funcionais. Uma farinha mais forte, com mais proteína e não tão branqueada, além de afetar o volume, também produz um interior muito suculento e aumenta a espessura nas paredes das células.

O método convencional de mistura, em linhas gerais: fazer um creme com a gordura; incorporar açúcar ao creme; adicionar ovos em estágios (para não partir a emulsão que está sendo feita), formando as células de ar tão necessárias a uma produção de qualidade. Após estabilizada a emulsão, adicionar os ingredientes secos peneirados, em três estágios, alternados com o líquido; deve-se sempre começar e terminar com os ingredientes secos, misturando bem a cada adição.

Independente da proporção de agentes amaciadores e enrijecedores, todos os ingredientes obrigatoriamente devem estar balanceados, de acordo com suas funções na mistura. Por exemplo, ingredientes estruturais e enrijecedores, como ovos e farinha, devem estar balanceados com os suavizadores, como a gordura e o açúcar; os ingredientes líquidos devem estar balanceados com os secos. A matriz formada entre amido-proteína é importante para o suporte e a força do miolo. Quando esses dois ingredientes estão fora de proporção, isso afeta a matriz.

Variar a concentração de açúcar afeta a extensão da gelatinização do amido e a desnaturação da proteína. Colocar mais açúcar em uma receita inibe a gelatinização e enfraquece a matriz. Esse enfraquecimento pode tanto fazer um bolo mais fofo como provocar o colapso do mesmo, dependendo da proporção utilizada.

Durante o aquecimento da massa, ocorrem muitos fenômenos, sendo os principais a ação levedante de dióxido de carbono e vapor, a gelatinização dos grânulos de amido e a coagulação ou desnaturação dos ovos e das proteínas da farinha. A gordura se derrete e se movimenta com as correntes de calor, avolumando-se. Ao derreter, desprende o ar aprisionado durante a mistura para o ambiente de farinha-água (líquido). O aumento desses espaços de ar ocorre na mistura durante a última parte da cocção. O gás liberado é cercado por uma fina camada de massa, que se expande com as células quando aquecida. A expansão das células aumenta a pressão dentro da mistura e também o seu movimento: as bolhas se rompem quando uma pressão forte é alcançada, e o filme formado ao redor das células resiste a uma expansão posterior. A coagulação do ovo e da proteína da farinha, bem como a gelatinização do amido, causa certa resistência, que impede a expansão das células – e, nesse ponto, a mistura começa a endurecer.

Brownie

O brownie é uma preparação relativamente fina, assada em fôrma grande e retangular, depois cortada em pedaços. Pode ser glaceado com cobertura de chocolate (ganache) ou apenas decorado com um toque de açúcar impalpável peneirado. Esta preparação surgiu nos Estados Unidos, no final do século XIX, e popularizou-se mundo afora. Híbrido entre bolo e biscoito, seria mais correto classificá-lo como biscoito, por sua apresentação. Os brownies têm uma grande variedade de formas, desde bem úmidos até secos, de textura semelhante a um bolo de chocolate simples. Podem conter nozes, pedaços de chocolate, manteiga de amendoim, pedaços triturados de bala de menta, confeitos de chocolate e coco e ainda receber ou não cobertura e nozes como decoração.

INGREDIENTES			PROCESSO
250	g	chocolate 56%	Derreta o chocolate e a manteiga em banho-maria.
250	g	manteiga	
200	g	açúcar	Bata o açúcar com os ovos até dobrarem em volume; adicione-os à mistura de chocolate.
4	un.	ovos	
100	g	farinha para bolo (cake flour)	
1	col. chá	fermento químico	Peneire os ingredientes secos e adicione-os à mistura.
1	pitada	sal	
100	g	nozes picadas	Acrescente as nozes picadas.
			Asse a 170 °C por 25 minutos. A particularidade da execução de brownie está na duração de sua cocção – quanto mais assado, mais seco, mais estilo bolo; quanto menos assado, mais úmido, mais estilo fudge.
			Cubra com uma ganache (opcional).

Bolo Veludo Vermelho
RED VELVET

Este bolo tem um visual forte, pelo contraste do vermelho intenso com recheio e coberturas brancos, normalmente à base de cream cheese. Muitas são as histórias sobre sua origem, do sul ou do norte dos Estados Unidos. O bolo em si apresenta sabor achocolatado suave, em miolo úmido e suave, em boa parte devido ao uso do creme de leite azedo. Caso não tenha acesso ao creme azedo industrializado, faça o seu próprio, adicionando 1 colher de sopa de vinagre branco, de sidra ou suco de limão, para cada xícara (240 gramas) de leite a 60 °C; deixe descansar por 30 minutos antes de utilizar.

INGREDIENTES

BOLO

1	xíc.	açúcar mascavo
1	xíc.	açúcar
1	xíc.	manteiga, temp. ambiente
4	un.	ovos
1	col. chá	baunilha
½	xíc.	leite
1	xíc.	creme de leite azedo (sour cream)
2	xíc.	farinha para bolo (cake flour)
½	xíc.	farinha de trigo
1	col. chá	bicarbonato de sódio
½	col. chá	sal
1	xíc.	cacau em pó
2	col. sopa	corante vermelho

PROCESSO

BOLO

Bata os açúcares e a manteiga em uma pomada (método cremoso). Adicione os ovos e a baunilha pouco a pouco, para não romper a emulsão.

Adicione a mistura de leite e creme de leite e mexa bem. Adicione o corante. Adicione os ingredientes secos peneirados. Misture até obter uma pasta lisa de vermelho intenso.

Asse a 180 °C por 10 minutos e por mais 10 minutos a 160 °C. O bolo deve ficar completamente seco e firme ao toque; um palito inserido nele deve sair completamente limpo.

RECHEIO

Cream cheese; siga as instruções do bolo de cenoura.

[Bolo Veludo Vermelho em fôrma de cupcake]

Bolo de semente de papoula e coco, com calda de flor de laranjeira

INGREDIENTES

BOLO

1	xíc.	açúcar
240	g	manteiga, temp. ambiente
3	un.	ovos
1 ¾	xíc.	farinha de trigo
1	col. chá	fermento químico
1	col. chá	sal
1	col. chá	bicarbonato de sódio
240	g	iogurte
½	xíc.	semente de papoula
½	xíc.	coco ralado

CALDA

1	col. chá	água de flor de laranjeira
¾	xíc.	água
¾	xíc.	açúcar

PROCESSO

BOLO

Bata o açúcar e a manteiga em uma pomada (método cremoso).

Adicione os ovos pouco a pouco, para não romper a emulsão.

Adicione os ingredientes secos e misture bem. Adicione o iogurte e misture bem. Por último, adicione a semente de papoula e o coco ralado; misture até obter uma massa homogênea.

Asse a 170 °C por cerca de 50 minutos.
O bolo deve estar completamente seco e firme ao toque; um palito inserido nele deve sair completamente limpo.

Desenforme o bolo e faça buracos finos, usando um palito.

CALDA

Ferva todos os ingredientes e despeje a calda sobre o bolo ainda quente.

[Bolo de semente de papoula e coco, com calda de flor de laranjeira]

RECEITAS

Bolo-mousse Decadence
SEM GLÚTEN

INGREDIENTES		
½	xíc.	água
¾	xíc.	açúcar
1	pitada	sal
½	xíc.	cacau em pó
200	g	manteiga
200	g	cobertura de chocolate 56%
4	un.	ovos
1	col. sopa	licor Grand Marnier

PROCESSO

Ferva a água, o açúcar e o sal; despeje-os sobre o cacau em pó e reserve.

Derreta em banho-maria a manteiga picada em cubos e o chocolate picado. Agregue à mistura de cacau e mexa bem.

Adicione os ovos um a um, batendo bem entre cada adição.

Adicione o licor e misture bem.

Deposite em uma assadeira de 15 cm, untada e forrada com papel-manteiga. Deixe em um banho-maria de água bem quente, que atinja ⅔ da assadeira, e asse a 150 °C por 45 minutos, ou até começar a se apresentar levemente côncavo no centro.

Refrigere por pelo menos 4 horas, retire do molde e sirva com chantilly e frutas silvestres.

[Bolo-mousse Decadence]

Kuchen de maçã e nozes

Kuchen é sinônimo de "bolo" em alemão. Para nós, o bolo cuca, de inspiração alemã, é leve, com uma farofa por cima. Nesta variação, conseguimos mais textura e sabor com a adição de maçã e nozes.

INGREDIENTES

1	xíc.	açúcar
½	xíc.	açúcar mascavo
240	g	manteiga
1	col. chá	baunilha
2	un.	ovos
1	xíc.	iogurte
2	xíc.	farinha de trigo
½	col. chá	bicarbonato de sódio
1	col. chá	fermento químico
¼	col. chá	sal
½	col. chá	canela em pó
⅓	xíc.	farinha de trigo
½	xíc.	nozes
1	un.	maçã, cubos pequenos
5	col. sopa	suco de limão

FAROFA

1	xíc.	farinha de trigo
1	xíc.	açúcar
½	xíc.	nozes trituradas
1	col. chá	canela em pó
1	xíc.	manteiga

PROCESSO

Faça um creme com os açúcares, a manteiga e a baunilha; adicione os ovos um a um, até obter uma emulsão.

Adicione o iogurte e misture bem.

Adicione os ingredientes secos peneirados e misture até obter uma massa lisa. Misture a farinha, as nozes e a maçã (em suco de limão, drenado); adicione a massa e envolva bem.

Despeje sobre uma fôrma untada e forrada com papel-manteiga e distribua uma camada de farofa a gosto. Asse a 163 °C por 75 minutos, em assadeira quadrada.

FAROFA

Misture os ingredientes secos em uma tigela.

Derreta a manteiga e adicione aos ingredientes secos, massageando até formar pequenas migalhas.

VARIAÇÕES

Abacaxi, ameixas, nectarinas, peras, damascos (secos picados ou frescos) e frutas secas picadas.

Sachertorte

Esta famosa torte austríaca é recheada com uma deliciosa e espessa geleia de damasco, e um glacê de chocolate cobre o topo e os lados da torta. Em cima do bolo, a palavra *Sacher* é delicadamente escrita, ou sua inicial "S" em cada pedaço.

INGREDIENTES

BOLO

100	g	chocolate 56%
200	g	manteiga
150	g	açúcar
14	un.	gemas
1	col. sopa	baunilha
260	g	farinha para bolo (cake flour)
1	col. chá	fermento químico
60	g	cacau em pó
100	g	farinha de avelãs
½	col. chá	sal
14	un.	claras
200	g	açúcar

RECHEIO

250	g	geleia de damasco

COBERTURA

500	g	fondant líquido
150	g	chocolate meio amargo
¾	xíc.	calda simples de açúcar
¼	xíc.	rum (opcional)

PROCESSO

BOLO

Derreta o chocolate e a manteiga em banho-maria. Bata o açúcar com as gemas e a baunilha até triplicarem de volume; adicione a mistura de chocolate. Peneire os ingredientes secos e adicione-os à mistura. Bata um merengue com as claras e o açúcar a ponto médio e acrescente-o à massa.

Asse a 180 °C por 35 minutos, até estar firme no centro.

RECHEIO

Espalhe a geleia de damasco sobre o bolo.

COBERTURA

Em banho-maria, derreta o fondant líquido, adicione o chocolate meio amargo derretido e dê o ponto com uma calda simples de açúcar (uma parte de água e uma parte de açúcar). Flavorize com o rum (opcional). Esse glaçage deve ser mantido em banho-maria sem exceder 35 °C.

MONTAGEM

Corte o bolo ao meio. Espalhe a geleia de damasco. Forre todo o bolo com a geleia levemente aquecida, com um pincel. Deixe secar por 10 minutos.

Coloque a torta sobre uma grade e despeje a cobertura com uma concha. Bata a torta delicadamente no canto da mesa para espalhar o glaçage. Deixe secar. Com um cone, escreva a palavra "Sacher" (ou apenas "S") no centro da torta, ou marque 12 pedaços e escreva *Sacher* em cada um deles.

RECEITAS

Petit gâteau ao chocolate

Nesta preparação muito simples, de poucos ingredientes, a dica é o tempo de cocção. Ajuste o tempo de acordo com o tamanho do seu molde e o seu forno. O interior não deve ficar líquido, mas semilíquido. O segredo do petit gâteau está em sua cocção: o excesso o transforma em uma preparação comum. Ainda que o bolo não pareça pronto, asse-o a, no máximo, 60 °C (temperatura de coagulação dos ovos).

INGREDIENTES			PROCESSO
480	g	chocolate 58%	Prepare ramequins, untando e pulverizando com açúcar.
240	g	manteiga	
6	un.	ovos	Em banho-maria, derreta o chocolate com a manteiga, mexendo sempre, até ficarem completamente uniformes, mas sem aplicar muito calor (retire do banho-maria muitas vezes, mexendo e retornando). Se sua opção é o micro-ondas, misture a cada 30 segundos e vigie bem.
120	g	açúcar	
90	g	farinha de trigo	
3	g	sal	

Na tigela da batedeira, bata os ovos e o açúcar até triplicarem de volume, em ponto de fita, durante 5 minutos em velocidade média.

Despeje ⅓ do chocolate, mexendo até incorporar. Acrescente o restante da mistura. Adicione os ingredientes secos peneirados. Não trabalhe muito a mistura.

Deposite a mescla em ramequins, com um boleador de sorvete de 100 gramas. Refrigere ou congele se necessário até o momento de ser servido.

Asse em forno a 180 °C por 14 minutos a 16 minutos, ou até que um termômetro inserido no centro marque 60 °C.

Sirva quente.

[Petit gâteau ao chocolate]

Bolo de milho verde

INGREDIENTES			PROCESSO
300	g	açúcar	Bata o açúcar e a manteiga em uma pomada (método cremoso). Adicione o sal e as gemas pouco a pouco, para não romper a emulsão.
375	g	manteiga	
1	col. chá	sal	
9	un.	gemas	
280	g	farinha de trigo	Adicione os ingredientes secos peneirados e misture bem.
12,5	g	fermento químico	
220	g	fubá	
100	g	milho verde, lata	Adicione o milho verde e o leite de coco, misturando bem.
170	g	leite de coco	
10	un.	claras	Por último, adicione as claras batidas em neve com o açúcar e misture delicadamente com uma espátula, até obter uma massa homogênea.
125	g	açúcar	

Despeje em fôrma untada e forrada com papel-manteiga.

Asse a 170 °C por cerca de 30 minutos. O bolo deve ficar completamente seco e firme ao toque; um palito inserido nele deve sair completamente limpo.

MÉTODO CREMOSO: BOLO INGLÊS (POUND CAKE OU BOLO DE LIBRA)

Originário da Inglaterra no século XIX, é tradicionalmente assado em uma fôrma comprida, chamada pullman por lembrar os longos vagões de trem que levam esse nome. O bolo de libra, em inglês pound cake, é assim chamado porque as quantidades dos seus quatro ingredientes principais (açúcar, farinha, ovos e manteiga) são equivalentes – ou seja, pode ser feito com uma libra de cada ingrediente. Na França, é chamado de quatre-quarts, que são as quatro partes, um quarto de cada, e no Brasil, bolo inglês.

Torta al vino e canella

INGREDIENTES			PROCESSO
240	g	manteiga, temp. ambiente	Bata a manteiga por 2 minutos em velocidade média; adicione o açúcar e o sal. Bata mais 3 minutos em velocidade média.
240	g	açúcar	
½	col. chá	sal	
4	un.	ovos	Misture os ovos, um a um, e depois o extrato de baunilha e os flavorizantes. Adicione os ingredientes secos peneirados. Acrescente o vinho aos poucos e trabalhe a massa somente até incorporar.
1	col. chá	extrato de baunilha	
1	col. chá	canela em pó	
¼	col. chá	noz-moscada, fresca	
2	col. sopa	cacau em pó	
240	g	farinha de trigo	
1	col. chá	fermento em pó	
1	xíc.	vinho tinto	Asse a 170 °C por cerca de 40 minutos. O bolo deve ficar completamente seco e firme ao toque; um palito inserido nele deve sair completamente limpo.

Bolo Madeira

Perfeito para ser acompanhado por uma taça de vinho madeira.

INGREDIENTES

340	g	manteiga, temp. ambiente
340	g	açúcar
½	col. chá	sal
6	un.	ovos
1	col. chá	extrato de baunilha
1	col. sopa	raspas de limão
50	g	suco de limão
½	col. chá	óleo essencial de limão
¼	xíc	vinho madeira
340	g	farinha de trigo
3	col. chá	fermento em pó

PROCESSO

Bata a manteiga por 5 minutos em velocidade média. Adicione o açúcar e o sal e bata outros 3 minutos até obter uma mistura leve e sem grumos.

Misture os ovos e os extratos flavorizantes, batendo bem.

Adicione o vinho madeira e os ingredientes secos peneirados e misture bem.

Asse a 170 °C por 35 a 40 minutos. O bolo deve ficar completamente seco e firme ao toque; um palito inserido nele deve sair completamente limpo.

CALDA

100	g	água
300	g	açúcar de confeiteiro
4	col. sopa	vinho madeira

CALDA

Misture todos os ingredientes e ferva. Despeje sobre o bolo recém-saído do forno e deixe penetrar. Quando frio, pulverize com açúcar de confeiteiro.

Bolo inglês de amêndoas
MÉTODO ALTERNATIVO

Experimente preparar este bolo com o método dos ingredientes secos com a manteiga, descrito a seguir.

INGREDIENTES			PROCESSO
240	g	manteiga, temp. ambiente	Bata a manteiga por 2 minutos em velocidade média; adicione o açúcar e o sal.
2	xíc.	açúcar	
1	col. chá	sal	
6	un.	ovos	Misture os ovos, os extratos flavorizantes, a noz-moscada e o leite, batendo bem.
1	col. chá	extrato de baunilha	
½	col. chá	extrato de amêndoa	
¼	col. chá	noz-moscada, fresca	Peneire o fermento com a farinha. Aumente a velocidade e adicione o leite em três etapas, raspando a tigela para incorporar os ingredientes completamente. Acrescente o marzipã picado bem fino e misture bem.
1	xíc.	leite	
4	xíc.	farinha de trigo	
1	col. sopa	fermento em pó	
100	g	marzipã, picado	Despeje em uma fôrma com buraco no centro, untada e salpicada com amêndoas laminadas intensamente.
			Asse a 170 °C por 55 minutos. O bolo deve ficar completamente seco e firme ao toque; um palito inserido nele deve sair completamente limpo.

RECEITAS

Bolo inglês Geórgia

O pêssego é o fruto nativo do estado da Geórgia (EUA), muito utilizado em bolos e sorvetes.

INGREDIENTES

250	g	manteiga
3	xíc.	açúcar
1	col. sopa	extrato de baunilha
1	col. chá	extrato de amêndoa
½	col. chá	sal
6	un.	ovos
2	xíc.	farinha de trigo
½	xíc.	farinha para bolo (cake flour)
1	col. chá	fermento químico
1	col. chá	cacau em pó
1	xíc.	creme de leite azedo (sour cream)
250	g	pêssegos frescos, picados
½	xíc.	farinha de trigo

PROCESSO

Bata a manteiga com o açúcar, os extratos e o sal. Adicione os ovos em três estágios, misturando bem a cada adição. Alterne os ingredientes secos peneirados e o creme de leite azedo, começando e terminando com os secos. Misture os pêssegos drenados; adicione aos pêssegos ½ xícara de farinha e adicione a massa, misturando bem.

Prepare as fôrmas para bolo inglês, untando; se preferir, utilize fôrmas de papel especial para bolo inglês.

Imerja um raspador de plástico em óleo vegetal e introduza no centro do bolo, fazendo uma marca de 5 cm de profundidade. Isso auxilia na abertura da massa e permite uma melhor cocção do miolo.

Asse a 170 °C por cerca de 1 hora, até ficar completamente seco no centro.

Envolva com filme plástico quando chegar à temperatura ambiente e conserve refrigerado por até 10 dias.

Bolo-pudim

Coloque uma camada generosa de caramelo na fôrma antes de despejar a massa.

INGREDIENTES

BOLO

340	g	ovo
1	col. chá	sal
400	g	açúcar
240	g	manteiga, temp. ambiente
1	col. chá	baunilha
480	g	farinha de trigo
20	g	fermento em pó
100	g	cacau em pó
300	g	leite

PUDIM

525	g	leite
790	g	leite condensado
8	un.	ovos

PROCESSO

BOLO

Bata o ovo com o sal e o açúcar até o ponto de fita.

Adicione a manteiga e a baunilha.

Peneire a farinha de trigo com o fermento e o cacau em pó. Adicione à mistura, intercalando com o leite, começando e terminando pelos ingredientes secos. Despeje na fôrma caramelizada.

PUDIM

Misture bem todos os ingredientes e verta sobre a massa de bolo.

Asse a 160 °C em banho-maria, com água fervente que cubra a metade da fôrma, por cerca de 45 minutos. O bolo deve ficar completamente seco e firme ao toque; um palito inserido nele deve sair completamente limpo.

Desenforme frio.

RECEITAS

Bolo de fubá cremoso

INGREDIENTES			PROCESSO
100	g	manteiga	Bata a manteiga, o açúcar e o sal até obter um creme. Acrescente os ovos um a um.
375	g	açúcar	
½	col. chá	sal	
4	un.	ovos	Em uma tigela, misture a ricota peneirada, o fubá, a farinha de trigo e o fermento em pó. Adicione essa mistura à massa, intercalando com o leite, em três adições, até fazer uma massa homogênea e lisa.
125	g	ricota, peneirada	
100	g	fubá	
100	g	farinha de trigo	
2	g	fermento em pó	
450	g	leite	Asse a 170 °C por 45 minutos.

Bombocado de fubá com coco

INGREDIENTES			PROCESSO
2	xíc.	açúcar	Bata os ovos, o açúcar e o sal por 3 minutos em velocidade média, até obter uma espuma consistente. Em uma tigela, misture a manteiga derretida, o leite de coco e o leite.
1	col. chá	sal	
3	un.	ovos	
2	col. sopa	manteiga, derretida	
3	xíc.	leite de coco	
1	xíc.	leite	
1 ½	xíc.	fubá	Peneire o fubá, a farinha de trigo, o fermento em pó, junte os três e agregue-os à mistura líquida. Adicione o coco ralado e o queijo parmesão ralado. Misture até fazer uma massa homogênea e lisa.
2	col. sopa	fermento em pó	
½	xíc.	coco ralado	
½	xíc.	queijo parmesão ralado	
			Asse a 150 °C por 55 minutos em banho-maria ou até ficar firme no centro. Conserve em geladeira.

Bolo de chocolate e amêndoas

Este bolo em estilo pullman é feito com uma mistura leve, enriquecida pela adição de um chocolate de boa qualidade. O resultado é um bolo delicado em textura e intenso em sabor.

INGREDIENTES			PROCESSO
10	un.	gemas	Misture as gemas e o açúcar e bata até atingir o ponto de fita.
125	g	açúcar	
200	g	chocolate 64%	Derreta o chocolate e a manteiga em banho-maria. Adicione a mistura de gemas batidas e trabalhe rapidamente, misturando bem.
200	g	manteiga	
100	g	farinha de trigo	
100	g	farinha de amêndoas	
10	un.	claras	Peneire a farinha de trigo e a de amêndoas; adicione e misture até incorporar os ingredientes completamente.
50	g	açúcar	

Bata um merengue firme e adicione.

Unte pequenos moldes estilo pullman, de 120 gramas, e asse a 170 °C por cerca de 10 minutos. O bolo deve ficar completamente seco e firme ao toque; um palito inserido nele deve sair completamente limpo.

RECEITAS

Pão de mel 1

INGREDIENTES

180	g	açúcar
180	g	manteiga
1	col. chá	sal
300	g	mel
3	un.	ovos
480	g	farinha para bolo (cake flour)
½	col. chá	bicarbonato de sódio
1	col. sopa	fermento químico
1	col. chá	canela em pó
40	g	cacau em pó
180	g	leite

PROCESSO

Método cremoso: bata o açúcar com a manteiga, o sal e o mel até formar um creme.

Adicione os ovos, um a um, até incorporá-los.

Termine alternando os ingredientes secos peneirados e o leite, começando e terminando pelos ingredientes secos.

Para forminhas individuais, unte e despeje com o auxílio de um boleador ou de uma manga de confeitar com bico liso médio.

Asse a 170 °C por 15 minutos ou até que esteja firme no centro, o que varia de acordo com a qualidade e o tamanho das forminhas.

COBERTURA

500	g	chocolate

COBERTURA

Derreta o chocolate e, quando os pãezinhos esfriarem, cubra-os completamente.

ESPESSANTES NA CONFEITARIA

Pão de mel 2

INGREDIENTES			
6	un.		ovos
½	col. chá		sal
395	g		leite condensado
80	g		manteiga
350	g		mel
120	g		cacau em pó
1	col. chá		canela em pó
½	col. chá		gengibre em pó
½	col. chá		noz-moscada em pó
300	g		farinha de trigo

PROCESSO

Método esponjoso: misture os ovos e o sal, e bata até atingir o ponto de fita.

Aqueça o leite condensado, a manteiga, o mel, o cacau em pó, a canela, o gengibre e a noz-moscada; adicione os ovos montados.

Peneire a farinha de trigo e adicione; misture até incorporar os ingredientes completamente.

Para forminhas individuais, unte e despeje com o auxílio de um boleador ou uma manga sem bico.

Asse a 170 °C por 13 minutos ou até que esteja firme no centro, o que depende da qualidade e do tamanho das forminhas.

COBERTURA

500	g	chocolate

COBERTURA

Derreta o chocolate e, quando os pãezinhos esfriarem, cubra-os completamente.

[Pão de mel]

Bolo de fubá

Hidratar e cozinhar o fubá dá a este bolo uma textura leve e úmida.

INGREDIENTES			PROCESSO
125	g	manteiga	Aqueça a manteiga com o leite, o açúcar e a erva-doce até a fervura.
400	g	leite	
340	g	açúcar	
15	g	erva-doce	
300	g	fubá	Acrescente o fubá, o sal e a baunilha. Mexa até engrossar, em fogo brando.
1	col. chá	sal	
1	col. sopa	baunilha	Transfira a mistura para a batedeira e bata em terceira velocidade até que fique à temperatura ambiente.
5	un.	ovos	
100	g	farinha de trigo	Adicione os ovos, um por um, misturando bem antes de cada adição.
12	g	fermento em pó	

Peneire a farinha e o fermento e adicione a mistura, em uma velocidade constante. Despeje em fôrma enfarinhada.

Asse a 170 °C por cerca de 40 minutos, até ficar firme no centro.

MÉTODO DE MUFFINS: O MÉTODO DE UMA SÓ TIGELA

Os líquidos são misturados primeiro; depois os ingredientes secos são adicionados e incorporados à mistura. Preparações que utilizam este método – panquecas, crepes, waffles e muffins –, em geral, apresentam uma textura mais aberta e vida útil mais curta, secando rapidamente. Essas preparações são classificadas como pães rápidos, por terem características simples.

Experimente usar farinhas variadas, como centeio, fubá, aveia, farelo de trigo, gérmen de trigo e outras fibras; varie com açúcar mascavo, agave, mel ou melado, e ainda com frutas variadas, como o clássico blueberry, limão ou framboesas. Outra ótima opção é o enriquecimento pela adição de nozes e frutas secas, ou até de vegetais.

Essas preparações são levedadas por agentes químicos e pelo vapor causado pelos ovos. Apresentam textura suave, pois sua manipulação ligeira não desenvolve muito glúten.

Pão de banana
ESTILO AMERICANO

INGREDIENTES			PROCESSO
500	g	banana madura	Misture a banana com o sal, o açúcar, a canela, o bicarbonato e o fermento peneirados, até fazer um purê.
1	col. chá	sal	
550	g	açúcar mascavo	
1	col. chá	canela em pó	
18	g	bicarbonato de sódio	
15	g	fermento em pó	
4	un.	ovos	Adicione os ovos, o óleo, o leite e a baunilha, misturando bem.
240	g	óleo	
240	g	leite	
1	col. chá	baunilha	
400	g	farinha de trigo	Adicione as farinhas e as nozes; depois, misture tudo até obter uma massa homogênea. Não trabalhe muito a massa.
100	g	farinha integral	
240	g	nozes	

Asse em moldes pullman, por 15 minutos a 180 °C, e diminua a temperatura para 160 °C.

Asse até que firme no centro, por cerca de 30 minutos.

Conserve sob refrigeração depois que esfriar. Embrulhe em filme plástico ou em bolsa plástica com fecho hermético.

Pão de tâmaras e nozes

A utilização de tâmaras na confeitaria remonta a milhares de anos. Na maioria das vezes, as receitas que utilizam-nas sugerem que elas sejam hidratadas em água com bicarbonato de sódio. Parece que a alcalinidade suave do bicarbonato neutraliza a presença adstringente e amarga do tanino contido nas tâmaras.

INGREDIENTES			PROCESSO
350	g	tâmaras	Misture as tâmaras, o bicarbonato de sódio e a água fervente e deixe hidratar por 20 minutos. Escorra levemente o excesso, mas não seque as tâmaras.
1	col. sopa	bicarbonato de sódio	
400	g	água fervente	
3	un.	ovos	Misture os ovos, o açúcar, o mel e o sal. Adicione a manteiga derretida e a baunilha. Combine os ingredientes secos peneirados com as tâmaras levemente escorridas e as nozes picadas. Misture tudo até obter uma massa firme.
340	g	açúcar	
80	g	mel	
1	col. chá	sal	
60	g	manteiga derretida	
1	col. chá	baunilha	
400	g	farinha de trigo	Asse em moldes pullman por 20 minutos a 170 °C e diminua a temperatura para 150 °C. Asse até que firme no centro, por cerca de 40 minutos. Salpique as nozes por cima. Conserve na geladeira ou à temperatura ambiente por até uma semana.
100	g	farinha integral	
1	col. chá	fermento em pó	
240	g	nozes picadas	

Panquecas e waffles

INGREDIENTES			PROCESSO
PANQUECAS			**PANQUECAS**
220	g	farinha de trigo	Peneire a farinha e o fermento. Junte o sal e o açúcar.
15	g	fermento em pó	
2	g	sal	
40	g	açúcar	
2	un.	ovos	Misture todos os ingredientes líquidos, batendo bem. Despeje-os sobre os ingredientes secos e misture até a massa ficar homogênea. Para os waffles, adicione as claras em neve firme antes da cocção.
450	g	leite	
60	g	manteiga derretida	
1	col. chá	baunilha	
			Unte a frigideira e coloque uma medida de massa. Aguarde até que a parte de cima esteja borbulhando e comece a secar, e a base esteja em tom dourado intenso.
			Vire e doure o outro lado. Sirva quente, com calda de mel, geleia, frutas frescas, chantilly e frutas secas.
WAFFLES			**WAFFLES**
2	un.	claras	Siga as instruções da máquina de waffle. Os waffles devem ficar dourados e crocantes. Como sobremesa, acompanhe com sorvete e calda de chocolate quente ou caramelo. Se salgados, adicione tiras de salmão defumados e alecrim, queijos, ervas finas e azeitonas.
40	g	açúcar	

Muffin de farelo de trigo

O farelo de trigo, juntamente com o gérmen de trigo, é parte dos grãos integrais (compostos de três partes: farelo, endosperma e gérmen), e usualmente sobra durante o refinamento de grãos, como o trigo, o arroz, o milho, a aveia e a cevada. Quando a casca é retirada de um grão, uma importante parte do valor nutritivo é perdida. O farelo se caracteriza por ser rico em fibras solúveis e em ácidos graxos essenciais e contém significantes quantidades de proteínas, vitaminas, minerais e amido. As fibras insolúveis não podem ser dissolvidas em água, além de não serem de fácil digestão; elas se movem rapidamente pelo sistema digestivo, sugando impurezas e limpando os intestinos. Por isso sugere-se a incorporação dessas fibras nas refeições, a fim de promover regularidade de movimentos peristálticos, entre outros benefícios. Por outro lado, as fibras solúveis podem ser dissolvidas em água e auxiliam a absorção de líquidos que vão sugar, como se fossem uma esponja, outros elementos. São excelentes para o controle de colesterol, além de reduzirem o risco de doenças.

INGREDIENTES

120	g	mel
1	col. sopa	baunilha
350	g	leite
18	g	fermento em pó
260	g	farinha de trigo
120	g	farelo de trigo
80	g	farinha integral
2	col. sopa	farinha de linhaça
½	col. chá	canela em pó
120	g	manteiga, temp. ambiente
240	g	açúcar
1	col. chá	sal
9	un.	ovos
240	g	uvas-passas
1	col. chá	aveia em flocos

PROCESSO

MÉTODO CREMOSO

Em uma tigela, misture o mel, a baunilha e o leite.

Em outra tigela, peneire os ingredientes secos, exceto o farelo, adicionando-o sobre os ingredientes secos peneirados.

Faça um creme com a manteiga, açúcar e o sal; adicione os ovos um a um, até ficar homogêneo.

Prossiga adicionando os ingredientes secos e os líquidos em três adições, começando e terminando pelos ingredientes secos.

Adicione as uvas-passas, misturando até incorporar.

Em assadeiras para muffin, distribua as forminhas de papel. Despeje a massa com o auxílio de um boleador de sorvete, a ⅔ do topo. Salpique aveia em flocos por cima.

Asse a 180 °C por 15 minutos ou até que estejam firmes no centro.

{ Muffin Morning Glory }

Muffin Morning Glory

INGREDIENTES

180	g	farinha de trigo
80	g	farinha integral
80	g	gérmen de trigo
120	g	açúcar
1	col. sopa	fermento em pó
¼	col. chá	bicarbonato de sódio
½	col. chá	sal
1	col. chá	gengibre em pó
½	col. chá	cardamomo em pó
½	col. chá	canela em pó
80	g	mel
1	col. sopa	baunilha
3	un.	ovos
70	g	manteiga derretida
80	g	cenoura ralada
½	xíc.	abacaxi picado
½	unidade	maçã ralada
2	col. sopa	coco ralado
80	g	amêndoas fatiadas
3	col. sopa	semente de girassol
½	xíc.	uvas-passas

PROCESSO

Misture todos os ingredientes secos.

Adicione o mel, a baunilha, os ovos e a manteiga, misturando bem.

Adicione a cenoura ralada, o abacaxi picado, a maçã, o coco ralado, as amêndoas, a semente de girassol e as uvas-passas; misture até incorporar.

Em assadeiras para muffin, distribua as forminhas de papel. Despeje a massa com o auxílio de um boleador de sorvete, a ⅔ do topo.

Asse a 170 °C por 18 minutos ou até que estejam firmes no centro (cuidado para não assar demais).

Muffin de blueberry

INGREDIENTES			PROCESSO
MASSA			**MASSA**
420	g	farinha de trigo	Peneire todos os ingredientes secos.
250	g	açúcar	
1	col. chá	sal	Bata as raspas de laranja e o óleo com a baunilha, os ovos e o leite; agregue aos ingredientes secos, mexendo até obter uma massa lisa e homogênea; não desenvolva glúten. Adicione o blueberry.
12	g	fermento químico	
10	g	laranja, raspas	
180	g	óleo de milho	
1	col. sopa	baunilha	
2	un.	ovos	
230	g	leite	
165	g	blueberry (mirtilo)	
FAROFA			**FAROFA**
200	g	farinha de trigo	Misture todos os ingredientes em método sablage, até obter uma farofa levemente arenosa.
100	g	açúcar	
100	g	manteiga, cubos	
1	col. sopa	baunilha	Despeje a massa com o auxílio de um boleador em assadeiras para muffins forradas com papel e depois distribua a farofa.
1	col. chá	canela	
			Asse a 170 °C por cerca de 20 minutos, até que fiquem dourados e firmes no centro.

[Muffin de blueberry]

COBERTURA, ACABAMENTO E DECORAÇÃO

Parte da criatividade e versatilidade na elaboração de muffins está na combinação de sabores e texturas, que também podem ser trabalhados na cobertura, no acabamento e na decoração, assim como com o acréscimo de streusel e farofas, conhecidas como crumbles ou coberturas crocantes. Além de sua utilização em mousses, esses elementos dão sabor a outras tantas preparações, ideias que podem se estender a outros itens e categorias, como verrines e cremes bávaros.

Streusel cru

INGREDIENTES			PROCESSO
200	g	farinha de trigo	Misture todos os ingredientes com a ponta dos dedos até que obtenha uma farofa de textura fina. Refrigere.
100	g	açúcar	
100	g	manteiga em cubos	
1	col. chá	canela em pó	
1	col. sopa	baunilha	Distribua sobre muffins, tortas, pães e bolos.

Streusel assado

INGREDIENTES			PROCESSO
300	g	manteiga, temp. ambiente	Misture a manteiga, o açúcar, os ovos e a baunilha até formar um creme.
130	g	açúcar	
2	un.	ovos	
1	col. sopa	baunilha	Adicione a farinha de trigo e a de amêndoas e misture até formar uma massa em pedaços.
550	g	farinha de trigo	
120	g	farinha de amêndoas	

Distribua sobre um papel-manteiga untado, quebre em pedaços e asse a 160 °C, até adquirir uma coloração suave. O streusel deve ser quebrado ou esmigalhado antes de ser colocado como cobertura. Mantenha em um recipiente hermeticamente fechado enquanto necessário.

Cobertura de cream cheese

INGREDIENTES			PROCESSO
250	g	cream cheese, temp. ambiente	Misture os ingredientes até obter um creme homogêneo. Despeje a cobertura às colheradas sobre muffins ou bolos rápidos, brownies e cucas. Asse de acordo com as orientações de cada receita.
4	col. sopa	farinha de trigo	
½	col. chá	raspas de limão	
½	col. sopa	baunilha	
⅓	xíc.	açúcar	
1	un.	ovo	
550	g	farinha de trigo	
120	g	farinha de amêndoas	

APLICAÇÃO 1. BOLOS, MADELEINES, MERENGUES, PÂTES, MACARONS E SUFLÊS

OUTROS TIPOS DE BOLOS: GUINNESS E FINANCIERS

Bolo Guinness de chocolate

Guinness é uma famosa cerveja irlandesa e a parte central desta receita. Em seu processo de clareamento, toda cerveja tem que lidar com algumas partículas sólidas e células fermentadoras degeneradas, que sobram durante o processo de elaboração. Esses elementos se acomodam no fundo do barril, formando uma massa gelatinosa. Para apressar esse processo natural, a cervejaria Guinness, em alguns de seus produtos, utiliza ictiocola, um colágeno retirado de um órgão interno do peixe. Assim, pessoas em dieta vegetariana devem se ater para essa informação.

INGREDIENTES			PROCESSO
1	xíc.	cerveja Guinness	Derreta a manteiga e a cerveja.
120	g	manteiga	
2	xíc.	açúcar	Adicione o açúcar e o cacau em pó peneirados e mexa bem.
⅔	xíc.	cacau em pó	
2	un.	ovos	Adicione os ovos, o iogurte e a baunilha, misturando bem.
240	g	iogurte	
2	col. chá	baunilha	
2	xíc.	farinha de trigo	Adicione os ingredientes secos peneirados, até obter uma massa homogênea. Não trabalhe muito a massa.
1	col. chá	bicarbonato de sódio	
½	col. chá	fermento em pó	
			Asse em molde redondo de 18 centímetros, por 15 minutos a 170 °C, e diminua a temperatura para 150 °C. Asse até que firme no centro, por cerca de 10 minutos.

Financiers

Esses bolinhos para o chá, de origem francesa, são também conhecidos como friandise (de *friand*, "saboroso"). Os primeiros financiers parecem ter sidos elaborados no final do século XIX, por um confeiteiro próximo à bolsa de valores de Paris. A localização de sua confeitaria provavelmente influenciou o nome ("financistas") e a forma original: pequenos retângulos com forte coloração dourada, lembrando barrinhas de ouro.

INGREDIENTES			PROCESSO
1	xíc.	farinha de avelãs	Misture as farinhas e o açúcar. Reserve.
1	xíc.	farinha para bolo (cake flour)	Misture a manteiga adocicada fria com o rum e a baunilha.
¾	xíc.	açúcar	
10	col. sopa	manteiga anociada*	Monte as claras com o cremor de tártaro até espumar; adicione o açúcar aos poucos e monte um merengue firme e brilhante. Adicione a mistura de farinhas peneiradas e a mistura de manteiga.
2	col. sopa	rum	
½	col. sopa	baunilha	
8	un.	claras	
1	pitada	cremor de tártaro	
¾	xíc.	açúcar	Refrigere por 12 horas.
			Asse a 170 °C por 25 minutos ou até ficarem dourados, o que depende do tamanho das peças.

* Conhecida como beurre noisette, trata-se de uma manteiga sem sal e derretida a fogo baixo, até que se separem os sólidos da gordura do leite. Estes, mais pesados, depositam-se no fundo da panela e, com a contínua cocção, começam a se caramelizar, convertendo a manteiga em um produto aromático e de coloração única.

AS MADELEINES

Esses bolinhos sempre foram associados a uma pequena cidade francesa da região de Lorena, chamada Commercy. Diz-se que no século XVIII os confeiteiros de Commercy pagaram uma grande quantia de dinheiro pela receita dos bolinhos vendidos em caixas ovais. Eles eram elaborados por freiras do convento de Santa Maria Madalena de Commercy que, com a renda, garantiam seu próprio sustento e o das suas escolas. Ficaram famosos pela referência do escritor Marcel Proust, em *Em busca do tempo perdido*.

PREPARAÇÃO

Prepara-se a pâte à madeleine geralmente a partir de poucos ingredientes: ovos, açúcar, farinha de pouco glúten, levedura química, manteiga derretida e um aromatizante.

O método é muito simples: bata os ovos e o açúcar até ficarem ligeiramente montados; junte o aromatizante; peneire a farinha com o fermento e junte à mistura; adicione a manteiga derretida e misture delicadamente. Coloque a massa com uma manga ou uma colher sobre os moldes para madeleine. Asse a uma temperatura alta, entre 190 e 200 °C. Retire do molde rapidamente.

Durante a cocção, a massa vai coagular e começar a dourar rapidamente, embora o interior ainda se apresente líquido; a levedura química começa a agir quando entra em contato com a umidade dos ovos e sob a influência do calor do forno, produzindo grande quantidade de gás dióxido de carbono. Esse gás fará a mistura crescer bastante e a massa se elevar no centro, formando uma bola e assim concluindo a preparação em sua forma definitiva.

As madeleines têm o inconveniente de não durarem muito tempo ao ar livre; ressecam logo por sua textura aerada. Por isso aconselha-se assar apenas a massa que será consumida no dia. Na geladeira, durará um dia ou dois.

Madeleines

INGREDIENTES		
6	un.	ovos
245	g	açúcar
1	col. sopa	baunilha
120	g	farinha comum
120	g	farinha para bolo (cake flour)
1	col. chá	fermento químico
240	g	beurre noisette

PROCESSO

Bata os ovos, o açúcar e a baunilha até o ponto de fita.

Peneire os ingredientes secos e adicione-os cuidadosamente à esponja. Adicione a manteiga derretida e o flavorizante de sua escolha.

Deixe refrigerar por pelo menos 4 horas.

Mangueie em moldes de madeleine de silicone e asse a 180 °C por cerca de 10 minutos, até que fique firme no centro.

FLAVORIZANTES

AU CITRON: adicione 2 colheres de sopa de raspas de limão e 2 colheres de sopa de laranja ralada, juntamente com o açúcar e a baunilha.

ALECRIM: misture 1 colher de sopa de alecrim fresco picado e omita a baunilha.

AU CHOCOLAT: retire 4 colheres de sopa de farinha, substituindo-as por 4 colheres de sopa de cacau em pó.

AU PISTACHE: adicione ½ colher de chá de extrato ou pasta de pistache, 3 gotas de corante verde e 50 gramas de pistache torrado e moído.

[Madeleines]

BOLOS PELO MÉTODO SIPHON – ESPONJA DE IOGURTE

A gastronomia molecular introduziu métodos alternativos de cocção. No caso desta preparação, uma massa muito simples é despejada em um sifão, carregado por duas cargas de gás, em um copo de isopor perfurado no fundo, e, então, assada em micro-ondas, até a obtenção de uma verdadeira esponja.

Esponja de iogurte Red Velvet

INGREDIENTES			PROCESSO
90	g	iogurte	Misture todos os ingredientes; o corante deve ser de um tom de vermelho intenso. Ajuste a característica de seu corante.
90	g	crème fraîche	
200	g	clara	
150	g	açúcar	
40	g	farinha de trigo	Passe a mistura por um chinoise.
30	g	cacau em pó	
1	col. sopa	corante vermelho	Despeje em um sifão carregado com duas cargas.
¼	col. sopa	sal	
½	col. chá	baunilha	Faça furinhos em um copo de isopor alto e despeje a mistura do sifão, a cerca de ⅔ da capacidade.
			Cozinhe em micro-ondas em potência alta por cerca de 1 minuto, ou até estar firme. Depois do primeiro minuto, caso o bolo não esteja despregando das laterais do copo, continue a cocção em intervalos de 15 segundos.

MERENGUES

Um merengue é basicamente uma espuma obtida batendo-se claras com açúcar, na forma cristalina ou em calda. Bater vigorosamente as claras faz com que suas proteínas se abram, formando uma espuma que aprisiona bolhas de ar. A adição de açúcar faz essa espuma endurecer. Variando a quantidade de açúcar, pode-se controlar se o merengue será mais duro ou mais macio. Com a aeração, a espuma cria bolhas de ar e as prende nas claras. Ao longo do processo, as bolhas diminuem em tamanho e crescem em quantidade; isso aumenta o volume e gera uma estrutura mais estável. A adição de açúcar pode ser feita de várias maneiras, e adiante será explicado como adicioná-lo de forma correta para obter alguns tipos de merengue, como o suíço, o italiano e o francês.

Uma vez iniciado seu merengue, não interrompa o processo; quando acabar de batê-lo até a consistência desejada, utilize-o imediatamente, pois em cerca de 5 minutos ele começará a deflacionar (murchar).

A HISTÓRIA DO MERENGUE

O precursor do merengue teria sido um prato chamado "neve", um doce espumoso popular na Europa, na Idade Média e no Renascimento, encontrado também em livros de receitas do século XIX. O crédito para a elaboração do primeiro merengue vai para François Massialot (1660-1733), um grande *chef* parisiense, que cozinhava para a família real. Em seu livro *Le Cuisinier Royal et Bourgeois*, de 1691, encontram-se duas receitas de merengues, com orientações sobre o ponto em que se deve bater a mistura de claras e açúcar: até ficarem como uma pequena bola de neve. Deveriam ser moldadas com colher, de forma ovalada (quenelle), e por vezes misturadas com algum tipo de noz; depois seriam assadas em forno muito brando e servidas com frutas da estação ou como petit-fours.

Esse confeito era modelado em forma ovalada, com duas colheres, até o século XVIII, quando o revolucionário Carême, entusiasta do *garde manger*,

[Preparação do merengue]

da inovação na decoração de produtos culinários, desenhou equipamentos e utensílios que modificaram o cotidiano da cozinha. Outra história interessante diz que foi um *pâtissier* suíço, em torno de 1720, quem inventou o merengue, em Meiringen, na Suíça. Essa história perpetuou-se nas cidadezinhas suíças, onde as confeitarias oferecem uma enorme variedade desses confeitos. Em 1985, confeiteiros suíços fizeram o maior merengue do mundo, com 2 mil claras. Era tão grande que teve de ser assado em uma sauna.

TIPOS DE MERENGUE

O açúcar exerce um papel importante, que define o tipo e a qualidade do merengue. Estabiliza as claras batidas, permitindo que essa espuma mantenha sua forma e volume por mais tempo. Isso ocorre porque, como visto, o açúcar atrai a água contida nas claras, propiciando uma melhor estrutura ao produto. Em um procedimento normal, as claras podem se expandir em até seis vezes o tamanho original.

A terminologia tradicional – merengue suíço, francês (cru) e italiano – deve ser entendida em relação ao método de preparação, aos resultados em textura e à sua utilização.

Vale lembrar que, além da técnica da adição de açúcar, outro fator importante para o sucesso do merengue está exatamente no quanto se deve bater as claras. Atente-se para as especificações da receita quanto ao pico suave, pico médio ou pico firme. Não bater as claras o suficiente fará pouco ar entrar na mistura e prejudicará o crescimento da mistura, podendo até separá-la. Batê-las demais, entretanto, fará as proteínas perderem a capacidade de aprisionarem as pequenas bolhas de ar, com redução de volume ou colapso total da mistura.

MERENGUE FRANCÊS (CRU)

Por sua textura delicada, o merengue francês é perfeito para preparações leves. Pode ser modelado, com bicos, em formatos de acordo com seu uso, como pequenos merengues para "sanduíche", casquinhas para sobremesas, enfeites para tortas.

Comece batendo as claras até a consistência de uma espuma leve. O açúcar (o superfino é sempre o mais indicado, pode ser o açúcar comum moído no processador) deve ser acrescentado em estágios, dando tempo para que seja dissolvido na mistura. O ponto esperado é uma mistura com brilho, triplicada em volume. Coloque o merengue no saco de confeitar com o bico de sua preferência e modele como desejar: rosetas, palitos, etc. Para círculos, a prática comum é delinear o tamanho e, então, começar a traçar círculos do centro para fora, em espiral. Utilize papel-manteiga ou tapete de silicone. Importante: não unte nunca, a gordura deflaciona (ou murcha) o merengue.

Há receitas que utilizam amido de milho na produção do merengue francês, buscando estabilizar as proteínas do ovo e produzir um merengue mais macio e menos suscetível à perda de volume, ou sinérese. Usualmente, para cada 4 claras se adiciona 1 colher de sopa de maisena dissolvida em ⅓ de xícara de água fria, cozinhando em fogo brando, até que a mistura comece a espessar. Espere esfriar e adicione ao merengue depois que todo o açúcar já tiver sido incorporado, acrescentando a mistura de maisena esfriada aos poucos, como uma colher de sopa a cada vez, até obter uma mistura brilhante e de ponto bastante espesso.

O merengue deve ser assado a, no máximo, 71 °C, mas não asse por muito tempo. Diminua a temperatura do forno se notar que está dourando. Asse-os até que estejam secos ao toque. Use imediatamente ou guarde em recipientes fechados, à temperatura ambiente.

Armazenados em recipientes herméticos, sem umidade, podem durar semanas à temperatura ambiente ou até um mês no congelador.

MERENGUE SUÍÇO

Se os suíços não inventaram o merengue, pelo menos deram nome a uma das três técnicas de execução mais utilizadas, em que o açúcar e as claras são dissolvidos em banho-maria. De textura mais firme do que o francês, o merengue suíço é perfeito para decorações e base para doces.

Também considerado um merengue cozido pela técnica, o banho-maria deve ir até uma temperatura de 54 °C, com a água aquecida (mas sem entrar em ebulição). Mexa com um batedor para dissolver o açúcar, fazendo um merengue estável e maleável, menos suscetível a granulosidades do que o francês.

Após atingir a temperatura desejada, a mistura deve ser batida até ficar fria e com volume utilizando uma batedeira (esse processo pode pasteurizar as claras). Graças ao efeito preventivo do açúcar, ao cremor de tártaro e à constante agitação, pode-se aquecer o merengue até 75 °C e ainda terminar com ele mais estável do que o de estilo francês.

MERENGUE ITALIANO

Neste merengue, a calda de açúcar é cozida até certo ponto (ponto de bala mole) e despejada sobre as claras já montadas, batendo-se a uma velocidade média alta até o açúcar estabilizar as claras, o que não deve exceder a temperatura de 52 °C. O merengue se torna grosso e brilhante, com o dobro de volume. Caso a calda de açúcar alcance o ponto de bala dura, as claras vão para uma temperatura mais alta e o resultado é mais indicado para nougats, divinity e semelhantes.

O merengue italiano deve ser utilizado como cobertura para bolos e tortas, marshmallow, cassatas, Alaska e torta de limão, entre outros.

COCÇÃO DE UMA SOLUÇÃO DE AÇÚCAR NO MERENGUE

Muito usada nos merengues, a solução de açúcar é fundamental; quando se cozinha açúcar e água, os cristais de açúcar se dissolvem, transformando-se em uma solução. Porém, não é possível dissolver uma quantidade de açúcar infinita em um volume de água determinado: quando há excesso de açúcar em uma solução, ela se torna saturada. O ponto de saturação varia de acordo com a temperatura: quanto maior a temperatura, mais açúcar pode ser concentrado na solução.

Para fazer um confeito, cozinhamos uma mistura de água, açúcar e outros ingredientes a temperaturas extremamente altas. Em temperaturas elevadas, o açúcar se mantém como uma solução, embora uma significativa parte da água tenha evaporado. O confeito estará cozido e começará a esfriar, aumentando a concentração de açúcar da solução, que passará a ser chamada de supersaturada, um estado instável em que as moléculas de açúcar começam a cristalizar. O açúcar torna-se do tipo *candy*. Existem duas categorias básicas de *candies*:

- cristalina, que contém cristais em sua textura final, como o fondant e os fudges;
- não cristalina (amorfa), sem cristais, como nos pirulitos, caramelos, maçã do amor, etc. As receitas, as técnicas e os ingredientes para a produção de doces não cristalinos buscam evitar a formação de cristais de açúcar, porque dariam ao doce uma textura granulosa indesejável.

Uma maneira de evitar a cristalização da sacarose é incluir outras formas de açúcar na solução – usualmente frutose e/ou glicose. Cristais de sacarose grandes têm mais dificuldade de se formar na presença de moléculas de frutose e glicose. As moléculas de cristais se formam em blocos; se algumas moléculas são diferentes em formato e tamanho, não se aglomerarão corretamente e os cristais não se alinharão.

Uma maneira simples de colocar outros tipos de açúcar nessas soluções é invertendo a sacarose, por meio da adição de um ácido na receita. Ácidos como suco de limão ou cremor de tártaro fazem a sacarose se quebrar (ou se inverter) na forma de seus dois componentes simples (frutose e glicose). Outra maneira é adicionar um tipo de açúcar que não seja a sacarose, tal como mel ou amido de milho, que são apenas glicose.

A adição de algum agente gorduroso serve ao mesmo propósito: ingredientes como manteiga ajudam a evitar a cristalização, novamente, apartando as moléculas de glicose que estão tentando se aglutinar em forma de cristais. Por exemplo: os toffees ganham suas texturas macias e se desmancham na boca devido à ausência de cristais de açúcar, graças à grande quantidade de manteiga na mistura.

ESCALAS PARA MEDIR A CONCENTRAÇÃO DE AÇÚCAR

- **ESCALA DE BAUMÉ:** descreve a concentração de açúcar em um líquido por meio do fator de medida de densidade. Foi desenvolvida pelo químico francês Antoine Baumé e se expressa em graus.
- **ESCALA DE BRIX:** desenvolvida pelo químico alemão Adolf Brix, diferencia-se da escala de Baumé porque mede apenas soluções de sacarose pura. Expressa-se pelo sistema decimal e é mais utilizada pela indústria do vinho, para medir o índice de açúcar em sucos de uvas frescos ou em fermentação. A escala é calibrada para ler 0,1 Brix a 20 °C; uma solução com 20 gramas de sacarose por 100 gramas de líquido será lida como 20 Brix.

SABORES, CORES E A COCÇÃO DOS MERENGUES

Os flavorizantes afetam a acidez do merengue. Utilize, então, sabores em pó: cacau em pó, café solúvel, açafrão, machá e coco ralado são alguns dos mais populares.

Asse o merengue sempre em forno lento e baixo, para uma evaporação gradual da umidade. A uma temperatura muito alta, a parte externa seca e se firma muito depressa, deixando o merengue com consistência borrachuda e pegajosa, em vez de seca e crocante, além de a casca se separar do miolo. Caso o merengue comece a se caramelizar ou dourar, a temperatura está alta; abaixe-a de imediato.

Para prevenir rachaduras, não abra a porta do forno durante os ¾ do tempo previsto para a cocção, pois o choque de temperatura traz a umidade para a superfície, e a diferença entre a temperatura interna e a externa do merengue faz com que ele se parta.

No forno, a espuma das claras recebe o impacto do calor, que a coagula, unindo as proteínas ao redor das células de ar e criando a estrutura que estabiliza a espuma. A coagulação das claras em neve ocorre em média entre 62 e 65 °C; a variação depende dos tipos de proteínas presentes nas claras, pois algumas coagulam mais rápido que outras, ou em diferentes temperaturas. As proteínas que coagulam mais vagarosamente são a chave para a expansão da espuma porque mantêm a elasticidade enquanto a estrutura começa a estabilizar-se.

PREVENINDO FALHAS NO MERENGUE

Toda receita com alta porcentagem de açúcar atrai umidade, pois trata-se de uma substância higroscópica (o açúcar atrai a água presente na mistura, causando a formação de pequenas pérolas ou gotas douradas). Assim, não é o calor que causará pequenas manchas no merengue, mas sim a umidade do ar na cozinha; em dias chuvosos, por exemplo, evite produzir grandes quantidades de merengue devido ao alto índice de umidade. Esse é um dos problemas mais comuns na produção desse doce, e talvez uma das boas razões para tortas com cobertura de merengue serem menos comuns em ambientes úmidos.

As manchas também surgem quando gotículas de água se formam na superfície do merengue, um sinal de que foi assado demais. Quando assadas por muito tempo, as claras começam a endurecer, forçando a saída de pequenas gotas de umidade. Asse o merengue a 71 °C, até estar seco ao toque e bastante leve. As manchas de umidade na superfície também podem ser sinais de que o merengue foi manipulado erroneamente (ou muito, ou pouco) ou de que a quantidade de açúcar não foi suficiente.

Outro fator determinante para o sucesso do merengue é a adição do açúcar às claras. Acrescentá-lo gradualmente assegura que ele se dissolva completamente e não produza um merengue granuloso. Adicione o açúcar em estágios, batendo bem após cada adição, pois, quando não dissolvido, atrairá gotas de umidade.

DICAS

- Claras à temperatura ambiente reagem melhor às batidas.
- Os batedores e as tigelas devem estar limpos, livres de quaisquer vestígios de sujeira, especialmente de gordura.
- As claras também devem estar completamente puras; ao separá-las, não deixe sequer um minúsculo traço de gema.
- A adição de suco de limão ou cremor de tártaro auxilia o relaxamento das proteínas da clara e a neutralização do pH ligeiramente alcalino delas.
- Não deixe o merengue sozinho na batedeira; se bater além do ponto de neve, o excesso de ar dentro da espuma faz com que a cadeia de estrutura se rompa, tornando muito difícil adicionar outros ingredientes.
- Assar um merengue lentamente facilita a evaporação gradual da umidade. Em forno quente demais, a parte externa secará muito depressa, ficando borrachuda e pegajosa, além de se separar da parte interna. Caso o merengue comece a caramelizar e mudar de cor, abaixe a temperatura para cerca de 50 °C. Para evitar que o merengue rache, não abra a porta do forno durante a primeira metade ou ¾ do tempo de cocção.

PÂTES: DACQUOISE, JAPONAISE, SUCCÈS E PROGRÈS

Ao longo dos séculos, os confeiteiros criaram uma incrível gama de doces, sobremesas e receitas para o café da manhã. O brioche francês, por exemplo, nas padarias brasileiras, aparece como "massas variadas" e pouco se assemelha, em aparência e paladar, à amanteigada preparação francesa.

Similar variação também existe para o merengue e os chamados "patês" no Brasil. Esses últimos, do francês *pâte* (massa), foram transferidos ao Brasil como uma preparação à base de carne, vegetais ou peixe, como entrada de uma refeição ou um produto para comer com pão ou em torradas e bolachas. As pâtes francesas, no entanto, consistem em temperos e ingredientes que mantêm a mistura firme, como ovos ou farinha. O seu sabor é definido pelo acompanhamento, por exemplo a pâte en terrine ou a pâte à dacquoise. A partir disso, são cozidas no forno como uma torta ou um bolo.

Já no caso dos merengues, as misturas são feitas agregando-se às claras montadas em neve firme substâncias variadas, como avelãs, amêndoas, nozes, pistaches, coco ralado, cacau em pó, etc. Essas preparações são essencialmente utilizadas na confecção de tortas e em uma variedade de petit-fours.

PÂTE À DACQUOISE

Produto regional de Dax, na França, essa extensão do merengue francês é bastante utilizada na fabricação de bolos em estilo europeu. Trata-se de uma variante da pâte à succès/progrès (amêndoa ou avelã), notoriamente diferente pelo uso de farinha de trigo associada a farinha de amêndoas ou de avelãs. Por exemplo, uma formulação básica de merengue francês pode variar de 2:1 a 1:1, na proporção de açúcar para claras. A fórmula do dacquoise inclui claras, açúcar, farinha de trigo e farinha de amêndoas, avelãs ou uma combinação das duas. Dependendo de como é moldada e assada, pode apresentar-se macia, como um bolo, ou crocante.

A base de um dacquoise é como uma base para a elaboração do merengue francês. Entre os muitos métodos, sugere-se o seguinte:

1. utilizar claras entre 16 e 18 °C para alcançar o volume máximo; claras frias resultam em um merengue mais denso;
2. bata as claras em velocidade média com ⅓ do açúcar; essa quantidade inicial de açúcar auxilia a estabilizar a espuma sem inibir seu desenvolvimento;
3. quando a espuma atingir o ponto de médio a médio/firme, aumente a velocidade e gradualmente adicione o restante do açúcar, misturando até obter ponto firme;
4. o merengue deve ser utilizado imediatamente; se não for possível, mantenha-o na batedeira em velocidade média/baixa.
5. adicione delicadamente os ingredientes secos peneirados; o objetivo é equilibrar o tempo e o movimento de incorporação, de tal maneira que a espuma não perca muito das bolhas de ar formadas, fator principal da expansão da fórmula.
6. Uma vez misturado, deposite o dacquoise imediatamente.

[Pâte à dacquoise]

Pâte à dacquoise

INGREDIENTES			PROCESSO
400	g	farinha de amêndoas	Processe a farinha de amêndoas, a farinha de trigo e o açúcar de confeiteiro; peneire.
100	g	farinha de trigo	
450	g	açúcar de confeiteiro	
150	g	açúcar	Monte um merengue em estilo francês; incorpore os ingredientes secos peneirados duas vezes, com delicadeza.
300	g	claras	

Prossiga como no merengue. Distribua com uma manga de confeiteiro ou espalhe niveladamente com uma espátula. Asse a 150 °C por 25 minutos ou até que fique caramelizado e seco.

Pâte à la japonaise

Obtida a partir dos mesmos elementos dos merengues clássicos, a pâte à la japonaise diferencia-se apenas por sua utilização.

INGREDIENTES			PROCESSO
200	g	farinha de avelãs, tostada	Toste a farinha de avelãs. Adicione o açúcar de confeiteiro e a fécula e peneire.
300	g	açúcar de confeiteiro	
50	g	farinha de trigo ou fécula	
350	g	clara	Monte um merengue em estilo francês, adicionando o açúcar pouco a pouco, após a formação da espuma.
150	g	açúcar de confeiteiro	

Incorpore a farinha de avelãs em três estágios, mexendo com delicadeza. Prossiga como no merengue. Distribua com uma manga de confeiteiro ou espalhe niveladamente com uma espátula. Asse a 150 °C por 25 minutos ou até que fique caramelizado e seco.

Pâte à succès

Este bolo é uma mistura de claras em neve firmes e enriquecidas com farinha de amêndoas, açúcar e uma fécula ou farinha.

INGREDIENTES			PROCESSO
250	g	farinha de amêndoas	Processe a farinha de amêndoas, o açúcar de confeiteiro e a fécula ou farinha em processador.
150	g	açúcar de confeiteiro	
50	g	farinha de trigo ou fécula	
280	g	clara	Peneire e deposite delicadamente na clara batida em neve ao estilo francês (açúcar pouco a pouco após a clara formar espuma). Adicione a baunilha. Distribua com uma manga de confeiteiro ou espalhe niveladamente com uma espátula. Asse a 150 °C por 25 minutos ou até que fique caramelizado e seco.
100	g	açúcar de confeiteiro	
1	col. chá	baunilha	

Pâte à progrès

As claras batidas a ponto de neve firme recebem uma mistura aromática de farinha de avelãs tostada, farinha de amêndoas, açúcar impalpável (ou de confeiteiro) e farinha de trigo.

INGREDIENTES			PROCESSO
125	g	farinha de avelãs, tostada	Toste a farinha de avelãs. Adicione o açúcar de confeiteiro, a farinha de amêndoas e a farinha de trigo ou fécula. Passe pelo processador, até ficar bem incorporado e moído.
150	g	açúcar de confeiteiro	
125	g	farinha de amêndoas	
50	g	farinha de trigo ou fécula	
100	g	açúcar de confeiteiro	Peneire e adicione aos poucos as claras batidas em neve firme com o açúcar de confeiteiro, até a obtenção de uma massa homogênea. Cuidado para não deflacionar (ou murchar) a preparação. Distribua com uma manga de confeiteiro ou espalhe niveladamente com uma espátula. Asse a 150 °C por 25 minutos ou até que fique caramelizado e seco.
350	g	claras	

Merengue francês

O merengue francês é preparado a frio. Deve-se bater as claras com uma porção do açúcar até obter uma espuma e, então, adicionar o açúcar restante aos poucos. Cabe lembrar que no Brasil o uso de ovo cru não é permitido. Sendo assim, esse merengue deve ser indicado para preparações que depois passem por algum tipo de aquecimento ou que utilizem claras pasteurizadas.

INGREDIENTES			PROCESSO
140	g	clara	Bata a clara com ⅓ do açúcar em alta velocidade, até formar uma espuma consistente.
300	g	açúcar	
			Adicione o restante do açúcar aos poucos, batendo até obter um merengue brilhante e espesso.
			Cocção: asse no forno apenas ligado, até que o merengue esteja seco (sem umidade) e leve. Não deixe surgir coloração.

Merengue suíço

INGREDIENTES			PROCESSO
6	un.	claras	Faça um banho-maria. Misture as claras e o açúcar; comece a bater sobre o banho-maria até a temperatura de 50 °C, ou até que o açúcar esteja dissolvido.
270	g	açúcar	
			Bata na terceira velocidade, até que fique firme, brilhante e espesso. Cocção: de 130 a 150 °C, até secar.
			A adição de uma ou duas gotas de vinagre branco ou de suco de limão produz um merengue de branco intenso.

Merengue italiano

O merengue italiano é feito vertendo-se uma calda de açúcar a 120 °C sobre claras levemente montadas. Graças ao choque de temperatura, elas se esterilizam e se coagulam rapidamente, permitindo obter um merengue cozido e estável, que pode ser consumido de imediato.

INGREDIENTES			PROCESSO
240	g	clara	Coloque a clara em uma batedeira.
350	g	açúcar	
120	g	água	Comece a cozinhar a calda, aquecendo o açúcar e a água até a fervura; adicione a glicose de milho e cozinhe até a temperatura de 117 °C.
120	g	glicose de milho	
			Ligue a batedeira e monte a clara em neve. Ao atingir 120 °C, comece a despejar a calda em fio com delicadeza, até incorporá-la completamente.

Pavlova

Esse merengue foi supostamente criado nos anos 1930, por um *pâtissier* australiano, na busca por uma base apropriada. De tão leve, foi batizado em homenagem a uma bailarina famosa, Anna Pavlova.

INGREDIENTES			PROCESSO
8	un.	claras	Bata as claras com o vinagre branco até formar uma espuma firme. Comece a adicionar o açúcar, pouco a pouco, até a obtenção de um merengue brilhante. Adicione a baunilha.
1	col. chá	vinagre branco	
500	g	açúcar	
1	col. chá	baunilha	
1	receita	ambrosia de limão, vide receita (p. 336)	Coloque em uma manga com um bico médio crespo e faça pequenos círculos, levantando as laterais.
			Asse a 100 °C por cerca de 1 hora. Desligue o forno e mantenha os merengues até estarem completamente secos.
			Recheie com a ambrosia de limão.

MACARONS

Derivado do italiano *macarone, maccarone* ou *maccherone*, trata-se de um merengue já fabricado na Itália há muito tempo, apesar de predominantemente ser uma reconhecida produção da doceria francesa. Muito se debate acerca das origens dos deliciosos e coloridos macarons. A *Larousse Gastronomique* (2001) cita o macaron como tendo sido criado em 1791, próximo a um convento em Commercy, na França. Variações e disputas à parte, o atual macaron francês é composto de pequenos discos de um merengue texturizado e flavorizado por farinha de amêndoas, que é colorido e, então, recheado para formar "sanduíches". Há uma variedade de texturas e sabores, como recheio de amêndoas, creme de manteiga, creme de confeiteiro, ganache, marshmallow, marmeladas, geleias, etc.

HISTÓRIA

As confabulações acerca dos delicados e finos macarons frequentemente giram em torno de Catarina de Médici, que, ao se casar com Henrique II, teria levado seus *chefs* consigo para a França, em meados de 1533 – os quais introduziram muito da gastronomia italiana na corte parisiense, incluindo os macarons.

Outra história diz que o célebre macaron de Nancy foi inventado pelas noviças do monastério Dames du Saint Sacrement, em Nancy, na França, para agradar à filha de Cláudia de Valois e Carlos III, chamada Cristina de Lorena, fundadora do monastério, que padeceria de um estômago extremamente delicado. Durante a Revolução Francesa, a assembleia decretou a supressão de todas as congregações religiosas. Algumas noviças foram ocupar o monastério abandonado pouco tempo depois e, sem recursos, começam a fabricar os macarons, hoje conhecidos no mundo inteiro.

ETAPAS INICIAIS DE PREPARO

São duas as maneiras mais comuns para a elaboração das cascas ou merengues do macaron: com merengue italiano ou com merengue francês.

Selecione suas ferramentas e ingredientes: batedeira ou batedor, tigela (imaculadamente limpos), banho-maria ou panela limpa para a cocção do açúcar e farinha de amêndoas clara, a mais fina possível.

Caso não encontre farinha de amêndoas, faça a sua: compre amêndoas descascadas e cruas, toste-as levemente e bata em processador com um pouco de açúcar de confeiteiro (que deve ser peneirado e de boa qualidade).

As claras ideais são envelhecidas por pelo menos um dia à temperatura ambiente, o que auxilia na evaporação de um pouco da água (ficam mais concentradas) e deixa as proteínas mais relaxadas. A adição de pó para merengue (ou clara em pó) também auxilia nesse trabalho, caso não se obtenha a claras envelhecidas.

Serão necessários tapete de silicone ou papel-manteiga e assadeiras retas (não onduladas), duas para cada fornada. Escolha um saco de confeitar não muito grande, com bico liso médio, e espátulas de borracha ou silicone. Aqueça o forno a 150 °C, pois não é preciso uma temperatura alta para assar as casquinhas de merengue; se seu forno tende a esquentar, diminua para 140 °C. Para fornos de convecção com ventilação, é indicada a temperatura de 60 a 66 °C.

ANATOMIA E INGREDIENTES

Basicamente, compõe-se de uma casca (ou crosta) e recheio. Todavia, uma imensa variedade de texturas, cores e técnicas, associadas a uma infinita possibilidade de recheios, faz dos macarons um dos mais elaborados e discutidos petit-fours da *pâtisserie* contemporânea.

- **FARINHA DE AMÊNDOA:** são amêndoas com ou sem casca, processadas em uma farinha extrafina; quanto mais fina a farinha, mais delicada ficará a textura final. A farinha de amêndoas clara produz macarons mais claros. Para evitar que ela fique rançosa, sugere-se que seja mantida em saco plástico impermeável, bem selado e guardado no freezer. Se a farinha de amêndoas estiver úmida ou oleosa, pode causar rachaduras em macarons. Então, seque a farinha no forno, a 100 °C, por 20 minutos antes de utilizá-la em uma receita.

- AÇÚCAR IMPALPÁVEL: um açúcar impalpável de boa qualidade contribui para uma textura macia, que se dissolve na boca. Usualmente contém alguma quantidade de amido, para prevenir a formação de protuberâncias (empelotamento). O açúcar impalpável mais a farinha de amêndoas em receitas francesas são usualmente explicados como *tant pour tant* (TPT), a mesma quantidade de açúcar e farinha.
- AÇÚCAR GRANULADO: utilizado principalmente na elaboração de macarons pelo método italiano, em que uma calda de água com açúcar é fervida à temperatura média de 116 °C e, então, despejada vagarosamente sobre as claras batidas.
- CLARAS: trazem a proteína necessária para a formação da estrutura do macaron. Claras envelhecidas – quando uma parcela de água evapora, raleando a proteína – formam espuma mais depressa e produzem macarons mais macios e consistentes. A velocidade em que se bate as claras também influencia na qualidade final: uma velocidade média resulta em maior estabilidade do que uma velocidade rápida, entretanto experimente subir a velocidade no final do processo por 10 segundos para melhorar o volume antes de incorporar os demais ingredientes.
- CLARAS EM PÓ: em um ambiente de alta umidade, adicione uma pitada de clara em pó (desidratada) para auxiliar na estabilidade do macaron.
- CORANTE: prefira em pó ou gel, uma vez que corantes líquidos adicionam umidade à mistura e podem causar rachaduras nos macarons.
- COBERTURAS: cacau em pó, casca de laranja cristalizada, gengibre cristalizado, flor de lavanda, açúcar colorido, nozes moídas, etc.
- RECHEIOS: frutas frescas, framboesa, morango, manga, kiwi; creme de confeiteiro, creme chantilly, doce de leite, marshmallow, Nutella, sorvete, marmelada, conservas e geleias, ganache, etc.

Macaron francês

INGREDIENTES		
250	g	farinha de amêndoas
350	g	açúcar impalpável
1	xíc.	clara
5	g	clara em pó
150	g	açúcar granulado
2	gotas	corante alimentício

PROCESSO

Preaqueça o forno a 140 °C. Prepare as assadeiras, forrando com um papel-manteiga ou tapete de silicone.

Peneire a farinha de amêndoas com o açúcar impalpável e deixe secar por 30 minutos. Bata a clara com a clara em pó até espumar e vá adicionando o açúcar, uma colher de sopa por vez, até obter um merengue firme, estável e brilhante; esse processo dura cerca de 10 minutos.

Adicione o corante (se desejar). Com uma espátula, gentilmente junte os ingredientes secos peneirados, de maneira envolvente, levantando e agregando ar até a mistura ficar brilhante e homogênea.

Transfira a mistura para uma manga de confeiteiro com bico liso médio e distribua na superfície escolhida; a mistura deve estar firme o suficiente para manter sua forma. Utilize o canto da mesa para bater a assadeira algumas vezes a fim de liberar as bolhas de ar. Deixe os merengues secarem à temperatura ambiente por 30 minutos, até se formar uma casca.

Polvilhe com a cobertura que preferir. Asse por 5 minutos, gire a assadeira 180 graus e asse por outros 5 minutos. Remova e deixe esfriar.

Os macarons podem ser guardados em recipientes hermeticamente fechados por dois dias ou congelados por até 30 dias. Esta receita faz setenta macarons simples ou trinta recheados.

Macaron italiano

INGREDIENTES		
¾	xíc.	farinha de amêndoas
3	xíc.	açúcar impalpável
4	un.	claras
½	col. chá	clara em pó
⅓	xíc.	água
1	xíc.	açúcar granulado
3	un.	claras
2+	gotas	corante alimentício

PROCESSO

Preaqueça o forno a 140 °C. Prepare as assadeiras, forrando com tapete de silicone ou papel-manteiga.

Peneire a farinha de amêndoas com o açúcar impalpável e deixe secar por 30 minutos.

Paralelamente, aqueça a água e o açúcar a 110 °C.

Comece a bater as 4 claras em velocidade média. Quando a calda chegar a 116 °C, despeje-a vagarosamente sobre as claras a ponto médio, até obter um merengue brilhante e espesso.

Usando uma espátula, junte as 3 claras restantes na mistura de farinha de amêndoas e açúcar, até formar uma pasta. Adicione o corante, se desejar.

Com uma espátula, gentilmente junte a clara em pó de maneira envolvente, levantando e agregando ar até a mistura ficar brilhante e homogênea.

Transfira a mistura para uma manga de confeiteiro com bico liso médio e distribua no papel-manteiga; a mistura deve estar firme o suficiente para manter sua forma. Utilize o canto da mesa para bater a assadeira algumas vezes a fim de liberar as bolhas de ar. Deixe os merengues secarem à temperatura ambiente por 30 minutos, até se formar uma casca.

Polvilhe com a cobertura que preferir. Asse a 150 °C por 5 minutos, gire a assadeira 180 graus e asse por outros 5 minutos a 130 °C. Remova e deixe esfriar.

Os macarons podem ser guardados em recipientes hermeticamente fechados por dois dias, ou podem ser congelados por até 30 dias. Esta receita faz setenta macarons simples ou trinta recheados.

Pâte à macarons

INGREDIENTES		
300	g	açúcar de confeiteiro
300	g	farinha de amêndoas
110	g	clara
A gosto		corante
100	g	água
300	g	açúcar
110	g	clara
30	g	açúcar

PROCESSO

Processe o açúcar de confeiteiro e a farinha de amêndoas em um processador até chegar a uma pulverização uniforme.

Misture as claras e o corante de sua escolha. Adicione o TPT (*tant por tant*), mexendo com uma espátula até a obtenção de uma massa lisa e brilhante.

Aqueça a água e o açúcar a 110 °C e, quando atingir essa temperatura, comece a bater a clara com o açúcar. Despeje a calda em fio e bata até que esteja à temperatura ambiente.

Prepare a assadeira (dupla) e coloque um tapete de silicone ou papel-manteiga. Deposite a mistura com uma manga de bico liso médio. Deixe secar por 45 minutos ou até que o macaron crie uma casca seca.

Asse a 160 °C sobre assadeira dupla, por 12 a 15 minutos. Recheie a gosto. Mantenha refrigerado.

Pâte à macaron de Nancy

A adição de açúcar invertido aumenta o tempo de conservação do macaron, pois conserva sua umidade. Existem receitas que substituem o açúcar invertido por glicose, mel, compota de maçãs ou polpa de damasco.

INGREDIENTES			PROCESSO
250	g	água	Aqueça a água, o açúcar e a glicose a 117 °C. Verta sobre as claras montadas, em forma de fio, até incorporar completamente. Bata até obter um merengue brilhante e firme.
675	g	açúcar	
50	g	glicose	
10	un.	claras	
1.000 g		farinha de amêndoas	Misture a farinha de amêndoas e o açúcar impalpável e processe até obter um pó fino. Peneire em uma tigela e adicione a segunda parte das claras e o corante. Misture com uma espátula, até a obtenção de uma massa lisa e brilhante.
1.000 g		açúcar impalpável	
5	un.	claras	
5	gotas	corante	

Prepare a assadeira (dupla) e coloque um tapete de silicone ou papel-manteiga. Deposite com manga de bico liso médio. Deixe secar por 45 minutos ou até criar uma casca seca.

Asse a 160 °C sobre uma assadeira dupla.

Recheie a gosto. Mantenha refrigerado.

Ovos nevados
ŒUFS À LA NEIGE | ÎLE FLOTTANTE

São vários os nomes pelos quais se consagra esta sobremesa, que consiste em um merengue que flutua em uma quantidade generosa de creme inglês. O merengue é preparado em estilo francês e rapidamente cozido em leite bem quente, mas não fervendo.

Um creme inglês, ou creme de baunilha, é disposto em um recipiente forrado com uma fina camada de caramelo; as "neves" pochadas são depositadas delicadamente sobre o creme. A cobertura de caramelo é feita *à la minute*, ou seja, pouco antes de servir.

Ainda que pareça bastante complexa, esta sobremesa é relativamente simples, apesar de requerer três receitas independentes: o merengue, o creme inglês e o caramelo.

INGREDIENTES			PROCESSO
MERENGUE			**MERENGUE**
6	un.	claras	Bata as claras com o sal até formar uma espuma (método francês). Adicione o açúcar aos poucos, até obter um merengue firme e com brilho.
¼	col. chá	sal	
¾	xíc.	açúcar	
1.000 g		leite	
			Coloque o leite em uma panela até começar a fervilhar. Deposite os merengues formados em quenelles. Cozinhe por 2 minutos de cada lado e deposite sobre papel toalha para secar.
CREME INGLÊS			**CREME INGLÊS**
500 g		creme inglês	Siga a receita e coloque em uma taça forrada com caramelo. Deposite os merengues cozidos e cubra com linhas de caramelo. Sirva imediatamente.
CARAMELO			**CARAMELO**
200 g		caramelo	Prepare um caramelo seco com 2 xícaras de açúcar, até atingir um dourado intenso. Adicione ½ xícara de água e misture bem.

Nougat de chocolate

O nougat é um item da família de confeitos elaborados a partir de um merengue italiano e caracterizado pela adição de nozes variadas ou frutas secas. Sua consistência varia de macio a borrachudo, de duro a crocante. Esses resultados são obtidos pela cocção do açúcar a temperaturas específicas.

INGREDIENTES			PROCESSO
2	un.	claras	Bata as claras com o sal até formar uma espuma (método francês). Traga o mel a 115 °C e adicione sobre as claras montadas, aos poucos, até obter um merengue firme e com brilho.
¼	col. chá	sal	
145	g	glicose	
280	g	açúcar	
100	g	mel	
240	g	chocolate 72%, derretido	Ferva a glicose e o açúcar a 155 °C e adicione ao merengue, batendo até que ele esteja novamente brilhante.
40	g	manteiga de cacau, derretida	
200	g	avelãs	Ao merengue ainda morno, adicione o chocolate derretido e a manteiga de cacau, trabalhando rapidamente. Por último, adicione as avelãs e os pistaches torrados ainda mornos. Trabalhe rapidamente e despeje sobre um papel-manteiga levemente untado, nivelando com uma espátula. Deixe cristalizar por 12 horas em ambiente seco e a 24 °C.
200	g	pistaches	

SUFLÊS

O nome *soufflé* (plural *soufflés*) é de origem francesa, utilizado internacionalmente e aportuguesado há mais de quarenta anos. Esse clássico foi criado pelo grande *chef* Carême e originalmente era assado em uma crosta que não costumava ser comida. Em geral, é uma preparação espessada por uma boa quantidade de amido, na forma de um creme de confeiteiro. Suflês podem ser verdadeiramente divinos, quase mágicos, quando crescem no forno em um prato leve e aerado. Caso esta seja sua primeira tentativa, saiba que, mesmo que a aparência não fique perfeita, o sabor estará presente, e que existem algumas técnicas para fazer suflês perfeitos.

A sua preparação ocorre nos seguintes estágios: claras em neve e uma base flavorizada com outros ingredientes, que é a responsável pelo sabor do prato e pode ser de chocolate, limão, gianduia, baunilha ou purê de frutas com açúcar. As claras em neve devem ser batidas ao ponto certo: o ar aprisionado na mistura é a causa da expansão acentuada no forno. As claras devem permanecer elásticas. Para um suflê doce, bata até espumarem em um pico suave e acrescente o açúcar em estágios; depois, a mistura é batida até atingir picos firmes. Uma pitada de cremor de tártaro auxilia no relaxamento das claras para um melhor volume. Elas devem ser incorporadas delicadamente e dispostas em ramequins ou fôrma de cerâmica untados com manteiga e açúcar. Sirva quente, imediatamente após retirar do forno.

As regras para a preparação de um bom suflê devem ser seguidas à risca:
- As claras devem estar firmes, mas não secas, para se obter uma mistura cremosa. Sua incorporação deve ser feita cuidadosamente, em movimentos firmes, mas não abruptos.
- Os ramequins devem ser previamente pincelados com manteiga derretida e pulverizados com açúcar abundantemente.
- A cocção do suflê é de suma importância, e será determinante na qualidade. A temperatura não deve ultrapassar 220 °C e nunca deve ficar abaixo de 180 °C. Um forno muito quente não dará ao suflê tempo suficiente de assar de forma apropriada, e um forno muito frio secará a mistura.

- O suflê necessita de 20 a 30 minutos de cocção, o que requer que você se programe bem, para que tenha tempo suficiente para cozinhá-lo. Por outro lado, após retirado do forno, deve ser servido imediatamente.
- Os suflês são sempre acompanhados de um molho, mas não existe uma regra definitiva sobre qual o tipo de molho ideal: chocolate, creme inglês, coulis de fruta, caramelo ou amêndoa. O suflê de chocolate deveria ser servido com um creme inglês.

SUFLÊS CONGELADOS

Essas sobremesas extremamente leves e cremosas utilizam um creme feito à base de gemas, açúcar, flavorizantes, creme chantilly e merengue italiano. São despejadas em ramequins levemente untados com manteiga e circundados por colares de papel-manteiga, para dar suporte à mistura, que vai além do limite do ramequim. Há dois métodos mais comumente utilizados nesta preparação:

- MÉTODO DE CALDA QUENTE DE AÇÚCAR (PÂTE À BOMBE): uma calda de água e açúcar é levada ao fogo até atingir 120 °C e, então, despejada sobre as gemas levemente montadas, batendo-se até ficar cremoso e homogêneo. Então adicionam-se os flavorizantes, o merengue italiano e o creme chantilly.
- MÉTODO DE CREME INGLÊS: elaborado a partir de um creme inglês, acrescido de flavorizantes, merengue italiano e creme chantilly.

TIPOS DE SUFLÊ

- CREME DE CONFEITEIRO: feito a partir de um crème pâtissière perfumado a gosto e com a adição de merengue, assado a temperatura alta, entre 200-210 °C, por 20 a 30 minutos.
- SUFLÊS DE FRUTAS: feitos a partir de um purê de frutas modificado ao qual se adicionam claras montadas, com procedimento igual ao anterior.
- SOUFFLÉS GLACÉS: suflês frios que parecem com os assados, feitos em moldes individuais. Coloca-se um colar com papel-manteiga ao redor da borda, sobressaindo de 5 a 8 centímetros do molde. O molde é preenchido até o limite, congelado, e, antes de servir, tira-se o colarinho, deixando visível o efeito característico do suflê (como na preparação de um parfait).

Suflê
BASE

INGREDIENTES		
90	g	farinha de trigo para pão
90	g	manteiga derretida
100	g	açúcar
500	g	leite
2	un.	favas de baunilha
8	un.	gemas
10	un.	claras
100	g	açúcar

PROCESSO

Misture a farinha com a manteiga derretida e o açúcar até formar uma pasta.

Aqueça o leite e as favas de baunilha até a fervura; tempere na mistura de farinha e retorne à cocção. Retire as favas e adicione as gemas de uma a uma. Esta base pode ser refrigerada por vários dias.

Bata as claras em neve ao estilo francês, com o açúcar "em chuva". Imediatamente, incorpore à mistura da base e distribua em ramequins untados. Peneire uma boa camada de açúcar de confeiteiro e asse a 210 °C por 25 minutos.

LIQUEUR SOUFFLÉ | SUFLÊ COM LICOR
Siga as instruções para o suflê de baunilha e adicione 100 g de licor Grand Marnier antes de incorporar as claras.

SOUFFLÉ ROYALE | SUFLÊ ROYALE
Alterne camadas de suflê de baunilha e biscoitos champanhe embebidos em Kirsch.

SOUFFLÉ PRALINÉ | SUFLÊ COM PRALINA
Adicione 120 g de pasta de avelã ao leite fervente e prossiga como no suflê de baunilha.

Suflê de baunilha

INGREDIENTES			PROCESSO
500	g	creme de confeiteiro flavorizado com baunilha em fava	Despeje o creme de confeiteiro à temperatura ambiente em uma tigela; bata as claras em neve com o açúcar, estabilizando o merengue. Incorpore o merengue ao creme delicadamente, e despeje em ramequins untados com manteiga e pulverizados com açúcar.
100	g	açúcar	
6	un.	claras	
			Asse a 200 °C por 25 minutos, dependendo do suflê, do forno e do tamanho dos ramequins. Sirva imediatamente.

RECEITAS

Suflê de frutas

INGREDIENTES			PROCESSO
CREME DE CONFEITEIRO			**CREME DE CONFEITEIRO**
500	g	leite	Ferva o leite e o açúcar. Em uma tigela, misture as gemas, o açúcar e a maisena, mexendo bem. Verta o líquido à mistura e ferva-a. Acrescente a manteiga e o extrato de baunilha. Mexa até que fique homogêneo. Reserve o creme de confeiteiro em geladeira por até 2 dias, no máximo.
80	g	açúcar	
½	xíc.	gema	
90	g	açúcar	
45	g	maisena	
40	g	manteiga, em cubos	
1	col. sopa	extrato de baunilha	
			Faça uma calda com o açúcar, a água, o purê de frutas e a glicose. Cozinhe a 140 °C.
MERENGUE ITALIANO			**MERENGUE ITALIANO**
630	g	açúcar	Comece a montar as claras quando a calda chegar a 130 °C. Despeje o xarope a 140 °C sobre as claras montadas e bata até que fique morno.
½	xíc.	água	
½	xíc.	purê de frutas	
1	xíc.	glicose	
2	xíc.	claras	
			Com um batedor, misture o creme de confeiteiro (à temperatura ambiente) com o merengue italiano, pouco a pouco. Despeje sobre os ramequins untados com manteiga e pulverizados com açúcar. Asse a 200 °C por 25 minutos. Sirva imediatamente.

Creme de baunilha 1
CREME DE CONFEITEIRO 1 | CRÈME PÂTISSIÈRE 1

A técnica de temperar uma mistura com líquido fervendo permite que as moléculas de amido se expandam gentilmente. A emulsão morna deve, então, retornar à cocção, para que os ovos coagulem e o amido cozinhe, ambos espessando a mistura. A adição de um ingrediente gorduroso, como o chocolate amargo (o sólido de cacau é também rico em amido), facilita a função espessante dos demais ingredientes e oferece uma característica ainda mais sedosa à mistura. Experimente o creme de confeiteiro de chocolate para fazer uma torta de chocolate cremosa, com base de cookies estilo Oreo. É uma agradável variação para os amantes do creme de confeiteiro.

INGREDIENTES			PROCESSO
200	g	gema	Em uma tigela, misture as gemas, o açúcar e o amido de milho.
160	g	açúcar	
85	g	amido de milho	
1.000	g	leite	Aqueça o leite com o açúcar, a fava de baunilha e o sal até a fervura. Coe e retorne à cocção, por 2 minutos, para que o amido seja cozido.
160	g	açúcar	
1	un.	fava de baunilha	
½	col. chá	sal	
80	g	manteiga	Retire do fogo, despeje em uma tigela e adicione a manteiga, mexendo bem. Cubra com um filme plástico grudado na superfície, para evitar a formação da nata.

Suflê de gruyère e parmesão

INGREDIENTES			
50	g	manteiga	
5	col. sopa	farinha de trigo	
½	col. chá	sal	
¼	col. chá	noz-moscada	
⅛	col. chá	pimenta-do-reino	
1 ¼	xíc.	leite	
¼	xíc.	vinho branco	
6	un.	gemas	
1 ¼	xíc.	queijo gruyère, ralado	
¼	xíc.	parmesão, ralado	
8	un.	claras em neve	

PROCESSO

Em uma panela, derreta a manteiga, adicione a farinha de trigo e cozinhe em um roux, até adquirir uma coloração intensa. Adicione as especiarias.

Gradualmente, incorpore o leite, mexendo sempre, e depois o vinho; cozinhe por 2 minutos em fogo brando.

Adicione as gemas e deixe o creme esfriar.

Adicione os queijos e misture bem.

Bata as claras em neve a ponto firme e incorpore ao creme com delicadeza; depois, coloque a massa em ramequins untados com manteiga.

Asse a 200 °C por 25 minutos, dependendo do suflê, do forno e do tamanho dos ramequins. Sirva imediatamente.

Suflê de camarão e caranguejo

INGREDIENTES			PROCESSO
50	g	manteiga	Em uma panela, derreta a manteiga, adicione a farinha de trigo e cozinhe em um roux, até adquirir uma coloração intensa. Adicione as especiarias.
5	col. sopa	farinha de trigo	
½	col. chá	sal	
¼	col. chá	noz-moscada	
⅛	col. chá	pimenta-do-reino	
1 ¼	xíc.	leite	Gradualmente, incorpore o leite, mexendo sempre, e depois o vinho; cozinhe por 2 minutos em fogo brando.
¼	xíc.	vinho branco	
6	un.	gemas	
½	xíc.	carne de caranguejo, picada	Adicione as gemas e deixe o creme esfriar. Adicione a carne de caranguejo e o camarão picados, o estragão e o pimentão verde.
½	xíc.	camarão, picado	
1	col. chá	estragão fresco	
¼	xíc.	pimentão verde, picado bem fino	Bata as claras em neve a ponto firme e incorpore ao creme com delicadeza; depois, coloque a massa em ramequins untados com manteiga.
8	un.	claras em neve	
			Asse a 200 °C por 25 minutos, dependendo do suflê, do forno e do tamanho dos ramequins. Sirva imediatamente.

APLICAÇÃO 1. BOLOS, MADELEINES, MERENGUES, PÂTES, MACARONS E SUFLÊS

Suflê de queijo

INGREDIENTES

90	g	manteiga
45	g	farinha de trigo
500	g	leite, fervendo
A gosto		sal e pimenta
¼	col. chá	noz-moscada
8	un.	gemas
75	g	queijo suíço ralado
75	g	queijo gruyère ralado
10	un.	claras em neve
50	g	parmesão ralado

PROCESSO

Faça uma pasta com a manteiga e a farinha. Ferva o leite, despeje-o sobre a pasta e retorne à cocção, até ferver. Adicione sal, pimenta e noz-moscada.

Retire do fogo e adicione as gemas, uma a uma. Acrescente os queijos.

Bata as claras em ponto de neve firme (ainda úmido e brilhante). Adicione à mistura de queijo, gentilmente.

Prepare os ramequins, pincelando-os generosamente com manteiga derretida, e depois espalhe o queijo parmesão ralado.

Asse a 190 °C por 15 minutos.

Suflê de ricota e chocolate

INGREDIENTES			PROCESSO
110	g	chocolate 55%	Em banho-maria, derreta o chocolate e a manteiga.
40	g	manteiga	
350	g	ricota	Se for assar o suflê imediatamente, prepare os moldes, ou ramequins de cerâmica, untando-os generosamente com manteiga e depois uma camada de açúcar.
1	un.	fava de baunilha	
6	un.	gemas	
6	un.	claras	
¼	xíc.	açúcar	

Certifique-se de que o forno está a 200 °C, antes de prosseguir com a receita.

Em uma tigela, misture a ricota com a fava de baunilha. Acrescente as gemas, uma por vez, batendo até obter uma textura cremosa e uniforme. Adicione o chocolate derretido e reserve (poderá ser preparado e guardado por até três dias sob refrigeração).

Uma hora antes de assar, retire do refrigerador e deixe descansar à temperatura ambiente. Trinta minutos antes de servir o suflê, comece o merengue: bata as claras em neve e adicione o açúcar lentamente, até ficar brilhante e firme.

Delicadamente, introduza o merengue na mistura de chocolate, pouco a pouco, e mexa. Despeje a mistura nos ramequins até atingir cerca de ¾ do molde. A partir desse momento, trabalhe com muita delicadeza, pois a estrutura delicada pode ser rompida facilmente.

Transfira os ramequins para uma assadeira e leve ao forno; feche a porta sem bater, delicadamente. Asse a 200 °C por 25 minutos, dependendo do suflê, do forno e do tamanho dos ramequins.

Sirva imediatamente: um suflê "correto" não dura mais do que 5 minutos. Sirva com creme inglês ou calda de chocolate quente, flavorizada com licor, ou de acordo com sua preferência.

RECEITAS

SUFLÊS GELADOS

São sobremesas congeladas feitas sem sorveteira. Basicamente se dividem em dois tipos de preparações:

- **SOUFFLÉ GLACÉ, OU PARFAIT AUX PÂTE À BOMBE:** suflê gelado com licor, composto de gemas estabilizadas pela adição de uma calda de açúcar cozida a 116 °C (pâte à bombe) ou de creme de leite montado a ponto médio;
- **SOUFFLÉ GLACÉ AO MERENGUE ITALIANO E FRUTAS:** suflê gelado composto por purê de frutas, merengue italiano (claras montadas e depois estabilizadas pela adição de uma calda a 116 °C) e creme de leite batido a ponto médio.

Suflê gelado ao merengue italiano e frutas

INGREDIENTES			PROCESSO
480	g	açúcar	Faça um merengue italiano com o açúcar e a água, cozinhando a calda a 116 °C. Quando o termômetro chegar a 110 °C, inicie o batimento da clara. Verta a calda a 116 °C sobre a clara montada e bata até obter um merengue bem preparado e brilhante.
250	g	água	
250	g	clara	
480	g	purê de frutas	
480	g	creme de leite fresco	

Junte o purê de frutas. Bata o creme de leite a ponto médio e incorpore-o com delicadeza na mistura.

Prepare os ramequins: forre-os com papel-manteiga em forma de colarinho, dando a característica de suflê à preparação (não esqueça de retirar o papel antes de servir). Mantenha congelado.

APLICAÇÃO 2.
Cremes, pudins, flãs, cheesecakes, quiches e clássicos assados

Este capítulo tratará do crème brûlée e outros cremes, flãs, pudins, cheesecakes, quiches e afins. Em sentido amplo, qualquer líquido espessado com ovos pode ser chamado de creme ou pudim.

As delícias que saboreamos hoje com o nome de pudins têm uma origem bem registrada na história dos alimentos. Denominados por uma palavra francesa derivada de *boudin*, no início eram feitos dentro de tripa de animais; depois, dentro de crostas feitas com massa de pão ou à base de gordura de porco. Passaram pela cocção de uma mistura de cereal com açúcar, frutas secas, pão, ovos e arroz, até se tornarem o que servimos hoje em dia.

Boa parte da discussão acerca dessas preparações está em se devem ou não ser cozidos e assados, se devem conter ovos inteiros, apenas gemas, apenas claras ou suas combinações. Assar em banho-maria uma mistura sem outro espessante (amido) mantém as proteínas dos ovos soltas até que o conjunto se aqueça, a 71 °C. Por outro lado, cozinhar a mistura mexendo-a constantemente também mantém sua temperatura constante e impede que as proteínas se aglomerem depressa demais. É apenas no processo em banho-maria que a mistura pode se assentar sem ser perturbada.

Utilize fogo moderado, cuidando para não ultrapassar 82 °C. Caso isso ocorra, as proteínas do ovo vão coagular demais devido ao excesso de calor e encolherão quando esfriarem. Um bom exemplo disso é um cheesecake assado demais, que vai rachar, pois as proteínas se inflam e se aglomeram em um espaço que não é o suficiente, explodindo e causando rachaduras na preparação. A sinérese é mais comum em cremes ou tortas feitas em fogo indireto (forno), enquanto a coagulação é mais comum em misturas cozidas em fogo direto.

Seja qual for sua opção, lembre-se de que ovos são extremamente sensíveis a temperaturas altas, e, assim, todas as misturas que contenham esse ingrediente como espessante requerem cocção lenta e calor moderado. A presença de algum tipo de amido, como maisena ou farinha, auxilia a prevenir a cocção demasiada dos ovos e oferece ao cozinheiro maior chance de conseguir uma textura macia e cremosa – auxilia as proteínas que não estão atreladas a vagarosamente se juntarem. Um último detalhe: quando se adiciona amido à mistura e se cozinha a 100 °C, as proteínas do ovo simplesmente se aglutinam; entretanto, se a mistura for cozida além do ponto, elas não se juntarão nem gelificarão. A gema contém uma enzima que digere amido, a alfa-amilase. Para se obter a cocção correta do amido, essa enzima tem de ser destruída, resultado obtido a partir do cozimento da mistura até o ponto de ebulição, um pouco menos de 100 °C. De outra forma, a enzima que sobrar vai digerir todo o amido e afetar seu poder de gelificação, de modo que o creme não atingirá a consistência desejada.

INGREDIENTES DOS CREMES E SUAS FUNÇÕES

Os ingredientes básicos para a elaboração de um creme ou pudim são: ovos, leite ou produto láctico (creme de leite, leite evaporado, leite condensado, iogurte, ricota, cream cheese), açúcar, sal (para exacerbar o sabor e controlar a presença de bactérias nocivas) e um flavorizante. Cada um desses ingredientes determinará a viscosidade, a textura e o sabor no produto final. Após a cocção, essas preparações se tornam viscosas ou ficam em estado de gel semirrígido. Em cada caso, a desnaturação das proteínas do ovo (ovalbumina, conalbumina e ovoglobulina) é a principal responsável pelo espessamento da preparação.

Os pudins e cremes podem ser alterados substancialmente por manipulação ou variação de ingredientes. Exatamente porque os ovos são o ingrediente estrutural dos cremes, podemos notar diferenças no resultado com ovos frescos, congelados ou secos e produtos à base deles.

O leite ou produto láctico utilizado não é tão importante estruturalmente quanto o ovo, mas contribui para a viscosidade ou força do gel no produto final. Os íons de cálcio presentes no leite são necessários para a formação de um creme mais espesso; cremes feitos apenas com água não permanecem gelatinizados ou espessos. As diferenças no processamento do leite ou de seus derivados também influenciam na qualidade do creme; o leite não homogeneizado gera um produto com crosta fina, uma caramelização mais delicada e com mais brilho do que o leite homogeneizado.

O açúcar também influencia na viscosidade do gel e na sua força; ele tende a intensificar a temperatura de desnaturação das proteínas do ovo, resultando em um produto menos firme. O sal exacerba o sabor e pode auxiliar na proteção contra o crescimento de bactérias nocivas; uma pitada dele nas gemas também intensifica a coloração amarela no produto final.

A proporção entre os ingredientes também determina a qualidade de um creme; a concentração da proteína do ovo é proporcional à viscosidade ou à força de gel do creme. Com um aumento de concentração, o creme se torna mais viscoso e o gel fica mais firme; também com o aumento na proteína do ovo, o produto se torna mais sensível à temperatura ideal de cocção (temperatura em que o ponto ideal da desnaturação ocorre sem causar sinérese). O leite serve ainda para diluir a proteína do ovo. Assim, menos viscosidade e força de gel são observados com o aumento da proporção de leite. Dado que o açúcar aumenta a temperatura de desnaturação das proteínas do ovo, uma maior concentração de açúcar gera um creme menos firme.

Fazer um creme de boa qualidade depende de vários fatores. Além da variação na escolha e na proporção dos ingredientes, a temperatura e o tempo de cocção também são importantes. Um creme cozido vagarosamente começa a espessar a uma temperatura mais baixa e gradualmente, sob uma variação de temperatura mais ampla, alcançando seu ponto correto a uma temperatura mais baixa. Se preferir que o creme seja aquecido rapidamente, será necessário aquecê-lo a temperaturas mais altas antes que a ação de espessamento se inicie, resultando na formação de porosidade.

CREMES ASSADOS E CREMES COZIDOS

Existem dois tipos de cremes: assados – usualmente em banho-maria – e cozidos – agitados ou mexidos, espessados sobre uma chama média, mantendo uma consistência semilíquida.

Os cremes assados são cozidos ininterruptamente e na maioria das vezes sob banho-maria. Assim, as proteínas dos ovos são aquecidas, firmam-se e a mistura se torna espessa, aveludada, e mantém sua forma quando cortada. A adição de um amido pode reduzir a necessidade de ovos; já a adição de açúcar é ainda mais variável e pode causar diferenças de sabor também pela presença de outros ingredientes adoçantes, como leite condensado.

Em contrapartida, os cremes cozidos são preparações como o creme de confeiteiro e o creme inglês (crème anglaise). As temperaturas de cocção variam dependendo dos amidos e outros ingredientes presentes na preparação. Porém, neste caso, a preocupação com o tempo de cocção é mínima, porque, ao mexer continuamente, o *chef* pode acompanhar e controlar a preparação, até obter a consistência desejada. Além disso, esse tipo de creme se mantém semilíquido. Um creme é uma sobremesa no estilo do pudim ou flã, cremosa e espessa, feita por cocção direta (fogo) ou indireta (forno) e depois refrigerada até ficar com textura semirrígida, gelatinosa ou viscosa.

Todos os cremes são feitos a partir dos mesmos ingredientes básicos, sendo os principais o ovo e/ou as gemas, o leite ou algum derivado, o açúcar, uma pitada de sal e algum flavorizante. Podem incluir uma pequena quantidade de espessante à base de amido, como amido de milho, tapioca, araruta, farinhas em geral (de arroz, de batata, de trigo, etc.).

Os cremes podem constituir a sobremesa em si, como no caso do crème brûlée e do flã, ou entrar em alguma preparação, como o creme de confeiteiro, usado na preparação de éclairs, pães doces, suflês e outros. Alguns tipos famosos são:

- **CREME DE CONFEITEIRO, OU CRÈME PÂTISSIÈRE:** pode ser fervido sem risco de endurecer as proteínas do ovo, devido ao seu conteúdo de amido. Deve ser aquecido até ferver, alguns minutos antes que o amido funcione propriamente.
- **CREME INGLÊS, OU CRÈME ANGLAISE (POR VEZES, MOLHO INGLÊS):** mais fino que o creme de confeiteiro, é feito sem amido, normalmente apenas com gemas, açúcar e leite ou creme de leite. Não deve ultrapassar a temperatura de 79 °C. Emprega-se como base para o sorvete francês, cremes bávaros e molho para acompanhar certos doces ou enfeitar um prato.
- **AMBROSIAS:** espessadas pela coagulação de ovos com açúcar, intensamente flavorizadas com suco de uma fruta cítrica, como o limão, e enriquecidas pela adição de manteiga. Elas sevem como recheio de bolos e tortas, além de alternativa de acompanhamento, como geleias.

FLAVORIZANTES E O SABOR

A principal função de ervas aromáticas, condimentos e especiarias é adicionar sabor aos alimentos. Mas o que é o sabor? Trata-se de uma combinação de sensações químicas, sentidas pelos milhares de papilas gustativas e pelos receptores de odor. Essas sensações são causadas por substâncias químicas específicas presentes no alimento. Há apenas alguns elementos de sabor – doce, azedo, salgado, amargo e umami –, ao lado de milhares de odores. Assim, a maior parte de nossa experiência de sabor é odor ou aroma. Ao adicionar flavorizantes, exacerba-se as características das moléculas de aroma.

Na confeitaria, uma das maiores contribuições em relação aos sabores está na manipulação correta de extratos. Os materiais mais comuns na formulação de extratos são óleo, vinagre, calda de açúcar e álcool. Os extratos comerciais, ao contrário de nossas combinações caseiras, são altamente concentrados e devem ser adicionados com muito cuidado a uma preparação. Alguns extratos e óleos são preparados a partir de ervas, plantas, frutas e especiarias; outros tantos, a partir de um ou vários químicos sintéticos que capturam a essência do sabor. A baunilha é o sabor mais utilizado e conhecido, mas há uma grande variedade na confeitaria, entre extratos e essências: rum, amêndoa, coco, tutti-frutti, laranja, menta, hortelã, anis, etc. A vantagem dos extratos sintéticos está em sua acessibilidade econômica.

SAL

A maioria dos cremes e pudins pede uma pitada de sal; na verdade, ele está presente não apenas como flavorizante, mas como ingrediente indispensável em quase todas as preparações deste livro.

- **SAL DE MESA:** manipulado com a adição de suplementos (alumínio, compostos de sódio e cálcio, magnésio carbonado) para evitar que a superfície dos cristais de sal tenha contato com a umidade e forme grumos.
- **SAL IODADO:** fortificado com iodeto de potássio, mineral essencial para o bom funcionamento da glândula tireoide, que evita a deficiência de iodo.
- **SAL KOSHER:** na perspectiva judaica, o sal deve ser utilizado com a intenção de remover impurezas, por isso não deve ser "fortificado" ou manipulado. Este é um sal do tipo puro.
- **FLEUR DE SEL:** traduzido literalmente como "a flor do sal", para identificar o sal mais fino e delicado, produzido nas salinas do oeste e do centro da França. É a parte mais superficial do sal, com vestígios de algas e outros materiais aromáticos, enobrecida pela brisa e umidade corretas. Extraída por um processo artesanal e refinado, este é um ingrediente caro, que deve ser utilizado como condimento, e não como sal de cozinha comum.

FLAVORIZANTES

Alguns flavorizantes naturais são especiarias e ervas aromáticas, como a grande família da menta (180 gêneros); o basílico, ou manjericão (e seus 165 gêneros); a lavanda mediterrânea, de perfume floral; a erva-doce (*Foeniculum vulgare*); a flor de laranjeira, descendente da laranja-de-sevilha (água de flor de laranjeira); a rosa-damascena, seca ou em extrato (água de rosas); o *Pandan*, relacionado à família de lírios nativa da Indonésia, utilizado largamente como flavorizante em doces asiáticos.

Entre as ervas de climas temperados, destacamos a alcaravia (*Kümmel* em alemão, *caraway* em inglês), uma das primeiras especiarias cultivadas na Europa; ela é bastante utilizada em pães, queijos e pratos à base de repolho, batatas ou porco.

Usualmente, exceto para as infusões – indicadas para fava de baunilha, ervas e especiarias (também em forma de sachê) –, os flavorizantes devem ser adicionados logo após a cocção, quando o creme ainda estiver quente. Esse procedimento é indicado porque os extratos e flavorizantes podem perder significativamente sua capacidade de outra forma.

Os ingredientes ácidos, como suco de limão, laranja, maracujá, etc., diminuem a temperatura e o tempo de coagulação, por isso também sugere-se que sejam adicionados ao final da cocção.

Entre as especiarias produzidas em terras tropicais, destacamos:

- **AÇAFRÃO:** lembre-se de hidratá-lo em água morna antes de adicioná-lo a uma preparação, para melhor ativar seu sabor e sua capacidade corante;
- **CARDAMOMO:** nasce encapsulado e requer cuidado especial durante a colheita e manipulação. É proveniente da Índia e consumido em abundância pelos árabes;
- **CANELA:** encontrada tanto na forma adocicada, do Ceilão, como a canela (*Cassia*) proveniente da Ásia, ou canela-chinesa, mais picante, o tipo mais popular pelo mundo afora;
- **CRAVO:** a especiaria mais forte e típica, com a maior concentração de moléculas de aroma; apreciado na China há mais de 2 mil anos, o cravo

deve seu sabor ao alto teor de um composto fenólico chamado eugenol; funciona também como um ótimo cicatrizante;
- GENGIBRE: desde a Pré-História, era empregado na Ásia, e foi levado aos países mediterrâneos em forma seca, na era grega, tornando-se um dos mais importantes flavorizantes da Europa medieval. Presente em doces e bebidas, o gengibre se popularizou no bolo de gengibre, apreciado nos conventos europeus, e na cerveja de gengibre (ginger ale), conhecida desde o século XIX;
- NOZ-MOSCADA: utilizada em pratos doces e salgados baseados em creme ou leite e ovos. Seu sabor pode tornar-se desagradável se exposta a cocção longa, por isso deve ser ralada na hora e polvilhada na preparação no último momento.

CAFÉ E CHÁ

Além de serem as bebidas mais populares do mundo, o café e o chá contêm grande quantidade de flavorizantes e composto fenólico, mas a cafeína é o divisor de águas entre os dois – esse alcaloide amargo exerce efeito ambíguo, intenso e peculiar em nosso corpo, que pode modificar o comportamento. As características únicas de paladar e aroma fazem do chá e do café essenciais na preparação e degustação de pratos.

Os portugueses trouxeram o chá para o Ocidente e presentearam a língua portuguesa com a nomenclatura oficial *chá*. Na verdade, essa é uma palavra chinesa – originalmente a bebida preparada a partir das folhas verdes da planta. Há cerca de 2 mil anos, os chineses já dispunham de uma técnica de elaboração dessa bebida e desenvolveram vários estilos de chá, sendo os mais famosos o oolong, o chá verde e o chá preto. No Japão do século XII, monges budistas apreciavam e veneravam o chá, elaborando a famosa "cerimônia do chá", que transforma a simples infusão de folhas na água em uma arte e um estado de espírito.

Já o café que consumimos vem de duas plantas tropicais, a arábica e a robusta, sendo que mais de 2/3 do consumo mundial é da arábica. O café apresenta um dos mais complexos sabores entre os alimentos, com mais de 800 compostos aromáticos.

BAUNILHA

É um forte potencializador de sabor, ou seja, aumenta a potência de como são percebidos e saboreados os outros ingredientes da receita, como chocolate, frutas e nozes, por exemplo. Além disso, aumenta a percepção do sabor doce.

Chamada em inglês de *vanilla* e em francês de *vanille*, custa caro também por ser cultivada em viveiros de orquídeas, em poucos países tropicais. Suas favas demoram a crescer e requerem intenso cuidado na plantação, no processamento e no envio, antes mesmo de se transformarem em extrato.

O extrato de baunilha puro é elaborado por infusão da fava em uma mistura de água e álcool etílico. Já as "imitações de baunilha" são produtos derivados usualmente da indústria produtora de papel ou da indústria de carvão, quimicamente manufaturados por meio de um processo e de ingredientes simples e baratos (30 gramas de extrato de baunilha custam, em média, nos Estados Unidos, 0,18 centavos de dólar, enquanto a baunilha de verdade custa a partir de 4,50 dólares, pela mesma quantidade).

Na baunilha em fava, cientistas identificaram cerca de 250 componentes de sabor e aroma, além da vanilina – enquanto as imitações contam apenas com a vanilina sintética. Entretanto, esses 250 odores e sabores são, na maioria, perdidos se expostos a uma temperatura alta. É por isso que a baunilha de verdade deve ser adicionada sempre após a cocção. É preferível reservá-la para cremes e preparações afins; para preparações que serão assadas ou cozidas a temperaturas mais altas, as imitações apresentam mais vantagens.

Uma das diferenças entre a baunilha e a imitação dela está no sabor de álcool. Segundo o Food and Drug Administration (FDA), 35% de álcool deve ser utilizado em baunilha pura, enquanto não existe mínimo para a imitação. As manufaturas, então, utilizam o mínimo possível para reduzir os custos.

Existem três formas de baunilha:
- fava (ou vagem);
- pasta, feita de calda de açúcar flavorizada com extrato de baunilha, com fava de baunilha moída ou sementes das favas;
- purê de extrato de baunilha seco (pó), em uma base de amido de milho.

MÉTODOS DE PREPARAÇÃO DE CREMES

Seja qual for a modalidade adotada, o objetivo é obter um creme sedoso em textura, substancioso e com uma variedade de sabores. Há quatro métodos principais: cozimento no vapor (banho-maria), assar, cozinhar (revolvendo o calor) e um último que não assa nem coze, mas resfria até gelificar.

A DIFERENÇA ENTRE UM CREME COZIDO E UM CREME ASSADO

Um creme cozido tem uma consistência delicada e cremosa, sendo mexido todo o tempo durante a sua cocção, o que rompe a estrutura do gel, pois, por meio da movimentação ininterrupta, as partículas coaguladas são quebradas fisicamente. Já o creme assado apresenta uma textura firme, e deve ser assado sem agitação ou interrupção do gel, pois assim obtém característica limpa e consistente.

COZIMENTO NO VAPOR: BANHO-MARIA

Assar, cozinhar ou mesmo aquecer alimentos pelo método de cocção por vapor consiste em colocar o molde ou fôrma resistente ao calor (por exemplo, ramequins) em uma outra fôrma, que deve ser preenchida com água (banho--maria) suficiente para produzir vapor, cozinhando a mistura devagar e sob temperatura moderada. Isso pode ser logrado tanto indiretamente (forno) como diretamente (fogão). Algumas misturas podem começar no fogo direto e terminar em banho-maria, como um crème brûlée, numa combinação de métodos de cocção.

Os franceses chamaram este método de *au bain-marie*. A origem desse nome, para alguns, é uma homenagem à Virgem Maria, símbolo da delicadeza e pureza, por ser uma cocção gentil e delicada; para outros, é por ter sido inventado por Maria Hebraea, alquimista do século III a.C.

A água deve envolver toda a preparação, para uma cocção delicada e prolongada; ela suporta bastante calor e absorve energia sem mudanças drásticas de temperatura, atuando como uma barreira isolante, não permitindo que a temperatura vá além do ponto de ebulição (100 °C), mesmo que o forno esteja em 177 °C, por exemplo.

AO FORNO: OS ASSADOS

São vários os tipos de cremes assados, sendo os principais as tortas, assadas em fogo indireto (forno), mas sem vapor. Misturas mais leves contêm leite em vez de creme de leite, ou ovos inteiros em vez de gemas. O creme que ficará na forma para ser servido não necessita da ação extra da gema ou de mais gordura (creme de leite) para auxiliar a espessá-lo.

O ponto de cocção exato pode, para os mais treinados *chefs*, ainda ser ponto de dúvida, mas, em geral, é quando o centro se apresenta levemente suave, porém não líquido. Lembre-se de que quando a preparação é retirada do forno, o calor continua a agir por mais alguns minutos. Assar demais pode causar quebra de coagulação; assar de menos pode resultar em um creme espessado, mas não completamente assado.

COZIDOS: REVOLVENDO O CALOR

Os cremes cozidos são as preparações mais simples e rápidas; a mistura vai para o fogo direto e é revolvida, ou mexida, vigorosamente até que espesse. Um bom exemplo são aquelas misturas vendidas em caixinhas, em que basta adicionar líquido e aquecer até espessar; essas misturas nunca ficam tão espessas quanto as misturas assadas, pois, ao revolvê-las intensamente, quebra-se a formação da gelatinização, primariamente dos ovos, interrompendo o processo de estabilização.

A maioria das preparações feitas em fogo direto destina-se à elaboração de molhos ou pré-preparações, como a massa de sorvete (estilo francês), baseada em um creme inglês. Para esses cremes, uma das maneiras de se avaliar o nível de cocção é introduzir uma colher, erguê-la e observar a formação de uma película superfina, o que ocorre a temperaturas de 10 a 15 °C abaixo da temperatura de ebulição da água. As misturas preparadas sob esse método de cocção não devem ser fervidas. O produto final deve ser macio e espesso, mas não duro, pois ainda vai endurecer sob refrigeração.

EFEITOS DA COCÇÃO EM ALTAS TEMPERATURAS

Um dos efeitos das altas temperaturas é a sinérese, que ocorre quando o líquido migra para fora da cadeia de gel. No caso de um creme, o gel encolhe, normalmente por causa do excesso de cocção ou de temperatura, quando as proteínas se superaquecem e explodem. Se misturas à base de ovos, como pudins ou molhos, são cozidas muito rápido, a proteína se torna supercoagulada e se separa, expulsando o líquido da mistura.

A temperatura muito alta faz a proteína se tornar supercoagulada; quando ocorre em cremes assados ou cozidos, a estrutura gelatinosa acaba se retraindo ou o líquido é expelido da mistura por meio de túneis. Produtos assados podem apresentar a superfície com furinhos, afundamento e certo grau de caramelização ou dourado. Caso o creme entre em ebulição, buracos de ar se desenvolverão pela formação de vapor dentro da mistura.

O aumento da taxa de açúcar afeta o tempo de cocção de um creme; misturas à base de ovos e açúcar requerem uma temperatura maior para a coagulação, pois o açúcar dilui a proteína e interfere na coagulação. Quanto mais açúcar é adicionado, maior a temperatura de coagulação; portanto, o tempo de cocção será mais longo.

QUEBRA DAS EMULSÕES

SATURAÇÃO

A emulsificação pode se romper quando uma mistura emulsificada se torna saturada. Por exemplo, na elaboração de um molho maionese ou hollandaise, a proporção correta para a emulsão, que conta com gemas como emulsificante, é de um ovo grande para cada 180 gramas de óleo ou manteiga derretida. Se adicionarmos 200 gramas de óleo, a gema se tornará saturada, ou completamente lotada para dispersar mais óleo. A adição de um ácido na forma de suco de limão ou vinagre pode auxiliar o emulsificante a reter mais líquido e, por conseguinte, aumentar o ponto de saturação da mistura.

TEMPERATURA

Abusar da exposição à temperatura é a maior causa da quebra de emulsificação em uma preparação. Especialmente quando o emulsificante é uma proteína ou parte de um sistema, quando superaquecido sofrerá desnaturação. Proteínas são moléculas relativamente grandes que existem em seu estado natural dobradas em certa configuração. Quando exposta a calor, acidez ou agitação, a proteína tende a se desdobrar (mudança em forma), processo conhecido como desnaturação, expondo diferentes partes da molécula que muda suas propriedades químicas.

AGITAÇÃO

Bater um creme de leite a ponto firme é outro exemplo de uma emulsão de gordura em água. Quando agitadas ao extremo, as moléculas de gordura se separam da solução. Já a manteiga e a margarina são exemplos de emulsão de água em gordura e, se expostas ao calor excessivo, se separarão. Chocolate é uma emulsão estabilizada em parte pela temperatura a que é mantida; ao derreter o chocolate, as regras devem ser respeitadas, ou também se separará a emulsão.

FALHAS EM PUDINS E CREMES ASSADOS

As principais falhas que ocorrem em cremes assados se devem ao procedimento de cocção, geralmente como resultado de um controle relapso de temperatura. Caso um creme assado esteja muito quente, a mistura se aproximará ou chegará ao ponto de ebulição, causando bolhas que serão incorporadas dentro dela. Para prevenir efeitos indesejáveis e alterações substanciais em textura, aplique a técnica de banho-maria (cozimento em água quente) e não permita que a preparação exceda 85 °C, temperatura na qual a mistura à base de ovos se coagula. Quando se excede essa temperatura, o creme vai coalhar e se tornar aquoso, pois a umidade se separará da proteína espessada. Vale ressaltar que as misturas para pudins e flãs são encontradas em duas formas: cozida ou instantânea, o que indica se a fórmula requer pré-gelatinização ou a cocção de um espessante à base de amido.

Outros problemas relacionados aos cremes são:

- **COAGULAÇÃO:** as proteínas das gemas endurecem, fundem-se e acabam espremendo todo o líquido na receita. Em geral, isso ocorre porque a mistura foi aquecida demais e não foi mexida o suficiente. Lembre-se de que mexer durante a cocção auxilia a distribuir o calor de modo uniforme, não permitindo que algumas partes esquentem demais e coagulem mais rapidamente.

- **FORMAÇÃO DE CAMADA SUPERFICIAL QUANDO ESFRIA:** não retire a camada formada, pois outra aparecerá em seguida. A proteína caseína, contida no leite ou no creme, resseca quando a umidade evapora durante a cocção e forma uma camada na superfície do creme. Uma solução ao ressecamento é pincelar uma fina camada de manteiga derretida sobre toda a superfície, pois a gordura evita que a caseína perca mais umidade e resseque. Não se esqueça de cobrir o creme com um filme plástico quando ainda estiver quente, em contato direto; isso evitará o contato com o ar e a perda de mais umidade.

ASSADOS: CRÈME BRÛLÉE, PUDIM DE LEITE E POT DE CRÈME

CRÈME BRÛLÉE

Irresistivelmente cremosa, sedosa e rica, a família dos cremes assados conta com o crème brûlée, o crème caramel, ou pudim de leite, e o pot de crème, menos popular, mas tão rico e delicioso quanto os outros, por tradição servido em porcelanas individuais.

Todos compartilham as mesmas técnicas de produção, cocção e resfriamento, mas, observando mais de perto, vemos que variam as proporções dos ingredientes e outros detalhes que, ainda que pareçam pequenos, corresponderão a resultados diferentes. Segue-se uma apresentação comparativa e histórica dessa família de cremes, antes das receitas.

O crème brûlée é uma preparação tipicamente francesa que combina a textura aveludada de um creme com uma cobertura de açúcar queimado, que deu origem ao seu nome – literalmente, "creme queimado". As receitas costumam usar creme de leite fresco e gemas, são assados indireta e moderadamente (banho-maria), e têm açúcar polvilhado em cima; posteriormente, o creme é queimado com um maçarico de cozinha ou em salamandra.

Várias nações disputam a origem do crème brûlée, entre elas, a Espanha, onde o chamam de crema catalana, e a Inglaterra, onde no século XVII se fazia um creme caramelizado na parte de cima. Aparentemente, apenas no século XIX o termo francês entrou na moda e permaneceu como sinônimo dessa sobremesa até os dias atuais.

O creme brûlée é uma mistura elaborada a partir dos ingredientes básicos (gemas, açúcar, leite ou creme de leite e açúcar queimado) mais um flavorizante, comumente uma fava de baunilha. A mistura é decantada em moldes individuais e assada em banho-maria até ficar firme. Deve ser resfriado até a hora de servir, quando levará uma camada de açúcar turbinado queimado (*brûlée*), com maçarico ou salamandra. Algumas de suas características marcantes são:

- camada (ou cobertura) dourada e crocante, levemente amarga, formada pela queima de uma fina camada de açúcar, preferencialmente turbinado ou demerara;
- serve-se frio para contrastar com a camada caramelizada quente;
- textura cremosa ou sedosa devido à quantidade equilibrada de gema e açúcar; esse último com a função complementar de flavorizante.

TABELA 15. SUGESTÃO DE ANÁLISE DE QUALIDADE DO CRÈME BRÛLÉE

CARACTERÍSTICA	NOTA 1	NOTA 2	NOTA 3	MÉDIA
BASE	Textura cremosa e firme	Textura cremosa, mas não completamente firme	Textura supercoagulada ou não coagulada	
CROSTA	Coloração uniforme e dourada, camada crocante presente	Coloração com algumas manchas, camada crocante presente	Sem coloração, sem formação de crosta crocante	
APRESENTAÇÃO	Excelente apelo visual, item decorativo de qualidade	Apresentação muito distrativa, item decorativo de apelo básico	Apresentação não trabalhada, sem decoração	
SABOR	Sabor excelente	Sabor bom	Produto de sabor insípido	
NOTA FINAL				

Crème brûlée de baunilha
TRADICIONAL

INGREDIENTES		
750	g	creme de leite fresco
120	g	açúcar mascavo
2	un.	favas de baunilha
120	g	açúcar
8	un.	gemas
1	pitada	sal

PROCESSO

Ferva o creme de leite, o açúcar mascavo e as favas de baunilha.

Em uma tigela, misture o açúcar, as gemas e a pitada de sal. Tempere as gemas com o líquido fervente. Coe.

Despeje sobre ramequins e faça um banho-maria. Despeje água quente até que atinja a metade do banho-maria.

Asse a 150 °C até firmar, quando um termômetro marcar uma temperatura interna entre 77-79 °C, ou de 35 a 40 minutos.

Queime com a ajuda de um maçarico ou em salamandra, espalhando uma camada de açúcar turbinado.

[Crème brûlée Napoleon]

Crème brûlée Biltmore

Pode ser servido sozinho ou como centro em outras preparações, como um mil-folhas ou uma tartlet.

INGREDIENTES			PROCESSO
2	un.	gelatina em folhas	Hidrate as folhas de gelatina com água gelada por 15 minutos. Esprema e separe 16 gramas.
1	xíc.	água gelada	
500	g	creme de leite fresco	Ferva o creme de leite, o açúcar e as favas de baunilha.
120	g	açúcar	
2	un.	favas de baunilha	
7	un.	gemas	Em uma tigela, bata as gemas com o sal. Tempere-as com o líquido fervente.
1	pitada	sal	

Adicione a gelatina e misture bem. Coe.

Despeje sobre uma assadeira e faça um banho-maria; despeje água quente até que atinja a metade do banho-maria.

Asse a 150 °C até firmar, quando um termômetro marcar uma temperatura interna entre 170-175 °C, ou de 20 minutos a 25 minutos. Resfrie e então congele.

Corte no tamanho desejado e sirva como um Napoleon, entre camadas de massa filo, ou em tortas para petit-four.

Crème brûlée de caramelo e fleur de sel
EM FLEXIMOLDES

O crème brûlée pode ser preparado tanto como um creme inglês flavorizado – com a textura incrementada com gelatina para ser utilizado como recheio em tortas finas – quanto congelado em fleximoldes (moldes de silicone) e utilizado para compor uma preparação.

INGREDIENTES			PROCESSO
80	g	açúcar	Hidrate as folhas de gelatina com água fria por 15 minutos.
210	g	leite	
210	g	creme de leite fresco	
120	g	gemas	Aqueça o açúcar até que caramelize; esfrie com o leite e, então, com o creme de leite quente; despeje sobre as gemas, mexendo rapidamente, temperando.
50	g	açúcar	
4	g	gelatina em folhas	
1	xíc.	água gelada	
2	g	fleur de sel	

Coe e retorne à cocção por alguns minutos em fogo brando, mexendo ininterruptamente até que o creme comece a espessar.

Adicione a gelatina espremida e coe novamente; adicione fleur de sel.

Deposite sobre um banho de gelo e resfrie. Despeje sobre o molde e congele.

Siga as instruções para a montagem da sobremesa ou da torta.

RECEITAS

Crème brûlée de café
MÉTODO POR INFUSÕES

A infusão é um processo no qual uma substância com poder flavorizante é introduzida em uma mistura, em extrato ou na quantidade do sabor/perfume que se deseja incorporar. Técnica milenar muito utilizada na confeitaria, a infusão pode ser aplicada a quase todas as preparações, não requerendo mudanças radicais na manipulação do alimento. Cremes, em geral, principalmente o crème brûlée e o pot de crème, podem ser flavorizados diretamente por extratos ou infusões de grãos de café e ervas frescas (manjericão, menta), bem como de flor de lavanda, pau de canela, fava de baunilha, raspas de frutas cítricas, chás.

INGREDIENTES			PROCESSO
100	g	açúcar	Hidrate as folhas de gelatina com água gelada por 15 minutos.
7	un.	gemas	
200	g	leite	**INFUSÃO**
200	g	creme de leite fresco	Ferva o leite, o creme de leite e os grãos de café levemente triturados, para que liberem seu óleo. Deixe infundir por 15 minutos (quanto mais tempo, mais sabor).
2	col. sopa	café, grãos	
4	g	gelatina em folhas	
1	xíc.	água gelada	
250	g	creme de leite, batido	Ferva novamente a mistura, coe sobre as gemas batidas com o açúcar e misture bem. Cozinhe por alguns minutos, em fogo brando, mexendo ininterruptamente, até que o creme comece a espessar, ou até que a temperatura atinja 85 °C.
			Adicione a gelatina espremida e coe novamente. Deposite sobre um banho de gelo e resfrie.
			Bata o creme a ponto médio; quando a mistura de café ficar à temperatura ambiente, introduza o creme delicadamente.
			Disponha sobre o molde com uma manga com bico liso e congele. Proceda, então, segundo as instruções para a montagem da sobremesa ou torta.

Crème brûlée de ricota

INGREDIENTES			
350	g	cream cheese	
170	g	ricota	
120	g	açúcar	
2	un.	ovos	
1	un.	clara	
1	un.	baunilha em fava	

PROCESSO

Bata o cream cheese até formar uma pasta homogênea, certificando-se de que esteja completamente cremoso e sem caroços.

Adicione a ricota e misture até obter uma pasta homogênea; adicione os demais ingredientes. Despeje sobre o molde de cerâmica e ponha em banho-maria com água quente.

Asse a 170 °C por 25 minutos, ou até firmar no centro. Não deixe levantar bolhas; caso veja que elas estão se formando, retire do forno imediatamente. Deixe esfriar e guarde na geladeira.

Para servir, distribua uma camada de açúcar e queime com maçarico ou em salamandra.

PUDIM

O pudim de leite, também chamado de crème caramel, crema caramella ou flã, é um pudim assado em banho-maria, em um ramequim forrado com caramelo. A mais leve das três preparações, utiliza leite e ovos inteiros, assim como uma porcentagem das gemas. Deve ser desenformado (por isso, em francês, é chamado de *crème inverse*) e tem uma cor caramelada, contendo uma piscina de calda de caramelo em volta. As claras deixam o pudim firme o suficiente para que ele mantenha sua modelagem original.

Destacamos que esse pudim cozinha mais depressa por causa da presença da albumina, ou claras de ovo, proteínas que coagulam a temperaturas mais baixas que as das gemas.

Pudim de leite
CRÈME CARAMEL | FLÃ

Este é um dos mais conhecidos produtos da seção que conhecemos na *pâtisserie* francesa como crèmes renversées, ou cremes invertidos, elaborados em moldes forrados com caramelo e depois invertidos.

INGREDIENTES			PROCESSO
PUDIM			Bata todos os ingredientes do pudim; coe e reserve.
1.000 g		leite	
240 g		açúcar	Faça a calda de caramelo fervendo a água, o suco de limão, a glicose e o açúcar até caramelizarem. Cubra o fundo e as laterais das fôrmas e despeje o líquido do pudim.
8	un.	ovos	
1	pitada	sal	
1	col. chá	baunilha	
CARAMELO			
½	xíc.	água	Asse em banho-maria com água quente, em forno a 150 °C, por cerca de 40 minutos, dependendo do tamanho. O creme deve ficar completamente firme ao toque. Deixe esfriar e desenforme. Sirva gelado.
½	col. chá	suco de limão	
4	col. sopa	glicose de milho	
2	xíc.	açúcar	

[Pudim de leite]

Pudim de gabinete

INGREDIENTES		
1.000 g		leite
250 g		leite condensado
220 g		ovos
½	col. chá	extrato de baunilha
150 g		açúcar
400 g		sobras de bolo

PROCESSO

Bata o leite, o leite condensado, os ovos, o extrato de baunilha e o açúcar.

Caramelize a fôrma e esfarele as sobras de bolo. Pode-se também forrar a fôrma com frutas, como pêssego, cereja, abacaxi ou ameixa em calda.

Despeje o líquido na fôrma e asse em banho-maria a 150 °C por cerca de 40 minutos, ou até firmar. Desenforme depois de frio.

Pudim de padaria
TORTA SUÍÇA

INGREDIENTES		
100 g		gemas
200 g		açúcar
125 g		farinha de trigo
500 g		leite
80 g		coco ou queijo ralado

PROCESSO

Misture as gemas com o açúcar e a farinha de trigo; verta sobre o leite e o coco ou queijo ralado. Misture bem; assegure-se de que a mistura fique lisa e coesa.

Pode-se adicionar uvas-passas embebidas em rum, tâmaras picadas, frutas cristalizadas, cerejas, etc.

Despeje o líquido em fôrma untada e caramelizada. Asse em banho-maria a 150 °C por cerca de 40 minutos, dependendo do forno e do tamanho da peça.

Pudim de coco

INGREDIENTES			PROCESSO
750	g	leite	Bata tudo no liquidificador e despeje em uma fôrma untada e caramelizada.
1.000 g		leite condensado	
3	vidros	leite de coco	
150	g	coco ralado	Asse em banho-maria a 180 °C por cerca de 30 minutos.
360	g	ovos	
			Para obter uma divisão entre a camada de pudim e a de coco ralado, não adicione o coco antes de bater no liquidificador; incorpore-o delicadamente à preparação pouco antes de despejá-la no molde.

Pudim de tapioca

INGREDIENTES			PROCESSO
1	xíc.	tapioca, pérolas	Hidrate a tapioca perolada (não a instantânea).
3	xíc.	água fria	
1.000 g		leite, escaldado	Coloque para cozinhar a tapioca drenada, o leite escaldado ainda morno, em fogo moderado, até ficar macio.
4	un.	gemas	
½	col. chá	sal	
½	xíc.	açúcar	Bata as gemas com o sal, o açúcar e a baunilha; misture bem.
1	col. chá	baunilha	
			Coloque em banho-maria e cozinhe até espessar, mexendo sempre, por cerca de 10 minutos.
			Despeje em tigelas e sirva à temperatura ambiente.
			Se desejar, substitua a metade do leite comum por leite de coco. Adicione fitas de coco.

APLICAÇÃO 2. CREMES, PUDINS, FLÃS, CHEESECAKES, QUICHES E CLÁSSICOS ASSADOS

Pudim de caqui

INGREDIENTES

3	un.	ovos
2	xíc.	açúcar
100	g	manteiga derretida
1	col. sopa	extrato de baunilha
1	xíc.	leite
1	xíc.	creme de leite fresco
1 ½	xíc.	farinha de trigo
1	col. chá	bicarbonato de sódio
1	col. chá	fermento químico
1	col. chá	gengibre em pó
1	col. chá	canela em pó
½	col. chá	noz-moscada
1	col. chá	sal
2	xíc.	purê de caqui

PROCESSO

Bata os ovos com o açúcar até branquearem.

Adicione a manteiga derretida e a baunilha.

Misture o creme de leite com o leite.

Peneire os ingredientes secos e adicione-os à mistura de ovos, intercalando com os líquidos; comece e termine com os secos.

Adicione o purê de caqui. A massa ficará bem firme.

Despeje em fôrma untada e asse a 180 °C por 40 minutos, ou até ficar firme.

Sirva morno.

PUDIM DE PÃO

Pão, leite (ou creme de leite), açúcar, ovos e flavorizantes: esses ingredientes comuns, presentes em qualquer cozinha doméstica, quando manipulados de maneiras diferentes oferecem resultados diferentes, que variam desde um creme assado com fatias de pão francês a uma preparação mais leve, a qual pode se transformar em um elegante componente de um lindo prato de sobremesa.

Em geral, não há regras para fazer pudim de pão, mas o resultado deve apresentar uma coloração caramelizada na superfície, elaborada por pedaços de pão não muito doces, enquanto uma parte do pão é deixada de molho, para que se dissolva e ofereça uma textura mais mastigável à preparação.

O ingrediente flavorizante que caracteriza um pudim de pão é o próprio pão e não existe um tipo correto. Um pão branco e denso do tipo pullman faz um pudim igualmente denso, a ser comido em pedaços. A escolha do pão é pessoal, porém é recomendável o tipo de brioche fresco, cortado em fatias e em cubos, que deixo levedar de novo, para fazer um pudim leve e cremoso.

A mistura do creme deve ser rica e sedosa, em vez de fina e carregada em ovos. O molde pode ser individual, como ramequins de cerâmica, ou uma fôrma comum de alumínio. A cocção pode ser direta ou em banho-maria, o que gera significativas diferenças na textura.

Assim como outros cremes e preparações afins, o pudim de pão normalmente está cozido quando infla e cresce na fôrma. Cheque a temperatura interna, ou insira uma ponta de faca ou um palito no centro, que deve voltar com alguma umidade – não deixe secar completamente.

Pudim de pão

INGREDIENTES

50	g	manteiga
300	g	brioche, em fatias finas
250	g	açúcar
500	g	ovos
1.250	g	leite
1	pitada	sal
1	col. sopa	extrato de baunilha

VARIAÇÕES

100	g	uísque ou
200	g	frutas frescas ou secas, picadas

PROCESSO

Passe a manteiga nas fatias de brioche generosamente. Coloque em uma assadeira grande e leve ao forno por 7 minutos, para tostar levemente.

Enquanto isso, misture todos os outros ingredientes para o creme. Despeje o creme sobre o brioche ainda quente e deixe que descanse em geladeira por 1 hora ou mais, para que o pão possa absorver bem o líquido.

Prepare um banho-maria com água quente e asse a 150 °C por cerca de 50 minutos ou até que o centro fique limpo e firme.

Se for acrescentar uísque, adicione-o na mistura líquida. As frutas devem ser espalhadas sobre o pão, antes de se despejar o líquido.

[Pudim de pão]

ARROZ-DOCE

O arroz tem em torno de 700 variedades e é originário da Indochina. Quando colhido, o grão do arroz é amarronzado; quando polido, torna-se branco. O arroz pode ser classificado segundo várias características; a maneira mais simples é pelo tamanho: curto, médio ou longo. O arroz curto é servido em restaurantes asiáticos, ideal para sushi, paella, pudins ou risoto (o arbório é uma variedade italiana utilizada para a elaboração do risoto). As espécies longas são mais utilizadas no Ocidente, têm menos amido e ficam mais fofas e leves quando cozidas. O arroz de grão médio é mais raro e mais similar ao arroz curto em termos de propriedades de cocção. Em termos nutricionais, os tipos de arroz, seja qual for o tamanho do grão, não apresentam diferenças significativas entre si.

- GRÃOS LONGOS: medem de 75 mm a 1 cm quando cozidos; os grãos se separam e são leves. O basmati (do sopé das montanhas do Himalaia, popular na Índia, aromático e ideal para ser servido sozinho) e o jasmine (da Tailândia, mais barato que o basmati, com aroma floral), por exemplo, absorvem até metade de seu peso em água durante a cocção.
- GRÃOS MÉDIOS: grãos menores; depois de cozidos, ficam bem macios, úmidos e se agrupam facilmente. Absorvem até quatro ou cinco vezes seu peso em líquido e são os favoritos nas produções de paella e risoto.
- GRÃOS CURTOS: mais arredondados; quando cozidos, são úmidos e pegajosos; são encontrados na cor branca ou preta. Essa variedade é utilizada na preparação de sushi e também usualmente é o arroz fermentado para a elaboração do saquê. O arroz chinês (mochi) glutinoso, ao contrário do que sugere o nome, não contém glúten, mas é um grão bem pequeno e grudento, utilizado vastamente na cozinha asiática, inclusive em sobremesas.

O arroz é composto basicamente de amido e, como a tapioca, o amido de milho, a araruta e o amido de trigo, contém amilopectina e amilose.

A proporção entre esses dois elementos é o que mais determina sua capacidade de coesão e qualidade espessante.

A amilose, que produz um arroz mais solto, ocorre em maior proporção no arroz de grão longo; inversamente, a amilopectina é predominante no arroz de grão curto. A amilopectina aumenta a capacidade de absorção de água do amido – os grãos curtos absorvem até três vezes mais líquido do que os grãos longos e, portanto, são mais soltos. Essa coesividade também é definida por outras características, incluindo o teor de proteína, que depende da variedade do grão e de sua proveniência geográfica: um grão com maior quantidade de proteína geralmente produz um arroz mais firme, mais solto.

DICAS DE PREPARO DO ARROZ PARA USO EM DOCES

- Lave o arroz, escorra a água e cubra o arroz com água fresca, aproximadamente três vezes em volume.
- Em fogo brando, leve a mistura à ebulição por 5 minutos. Remova do fogo, drene a água e cubra o arroz com leite, na proporção de 1.000 gramas de leite para 200 gramas de arroz, dependendo da receita. Retorne a mistura ao fogo brando ou ao forno para terminar a cocção. Ao se tornar mais macio, o arroz deverá ser mexido cuidadosamente para não romper muito de seu amido.
- A opção de terminar a cocção ao forno, além de economizar tempo, também evita o desprendimento excessivo de amido que ocorre com a movimentação do arroz. Nesse caso, cubra a tigela e cozinhe em forno médio a 160 °C até o ponto desejado.
- Não cozinhe o arroz em demasia; remova-o assim que o grão se partir facilmente quando pressionado entre seus dedos.
- Caso opte pela adição de ingredientes flavorizantes ou enriquecedores, faça-o de maneira delicada; ovos e gelatina devem ser adicionados ao arroz bem quente, para provocar sua coagulação/derretimento.

RECEITAS

Arroz-doce asiático

INGREDIENTES

2	xíc.	água
1	xíc.	leite de coco
2	xíc.	leite
1	pitada	sal
½	xíc.	arroz
½	xíc.	açúcar
1	un.	canela em pau
2	col. sopa	manteiga
1	col. sopa	baunilha

ARROZ CONDE

200	g	arroz cozido
500	g	leite
4	un.	gemas
120	g	açúcar
1	col. sopa	baunilha

ARROZ IMPERATRIZ

200	g	arroz cozido
1	receita	creme conde
1	col. sopa	gelatina hidratada
100	g	frutas cristalizadas
250	g	creme de leite fresco, batido

PROCESSO

Aqueça a água, o leite de coco, o leite, o sal e o arroz até a fervura; abaixe o fogo e cozinhe em fogo bem brando, mexendo sempre, até ¾ da cocção.

Adicione o açúcar e a canela e termine a cocção. Caso o arroz tenha absorvido todo o líquido, adicione ½ xícara de leite morno. Adicione a manteiga e a baunilha.

Sirva com o zabaione de coco.

ARROZ CONDE

Após cozer o arroz como indicado, meça 200 gramas de arroz.

Ferva o leite e tempere sobre as gemas batidas com o açúcar e a baunilha. Despeje sobre o arroz ainda quente.

Unte o molde com um pouco de manteiga e nele disponha o arroz.

Refrigere, retire do molde e sirva com uma salada de frutas vermelhas.

ARROZ IMPERATRIZ

Após cozer o arroz, meça 200 gramas. Na mistura cremosa do arroz conde, adicione a gelatina (hidratada em água fria), mexendo bem – certifique-se de que a mistura está quente o suficiente para ativar a gelatina.

Acrescente as frutas cristalizadas; deixe esfriar e acrescente o creme de leite batido em ponto médio.

CREMA CATALANA

A crema catalana é cozida sobre a chama aberta ao invés do tradicional banho-maria utilizado para o crème brûlée. Ela ainda conta com a presença de um carboidrato espessante, usualmente o amido de milho, para adquirir sua consistência de pudim. Esta sobremesa espanhola é mais leve do que a sua similar francesa, pois a proporção de gemas e leite é menor. Outra diferença está no agente flavorizante, pois normalmente é utilizada a canela em pau e uma raspa cítrica (limão ou laranja).

Crema catalana

INGREDIENTES			PROCESSO
750	g	leite	Ferva o leite, a baunilha em fava, a canela em pau e as raspas de laranja e deixe em infusão por 15 minutos. Coe a mistura e acrescente o creme de leite à fervura.
1	un.	baunilha em fava	
1	un.	canela em pau	
10	g	raspas de laranja	
250	g	creme de leite fresco	
8	un.	gemas	Misture as gemas, o amido de milho e o açúcar e tempere com o líquido fervente. Retorne à cocção até que borbulhe ou até que o amido esteja cozido.
40	g	amido de milho	
160	g	açúcar	
½	xíc.	açúcar queimado	Despeje sobre um ramequim e refrigere por 4 horas. Adicione uma camada fina de açúcar e queime com um maçarico.

[Crema catalana]

POT DE CRÈME

O pot de crème contém partes iguais de creme de leite fresco, leite, açúcar e gemas, sendo mais encorpado, com textura perfeita para ser degustado a colheradas, diretamente de uma porcelana sofisticada.

Na verdade, o que diferencia um pot de crème dos outros cremes deveria ser o próprio recipiente em que é servido: tipicamente uma porcelana com capacidade para 100 gramas de creme, dotada de alças finas e tampa, normalmente adornada com o desenho de um pássaro, uma fruta ou um pedaço de fruta. Os designs variam de simples a extraornamentados, do puro branco às estampas florais. No século XVIII, quando essa tradição surgiu na França, esses recipientes eram chamados de pots à jus, nos quais um caldo quente era servido: a porcelana mantinha o caldo quente e a alça auxiliava o comensal a consumir diretamente do pote.

Seu emprego na apresentação de sobremesa atende ao serviço de cremes que não eram firmes o suficiente para serem desenformados e servidos em pratos comuns, como um flã. A tampa evitava que uma pele se formasse em cima do doce. Assim, no século XIX começou a ser utilizado um potinho para serviço de sobremesa, o *pot à crème*. No início do século XX eles eram brancos, bem simples, com apenas um filete dourado, e foram produzidos por fabricantes de porcelana por toda a Europa, incluindo Dresden e Limoges. Cada país os adaptou de um jeito: dizem que os ingleses acrescentaram as tampas, e os franceses, os pires. Alguns tinham uma alça, outros tinham duas e alguns não tinham alça nenhuma.

Pot de crème

INGREDIENTES

250	g	leite
250	g	creme de leite fresco
5	un.	gemas
½	col. chá	sal
90	g	açúcar
130	g	chocolate branco

PROCESSO

Ferva o leite e o creme de leite. Misture as gemas, o sal e o açúcar, e tempere com o líquido fervente; adicione o chocolate branco picado finamente e misture bem, até que esteja completamente derretido. Passe por um chinoise. Refrigere ou distribua em potinhos de porcelana.

Despeje a mistura a ¼ do topo em potinhos. Coloque água quente que alcance até pelo menos a metade do potinho. Envolva com plástico três vezes.

Asse a 150 °C de 30 a 40 minutos, dependendo do tamanho do recipiente, do forno e da qualidade da mistura. Coloque em banho-maria e retire quando estiver completamente frio. Mantenha refrigerado até servir. Melhor se consumido em até três dias.

VARIAÇÕES DE SABOR

CHOCOLATE MEIO AMARGO: adicione 130 gramas de chocolate meio amargo.

CAFÉ: adicione 55 gramas de grãos de café triturados e 1 colher de chá de extrato de café, deixados em infusão por 30 minutos antes de usar e coados em filtro de papel para café.

CARAMELO: adicione caramelo (100 gramas de açúcar com 50 gramas de creme de leite).

CHÁ: adicione 55 gramas de chá ao líquido fervido e deixe em infusão por 30 minutos. Coe em filtro de papel para café.

PISTACHE: adicione 30 gramas de pasta de pistache.

ABÓBORA: adicione 150 gramas de purê de abóbora mais 1 colher de chá de canela e ¼ colher de chá de noz-moscada.

LAVANDA: faça uma infusão com 1 colher de chá de raspas de laranja e 1 colher de chá de lavanda, por 30 minutos. Coe e retorne o líquido à fervura. Despeje sobre as gemas e prossiga com o método básico.

TEMPERAR: UMA TÉCNICA IMPORTANTE NA CONFEITARIA

Esta técnica serve para misturar ovos crus a um líquido fervente. Temperar gradualmente iguala a temperatura das duas misturas, ou seja, aumenta gentilmente a temperatura do ovo sem coagulá-lo; em outras palavras, evita que o ovo coagule e que o leite coalhe, ou azede.

O aquecimento cuidadoso é também importante durante a preparação das misturas. A maioria delas é feita a partir do escaldamento do leite ou do creme de leite – aquecendo rapidamente até a ebulição – e então adicionando-o, sem parar de mexer, à mistura de ovos com açúcar. Essa técnica aquece os ovos de maneira delicada, porém rápida, até que chegue a 60-66 °C, apenas vinte ou trinta graus abaixo da temperatura de coagulação completa, cerca de 80 °C. A adição de açúcar diminui o tempo e a temperatura de coagulação.

Fique atento para o momento correto de adicionar o açúcar aos ovos, pois, se colocá-lo diretamente e parar de mexer até que o líquido ferva, as cadeias de moléculas das gemas se aquecerão, podendo se aglutinar em pequenos caroços que prejudicam o processo. Adicione o açúcar às gemas ou aos ovos pouco antes de temperá-las com o líquido fervente, mexendo bem, de maneira que o açúcar seja gradualmente incorporado às gemas ou aos ovos. Tente utilizar a maior parte do açúcar no líquido fervendo, pois muito açúcar pode causar perda de coagulação.

O termo "temperar" também pode significar exatamente o contrário, ou seja, em vez de "adicionar um ingrediente quente a um ingrediente frio", trata-se do inverso: "adicionar um ingrediente frio a uma mistura quente", como se faz quando se tempera o chocolate, mais especificamente.

PASSO A PASSO

1. Aqueça o líquido (leite ou creme) com a metade do açúcar da receita, até a fervura completa. Certifique-se, com uma colher de pau ou pão-duro, de que sólidos do leite não se despreguem do líquido e comecem a queimar no fundo da panela.
2. Prepare os ovos em uma tigela grande (lembre-se de que vai acrescentar líquido fervendo a esse recipiente), batendo delicadamente com a outra metade do açúcar, apenas até formar uma mistura homogênea.
3. Com o auxílio de uma concha (ou outro utensílio mais confortável), adicione o líquido fervente em estágios, até que ¾ esteja misturado, e mexa freneticamente. Seja ágil para que a temperatura dos ovos suba homogeneamente.
4. Devolva a mistura à panela e revolva bem o restante do líquido. Os ovos não coagularão a esse ponto, nem o leite ou creme se coalhará, porque foram aquecidos à mesma temperatura. Cuidado: após este estágio, isso pode acontecer em um piscar de olhos. Mantenha o movimento até o final da cocção. Continue com a receita.

- NOTA: caroços meio esbranquiçados indicam que o ovo entrou em choque e se coagulou, porque estava muito frio (por isso recomenda-se misturar metade do açúcar, o que aquece os ovos), ou que a mistura foi mexida muito devagar. Se o ovo cozinhou e se separou da mistura quente, será preciso separar os ingredientes e começar novamente. Tente peneirar a mistura; o resultado depende de quanto os ovos sofreram excesso de cocção.

CREME INGLÊS

Este creme versátil, também chamado apenas de anglaise, é fino e se assemelha a um molho, podendo ser servido frio ou quente sobre bolos, frutas ou suflês. Mas são suas outras utilidades que o tornam fundamental no repertório de qualquer candidato a *chef* confeiteiro:

- bavaroise/bavarian/creme bávaro;
- entremets;
- sorvetes;
- suflês;
- mousses;
- crème brûlée.

O creme inglês tradicional é feito com leite ou creme de leite, açúcar, gemas e um flavorizante. A quantidade de cada ingrediente influencia dramaticamente a velocidade da coagulação, a textura e o sabor.

Sempre é bom repetir que os ovos respondem favoravelmente à cocção lenta, em ritmo suave, e que se firmam pouco antes de entrar na zona de cocção excessiva e consequente explosão. Por isso, quando são aquecidos depressa demais, a distância entre o ponto certo e o cozido torna-se bem pequena. Quando aquecidos devagar, começam a espessar a uma temperatura mais baixa, cozinhando gradualmente. Por isso, o banho-maria protege a borda do creme de um cozimento excessivo, enquanto o centro se firma a uma temperatura correta.

Creme inglês
CRÈME ANGLAISE

A cocção não deve exceder 85 °C, ou, para os mais avançados, até que cubra a colher sem escorrer. Faça a receita como indicado, adicione o flavorizante de sua escolha (ervas, chá, café, especiarias) logo após a fervura do leite e deixe a infusão se concentrar por pelo menos 20 minutos. Prove ajustando o sabor.

INGREDIENTES			PROCESSO
130	g	açúcar	Em uma tigela, misture o açúcar, as gemas e o sal.
7	un.	gemas	
1	pitada	sal	
470	g	leite	Ferva o leite e a fava de baunilha aberta, com as sementes retiradas.
1	un.	fava de baunilha	
			Devagar, tempere as gemas com o líquido fervente, e em seguida coe.
			Cozinhe em fogo lento, mexendo sempre, até obter o ponto *nappe* (85 °C). Coe novamente e guarde sob refrigeração.

APLICAÇÃO 2. CREMES, PUDINS, FLÃS, CHEESECAKES, QUICHES E CLÁSSICOS ASSADOS

RECEITAS

Creme de baunilha 2
CREME DE CONFEITEIRO 2 | CRÈME PÂTISSIÈRE 2

Creme-mãe da cozinha doce, o creme de confeiteiro é de fácil elaboração, ao passo que sua versatilidade e utilidade em preparações doces é enorme. Por seu conteúdo de amido de milho ou de amido espessante, os ovos serão protegidos de cocção excessiva e da consequente sinérese.

INGREDIENTES			PROCESSO
1000	g	leite	Ferva o leite, a fava de baunilha aberta e a primeira parte do açúcar.
1	un.	fava de baunilha	
165	g	açúcar	
200	g	gema	Prepare a gema, a segunda parte do açúcar, o amido de milho e uma pitada de sal; misture bem, com o auxílio de um batedor. Quando o líquido ferver, tempere a mistura de ovos, despejando a metade do líquido, mexa bem e adicione o restante do líquido.
150	g	açúcar	
90	g	amido de milho	
1	pitada	sal	
70	g	manteiga	
			Volte a mistura à panela e cozinhe em fogo brando, mexendo até que o amido esteja cozido, o que acontece após entrar em ebulição.
			Retire do fogo e adicione a manteiga. Misture completamente e coloque em um recipiente; cubra com um filme plástico tocando a superfície do creme completamente para proteger contra a formação de uma pele.
			Deixe esfriar à temperatura ambiente e conserve na geladeira. Antes de utilizá-lo, mexa novamente até que a mistura se torne cremosa e de fácil manipulação.
			FLAVORIZANTES
			Ao creme de confeiteiro básico, adicione o flavorizante de sua preferência: café (solúvel), chocolate, raspas de laranja, pasta de pistache ou de avelãs, água de flor de laranjeira, água de rosas, maracujá, manga, coco, etc.

ZABAIONE

Esse doce de origem italiana contém gemas, açúcar e vinho espumante (champanhe) ou vinho doce, como o vinsanto ou o marsala. É cozido em banho-maria e batido até virar uma espuma, e é servido sobre frutas da época, bolos, etc. O tradicional tiramisu tem como base um zabaione.

Na preparação, lida-se diretamente com a coagulação das gemas, que requerem uma temperatura mais alta que a das claras: a coagulação começa a 65 °C, mas só atinge o estágio no qual as gemas se firmam, parando de fluir, aos 70 °C. Como a gema não muda de cor enquanto se coagula, fica mais difícil perceber quando o processo se completou, por isso, trabalhe sempre com um termômetro, para uma preparação segura e técnica.

Zabaione

Mexa as gemas com o açúcar sem parar, para que o açúcar se dissolva de modo uniforme e as proteínas das gemas não se aglutinem em uma massa sólida. O zabaione deve sempre ser cozido até que ocorra a coagulação completa das gemas. Além de prevenir intoxicação alimentar, isso dá à preparação maior durabilidade e textura mais estável (estabiliza a espuma).

INGREDIENTES			PROCESSO
¾	xíc.	gema	Prepare um banho-maria. Use uma tigela que, quando encaixada na panela do banho-maria, permita que a água fervente toque o fundo.
1	xíc.	açúcar	
1	pitada	sal	
¾	xíc.	champanhe, vinsanto ou marsala	
200	g	creme de leite fresco, batido a ponto médio (opcional)	Misture as gemas com o açúcar e a pitada de sal; comece a bater até obter uma mistura coagulada e leve, ao redor de 85 °C. Adicione aos poucos o champanhe, sem parar de bater. A coagulação da gema deve ser vagarosa, para que não provoque sinérese e com isso inutilize a mistura.
			Nesse ponto, coloque gelo em outra tigela e nela deposite a mistura coagulada, mexendo até esfriar.
			O uso de um chantilly é opcional; caso opte por utilizá-lo, bata-o a ponto médio, e adicione ao zabaione mexendo de leve, só até incorporar.
			Sirva sobre frutas frescas ou utilize para a elaboração de tarte au sabayon, como recheio entre camadas de genoise.
ZABAIONE DE COCO E RUM			**ZABAIONE DE COCO E RUM**
5	un.	gemas	Siga o mesmo procedimento do zabaione básico. Adicione o Malibu e o rum após a coagulação da gema com o açúcar. Esfrie sobre gelo e adicione o leite de coco. Sirva com arroz-doce asiático.
½	xíc.	açúcar	
1	pitada	sal	
2	col. sopa	Malibu	
2	col. sopa	rum	
¼	xíc.	leite de coco	

Tiramisu

INGREDIENTES

1	receita	zabaione
200	g	creme de leite fresco, batido a ponto médio
1	pacote	biscoitos estilo champanhe

CALDA DE CAFÉ

2	xíc.	calda de açúcar simples
2	xíc.	café forte
½	xíc.	licor de café (opcional)

CREME

200	g	cream cheese
200	g	mascarpone
100	g	creme de leite fresco

PROCESSO

Prepare o zabaione como indicado na receita, com a adição do chantilly a ponto médio. Refrigere.

Faça uma calda de açúcar simples (1 xícara de água para cada xícara de açúcar), adicione o café forte e o licor.

Bata o cream cheese até ficar cremoso, adicione o mascarpone e bata por 2 minutos.

Adicione o creme de leite aos poucos, batendo para fazer um creme suave e homogêneo.

Adicione a receita de zabaione resfriada, e envolva bem.

MONTAGEM

Em uma taça, coloque os biscoitos embebidos na calda de café quente. Despeje uma porção de creme, outra de biscoito embebido e outra de creme.

Bata o chantilly em ponto firme e cubra o creme com uma camada. Peneire também uma camada de cacau em pó. Sirva frio.

[Zabaione]

FLÃ

Flã é o termo utilizado para descrever a versão portuguesa, espanhola e mexicana do tradicional crème caramel francês, normalmente elaborado com ovos inteiros, açúcar e leite; cozido em um molde com caramelo, em banho-maria, e invertido em um prato para servir. Em muitos países latinos, conhecemos o molde para flã com uma tampa; ele pode ser assado em fogo brando ou em banho-maria.

Já para os ingleses, a palavra *flan* (em francês) indica uma massa doce ou salgada, assada em fôrma própria, ou um tipo de pudim, usualmente à base dos mesmos ingredientes – ou seja, ovos e leite integral –, mais algum vegetal, como flã de aspargo, flã de batata-doce, flã de espinafre, flã de milho, etc.

Flã de chocolate

INGREDIENTES			PROCESSO
250	g	leite	Prepare um caramelo na proporção 4x1 (quantidade de açúcar 4 vezes maior do que a de água).
200	g	açúcar	
500	g	chocolate meio amargo	
800	g	creme de leite fresco	
200	g	ovo	

Ferva o leite com o açúcar; entorne sobre o chocolate picado e misture bem. Adicione o creme de leite e então os ovos.

Coe. Disponha em ramequins ou em uma fôrma caramelizada.

Deixe em banho-maria por 40 minutos ou até que firme no centro.

Refrigere, desmolde e sirva gelado.

CHEESECAKE

Há dois tipos principais de cheesecakes, o firmado por uma cocção em banho-maria (tradicional) e o firmado com gelatina, tecnicamente mais uma mousse do que um creme.

Sua história data de 200 a.C., quando o Império Romano já se deliciava com uma preparação à base de farinha, queijo, mel e ovos. No século XIII, na Inglaterra, as tortas de queijo eram extremamente populares, a massa era feita com queijo brie, creme de leite, açúcar, ovos e especiarias, e depois era assada.

O famoso pudim inglês, criado no condado de Yorkshire, era feito de queijo coalhado artesanal, ovos e limão dentro de uma crosta de torta. Essa receita sobrevive até hoje e é conhecida em todo o mundo, embora na opinião geral o cheesecake tenha surgido antes do século XVII, na Rússia ou na Polônia.

O cheesecake é basicamente um creme assado no forno em banho-maria, sensível demais para ser assado em fogo direto ou ser esfriado muito depressa, o que causaria fendas na superfície do produto.

DICAS IMPORTANTES

- **DEIXE O CREAM CHEESE FORA DA GELADEIRA** durante a noite se for preparar um cheesecake pela manhã. O cream cheese à temperatura ambiente não requer tanta manipulação, é cremoso e não forma grumos quando os outros ingredientes são acrescentados.
- **NÃO BATA A MISTURA EM ALTA VELOCIDADE**, mas com a pá da batedeira (não com o globo); misture na primeira velocidade até ficar completamente cremosa e então adicione o açúcar e misture por mais 2 minutos; prossiga com os demais ingredientes.
- **A CROSTA:** como os biscoitos já estão assados, não é preciso assá-la, porém isso contribuiu para o corte do produto final, que, quando compactado, se apresenta mais fácil de fatiar. Assando ou não, compacte bem a crosta.
- **A COCÇÃO:** um banho-maria iniciado com água fervente ou fervilhante proporciona um resultado mais cremoso. Não retire o cheesecake da água ao terminar a cocção, deixe-o lá até que esfrie naturalmente, pois o choque térmico também pode provocar rachaduras indesejáveis na superfície da torta.

[Cheesecake]

RECEITAS

New York cheesecake

INGREDIENTES

CROSTA
2	xíc.	biscoito maria
¼	xíc.	manteiga derretida

CHEESECAKE
600	g	cream cheese, temp. ambiente
180	g	açúcar
½	col. chá	sal
1	col. sopa	farinha de trigo
5	un.	ovos
2	un.	gemas
1	col. sopa	extrato de baunilha
125	g	creme de leite azedo (sour cream)

PROCESSO

Em um processador, misture os biscoitos com a manteiga derretida, até formar uma farofa fina e úmida. Unte a forma, forre com papel-manteiga e distribua a farofa resultante uniformemente. Asse a 150 °C por 8 minutos. Congele por 15 minutos antes de despejar o cheesecake.

Bata o cream cheese por 10 minutos, limpando a tigela de duas a três vezes.

Adicione o açúcar, o sal e a farinha de trigo, misture bem.

Em uma tigela, bata os ovos, as gemas e o extrato de baunilha e adicione ao creme em três estágios, em velocidade baixa, batendo até ficar completamente cremoso. Acrescente o creme de leite azedo e misture até ficar homogêneo.

Coloque em forma de aro removível, untada e forrada com papel-manteiga, mais uma camada fina de crosta de biscoito. É opcional cobrir as laterais com crosta.

Prepare um banho-maria, com água fervente. Asse a 140 °C por 1 hora ou até ficar levemente inflado no centro, firme mas sem borbulhar. Retire do forno e deixe esfriar no próprio banho-maria, até que atinja temperatura ambiente. Refrigere antes de retirar do molde. Sirva gelado com frutas frescas.

Oreo cheesecake

INGREDIENTES			PROCESSO
CROSTA			**CROSTA**
2	xíc.	biscoito maria	Misture todos os ingredientes, mas não toda a manteiga, pois ela dará o ponto da crosta (que não deve ficar muito oleosa).
1	xíc.	biscoito Oreo, em pedaços	
¼	xíc.	manteiga derretida	

Em uma fôrma já untada e com papel-manteiga, disponha uma outra camada de crosta de biscoito e congele até o momento de usar.

Despeje a mistura de cheesecake e asse em banho-maria a 150 °C por cerca de 1 hora.

Desligue o forno e deixe o cheesecake descansar até que fique à temperatura ambiente. Refrigere antes de desenformar.

CHEESECAKE			**CHEESECAKE**
1.100 g		cream cheese	Bata o cream cheese; adicione o açúcar, o extrato de baunilha, o sal e depois os ovos, um a um. Distribua os biscoitos quebrados na extensão de toda a superfície congelada.
2	xíc.	açúcar	
1	col. sopa	extrato de baunilha	
1	col. chá	sal	
9	un.	ovos	
1	xíc.	biscoito Oreo, em pedaços	

Siga as orientações para a cocção em banho-maria. Asse a 150 °C por 15 minutos. Deixe esfriar e levante o aro da forma.

Remova do forno e deixe resfriar ou congele sem tirar do molde.

Cheesecake de chocolate branco

Este cheesecake não é cozido em banho-maria, mas em porções individuais.

INGREDIENTES

CROSTA

2	xíc.	biscoito maria
¼	xíc.	manteiga derretida
50	g	manteiga de cacau, derretida

600	g	cream cheese
1	pitada	sal
300	g	açúcar
60	g	farinha de trigo
240	g	chocolate branco, derretido
4	un.	ovos
1	col. sopa	extrato de baunilha
550	g	creme de leite azedo (sour cream)

PROCESSO

CROSTA

Em um processador, misture os ingredientes até obter uma farofa úmida. Despeje sobre o aro untado, compactando bem. Asse a 150 °C por 7 minutos.

Mexa o cream cheese por 15 minutos. Adicione o sal e o açúcar, até a mistura ficar cremosa e sem grumos. Adicione a farinha de trigo e misture bem.

Derreta o chocolate branco. Adicione cerca de 1 xícara da mistura do cream cheese, temperando.

Misture os ovos um a um, em seguida o extrato de baunilha e o creme de leite azedo. Certifique-se de não deixar grumos.

Prepare 12 moldes individuais (com aros), forrando com a crosta.

Distribua cerca de 100 g do cream cheese sobre os moldes e asse a 150 °C por 25 minutos. Deixe esfriar e levante o aro.

Sirva com creme de leite batido, mais raspas de chocolate branco e frutas.

Cheesecake de chocolate e caramelo

INGREDIENTES

CROSTA
¼	xíc.	manteiga
2 ½	xíc.	biscoito Oreo, em pedaços

RECHEIO
600	g	cream cheese, temp. ambiente
¾	xíc.	açúcar
1	col. sopa	extrato de baunilha
½	col. chá	sal
100	g	chocolate, derretido
4	un.	ovos

COBERTURA
½	xíc.	caramelo, molho
½	xíc.	noz-pecã
½	xíc.	chocolate, gotas

PROCESSO

CROSTA
Derreta a manteiga. Misture o biscoito com a manteiga em um processador. Espalhe sobre um molde forrado com papel-manteiga. Compacte bem e coloque no freezer por 30 minutos.

RECHEIO
Deixe o cream cheese à temperatura ambiente por algumas horas. Misture na batedeira até obter um creme homogêneo, por cerca de 10 minutos, em primeira velocidade.

Adicione o açúcar, o extrato de baunilha e o sal. Misture o chocolate raspando a tigela ao menos duas vezes, para certificar-se de que não há grumos.

Despeje o chocolate derretido e mexa rapidamente.

Adicione os ovos um a um, somente até incorporar.

Despeje o recheio sobre a crosta e cubra com a cobertura. Asse em banho-maria a 150 °C por cerca de 1 hora. Deixe o cheesecake dentro do banho-maria até que esfrie à temperatura ambiente. Refrigere ou congele antes de desenformar.

COBERTURA
Coloque o molho de caramelo no topo; espalhe as nozes picadas e as gotas de chocolate.

Cheesecake B-52

INGREDIENTES

CROSTA
1 ½	xíc.	biscoito maria
¼	xíc.	manteiga derretida

RECHEIO
1.500 g		cream cheese
1	col. chá	sal
4 ½	xíc.	açúcar
¾	xíc.	maisena
1	col. sopa	baunilha
¾	xíc.	creme de leite fresco
8	un.	ovos
½	xíc.	Kahlúa
½	xíc.	Baileys
¼	xíc.	Grand Marnier

COBERTURA
3	xíc.	creme de leite azedo (sour cream)
¼	xíc.	açúcar
¼	xíc.	Baileys

PROCESSO

CROSTA
No processador, bata os ingredientes até obter uma farofa úmida e que se compacte quando pressionada na fôrma.

RECHEIO
Misture o cream cheese à temperatura ambiente por 15 minutos; adicione o sal, o açúcar e a maisena, misturando bem por 4 minutos.

Adicione a baunilha, o creme de leite e depois os ovos, um a um, batendo somente até que fique incorporado. Acrescente Kahlúa, Baileys e Grand Marnier.

Despeje o creme sobre a crosta e asse a 150 °C por 15 minutos. Deixe esfriar e retire o aro.

COBERTURA
Misture o creme de leite azedo com o açúcar e o Baileys. Despeje sobre o cheesecake assado ainda quente e asse por mais 15 minutos. Deixe esfriar no banho-maria e refrigere antes de retirar do molde.

Cheesecake de limão

INGREDIENTES

CROSTA

2 ½	xíc.	biscoito maisena
¼	xíc.	manteiga derretida

RECHEIO

1.000 g		cream cheese, temp. ambiente
¾	xíc.	suco de limão
1	col. sopa	baunilha
½	col. chá	sal
1 ½	xíc.	açúcar
1	col. sopa	maisena
4	un.	ovos

COBERTURA

1	xíc.	creme de leite azedo (sour cream)
¼	xíc.	açúcar
2	col. sopa	suco de limão

PROCESSO

CROSTA

No processador, bata os ingredientes até obter uma farofa úmida e que se compacte quando pressionada na fôrma.

RECHEIO

Mexa o cream cheese por 15 minutos; adicione o suco de limão, a baunilha, o sal, o açúcar e a maisena, misturando bem por 4 minutos. Adicione os ovos um a um, até incorporá-los bem à mistura.

Coloque o creme sobre a crosta e asse em banho-maria a 150 °C por 15 minutos. Deixe esfriar no banho-maria até que fique à temperatura ambiente e então retire o aro.

COBERTURA

Misture o creme de leite azedo com o açúcar e o suco de limão.

Despeje sobre o cheesecake assado ainda quente e asse por mais 15 minutos. Deixe esfriar no banho-maria e refrigere antes de retirar da fôrma.

Cheesecake de roquefort

INGREDIENTES

CROSTA

2	xíc.	farinha de rosca
1	xíc.	nozes, trituradas
100	g	manteiga derretida

RECHEIO

1.000 g		cream cheese, temp. ambiente
50	g	açúcar
8	un.	ovos
200	g	creme de leite fresco
1	col. sopa	molho tabasco
400	g	queijo roquefort

PROCESSO

CROSTA

Misture bem todos os ingredientes da crosta. Unte uma fôrma de 21 cm e forre com papel-manteiga. Distribua uma camada de farofa e compacte bem. Congele por 15 minutos.

RECHEIO

Em uma batedeira, misture bem o cream cheese e raspe a tigela algumas vezes, certificando-se de que não haja grumos. Adicione o açúcar e os ovos, um a um, e mexa até incorporá-los à mistura.

Misture o creme de leite e o molho tabasco; por último, adicione e misture delicadamente o queijo roquefort. Despeje sobre a crosta.

Asse a 150 °C em banho-maria quente, por 1 hora ou até firmar no centro.

Deixe descansar dentro do banho-maria até esfriar.

Refrigere e sirva frio.

QUICHE

O nome vem do alemão *kuchen*, que significa "bolo" ou "torta", e em francês diz-se *la quiche*, "a quiche". Originária da região da Alsácia-Lorena, tornou-se um clássico da cozinha francesa, popular em toda as partes do mundo. Quiches são tartes (tortas) abertas, recheadas com cremes elaborados a partir de ovos, leite (ou creme de leite, ou leite evaporado), caprichados no queijo, bacon, legumes e ervas. Não apresenta dificuldade em sua elaboração: o segredo está na proporção de ovos e líquido, e na textura oferecida pelos ingredientes adicionais. A quiche pode ser servida quente ou à temperatura ambiente, acompanhada de salada de folhas.

Apresentamos algumas ideias, seguidas pela famosa e clássica quiche lorraine. Seja criativo, mas lembre-se:

- Faça uma boa massa para sua crosta e sempre a pré-asse.
- O balanceamento de ovos e líquido é essencial para obter um creme sedoso e delicado. Adote um padrão e experimente pequenas variações a partir desse parâmetro; por exemplo, comece com 2 ovos para cada copo de líquido.
- Assar corretamente inclui a vigilância da temperatura, e se aplica a quaisquer preparações à base de ovos. Cozinhe lentamente, em forno baixo/médio, para prevenir cocção excessiva e a consequente ruptura na coagulação. O centro da quiche deve atingir ao menos 71 °C para que as proteínas do ovo estejam coaguladas. Teste com um palito ou um termômetro digital.

[Quiche]

RECEITAS

Massa de quiche

INGREDIENTES

MASSA

1.250 g	farinha de trigo
1 col. sopa	sal
600 g	manteiga gelada
100 g	gema
350 g	água gelada

APPAREIL

100 g	ovo
3 g	gema
100 g	creme de leite fresco
400 g	leite
10 g	sal

PROCESSO

Misture todos os ingredientes secos com a manteiga cortada em cubos. Trabalhe com as pontas dos dedos, até fazer uma farofa homogênea.

Adicione as gemas e a metade da água gelada. Misture tudo e ajuste a água até o ponto da massa, que deve ser firme, mas não dura, nem pegajosa. Não amasse a massa, apenas misture até obter uma massa semiestruturada.

Divida a massa em cinco pedaços e a mantenha em bolsas plásticas na geladeira. A durabilidade é de três dias na geladeira e 30 dias no freezer.

Deixe descongelar por 1 hora e abra sobre uma superfície enfarinhada até obter uma massa fina. Deposite sobre a fôrma para quiche, faça furinhos por toda a extensão com um garfo e retorne ao freezer.

Asse a 180 °C por 7 minutos, ou até ficar levemente dourado.

APPAREIL

O appareil é o líquido que dará a textura à quiche. Misture bem todos os ingredientes, de modo que os ovos não estejam perceptíveis.

MONTAGEM

Asse a crosta até que fique dourada, coloque o recheio e cubra com o appareil. A coagulação dos ovos ao máximo dará uma textura cremosa, em contraste com a do recheio.

ESPESSANTES NA CONFEITARIA

Quiche lorraine e outros recheios

Mais clássica das quiches, a lorraine que conhecemos hoje – com sabor marcado por bacon e queijo gruyère – é uma variante popular de uma torta aberta enriquecida com bacon defumado. Apenas muitos anos depois, o queijo foi adicionado. Um recheio só de queijo gruyère (sem bacon) resulta na quiche au gruyère, ou quiche vosgienne. A quiche alsacienne é similar, diferindo apenas pela adição de cebolas salteadas e queijo.

INGREDIENTES			PROCESSO
RECHEIO DE BRÓCOLIS E CHEDDAR			**RECHEIO DE BRÓCOLIS E CHEDDAR**
350	g	brócolis	Branqueie os brócolis, salgue e tempere a gosto. Deixe escorrer bem e misture com o queijo ralado.
15	g	temperos a gosto	
130	g	cheddar ralado	
			Distribua sobre a crosta dourada e despeje o appareil, assando até que se forme uma pequena elevação no centro.
RECHEIO DE QUEIJO DE CABRA			**RECHEIO DE QUEIJO DE CABRA**
400	g	muçarela, queijo prato ou ricota (ou mix)	Misture todos os ingredientes e distribua-os sobre a crosta dourada. Preencha com o appareil.
5	g	ervas de Provença	
60	g	parmesão	
120	g	queijo de cabra	
QUICHE LORRAINE			**QUICHE LORRAINE**
100	g	presunto, picado	Siga a receita da massa e do appareil da quiche e utilize este recheio.
25	g	bacon em pedaços	
12	g	temperos (noz-moscada e pimenta-do-reino)	
200	g	gruyère ralado	
QUICHE DE FETA E ZUCCHINI			**QUICHE DE FETA E ZUCCHINI**
350	g	queijo tipo feta	Faça um sauté com todos os ingredientes, menos o queijo feta.
50	g	alho	
50	g	azeite extravirgem	
5	g	ervas de Provença	
1	un.	abobrinha italiana, ralada, escorrida	Distribua o queijo e os demais ingredientes sobre a crosta dourada. Despeje o appareil e asse até que se forme uma pequena elevação no centro.

CLÁSSICOS ASSADOS

A seguir estão algumas receitas de doces clássicos que também vão ao forno.

Quindim

INGREDIENTES			PROCESSO
65	g	manteiga derretida	Derreta a manteiga. Peneire as gemas, para romper a película que as envolve, e junte os demais ingredientes, mexendo até incorporá-los completamente.
500	g	gemas, peneiradas	
100	g	ovos	
100	g	coco ralado	
¼	col. chá	sal	
450	g	açúcar	Unte fôrmas e polvilhe com açúcar. Despeje a mistura e deixe descansar por 30 minutos.
80	g	leite	
			Asse em banho-maria a 150 °C por cerca de 30 minutos, sempre levando em consideração o tamanho da peça.

Queijadinha

INGREDIENTES			PROCESSO
750	g	coco ralado, hidratado	Hidrate o coco ralado em água morna.
1.000	g	água morna	
600	g	ovos	Misture os ingredientes líquidos.
230	g	manteiga	Junte a farinha, o açúcar e o queijo ralado, e misture bem, adicionando aos líquidos. Por último, adicione o coco ralado e a essência; misture.
250	g	leite	
250	g	farinha de trigo	
1.000	g	açúcar	
50	g	queijo ralado	
1	col. chá	essência de coco	Despeje em fôrmas forradas com forminhas de papel de sua preferência e asse a 170 °C por 25 minutos, dependendo do tamanho.

Bom-bocado de queijo

INGREDIENTES			PROCESSO
340	g	água	Leve a água e o açúcar à fervura, para que os cristais de açúcar se dissolvam. Retire do fogo, adicione a margarina e deixe esfriar à temperatura ambiente.
1.000	g	açúcar	
130	g	margarina	
½	col. chá	sal	Adicione os demais ingredientes e misture bem.
300	g	farinha de trigo	
600	g	ovos	
100	g	queijo ralado	Despeje em fôrmas forradas por forminhas de papel e asse a 170 °C por 25 minutos, dependendo do tamanho das peças.

TORTA DE LIMÃO (ESTILO AMERICANO)

Uma grande proporção de ovos em um ambiente ácido, como uma torta de limão, por exemplo, não se degenera e se separa. As proteínas do ovo são grupos de aminoácidos; e cada grupo carrega uma carga elétrica similar, o que faz com que não se conectem uns aos outros. Com a aplicação de calor, os grupos se soltam e, em um certo ponto, juntam-se e formam uma mistura. Nesse processo, as moléculas de aminoácidos espremem quaisquer moléculas de líquido que existam entre elas, fenômeno conhecido como coalhar ou talhar. Introduzir um ácido nas proteínas do ovo aumenta sua carga elétrica e, consequentemente, ao serem aquecidas, as proteínas se separam, e então se repelem ainda mais intensamente, tornando-se mais propensas a interagir com o líquido. Como efeito, criam uma faixa de líquido entre camadas alternadas de proteínas, efeito que saboreamos plenamente na torta de limão.

A torta de limão em estilo americano é cremosa, espessa, reminiscente de uma torta creme, que se diferencia pelo uso do *Citrus aurantifolia*, fruto nativo e cultivado na região de Key West, ao sul da Flórida, nos Estados Unidos. Na verdade, essa região perturbada por furacões vorazes há muito não abastece as prateleiras dos supermercados com seus escassos limões. Então, quem quiser inovar, pode utilizar a lima-da-pérsia; porém, o limão comum também dará o mesmo resultado final.

Essa torta de três ingredientes – suco de limão, gemas e leite condensado – começa a se espessar antes mesmo de ser assada, devido exatamente à grande quantidade de limão, que faz com que as proteínas do leite condensado e das gemas se atraiam e se unam rapidamente. O leite condensado tem propriedades únicas; elaborado por um longo processo de ebulição, recebe uma quantidade significativa de açúcar, que exerce papel crucial na maneira como interage com cadeias de proteínas. Ele espessa, mas não se funde, pois, devido a suas moléculas de açúcar, cria-se um espaço molecular para a introdução de outros ingredientes de maneira suave, sem ser muito reduzido. Por exemplo, se fosse usado leite em vez de leite condensado, na mesma proporção, obteríamos uma mistura partida, separada, pois a resistência do açúcar faltaria ao leite.

Algumas dicas para o bom resultado final:

- PARA A CROSTA: misture todos os ingredientes em um processador por 1 minuto. Espalhe na fôrma e refrigere por 15 minutos. Asse a 160 °C por cerca de 10 minutos, até dourar levemente.
- PARA O RECHEIO: misture todos os ingredientes sem criar espuma. Despeje sobre a massa e asse a 71 °C por 15 minutos, ou até que o centro fique firme. Caso perceba a formação de bolhas, retire do fogo imediatamente (a proteína da gema está saturada e explodindo; causará cocção excessiva, com dano irreparável à textura, que se tornará granulosa).
- PARA QUE O CREME DE LEITE BATIDO FIQUE FIRME: ao batê-lo, utilize uma tigela fria e use velocidade gradualmente maior; começar mais lentamente dá ao creme mais tempo para se expandir, mais volume e mais estabilidade. O creme de leite pasteurizado contém, pelo menos, 36% de gordura, enquanto o ultrapasteurizado contém, pelo menos, 40%. O teor de gordura influencia no volume obtido ao bater o creme de leite; a ultrapasteurização destrói certas enzimas e proteínas que promovem volume.

Torta de limão
KEY LIME PIE

INGREDIENTES			PROCESSO
CROSTA			**CROSTA**
2	xíc.	biscoito maria	No processador, trabalhe o biscoito e a manteiga derretida até formar uma base que se compacte bem, sem estar exageradamente oleosa.
¾	xíc.	manteiga derretida	
TORTA			**TORTA**
700	g	leite condensado	Misture o leite condensado com o suco de limão e o sal. Adicione as gemas e misture bem. Não bata: bolhas de ar são um defeito em cremes.
270	g	suco de limão	
1	pitada	sal	
240	g	gemas	
			Despeje sobre uma base de biscoito e asse a 150 °C por 15 minutos, ou até que fique firme no centro. Não deixe borbulhar ao assar: isso significa que as gemas se supercoagularam.
			Finalize acrescentando um merengue italiano.

[Torta de limão]

AMBROSIA DE LIMÃO

Esta cobertura doce é elaborada usualmente a partir de frutas ácidas, tais como limão, tangerina, laranja, framboesa, maracujá e manga. Os ingredientes básicos são ovos, gemas, açúcar, suco de fruta e raspas, amaciados pela adição de manteiga, gentilmente cozidos até que se obtenha uma preparação espessa e coagulada. No final do século XIX, na Inglaterra, as ambrosias eram tradicionalmente servidas com o chá da tarde, scones e pães, como alternativa às geleias, e apareciam em recheios de tortas e bolos. Atualmente, elas acompanham croissants, muffins, scones, crepes ou waffles.

Ambrosia de limão

INGREDIENTES

6	un.	gelatina em folhas
2	xíc.	água gelada
500	g	suco de limão
600	g	açúcar
3	un.	ovos
500	g	gema
1	col. chá	sal
550	g	manteiga, temp. ambiente
100	g	creme de leite fresco
20	g	raspas de limão

PROCESSO

Em uma tigela, hidrate a gelatina com a água gelada e reserve. Aqueça o suco de limão e a metade do açúcar até a fervura.

Em uma tigela grande, misture a outra metade do açúcar, os ovos, a gema e o sal. Tempere com o líquido fervente, mexendo intensamente.

Volte para a panela e cozinhe, mexendo ininterruptamente com uma colher de pau sobre fogo brando, até que a mistura atinja 76 °C.

Retire do fogo e adicione a manteiga, misturando bem.

Esprema a gelatina hidratada, adicione ao creme ainda quente e passe pela peneira. Ao atingir a temperatura ambiente, adicione o creme de leite.

Despeje em um recipiente com tampa, adicione as raspas de limão e refrigere por até 15 dias.

MONTAGEM

Disponha as pavlovas (vide seção Merengues) sobre um prato e recheie-as com a ambrosia de limão.

[Ambrosia de limão com recheio de merengue]

CLAFOUTIS

O clafoutis tradicional é uma sobremesa francesa da região de Limusino, feita com cerejas-negras em uma casserole untada com manteiga e açúcar, coberta por uma mistura grossa, semelhante ao flã, com boa parte de farinha ou amido espessante. É assada e servida morna, polvilhada com uma fina camada de açúcar de confeiteiro. A esse clafoutis tradicional foram incorporadas variações: outras frutas, como cerejas, ameixas, maçãs, peras, framboesas ou nectarinas – tecnicamente chamadas de flaugnarde.

Se você dispuser de 3 xícaras de frutas e dos ingredientes básicos (farinha, açúcar, ovos e leite), poderá fazer essa sobremesa em pouco tempo, até mesmo enquanto saboreia seu jantar. A *chef* Julia Child também apreciava imensamente um clafoutis morno, e nada pode sair errado com uma receita dessa magnífica mulher.

Clafoutis Mrs. Child

INGREDIENTES			PROCESSO
⅓	xíc.	açúcar	Misture todos os ingredientes, menos as frutas, no liquidificador por 2 ou 3 minutos, até obter uma massa lisa.
1	xíc.	leite	
3	un.	ovos	
½	xíc.	farinha de trigo	Unte com manteiga e açúcar 7 ramequins pequenos, de 120 gramas, ou outro recipiente de cerâmica que possa ir ao forno. Distribua as frutas e despeje a mistura líquida; preencha cerca de ⅔ dos recipientes e polvilhe um pouco de açúcar granulado em cima.
1	pitada	sal	
1	col. sopa	extrato de baunilha	
3	xíc.	frutas, fatiadas ou inteiras	
		açúcar de confeiteiro, para pulverizar	Asse a 170 °C por 35 a 40 minutos, até que esteja completamente inflado e de coloração suavemente dourada; ao inserir a ponta de uma faca, ela deve sair limpa.
			Pulverize com açúcar de confeiteiro e sirva morno.

Clafoutis tart

A cereja pode ser substituída por pêssegos, damascos, maçãs, peras, uvas, framboesas ou abacaxi. O sabor pode ser acentuado com raspas de laranja, cardamomo em pó, noz-moscada, Grand Marnier, extrato de amêndoa, de limão, etc.

INGREDIENTES			PROCESSO
200	g	açúcar	Misture todos os ingredientes e coe.
500	g	leite	
240	g	ovo	Pré-asse uma base de pâte à sucrée, até dourar.
80	g	gema	
1	col. sopa	farinha de trigo	
70	g	farinha de avelã	Distribua as cerejas sobre a crosta pré-assada; despeje a mistura líquida até cobrir as cerejas completamente.
1	pitada	sal	
2	col. sopa	rum	
1	col. sopa	extrato de baunilha	
250	g	cereja fresca, sem caroço	Disponha uma camada de açúcar e asse a 170 °C por cerca de 40 minutos ou até ficar fofo no centro. Refrigere. Peneire açúcar de confeiteiro antes de servir.
		açúcar de confeiteiro, para pulverizar	

[Clafoutis]

APLICAÇÃO 3.
Mousses, sorvetes, sorbets e outras sobremesas congeladas

MOUSSES

O termo francês *mousse* ("espuma") indica uma preparação sedosa, aerada, que pode ser doce ou salgada. Há várias maneiras de preparar uma mousse, cuja característica principal está na textura leve, obtida pela adição de claras em neve ou de merengue, ou ainda de um creme de chantilly. Algumas vezes a estrutura é reforçada com um espessante, como a gelatina.

As mousses são delicadas e frágeis demais para serem desmoldadas, por isso usualmente são preparadas na vasilha em que serão servidas. As salgadas, em geral, devem sua textura leve à adição de claras batidas, e muitas vezes são assadas em banho-maria para evitar que a mistura coagule em excesso. Quanto ao uso de ovos crus, é importante tomar cuidado na manipulação deles, mantendo-os sob rígido controle da temperatura. Opte por ovos pasteurizados, se possível.

Na confeitaria, uma mousse é uma sobremesa cremosa, elaborada a partir de ovos e creme de leite, com grande variedade de sabores, sendo os principais chocolate e frutas. Os ingredientes são manipulados separadamente, derretidos, batidos e temperados. Dependendo de como os ingredientes são trabalhados, a consistência varia de fofa a cremosa, de sedosa a aerada, de firme a suave.

BASES PARA MOUSSES

Existem quatro bases principais para mousse:

- BASE DE MERENGUE: faça um merengue italiano (a 143 °C) e adicione ao purê ou ao creme. Adicione o creme de leite fresco batido a ponto leve.
- BASE DE BOMBE: faça uma pâte à bombe (gemas estabilizadas por uma calda a 143 °C) e, quando estiver ainda quente, adicione o flavorizante e a gelatina (se for o caso). Coe e deixe esfriar à temperatura ambiente. Adicione o creme de leite fresco batido a ponto médio.
- BASE DE CREME INGLÊS: ferva o leite e a metade do açúcar; bata as gemas com a outra metade do açúcar e tempere com o líquido fervendo. Se estiver elaborando uma peça moldada, adicione a gelatina hidratada e coe a mistura. Deixe chegar à temperatura ambiente e adicione o creme de leite fresco batido a ponto firme.
- BASE DE FRUTA: faça um purê com a fruta e reduza a ⅓. Adicione a gelatina e o creme de leite fresco batido a ponto médio/firme, ou o merengue italiano, ou os dois (merengue italiano e creme de leite fresco batido).

MOUSSE DE CHOCOLATE

Todo *chef* precisa de algumas receitas infalíveis em seu repertório, e para um *chef* confeiteiro uma das mais importantes é a mousse de chocolate. Essa iguaria pode ser servida como uma sobremesa leve e despretensiosa ou como parte de preparações sofisticadas e trabalhosas, como em um entremet. Por sua versatilidade, essa preparação pode entrar em dezenas de produções, por exemplo, associada a um bolo, a um sorvete, a uma torta, como recheio de um macaron, em uma charlote, em rocamboles (roulades), terrines e verrines.

Portanto, compreender as características, proporções e temperaturas, assim como saber selecionar os ingredientes e os métodos de elaboração da mousse de chocolate, é uma tarefa fundamental para todo aprendiz.

Os ingredientes são poucos: cobertura de chocolate, ovos (inteiros, gemas para a mousse francesa ou claras para a mousse italiana), creme de leite e às vezes manteiga, gelatina e flavorizantes. As receitas variam, e os ingredientes exercem as funções de sabor, estabilidade e textura.

SABOR E ESTABILIDADE: O CHOCOLATE

Ainda que o *chef* seja tecnicamente perfeito, escolher bons ingredientes é fundamental. O chocolate, principal ingrediente nesta preparação, deve ser de boa qualidade, pois além de dar o sabor também estabiliza a mousse. Mais especificamente, são os sólidos de cacau, presentes no chocolate, que dão o sabor, mas é a presença e a quantidade de manteiga de cacau que estabiliza a emulsão; muitas vezes, no chocolate, substitui-se a manteiga de cacau por lecitina.

Não se deixe encantar por "altas porcentagens de cacau", anunciadas em bonitas embalagens, porque um chocolate de 70% não necessariamente apresenta boa qualidade; apenas tem 70% de sólidos de cacau. Deguste o chocolate e deixe seu paladar ser o juiz; sinta o sabor, a acidez, o derretimento e o odor.

Opte entre os chocolates amargo, meio amargo, ao leite ou branco, ciente de que cada um possui quantidades (e qualidades) diferentes de manteiga de cacau, manteiga, açúcar, leite, lecitina e agentes flavorizantes. E cada componente afeta a fluidez e a textura final da mousse de chocolate.

Outro elemento de textura está na temperatura do chocolate: se ele estiver muito quente, faz com que a mousse murche, fique densa e com pouco volume; se ele estiver muito frio, a agitação do creme causará a separação da mousse, ou desestabilização. Utilize o chocolate entre 35-41 °C.

EMULSÃO E TEXTURA: OVOS

Os ovos emprestam suas propriedades emulsificantes à mousse e contribuem para sua textura. Quando separados, as gemas proporcionam espessamento ao coagular e também emulsionam em virtude das atribuições da lecitina que contêm. As gemas devem ser cuidadosamente manipuladas e aquecidas à temperatura de 60 °C, em que os agentes patológicos são desativados, e até 79 °C, em que se coagulam, firmando e estabilizando a mistura.

As claras, quando utilizadas, exercem função expansora, provendo volume e suavidade na textura. Seja qual for a parte dos ovos utilizada em uma preparação, certifique-se de que as gemas estejam fora da zona de risco de contaminação e que as claras estejam estabilizadas (o método suíço é o mais indicado: claras aquecidas com açúcar a 40 °C, e depois batidas a ponto de neve médio/firme), com umidade e brilho.

TEXTURA: CREME DE LEITE

Bate-se o creme de leite para aumentar a viscosidade e o volume da mousse, que não deve ficar firme, mas com aparência brilhante, úmida e suave. Existe uma diferença entre creme de leite batido e creme chantilly. Este último é batido a ponto firme e utilizado individualmente como parte de uma decoração ou composição individual. O creme de leite, por outro lado, deve estar estável, volumoso e cremoso, em uma consistência "despejável", não precisando ser retirado com espátula.

Mousse de chocolate à pâte à bombe

INGREDIENTES			PROCESSO
750	g	creme de leite fresco, batido a ponto médio	Bata o creme de leite fresco a ponto médio (quanto mais firme o creme, mais densa a mousse).
150	g	gema	
2	un.	ovos	Bata a gema com os ovos, o açúcar e o sal até branquear.
50	g	açúcar	
1	pitada	sal	
60	g	água	Aqueça a água e o açúcar a 114 °C. Despeje essa calda fervente sobre os ovos montados e bata até a mistura chegar à temperatura ambiente.
175	g	açúcar	
400	g	chocolate 56%, derretido	Despeje o chocolate derretido sobre a pâte à bombe (mistura obtida) e mexa bem.

Quando a mistura estiver fria, adicione o creme de leite fresco batido em dois estágios, incorporando cuidadosamente. Isso dará a textura final da mousse.

Despeje em moldes ou taças e refrigere.

Mousse de mel e chocolate à pâte à bombe

INGREDIENTES		
800	g	creme de leite fresco
5	un.	gemas
1	pitada	sal
150	g	mel
100	g	glicose de milho
130	g	chocolate ao leite
200	g	chocolate amargo

PROCESSO

Bata o creme de leite fresco a ponto médio (quanto mais firme o creme, mais densa a mousse). Mantenha refrigerado até necessário.

Bata as gemas com o sal até branquear.

Leve o mel e a glicose à fervura e tempere as gemas branqueadas, batendo até esfriar.

Adicione os chocolates derretidos de maneira envolvente.

Quando a mistura esfriar, adicione o creme de leite batido em dois estágios, envolvendo cuidadosamente. Despeje em moldes ou taças e refrigere.

Bolo-mousse de chocolate e especiarias

INGREDIENTES		
⅔	xíc.	água
⅔	xíc.	açúcar
750	g	chocolate 56%
240	g	manteiga
1	col. sopa	licor de cacau
10	un.	ovos
2	un.	gemas
1	col. chá	sal
1	col. chá	canela
1	col. chá	cardamomo
1	col. chá	gengibre seco
½	col. chá	cominho em pó

PROCESSO

Ferva a água e o açúcar; despeje-os sobre o chocolate com a manteiga e o licor, emulsionando.

Despeje sobre os ovos batidos; adicione as especiarias e o sal.

Deposite em uma fôrma de 17 cm forrada com papel-manteiga e untada. Asse a 150 °C por 40 minutos. A mistura ainda parecerá líquida, mas se firmará pela presença do chocolate.

Refrigere.

[Bolo-mousse de chocolate]

RECEITAS

Mousse de frutas

INGREDIENTES

200	g	purê de frutas
1	col. sopa	suco de limão
80	g	açúcar
1	col. chá	gelatina em pó
1	xíc.	água gelada
200	g	creme de leite fresco

PROCESSO

Reduza o purê de frutas, o suco de limão e o açúcar a ⅓. Hidrate a gelatina na água gelada por 15 minutos; misture ao purê de frutas ainda quente.

Coe e reserve até chegar à temperatura ambiente.

Bata o creme de leite a ponto médio e incorpore na mistura de frutas delicadamente. Despeje em moldes ou taças.

Ajuste o açúcar conforme a fruta.

Mousse de frutas com base de merengue

INGREDIENTES		
60	g	água
250	g	açúcar
120	g	clara
¼	col. chá	cremor de tártaro
25	g	gelatina
150	g	água gelada
750	g	polpa ou purê de fruta
180	g	xarope simples
750	g	creme de leite fresco

PROCESSO

Faça um merengue italiano: aqueça a água e o açúcar a 116 °C e verta com delicadeza sobre a clara batida com o cremor de tártaro. Bata até esfriar.

Hidrate a gelatina na água gelada por 15 minutos.

Faça um xarope simples, levando 1 parte de água e 1 parte de açúcar à fervura completa (se desejar, flavorize com casca de laranja, ou outras frutas, café, chá, bebidas, etc.)

Aqueça a polpa e o xarope e adicione-os sobre a gelatina hidratada, misturando bem. Despeje sobre o merengue italiano, delicadamente.

Quando a mistura estiver à temperatura ambiente, adicione o creme de leite batido delicadamente. Molde e refrigere ou congele.

Mousse Senegal

INGREDIENTES		
1	col. chá	gelatina
5	col. chá	água gelada
250	g	banana, madura
2	col. sopa	rum
2	col. sopa	suco de limão
2	col. sopa	açúcar
450	g	creme de leite fresco
100	g	açúcar

PROCESSO

Hidrate a gelatina na água gelada por 15 minutos.

Coloque a banana, o rum, o suco de limão e o açúcar na tigela e bata até estar completamente fluido. Adicione a gelatina hidratada.

Bata o creme de leite fresco com o açúcar (opcional) a ponto médio (quanto mais firme o creme, mais densa a mousse).

Certifique-se de que a mistura de fruta/gelatina esteja completamente livre de grumos e então adicione o creme de leite batido em dois estágios, envolvendo cuidadosamente. Isso dará a textura final da mousse.

Despeje em moldes ou taças e refrigere ou, melhor ainda, congele. Sirva com molho de chocolate quente.

Mousse de chocolate e champanhe

Todas as receitas com gelatina são destinadas à montagem de peças ao estilo torta, nas quais uma mousse firme, de corte limpo, será necessária. A presença de gemas emulsionadas duplamente, pela presença da lecitina e pela coagulação das gemas, faz mousses firmes e estáveis. Caso sinta necessidade de obter uma mousse ainda mais firme, acrescente mais gelatina; no caso de uma mousse que será servida em taças, reduza ou simplesmente elimine a gelatina. Lembre-se de que vegetarianos não comem gelatina; quando usá-la, informe ao seu comensal.

INGREDIENTES			PROCESSO
15	g	gelatina	Hidrate a gelatina com a champanhe gelada.
220	g	champanhe gelada	
1	litro	creme de leite fresco	Bata o creme de leite fresco a ponto médio e reserve na geladeira.
240	g	gema	
170	g	açúcar	Bata a gema com o açúcar e o sal em banho-maria, até obter o ponto *nappe* (85 °C). Adicione o chocolate derretido e, então, a gelatina derretida (banho-maria).
½	col. chá	sal	
600	g	chocolate 56%	
			Quando a mistura atingir a temperatura ambiente, acrescente o creme de leite batido em dois estágios. Despeje no molde e resfrie.

Mousse de chocolate branco, lichia, manjericão e Grand Marnier

O chocolate branco complementa diversos sabores, entre eles os de tons ácidos, como framboesa, limão ou morango, e também frutas tropicais, como maracujá, manga, abacaxi, lichia, banana, romã, acerola, mangostim, cherimólia e kiwi, e até mesmo o gengibre.

As frutas tropicais apresentam uma enzima (bromelaína) que inibe a atuação da gelatina; por isso devem ser fervidas em redução de ⅓ antes de serem misturadas ao gelificante. A papaia, fruta tropical, contém papaína, de efeito semelhante. Outra opção seria utilizar sucos dessas frutas em latas, que já vêm preparados ou neutralizados.

INGREDIENTES			PROCESSO
1	col. sopa	gelatina em pó	Hidrate a gelatina na água gelada.
5	col. sopa	água gelada	
500	g	creme de leite fresco	Leve o creme de leite à fervura; despeje-o sobre o chocolate branco e o manjericão picados, deixando em infusão; mantenha na geladeira por 4 horas ou mais, até estar bem frio, e coe. Bata esse creme flavorizado a ponto médio e reserve na geladeira.
240	g	chocolate branco, picado	
1	maço	manjericão, picado	
150	g	açúcar	Misture o açúcar às claras; aqueça em banho-maria até atingir 60 °C. Transfira para a batedeira e bata até obter um merengue firme.
8	un.	claras	
1	xíc.	polpa de lichia	Aqueça a polpa de lichia e o suco de limão; adicione a mistura de pectina e açúcar e ferva; incorpore a gelatina hidratada e, quando a mistura atingir a temperatura ambiente, acrescente o licor Grand Marnier e o merengue, de maneira envolvente.
1	col. sopa	suco de limão	
2	col. sopa	pectina em pó	
4	col. sopa	açúcar	
2	col. sopa	licor Grand Marnier	
			Adicione o creme flavorizado suavemente.

(cont.) ▶

ADIÇÃO DE FRAMBOESA OU OUTRAS FRUTAS

Considere a observação sobre as frutas tropicais necessitarem de fervura ou utilize-as processadas. Em geral, 500 g de fruta concentrada pode ser adicionado a essa quantidade de mousse de chocolate branco, dependendo do caráter, da doçura, da concentração e da acidez de frutas.

Um dos casamentos mais apreciados, o chocolate branco e a framboesa podem seguir o padrão de 500 gramas de purê concentrado para uma receita inteira. Para fazer o purê de framboesa, comece com o dobro da quantidade de fruta necessária (1 quilo de fruta renderá 500 gramas). Coe sempre.

Torta-mousse de chocolate e manteiga de amendoim

INGREDIENTES			PROCESSO
BOLO DE CHOCOLATE			**BOLO DE CHOCOLATE**
170	g	gema	Siga o método do bolo esponjoso por separação: bata até triplicar de volume a gema, o açúcar e o sal. Monte um merengue firme, mas brilhante, com a clara e o açúcar.
130	g	açúcar	
1	col. chá	sal	
170	g	clara	
60	g	açúcar	
90	g	farinha de trigo	Adicione os ingredientes secos peneirados e ⅓ do merengue. Envolva o restante do merengue delicadamente.
50	g	cacau	
60	g	manteiga derretida	
			Adicione a manteiga derretida e envolva sem destruir a estrutura esponjosa.
			Asse em um molde de 17 cm a 160 °C por 30 minutos, ou até firmar no centro. Corte em três camadas.
MOUSSE DE MANTEIGA DE AMENDOIM			**MOUSSE DE MANTEIGA DE AMENDOIM**
500	g	cream cheese	Deixe o cream cheese à temperatura ambiente por 1 hora; bata-o até ficar cremoso, sem caroços; adicione o açúcar peneirado e a manteiga de amendoim e bata até ficar aerado e sem grumos.
1	xíc.	açúcar impalpável	
250	g	manteiga de amendoim	
150	g	creme de leite fresco	
			Adicione o creme de leite gelado, batendo até ficar homogêneo e aerado.
GANACHE			**GANACHE**
200	g	creme de leite fresco	Aqueça o creme de leite até a fervura completa e despeje sobre o chocolate.
380	g	chocolate 56%	
2	col. sopa	manteiga	Adicione a glicose e a manteiga. Deixe ficar homogêneo e reserve. Esse creme será usado para a cobertura.
2	col. sopa	glicose	

(cont.) ▶

RECEITAS

MONTAGEM		
100 g	geleia de amora	

MONTAGEM
Monte a torta com uma camada de bolo e distribua uma camada fina de geleia de amora. Nivele com 250 gramas de mousse; repita a ação nas três camadas.

Finalize a torta com a mousse, cobrindo e alisando o acabamento.

COBERTURA		
150 g	amendoim torrado	

COBERTURA
Despeje a ganache sobre o centro da torta e distribua, deixando cair até os lados. Decore com rosetas (faça com a ganache fria) e amendoim torrado.

Mousse congelado
BASE DE CREME INGLÊS

INGREDIENTES			PROCESSO
250	g	leite	Faça um creme inglês: aqueça o leite e o açúcar até a fervura; tempere as gemas e o açúcar, cozinhando até obter o ponto *nappe* (85 °C).
120	g	açúcar	
7	un.	gemas	
120	g	açúcar	
100	g	flavorizante, chocolate ou o ingrediente de sua preferência	Adicione o flavorizante e misture bem. Adicione o creme de leite batido delicadamente. Molde e congele.
400	g	creme de leite fresco	

SORVETE, GELATO, PARFAIT E OUTRAS SOBREMESAS CONGELADAS

SOBREMESA CONGELADA	DESCRIÇÃO
SORVETE	Sobremesa congelada de textura sedosa e cremosa.
BOMBE	Uma espécie de creme congelado originalmente moldado em formas esféricas, como uma cúpula ou domo, o que lhe outorga o nome. Os moldes atuais em silicone são fáceis de serem manipulados, além de ocuparem pouco espaço no freezer. A pâte à bombe, por exemplo, pode conciliar camadas de outras preparações, como um sorvete de chocolate na parte externa e a massa de bombe no interior.
PARFAIT	Muito utilizado pela excelente versatilidade em apresentações de sobremesas empratadas, trata-se de uma pâte à bombe (gemas estabilizadas pela adição de uma calda cozida a 120 °C), suavizada pela adição de creme de leite fresco batido e flavorizado. Congela-se em moldes intricados, como em forma de pirâmides, tubos, etc.
MOUSSE CONGELADO	Muito próxima ao parfait e ao soufflé glacé, a mousse congelada pode conter gelatina ou estabilizante, podendo ou não ter a adição de merengue.
SOUFFLÉ GLACÉ	Como em um suflê, um merengue (neste caso, o italiano) é adicionado a uma patê à bombe ou a uma massa de parfait. Usualmente um ramequim de cerâmica é circundado por papel-manteiga, similar a um colarinho, no qual o soufflé é adicionado até o topo, como um suflê normal. Então, ele é congelado, remove-se o colarinho de papel, e ele é servido decorado.
COUPE	Combinação de sorvete ou sorbet, licor, molhos, frutas, nozes variadas e creme chantilly. Esses versáteis componentes devem ser arranjados decorativamente, seja em uma taça de champanhe ou em outra apresentação *à la minute* (à ordem).

As sobremesas congeladas são agrupadas de acordo com os seus ingredientes.

- SORVETE (ESTILO FRANCÊS): rico em creme, é uma preparação à base de ovos.
- GELATO: base de creme que inclui ovos e leite (menos creme do que o sorvete francês). Em virtude da menor quantidade de teor de gordura,

menos ar é incorporado durante a sua produção. A preparação fica mais densa, porém o sabor é mais intenso.

- PARFAIT: sorvete leve, preparado com uma base de açúcar, ovos e creme cozidos, algumas vezes com gelatina.
- SEMIFREDDO: um parfait leve.
- SHERBET: gelo com um pouco de leite.
- SORBET: sem laticínios, tem base em uma solução de água com açúcar (calda) cozida, marcando de 14º a 17º Baumé (escala de densidade – com álcool) ou de 17º a 20º Baumé (sem álcool).
- SPUMONI: moldado em duas camadas, em forma de esfera, tem a parte externa de sorvete e a interna de parfait.
- FROZEN YOGURT: sobremesa congelada feita a partir de iogurte e produtos lácteos, servida como um sorvete com pouca gordura. Pode conter ou não culturas lácticas ativas e normalmente possui edulcorante, gelatina, glicose de milho, corante e flavorizantes similares aos utilizados em sorvetes.

ESTABILIZANTES PARA SORVETES E SOBREMESAS CONGELADAS

O emulsificante natural do sorvete era a gema de ovo, empregada na maioria das massas, porém, hoje dois emulsificantes predominam nas formulações:

- MONO E DIGLICERÍDEOS: derivados da hidrólise parcial de gorduras e óleos de origem animal e vegetal;
- POLISSORBATO 80: um emulsificante industrial que consiste de moléculas atreladas de glicose com um ácido graxo, o ácido oleico.

Ambos compostos apresentam regiões hidrofóbicas, que repelem água e atraem gordura e ácidos graxos, e regiões hidrofílicas, que atraem água em forma de glicerol ou glicose. Juntos, os estabilizantes e emulsificantes não ultrapassam 0,5% do peso do sorvete. Alguns dos estabilizantes mais utilizados são:

- GELATINA: o estabilizante mais antigo utilizado pela indústria de alimentos.

- **ALGINATOS SÓDICOS:** provenientes de algas marinhas, sua particularidade é a viscosidade e a capacidade de absorver água rapidamente; outra vantagem é que repartem a matéria graxa de forma uniforme e favorecem a multiplicação de células de ar.
- **GOMA GUAR:** solúvel quando fria, resiste a altas temperaturas e está presente na maioria dos estabilizantes comerciais.
- **PECTINA:** indicada principalmente para sorbets de frutas.
- **ÁGAR-ÁGAR:** alga que não se utiliza em sorvetes e sobremesas congelados por seu poder de dispersão.
- **GOMA DE ALFARROBA:** fibra solúvel de uma planta exótica que cresce na África.

Algumas das vantagens de se utilizar estabilizantes são: aumentar a viscosidade; favorecer a incorporação de ar; retardar a formação e a multiplicação de cristais hídricos; e melhorar a textura, criando maior resistência a choques térmicos.

A função principal dos emulsificantes é estabilizar a água que fica livre na fórmula, assim como as partículas de gordura. Podemos dizer que os emulsificantes são lipófilos (têm afinidade por gordura) e hidrófilos. Os emulsificantes substituem ou complementam os ovos em uma fórmula de sorvete.

SORVETE AGITADO

O processo mecânico no qual o sorvete é agitado para congelar as suas moléculas e transformar sua textura líquida em cremosa ou espessa é chamado de *overrun*. Trata-se do aumento em volume a partir da mistura inicial para o produto final, causado pela introdução de bolhas de ar pela paleta da máquina de sorvete. A medida é indicada por porcentagem: um galão de massa que se multiplica a 1,5 galão de sorvete apresenta um *overrun* de 50%. Uma boa parcela dos sorvetes vendidos no mercado apresenta *overrun* de 100%, ou seja, a metade do que se come é ar. Já os sorvetes *premium* apresentam um *overrun* menor, geralmente de 20%.

Como regra geral, pode-se avaliar a qualidade de um sorvete pelo peso: os mais pesados geralmente apresentam melhor qualidade. Entretanto, é necessário ainda verificar outros parâmetros, como o sabor, pois alguns flavorizantes são mais pesados, e sólidos misturados ao sorvete podem afetar seu peso. Agitar a massa de sorvete quebra os cristais de gelo, enquanto incorpora ar à mistura simultaneamente.

TIPOS DE SORVETE

Os sorvetes são categorizados pelo método de congelamento:
- SORVETE: produto congelado feito a partir de produtos lácticos, que contém pelo menos 10% de gordura do leite.
- SORVETE DE GORDURA REDUZIDA: contém no mínimo 25% menos gordura do que o sorvete comum.
- SORVETE *LIGHT*: contém no mínimo 50% menos gordura ou 33% menos calorias do que o sorvete comum.
- SORVETE *LOW-FAT*: contém no máximo 3 gramas do total de gordura por porção (veja o rótulo).
- SORVETE SEM GORDURA | *NONFAT*: contém menos de meio grama do total de gordura por porção (veja o rótulo).
- SORVETE SEM AÇÚCAR | *SUGAR-FREE*: quando se retira um ingrediente importante em uma receita, seja açúcar ou gordura, é preciso substituí-lo por outro. Ao ler "sem açúcar", "sem adição de açúcar" ou *sugar-free* (seja em biscoito, bolo, sorvete, refrigerante, etc.), devemos entender que o produto foi modificado pela introdução de adoçante artificial e refinado.

OS SORVETES ITALIANOS: GELATO, SEMIFREDDO, SORBETTO, GRANITA

Acredita-se que foram os árabes que levaram o sorvete para a Sicília, na Itália, mas o gelato parece ter sido criado para agradar a corte de Francisco de Médici, em 1565. Os gregos e os turcos também eram famosos por prepararem misturas à base de limão similares ao sorbetto, preparação a que, nos séculos XVIII e XIX, eram atribuídos efeitos benéficos no sistema digestivo e no sistema nervoso. Usualmente era servido entre os pratos principais, mais precisamente após as entradas de carne e peixe. Muito depois, foram introduzidos ingredientes enriquecedores como gemas, açúcar e leite, preparações que hoje conhecemos como gelati alla crema.

Um gelato é classificado de acordo com os ingredientes e as proporções.

- SEMIFREDDO: literalmente, "meio congelado", é elaborado com a mesma base do gelato, com a incorporação de creme de leite fresco batido, lembrando uma mousse.
- SORBETTO: conhecido como sorbet ou gelado de fruta, também é usado para limpar o paladar entre os cursos e anestesiá-lo para a chegada do vinho tinto. Não contém leite e sua consistência é próxima da raspadinha, formado por pequenos cristais de gelo.
- GRANITA: preparação muito simples à base de gelo flavorizado por uma calda de sabor intenso, que varia do limão ao chocolate e ao café.

SORVETE EM ESTILO FRANCÊS

Uma alta proporção de gordura e gemas dá a esse creme congelado uma textura espessa, cremosa e macia. O creme inglês é flavorizado e processado, devendo ser preparado fresco, ao contrário dos sorvetes comerciais comprados em supermercados. O método francês parte do creme inglês e deve conter um mínimo de 10% de gordura do leite e pelo menos 1,4% de gemas.

INGREDIENTES DO SORVETE

A mistura contém leite, leite em pó e ingredientes para adoçar e flavorizar, como frutas, nozes, chocolate, etc. Ingredientes funcionais como emulsificantes e estabilizantes são adicionados para manter a textura apropriada. Nos Estados Unidos, por lei federal, o sorvete deve conter pelo menos 10% de gordura de leite, antes da adição dos demais ingredientes, e deve pesar no mínimo 4,5 libras por galão (em torno de 2,4 litros).

As gemas dos ovos são ingredientes fundamentais no sorvete de estilo francês, por seu conteúdo de lecitina, um emulsificante natural que influi na textura e enriquece o paladar.

Os açúcares fazem parte da massa de sorvete por suas características de edulcorante e palatabilidade, além de exacerbar sabores. São empregados:

- SACAROSE: o açúcar granulado de mesa, com poder edulcorante de 100%.
- GLICOSE: de baixo poder edulcorante, com efeito anticristalizante, deve ser utilizado com moderação para a massa não ficar elástica e gomosa.
- DEXTROSE: com as mesmas funções da glicose, é ideal nas elaborações tipo sorbet.
- AÇÚCAR INVERTIDO: com maior poder edulcorante; porém, seu excesso produz sorbets muito duros.
- LACTOSE: encontrada em estado natural no leite (4%), tem poder edulcorante baixo (16%). Quanto maior o poder edulcorante, maior a temperatura de congelamento, e vice-versa.

Os leites e derivados adicionam substância à preparação, contribuem para uma textura cremosa e auxiliam na lubrificação do paladar. Os sólidos de leite também contribuem para o sabor e melhoram a textura da massa, oferecendo certa resistência à mastigação e melhorando a capacidade do sorvete para reter o ar.

Esses ingredientes, juntamente com o ar incorporado durante a mistura mecânica da massa, são determinantes quanto à qualidade do sorvete. Geralmente, sorvetes mais econômicos contêm ingredientes de menor qualidade, além de terem uma quantidade de ar maior, algumas vezes 50% do volume final. Sorvetes artesanais tendem a conter menos ar (de 3% a 15%), ainda que seja fundamental para a característica cremosa do produto. Como na maioria das vezes os sorvetes são vendidos por volume, é economicamente vantajoso para os fabricantes reduzir a densidade deles para cortar custos. O uso de estabilizantes substituindo uma parcela do leite e a incorporação de ar também diminuem o conteúdo de gordura, aumentando o apelo para pessoas que estão de dieta.

O PROCESSO COMERCIAL

A preparação dos sorvetes em escala comercial se dá pelo seguinte processo:

1. FÓRMULA: balanceamento e pesagem dos ingredientes.
2. MISTURA OU MASSA: introdução da massa no pasteurizador para misturar as matérias-primas e elevar a temperatura até 60 °C.
3. PASTEURIZAÇÃO: aquecimento da mistura a 65 °C durante 30 minutos (pasteurização baixa) e depois a 85 °C durante 15 segundos (pasteurização alta). Esse processo é fundamental para a obtenção de excelentes resultados de higiene.
4. ESFRIAMENTO: redução da mistura a 4 °C, o mais rápido possível, para destruir agentes patogênicos.
5. MATURAÇÃO: a mistura é conservada a 4 °C e agitada lentamente de 4 horas a 24 horas, adquirindo viscosidade e plasticidade.
6. PRÉ-CONGELAMENTO: resfriamento da mistura entre 3-5 °C, transformando a água em pequenos cristais; ao mesmo tempo, ocorre a introdução do ar, o que aumentará o volume, e então a mistura adquire sua textura final.
7. CONGELAMENTO: o produto é estabilizado para ser distribuído e conservado; a temperatura final é de -18 a -20 °C.
8. CONSERVAÇÃO: a -18 °C por até seis meses. A temperatura ideal de consumo é de -10 a -5 °C.

OS EMULSIFICANTES

O sorvete é elaborado pela incorporação de ar em uma emulsão de óleo em água, enquanto é vagarosamente congelado. Fisicamente, um sorvete é uma espuma parcialmente congelada que contém uma fase dispersa de gotas de gordura e uma fase aquosa contínua de sólidos coloidais dissolvidos, que incluem açúcar (sacarose e lactose), proteínas (usualmente sólidos de leite) e estabilizantes. A gordura tradicionalmente é um derivado de leite, porém, a indústria dá volume ao sorvete com gorduras hidrogenadas ou gorduras tropicais sólidas (coco, por exemplo).

A fase dispersa contém uma mistura de óleo e gordura firme e um emulsificante (usualmente uma mistura de monolipofílicos e diglicerídeos). A produção industrial de produtos congelados adiciona aos ingredientes comuns proteína do leite, açúcar, estabilizante e, alternativamente, um monoglicerídeo, emulsificante que será dissolvido na fase aquosa com os outros ingredientes solúveis em água.

A MATURAÇÃO DO SORVETE

O amadurecimento ou envelhecimento de uma massa de sorvete melhora a sensação de paladar, permite que mais ar seja retido no produto final e ainda faz com que o índice de derretimento se estenda.

Duas importantes mudanças ocorrem durante esse processo de amadurecimento: primeiro, os emulsificantes (como a lecitina naturalmente presente nas gemas) migram para a parte de superfície das gotículas de gordura, criando uma membrana fina. Durante o congelamento em máquina foi criada uma cadeia de gordura que promove a estabilização das células de ar, atingindo a formação de uma cadeia de gordura semicontínua em todo o produto, o que resulta em uma textura sedosa e maior resistência ao derretimento.

A gordura dentro dessas moléculas começa a se cristalizar, e quanto mais completa essa cristalização, melhor a saturação dos glóbulos de gordura durante a mistura em máquina. Esfriar a mistura entre 0-2 °C aumenta a taxa de cristalização.

Massas de sorvete não suficientemente envelhecidas ou amadurecidas podem sofrer defeitos, como menor retenção de forma e derretimento mais rápido. Isso também dificulta a estabilização das bolhas de ar durante o estágio de batimento e congelamento, ocasionando uma textura firme e glutinosa.

A SORVETERIA DOMÉSTICA

A maioria das receitas seguintes foi reduzida e simplificada para o uso doméstico, sem incrementos profissionais. As unidades de medida de água e outros componentes são medidas de maneira diferente das receitas mais "profissionais", de forma que o preparo seja facilitado para os "*chefs* caseiros".

A vantagem dessas preparações caseiras está no fato de se conhecer e selecionar todos os ingredientes contidos na mistura, ajustando-os às suas preferências de dieta, textura e sabor, além de evitar produtos químicos melhoradores de textura, conservantes e emulsificantes.

Preparar seu próprio sorvete é divertido e saudável; e, como em todas as preparações de confeitaria, cuidados com a escolha, a pesagem e a manipulação da mistura farão o sucesso ou o insucesso do sorvete.

Primeiro, realize preparações básicas e aprenda a usar sua sorveteira; depois, vá adicionando, modificando e experimentando. Lembre: a prática não traz a perfeição, mas a prática atenta e disciplinada traz a perfeição.

DICAS

- Escolha sempre ingredientes de boa qualidade.
- Conheça sua máquina: leia atentamente o manual de instruções e sempre, antes e depois de usá-la, faça uma limpeza minuciosa.
- Repare na textura do sorvete: ela depende da qualidade de sua sorveteira em primeiro lugar, mas também da agitação a que a massa será submetida. No começo, quanto mais longa a agitação, mais dura e densa fica a massa.
- Troque o líquido, leite ou creme de leite por leite de soja, de amêndoa ou iogurte, por exemplo. Porém, toda substituição acarreta mudanças de paladar, textura e apresentação.
- Faça bolo de sorvete com o sorvete recém-saído da máquina. Asse seu biscoito favorito e recheie com o sorvete fresco.

RECEITAS

As receitas a seguir partem de um creme inglês ou, mais tecnicamente, de uma base para sorvete francês. Assim, todas requerem a preparação do creme, a adição do sabor, a maturação em geladeira por 12 horas e o processamento segundo as instruções da sorveteira.

Sorvete Drunken Monkey

INGREDIENTES			PROCESSO
150	g	gema	Em uma tigela, misture a gema com o sal e o açúcar; bata até misturar bem.
½	col. chá	sal	
2	xíc.	açúcar	
1.000 g		leite	Aqueça o leite, o creme de leite e as favas de baunilha até a fervura; despeje sobre a mistura de gema, temperando. Cozinhe por 2 minutos, até obter o ponto *nappe* (85 °C).
1.000 g		creme de leite fresco	
2	un.	favas de baunilha	
250	g	chocolate branco, derretido	Adicione o chocolate derretido e as bananas em purê misturadas com o rum ou licor; mexa bem. Adicione o emulsificante, misture bem e coe.
5	un.	bananas, purê	
½	xíc.	rum ou licor de banana	
½	col. chá	emulsificante	
			Esfrie por 12 horas e coloque na sorveteira, seguindo as instruções do manual da máquina.
			Ao retirar a massa de sorvete congelada, adicione nozes ou pralinas picadas e calda de chocolate.

370

ESPESSANTES NA CONFEITARIA

Sorvete de baunilha e caramelo

INGREDIENTES

300	g	gema
½	col. chá	sal
380	g	açúcar

2.000	g	leite
2	un.	favas de baunilha
100	g	leite em pó desnatado

150	g	glicose em pó
150	g	manteiga, temp. ambiente

½	col. chá	estabilizante

CARAMELO

450	g	açúcar
450	g	glicose
395	g	leite condensado
300	g	creme de leite
1	col. sopa	baunilha

PROCESSO

Em uma tigela, misture a gema com o sal e o açúcar; bata até misturar bem.

Aqueça o leite e as favas de baunilha; quando morno, adicione o leite em pó desnatado, misturando bem; continue aquecendo e, quando começar a fervilhar, adicione a glicose em pó até a fervura; adicione a manteiga e mexa bem.

Despeje sobre a mistura de gema com açúcar, temperando. Cozinhe por 2 minutos até obter o ponto *nappe* (85 °C).

Ferva o leite condensado, o creme de leite e a baunilha, e reserve até que o caramelo esteja pronto.

Para fazer o caramelo, coloque em uma panela 3/4 do açúcar e observe o seu derretimento sob fogo médio alto, fazendo movimentos circulares com a panela para evitar que o açúcar queime. Quando estiver derretido, coloque a glicose e o restante do açúcar. Após atingir o ponto de caramelização, adicione a misture de leite condensado e retorne ao fogo médio.

Misture o estabilizante para sorvete com cinco vezes sua quantidade em açúcar; neste caso, 2 ½ colheres de chá. Adicione o estabilizante preparado, misture bem e coe.

Esfrie por 12 horas e trabalhe com um misturador manual por 2 minutos, homogeneizando a preparação.

Coloque na sorveteira, seguindo as instruções do manual da máquina. Ao retirar a massa de sorvete congelada, tenha o caramelo à temperatura ambiente em mãos, dispensando-o a gosto, permeando todo o sorvete, porém sem misturá-los.

Sorvete de gianduia
PASTA DE AVELÃ

INGREDIENTES			PROCESSO
200	g	gema	**ESTILO CREME INGLÊS**
75	g	sal	Misture a gema com o sal, o açúcar e o açúcar
100	g	açúcar	invertido.
75	g	açúcar invertido	
2.750	g	leite	Ferva o leite, a pasta de avelã (gianduia) e a
500	g	pasta de avelã (gianduia)	baunilha; despeje a preparação sobre a mistura
15	g	baunilha	de gema. Cozinhe por 2 minutos até obter o ponto *nappe* (85 °C).
7	g	estabilizante para sorvete	Adicione o estabilizante e o emulsificante.
7	g	monoestearato, emulsificante	Misture bem e deixe hidratar por 5 minutos. Coe.
			Esfrie por 12 horas e coloque na sorveteira, conforme as instruções do manual.

Sorvete de lichia

INGREDIENTES			PROCESSO
1	xíc.	leite	Faça um creme inglês, fervendo o leite e o
1	xíc.	creme de leite fresco	creme de leite. Tempere as gemas, o açúcar e o sal. Cozinhe até obter o ponto *nappe* (79 °C).
4	un.	gemas	
1	xíc.	açúcar	Adicione a polpa de lichia processada com o
1	col. chá	sal	suco de limão e refrigere por 12 horas.
1	xíc.	lichia, polpa	
1	col. sopa	suco de limão	Bata bem e prossiga com as instruções da sorveteira.

Sorvete de chocolate maltado

INGREDIENTES			PROCESSO
1.000	g	creme de leite fresco	Ferva o creme de leite com o leite e o melado de malte (ou extrato de malte).
500	g	leite	
250	g	melado de malte*	
12	un.	gemas	Em uma tigela, misture as gemas e adicione uma pitada de sal e o açúcar. Tempere com o líquido fervendo e retorne à cocção até atingir 85 °C.
1	pitada	sal	
½	xíc.	açúcar	
280	g	chocolate 70%, picado	
			Adicione o chocolate picado e misture bem.
			Refrigere por 12 horas e congele na sorveteira.

* Na falta de melado de malte ou extrato de malte, aumente o leite em 100 gramas e dissolva 100 gramas de achocolatado.

RECEITAS

Sorvete de mangostim

Originária das Ilhas Molucas, essa fruta hoje é plantada na Malásia, no Sri Lanka, na Tailândia, no Vietnã, nas Filipinas, em Porto Rico, na América Central e no Brasil. As variedades refletem as diferenças de solo, clima e mudanças atmosféricas, mas não há diferenças genéticas. Para conseguir 100 gramas de polpa, são necessários cerca de 400 gramas de fruta. A árvore cresce vagarosamente, e pode levar até 15 anos para começar a produzir frutos.

INGREDIENTES			PROCESSO
½	xíc.	açúcar	Ferva o creme de leite e o leite. Em uma tigela, misture o açúcar, as gemas e o sal com um batedor, sem espumar. Tempere com o líquido fervente e retorne à cocção até que atinja o estágio *nappe* (85 °C).
3	un.	gemas	
½	col. chá	sal	
1 ½	xíc.	leite	
1	col. chá	extrato de baunilha	
1	xíc.	creme de leite fresco	
100	g	mangostim fresco, polpa	Adicione a baunilha, o mangostim processado e o suco de limão
1	col. chá	suco de limão	
			Deixe refrigerar por 12 horas.
			Processe de acordo com as instruções da sorveteira.

ESPESSANTES NA CONFEITARIA

Sorvete de baunilha

INGREDIENTES			PROCESSO
500	g	creme de leite fresco	Misture o creme de leite com o leite em pó, o leite, o açúcar, as sementes e as favas da baunilha; aqueça até ferver.
100	g	leite em pó	
800	g	leite	
150	g	açúcar	
2	un.	favas de baunilha	
400	g	gema	Tempere sobre a gema com o açúcar e o sal. Cozinhe até obter o ponto *nappe* (85 °C).
150	g	açúcar	
½	col. chá	sal	Coe e refrigere para maturar.
			Processe de acordo com as instruções da sorveteira.

Sorvete de limão e abacate

INGREDIENTES			PROCESSO
1.500 g		abacate, maduro	Processe o abacate até deixá-lo em uma consistência cremosa.
⅓	xíc.	suco de limão	
1 ½	xíc.	xarope simples (uma parte de água e uma parte de açúcar)	Junte o suco de limão e ⅔ do xarope (1 x 1). Coe.
1	xíc.	creme de leite fresco, gelado	Adicione o creme de leite com leite e misture bem.
2	xíc.	leite gelado	
			Ajuste o açúcar adicionando o xarope simples restante, com cuidado, a gosto.
			Processe na sorveteira, de acordo com as instruções.

GELATO

O sorvete italiano é elaborado a partir de leite e açúcar combinados com outros flavorizantes. Normalmente, o gelato apresenta uma massa de boa qualidade, com apenas 35% ou menos de ar incorporado, resultando em um produto denso e saboroso.

Gelato de amêndoa

INGREDIENTES			PROCESSO
1.750	g	água	Misture todos os ingredientes e aqueça a 82 °C.
270	g	leite em pó	
145	g	açúcar	
120	g	açúcar invertido	Esfrie por 24 horas antes de processar.
650	g	pasta de amêndoa	
12	g	estabilizante	Coloque na sorveteira e prossiga conforme as instruções do manual.
12	g	monoestearato, emulsificante	

Gelato de baunilha

INGREDIENTES			PROCESSO
600	g	creme de leite fresco	Misture todos os ingredientes e aqueça a 82 °C.
1.200	g	leite	
600	g	açúcar	
2	col. chá	baunilha	Esfrie por 24 horas antes de processar.
½	col. chá	sal	
½	col. chá	estabilizante	Coloque na sorveteira e prossiga conforme as instruções do manual.
½	col. chá	monoestearato, emulsificante	

RECEITAS

Frozen yogurt 1

INGREDIENTES			PROCESSO
60	g	glicose de milho	Coloque a glicose de milho em uma panela e adicione o leite frio, mexendo sempre. Ferva.
500	g	leite	
500	g	iogurte*	
350	g	açúcar	Adicione os demais ingredientes; coe e deixe descansar por 12 horas. Congele na sorveteira.
1	col. sopa	baunilha**	
½	col. chá	estabilizante para massa de sorvete	

* Para reduzir a gordura, substitua o iogurte e o leite integrais por desnatados.

** Outros flavorizantes: geleias, marmeladas, concentrados de frutas e infusões.

Frozen yogurt 2

INGREDIENTES			PROCESSO
1.000 g		glicose de milho	Prepare um banho-maria e coloque o jarro de glicose de milho para aquecer a 40 °C. Em uma tigela, despeje a glicose aquecida, o leite, o iogurte e a baunilha, mexendo sempre.
750	g	leite desnatado	
1.000 g		iogurte desnatado	
1	col. sopa	baunilha*	
70	g	açúcar	Misture o açúcar com o emulsificante e adicione à mistura de iogurte. Coe e deixe descansar por 12 horas.
7	g	emulsificante para sorvetes	
			Retire da geladeira, misture bem e congele na sorveteira.

* Outros flavorizantes: geleias, marmeladas, concentrados de frutas e infusões.

** Para chocolate, adicione 100 gramas de cacau em pó e 200 gramas de chocolate derretido à metade da mistura, temperando-a, e então adicione a outra metade. Siga a adição de açúcar e emulsificante, misturando bem. Dê seguimento aos demais passos.

*** Para fruta, adicione 1 litro de purê de frutas ou geleia de frutas à sua escolha.

APLICAÇÃO 3. MOUSSES, SORVETES, SORBETS E OUTRAS SOBREMESAS CONGELADAS

Frozen nougat parfait

INGREDIENTES			PROCESSO
BASE DO PARFAIT			**BASE DO PARFAIT**
500	g	creme de leite fresco	Bata o creme de leite com o açúcar de confeiteiro em ponto médio/firme. Misture o Grand Marnier com a pasta de pralina (pasta de avelã, estilo Nutella) e acrescente as frutas picadas.
½	xíc.	açúcar de confeiteiro	
¼	xíc.	Grand Marnier	
⅓	xíc.	pralina, pasta	
1	xíc.	frutas secas, picadas	
MERENGUE ITALIANO			**MERENGUE ITALIANO**
370	g	açúcar	Ferva a água e o açúcar, adicione a glicose de milho e cozinhe a 110 °C. Bata as claras com o açúcar impalpável e quando a calda atingir 120 °C entorne a misture sobre as claras, batendo até amornar.
170	g	glicose de milho	
½	xíc.	água	
¾	xíc.	clara	
¼	xíc.	açúcar impalpável	

Adicione a mistura de creme de leite.

Encha uma manga de confeitar e despeje a preparação até o topo dos ramequins. Congele por 4 horas antes de servir.

Cappuccino semifreddo

Este parfait é uma preparação fria, na qual, no lugar do merengue italiano como base, entra uma pâte à bombe, ou seja, uma mistura de gemas que são estabilizadas pela cocção sob banho-maria até a coagulação completa.

INGREDIENTES			PROCESSO
12	un.	claras	Bata um merengue firme ao estilo francês (forme a espuma das claras com o pó para merengue e vá adicionando o açúcar de pouco em pouco) até ficar brilhante e firme. Reserve.
12	col. chá	pó para merengue	
1 ½	xíc.	açúcar	
⅔	xíc.	gema	Em banho-maria, prepare a pâte à bombe aquecendo a gema com o açúcar, a baunilha, o café espresso e o Kahlúa, batendo até o açúcar derreter e alcançar a temperatura de 65 °C. Isso elimina o risco de contaminação por bactérias, estabiliza a pâte à bombe e espessa a mistura pela coagulação das gemas. A mistura, quando preparada com o batedor, atingirá uma consistência fluida.
⅔	xíc.	açúcar	
2	un.	baunilha	
¼	xíc.	café espresso	
3	col. sopa	Kahlúa	
1.000 g		creme de leite fresco	

Adicione o merengue, misturando bem.

Bata o creme de leite frio a ponto de chantilly e agregue à mistura, delicadamente.

Despeje em taças para café e congele. Sirva com bombolinis ou beignets.

SORBET

Usada em francês, inglês, português e outras línguas, a palavra *sorbet* tem origem no italiano *sorbetto* (que parece haver sido importado do turco *chobet*). Significaria apenas uma bebida, originalmente um suco de fruta adoçado com mel e esfriado pela adição de neve fresca.

Hoje, porém, um sorbet é uma preparação congelada elaborada a partir de água flavorizada com frutas, tipicamente suco concentrado, suco natural ou purê de frutas; usa-se também chocolate, vinho e licor. Os sorbets podem ser enriquecidos com infusões de ervas e suavizados pela adição de um estabilizante, que controlará o tamanho dos cristais de gelo de maneira uniforme. Como vimos na apresentação das sobremesas congeladas, são servidos como "limpadores" de paladar.

Usualmente, a fórmula básica para o sorbet é de uma parte de purê de fruta para uma parte de calda de açúcar simples. O ideal, em termos técnicos, é medir a densidade da calda de açúcar com um sacarômetro ou escala de Baumé. Como dificilmente se tem à mão esse instrumento, será preciso travar uma refrescante batalha empírica até chegar à proporção correta – que também depende grandemente da qualidade da fruta, de sua doçura e da sorveteira.

Quanto ao estabilizante, pode ser dispensado, mas o sorbet ficará com pouca durabilidade. Podemos utilizar gelatina, pectina, gomas ou preparados estabilizantes para sorbets. No caso dos veganos, uma colher pequena de pectina pode ser uma solução simples e eficiente.

Lembre-se de que sorbets são praticamente sem gordura, mas esta é substituída por uma massiva quantidade de açúcar. Em algumas receitas nesta parte, as quantidades de água e outros componentes foram adaptadas para os "*chefs* caseiros", diferindo um pouco das receitas profissionais.

A DENSIDADE DO AÇÚCAR

O sabor do sorbet é ajustado ao nível correto de doçura com uma calda de açúcar. Para isso, utiliza-se um medidor de densidade de açúcar, também chamado de sacarômetro ou termômetro Baumé. Esse instrumento indica o conteúdo de açúcar em um líquido e deve acusar 0 °C para a água. Nos sorbets, deve marcar de 14 a 20 °C. De maneira geral, números baixos resultam em uma estrutura dura, quase como gelo, enquanto números altos resultam em uma textura mais macia. Uma marca de 16 °C é ideal para a elaboração de um sorbet macio e firme no ponto certo, com textura sedosa o suficiente para ser saboreado.

[Sorbet de morango]

RECEITAS

Sorbet de tomate e baunilha

INGREDIENTES			PROCESSO
1.000	g	polpa de tomate	Ferva todos os ingredientes exceto o estabilizante.
80	g	glicose em pó	
200	g	açúcar	
400	g	água	Adicione o estabilizante e coe. Deixe amadurecer por 12 horas em geladeira.
3	un.	favas de baunilha	
30	g	suco de limão	
7	g	estabilizante para sorbet	Siga as instruções da sorveteira.

Sorbet de limão e manjericão

INGREDIENTES			PROCESSO
1.000	g	água	Ferva a água e o açúcar; adicione a glicose e o manjericão levemente picado; deixe em infusão por 30 minutos.
550	g	açúcar	
275	g	glicose	
10	g	manjericão, folhas	
14	g	estabilizante para sorbet	Adicione o estabilizante para sorbet e o suco de limão, mexendo bem. Coe e deixe por pelo menos 12 horas na geladeira.
1.000	g	suco de limão	
			Misture bem e processe em sorveteira.

ESPESSANTES NA CONFEITARIA

Sorbet de coco

INGREDIENTES		
1.000 g		leite de coco
1	xíc.	açúcar
½	col. chá	pectina em pó
½	xíc.	açúcar
½	un.	coco ralado, sem açúcar

PROCESSO

Ferva o leite de coco e o açúcar.

Misture a pectina em pó com o açúcar e acrescente à mistura de coco quente. Adicione o coco ralado.

Deixe esfriar na geladeira por 12 horas e congele na sorveteira, seguindo as instruções da máquina.

[Sorbet de coco]

Sorbet de banana flambada com passas ao rum

INGREDIENTES

200	g	uvas-passas hidratadas
125	g	rum
1.000	g	purê de banana
500	g	água
300	g	açúcar
200	g	glicose em pó
4	g	estabilizante

PROCESSO

Hidrate as passas no rum por 12 horas. Adicione-as à massa do sorbet logo que tirá-la da sorveteira, congelada.

Corte as bananas ao meio e asse até a obtenção de um purê.

Ferva a água com o açúcar e a glicose em pó. Adicione o purê e processe.

Adicione o estabilizante de sua escolha; caso preferir, utilize um emulsificante na mesma proporção do estabilizante.

Coar é opcional.

Congele na máquina de acordo com as instruções.

Depois que adicionar as passas hidratadas, aproveite o rum que sobrou para flambar,* com caramelo simples, bananas cortadas em rodelas. Sirva quente, como acompanhamento do sorbet.

* Flambar: termo francês para "trazer em chamas". Significa inflamar ou atear fogo em um alimento que contém algum tipo de bebida alcoólica; no caso de sobremesas, rum e licores. Pela queima rápida de um álcool volátil, flambar infusiona a preparação com aromas e sabores adicionais.

Sorbet de frutas cítricas

INGREDIENTES			PROCESSO
185	g	água	Ferva a água, os sucos com o açúcar e a glicose.
500	g	suco de lima-da-pérsia	
500	g	suco de tangerina	
280	g	açúcar	Adicione o estabilizante e coe. Deixe amadurecer na geladeira por 12 horas.
75	g	glicose em pó	
5	g	estabilizante para sorbet	Coloque a mistura na sorveteira e siga as instruções.

Sorbet de mojito

INGREDIENTES			PROCESSO
2	l	água	Faça uma calda com a água, o açúcar, a menta e o manjericão picados. Deixe flavorizar por 30 minutos.
1.150	g	açúcar	
10	g	menta	
5	g	manjericão fresco	
2.000	g	suco de limão, fresco	Adicione o suco de limão, o estabilizante e a glicose em pó; misture bem. Coe e adicione a tequila ou o rum. Deixe amadurecer por 12 horas.
8	g	estabilizante	
275	g	glicose em pó	
100	ml	rum branco ou tequila	
¼	xíc.	tequila	Siga as instruções da sorveteira.

APLICAÇÃO 3. MOUSSES, SORVETES, SORBETS E OUTRAS SOBREMESAS CONGELADAS

Sorbet de frutas exóticas

INGREDIENTES			PROCESSO
500	g	banana	Prepare as polpas das frutas e as especiarias em um processador.
500	g	abacaxi	
500	g	manga	
500	g	maracujá	À parte, ferva uma calda simples com a água e o açúcar.
750	g	lichia	
100	g	lima-da-pérsia	
3	g	cardamomo	Misture o estabilizante com o açúcar; adicione à calda quente e misture bem.
2	g	canela em pau	
3	g	pimenta-do-reino	
1	l	água	Adicione a mistura de frutas e mexa bem.
1.000	g	açúcar	
12	g	estabilizante	Coe e deixe amadurecer por 12 horas.
120	g	açúcar	Siga as instruções da sorveteira.

Sorbet de champanhe

INGREDIENTES			PROCESSO
200	g	açúcar	Faça uma calda simples com o açúcar, a água, o açúcar invertido e as raspas.
500	g	água	
50	g	açúcar invertido	
10	g	casca de laranja em julienne	Adicione o champanhe e o estabilizante misturado com o açúcar; mexa bem.
1	g	casca de limão em julienne	
750	g	champanhe	Coe e deixe amadurecer por 12 horas.
10	g	estabilizante	
100	g	açúcar	Siga as instruções da sorveteira.

Sorbet de maçã verde

INGREDIENTES		
500	g	maçã verde, purê
450	g	água
110	g	açúcar
110	g	glicose em pó

PROCESSO

Coloque a maçã no processador e faça um purê.

Ferva a água, o açúcar e a glicose em pó.

Adicione a calda de açúcar ao purê processado e coe. Refrigere por 12 horas.

Processe na sorveteira.

Sorbet de maracujá e abacaxi

INGREDIENTES		
1	xíc.	abacaxi
½	xíc.	açúcar
1	xíc.	água
¾	xíc.	açúcar
1 ½	xíc.	maracujá, polpa

PROCESSO

Bata o abacaxi com o açúcar em um liquidificador. Deixe esfriar por 1 hora.

Aqueça a água e ¾ de xícara de açúcar até ferver. Espere esfriar.

Coe o suco de abacaxi e meça ⅔ da xícara apenas.

Misture a polpa de maracujá, o abacaxi e a calda de açúcar. Deixe amadurecer por 12 horas.

Congele na sorveteira, seguindo as instruções da máquina.

Sorbet de caipirinha

INGREDIENTES			PROCESSO
⅔	xíc.	água	Faça uma calda simples. Adicione os demais ingredientes. Misture bem.
⅔	xíc.	açúcar	
⅔	xíc.	suco de limão	Deixe maturar por 12 horas e processe com a sorveteira.
⅔	xíc.	leite em pó	
10	g	raspas de limão	
¼	xíc.	cachaça	

Sorbet de piña colada

INGREDIENTES			PROCESSO
1	xíc.	água de coco	Ferva a água de coco e o açúcar. Esfrie.
¾	xíc.	açúcar	
2	xíc.	leite de coco	Adicione os demais ingredientes, misturando bem. Refrigere por 12 horas.
¼	xíc.	Malibu	
¼	xíc.	rum branco	
			Prossiga com o congelamento.

COUPES

Os coupes são a combinação de sorvete, licores, molhos e frutas arranjados cuidadosamente. Abaixo estão exemplos de coupes tradicionais:

- **COUPE BRÉSILIENNE:** abacaxi picado em pequenos cubos, misturado com cerejas ao marrasquino e coberto com uma bola de sorbet de limão. Decore e sirva.
- **COUPE FROU-FROU:** sorvete de baunilha coberto por pêssegos ao licor. Decore com creme chantilly e cerejas.
- **COUPE HELENE:** sorvete de baunilha coberto com peras em cubos salteadas em um molho quente de chocolate. Sirva com o molho quente flavorizado com Kirsch e violetas cristalizadas para decorar.
- **COUPE CREOLE:** abacaxi em cubos, bananas picadas cobertas por sorbet de limão e uma dose de rum. Decore com creme chantilly e abacaxi.
- **COUPE SAVOY:** frutas frescas em cubos misturadas com sorvete de cappuccino, cobertas por uma dose de licor de anis e decoradas com creme chantilly.
- **COUPE MOZART:** 1 bola de sorvete de baunilha e 1 bola de sorvete de pralina, cobertas por pêssegos fatiados. Cubra com um coulis de framboesa e decore com creme chantilly e amêndoas pralinadas ou tostadas.

PARFAIT, SOUFFLÉ GLACÉ E BOMBE

Parfait ao chocolate

Mais leves e menos doces que um sorvete, parfaits são preparações simples – uma base de pâte à bombe flavorizada e enriquecida com um creme de leite batido. A gelatina garante que o produto se mantenha firme, mesmo se exposto em um buffet por algumas horas.

INGREDIENTES			PROCESSO
8	g	gelatina	Combine a gelatina e a água gelada, deixando hidratar por 15 minutos.
40	g	água gelada	
80	g	água	Aqueça a água, o açúcar e a glicose até atingir 120 °C.
160	g	açúcar	
80	g	glicose de milho	
200	g	gema	Bata a gema, os ovos, o sal e a baunilha; adicione a calda de açúcar aos poucos, até obter uma bombe firme.
2	un.	ovos	
½	col. chá	sal	
160	g	açúcar	
1	col. sopa	baunilha	
250	g	chocolate ao leite	Adicione a gelatina derretida à pâte à bombe, ainda quente, misturando rapidamente. Adicione os chocolates derretidos. Deixe a mistura atingir temperatura ambiente, enquanto bate o creme de leite a ponto médio.
200	g	chocolate 72%	
800	g	creme de leite fresco, batido	

Adicione ⅓ do creme de leite à bombe, temperando-a, e então acrescente delicadamente o restante do creme até que incorpore totalmente.

Despeje a mistura no molde de sua preferência. Congele. Desenforme e sirva como parte de uma sobremesa.

Suflê glacê

Nesta preparação, é adicionado um merengue italiano a uma mistura de parfait, de pâte à bombe ou a uma base de purê de frutas.

INGREDIENTES

10	un.	gemas
1 ½	xíc.	açúcar
½	col. chá	sal
1	col. sopa	extrato de baunilha
1	un.	fava de baunilha
200	g	água
480	g	açúcar

GLACÊ DE BAUNILHA

10	un.	claras
60	g	açúcar
¼	col. chá	cremor de tártaro

PROCESSO

MÉTODO ZABAIONE OU PÂTE À BOMBE
Em banho-maria, aqueça as gemas, o açúcar, o sal, o extrato e as raspas de fava de baunilha até obter uma mistura grossa e espessa, com uma coagulação completa que atinja 85 °C.

Transfira para a batedeira e bata até triplicar em volume.

MÉTODO DO MERENGUE ITALIANO
Ferva a água e o açúcar em uma panela completamente limpa a fim de impedir a formação de cristais de açúcar.

Utilize a batedeira para misturar as claras, o açúcar e o cremor de tártaro até obter uma espuma. Quando atingir 115 °C, bata em velocidade alta. Aos 120 °C adicione a calda fervente em fio, batendo até obter um merengue brilhante e espesso.

Adicione o merengue italiano ao zabaione, delicadamente.

Prepare ramequins com um colarinho de papel-manteiga ficando dois dedos mais alto. Despeje a mistura e alise a superfície. Congele.

SOUFFLÉS GLACÉS VARIADOS
SOUFFLÉ GLACÉ AO LICOR: flavorize o glacê de baunilha com 90 g do licor de sua preferência, adicionando à pâte à bombe.

SOUFFLÉ GLACÉ DE FRUTA: substitua a pâte à bombe por 300 g de purê de fruta reduzido (morango, maracujá, manga, framboesa, mangostim, etc.).

Pâte à bombe

INGREDIENTES		
100	g	água
300	g	açúcar
80	g	glicose
12	un.	gemas
½	col. chá	sal
1	col. chá	extrato de baunilha
500	g	creme de leite fresco, batido

PROCESSO

Ferva a água, o açúcar e a glicose a 120 °C.

Bata as gemas, o sal e o extrato de baunilha; adicione a calda de açúcar aos poucos, até obter uma bombe firme. Flavorize e deixe atingir a temperatura ambiente antes do próximo passo.

Bata o creme de leite a ponto médio e adicione de maneira envolvente à pâte à bombe à temperatura ambiente.

Prepare os moldes (esferas). Despeje a mistura e alise a superfície. Congele. Desenforme e sirva decorada.*

* Faça a pâte à bombe e divida-a. Tempere com sabores diferentes e conserve em geladeira até no máximo 3 dias. Adicione o creme batido e siga com a preparação.

PARTE 2
Espessantes à base de proteínas
GELATINA

A gelatina

A gelatina é uma proteína extraída de tendões e ossos de animais. As proteínas são componentes fundamentais dos alimentos, tanto funcional como nutricionalmente. Uma compreensão básica da estrutura delas e de suas características é essencial para entender como funcionam nos alimentos. As características reais das proteínas influenciarão se você pode bater um alimento com o intuito de aquecê-lo ou de adicionar ingredientes a ele. As proteínas influenciarão também em como os ingredientes se comportarão em sistemas coloidais e como contribuirão para as funções principais de cor, textura e sabor dos alimentos.

- COR: o papel das proteínas na cor dos alimentos é bastante onipresente; na maioria dos casos, a proteína desempenha seu papel por meio dos efeitos de sua interação ou simplesmente como parte de uma molécula complexa. A principal maneira de a proteína contribuir para a cor é por meio da reação de Maillard, ou seja, com a ação do calor. A reação de Maillard é o "corado" ou "dourado" dos alimentos, escurecimento entre um grupo de amina e um grupo de redução de um hidrato de carbono.
- TEXTURA: contribuições de textura da proteína em alimentos não são incomuns. Por exemplo, cremes são proteínas em formato de gel nos quais a força de gel (espessura) é influenciada pela desnaturação da ovalbumina. Outro exemplo claro é a produção de iogurte: nesse caso específico, a textura do iogurte é influenciada por gelatinização da caseína.
- SABOR: a contribuição do sabor é relativa. Algumas proteínas e aminoácidos podem adicionar sabor. Aminoácidos podem contribuir com sabor amargo, doce e outros sabores.

GELATINA: ESPESSANTE

Na culinária, a adição da gelatina aumenta a viscosidade de um líquido quando seus grânulos são hidratados, amplificando em cerca de dez vezes seu tamanho original e aprisionando as moléculas de água no processo. Esse fenômeno é similar à ação espessante dos amidos, mas os resultados finais são diferentes: uma preparação à base de agentes gelatinosos apresenta uma textura mais fina e manterá sua estabilidade em diversas temperaturas.

A firmeza de uma mistura à base de um agente gelatinoso depende da proporção entre agente e líquido, da temperatura da mistura e dos outros ingredientes da mistura; a falta de gelatina resulta em um produto subaquoso; gelatina demais pode até ser capaz de saltar do prato sozinha. A proporção correta, quando esfriada e retirada do molde, suporta seu próprio peso e, ao ser mexida, se mostra maleável e organizada.

A firmeza varia inversamente com a temperatura de preparação. Uma vez espessada, a preparação pode voltar para o estado líquido simplesmente por meio de seu reaquecimento. Resfrie a mistura e ela estará de novo em estado sólido. Esse processo pode ser repetido algumas vezes, não infinitamente, pois a alteração extrema de temperatura destrói parte da habilidade espessante do agente gelatinoso.

Alguns ingredientes, como o açúcar em excesso, inibem a gelatinização, assim como algumas frutas, que em forma fresca possuem enzimas que desestabilizam a gelatinização.

GELATINIZAR: CONCEITO

Quando a fase líquida de um alimento fluido apresenta um número suficiente de moléculas espessantes, as moléculas da mistura podem se associar e formar uma rede contínua permeável ao fluido, com a água imobilizada em bolsões entre as moléculas da rede. Ao endurecer-se, essas cadeias espessam o fluido a um ponto que se torna sólido úmido, ou gel. Se esse gel é formado por moléculas dissolvidas, se apresentará transparente, mas se a solução ainda contém outras partículas (amido de milho, por exemplo), então o gel será opaco. A inclusão de um amido (farinha de trigo ou amido de milho) pode proteger as proteínas de coagularem. Quanto mais as longas moléculas de amido se misturam com as proteínas, mais elas protegem de formar ligações muito fortes entre si e se romperem.

Por outro lado, muitos produtos podem ser espessados não apenas pela adição de espessantes, mas também pela remoção de uma parte da fase contínua (líquida), quando se ferve e evapora uma parte da água, pois os espessantes contidos na mistura se tornam mais concentrados.

Espessantes alternativos, algumas vezes chamados de gelatinas vegetais, podem provir de algas e plantas, mas não pertencem à mesma origem química e reagem por atributos diferentes, pois são carboidratos e não proteínas, como a gelatina de origem animal. O nome "gelatina" é coloquialmente aplicado a todos os tipos de gelificadores e géis, mas o correto é usá-lo somente para a gelatina, subproduto da proteína de origem animal. Assim, podemos afirmar que não existe uma fonte de gelatina vegetal.

Dependendo do tipo de produto, a gelatina ou gelatina hidrolisada pode ser usada para executar determinadas funções, como sabor, textura, espessura, força de gel e muitos mais. A gelatina é definida por sua floração, ou força de gel. Ela forma um gel termorreversível à temperatura ambiente e requer água quente para dissolver. Portanto, ela executa essas tarefas como texturizador em gomas de frutas e doces de gelatina, estabilizador de lacticínios, como em iogurtes ou pudins, e emulsificante em sopas e molhos. A gelatina tem um sabor neutro e sem odor, portanto, pode ser utilizada em alimentos sem alterar o sabor. Além disso, pode agir como um agente espessante em marshmallows, sorvetes, recheios de bolo e mousse de espuma. É também uma excelente fonte de proteína.

A gelatina hidrolisada, por outro lado, é definida por sua viscosidade ou espessura e forma uma solução à temperatura ambiente que dissolve em água fria.

Ela também é uma fonte ideal de proteínas altamente purificadas e contém todas os aminoácidos essenciais que o corpo necessita obter de fontes de proteínas externas (exceto o triptofano).

Quando a gelatina é de origem animal, a capacidade de formar gel vem do colágeno e pode ser usada como espessante e agente de ligação, portanto, é capaz de parcial ou completamente substituir o açúcar como ingrediente de adesão em alguns produtos, melhorando ainda mais seu valor positivo nas dietas. A gelatina hidrolisada, também neutra em sabor, é usada para melhorar uma vasta gama de produtos, incluindo barras de proteínas, barrinhas de cereais, bebidas de proteína e produtos de dietas especiais e nutracêuticos comuns. As gelatinas hidrolisadas, como a gelatina *kosher*, podem ser usadas para diversas aplicações, e os benefícios que oferecem são infinitos. Se você quiser melhorar as características físicas dos seus produtos, como textura ou peso, se quiser melhorar as características funcionais, tais como energia de gel ou espessura, ou se quer aumentar o valor nutricional, a utilização da gelatina hidrolisada é bastante apropriada.

A gelatina é uma substância quebradiça, transparente, sem cor ou levemente amarelada, de sabor e odor típicos, criada a partir da ebulição prolongada de tecidos conectivos, como pele, cartilagem e ossos, produzida pela indústria de processamento de animais. Ela é uma proteína única e rica em aminoácidos essenciais; entretanto, não ocorre na natureza, nem tampouco é modificada quimicamente ou produzida a partir de materiais geneticamente modificados. As substâncias que contêm gelatina ou que funcionam de maneira similar são chamadas de gelatinosas.

CARACTERÍSTICAS

A gelatina é a única proteína natural de importância comercial, capaz de produzir géis puros termorreversíveis quando combinada com água. Em sua forma gelatinosa, é também única por sua capacidade de se derreter à temperatura ambiente. A gelatina não está apenas nos alimentos que consumimos, mas em produtos cosméticos, bronzeadores, cremes corporais e medicamentos em cápsula.

A gelatina é obtida por meio de uma prolongada fervura do tecido animal a altas temperaturas, formando uma massa pegajosa de proteínas – o termo "tecido animal" na maioria das vezes não se refere propriamente a um tecido vivo, mas sim a estruturas de proteínas localizadas ao redor das células vivas que o produziram. A maioria das gelatinas é proveniente desses tecidos, que podem ser cartilagens e tendões de gado bovino ou especialmente de suínos. A gelatina é composta por 84% a 90% de proteína, 1% a 2% de minerais e 8% a 15% de água, aditivos e conservantes em forma livre.

Sua importância se observa não só no amplo uso na indústria, mas ainda pelo fato de também ser um alimento de fácil metabolização e por isso utilizado em receitas de baixas calorias, como com leite, margarinas e carnes, por exemplo. A gelatina comestível, uma proteína pura e de fácil digestão, torna-se importante em nossa dieta; outros nutrientes, como carboidratos e gorduras, por exemplo, podem ser substituídos, mas a proteína raramente pode ser substituída, e sua ingestão regular é essencial para o bem-estar e a boa saúde.

A gelatina é retirada de três proteínas animais: colágeno, elastina e reticulina.

- COLÁGENO: palavra derivada do grego que literalmente significa "produção de cola", pois, ao ser aquecido em água, o colágeno insolúvel se transforma na solúvel gelatina, solução pegajosa que pode ser utilizada na produção de cola e como espessante em sopas e doces, por exemplo. A gelatina é um colágeno hidrolisado irreversível.
- ELASTINA: substância elástica, a parte amarelada das paredes e dos ligamentos das veias sanguíneas.
- RETICULINA: é fibrosa e está concentrada nos espaços entre as células musculares.

COLÁGENO

Bastante encontrada na natureza, é uma proteína fibrosa que compõe a estrutura física e orgânica dos animais vertebrados: pássaros, répteis, peixes e mamíferos, incluindo humanos. É a estrutura básica de toda pele, tendão, osso, membrana e tecido animal presentes em nossos corpos e nos corpos de outras criaturas. Para a espécie humana, o colágeno tem significado similar ao da celulose nas plantas.

A gelatina é derivada do colágeno por hidrólise parcial, que está presente em três fontes apropriadas para a produção de gelatina em escala comercial: pele de porco, pele de gado e ossos. Essas fontes não são misturadas; cada tipo de matéria-prima sofre um pré-tratamento (condicionamento) para ser processado, independentemente de qual a origem do material. Todos são primeiramente cortados, lavados e limpos, a fim de retirar a maior quantidade possível de material sem colágeno.

Dependendo da origem do material, a gelatina derivada pode ser dos tipos A ou B. A gelatina de tipo A é produzida por um processo ácido, especialmente aplicado à pele do porco, na qual são encontradas moléculas de colágeno novas, normalmente utilizadas nas gelatinas vendidas nos supermercados. A gelatina do tipo B é formada por um processo alcalino e ácido, preferencialmente aplicado na pele e nos ossos de gado, cujas moléculas de colágeno são mais velhas, mais densamente ligadas e mais complexas.

PRODUÇÃO

A produção mundial de gelatina gira em torno de 300 mil toneladas por ano. Em escala comercial, pode ser classificada como um subproduto ou um produto secundário da indústria de carne e de couro, encontrada em peles de porco, ossos de gado e de porco ou restos de parte de gado. A cocção prolongada desses subprodutos, assim como a aplicação de diferentes curas, ácidos e álcalis ajudam na extração final e na obtenção de um colágeno seco hidrolisado. Esses processos podem levar semanas, e as diferenças em cada um deles repercutem em efeitos diferenciados das propriedades finais dos produtos à base de gelatina. A gelatina pode ainda ser fabricada em casa, por meio da cocção de cartilagens, ossos e carnes animais. Dependendo da concentração, o caldo resultante, quando esfriado, naturalmente formará um gel ou gelificará.

Recentemente, produtos secundários da indústria pesqueira começaram a ser utilizados como base para fabricação de gelatina porque eliminam a maioria dos obstáculos religiosos ligados ao consumo e à proveniência da gelatina.

Ainda que uma variedade de processos possa transformar o colágeno em gelatina, todos apresentam fatores em comum. As ligações intermoleculares e intramoleculares, que estabilizam o colágeno insolúvel, devem ser rompidas, e as ligações de hidrogênio, que estabilizam o colágeno mais estável, hélice, também.

O processo de produção da gelatina consiste em três etapas principais:

1. Tratamentos que preparam a matéria-prima para o passo central na extração, removendo impurezas que poderiam causar efeitos negativos em propriedades físico-químicas do produto final.
2. Extração principal, passo que usualmente é feito com a utilização de água quente ou uma solução diluidora de ácidos, para a maximização da hidrolisação do colágeno em gelatina.
3. Refinagem e processo de conclusão, com tratamentos como filtragem, clarificação, evaporação, esterilização, secagem, moagem e peneiragem para remover a água completamente da solução gelatinosa, assim misturando a gelatina extraída, e obtendo-se então uma gelatina apropriada, seca, misturada e moída.

PRÉ-TRATAMENTOS

Quando a matéria-prima a ser utilizada para a extração de gelatina são ossos, soluções de base ácida devem ser utilizadas na remoção do cálcio e de sais similares. A água quente e uma variedade de solventes podem ainda ser utilizados para a retirada da gordura. O conteúdo máximo de gordura do material não deve exceder 1% antes da extração principal. Na utilização de matérias-primas como a pele e as membranas utilizadas para enchimento, a redução em tamanho, lavagem, remoção de pelo e redução do teor de gordura são os pré-tratamentos mais importantes. A preparação da matéria-prima para a extração é realizada por três métodos: o ácido, o alcalino e o enzimático.

O tratamento com ácido é especialmente aconselhável para materiais mais "puros", como o colágeno da pele do porco, muito menos complexo do que aquele retirado das arcadas bovinas. Esse tratamento tem ainda a vantagem de ser mais rápido do que o tratamento com um ativo alcalino, e normalmente requer entre 10 e 48 horas. A gelatina obtida desse processo é chamada de gelatina de tipo A.

O tratamento com álcalis é mais adequado para colágenos mais complexos, como os de arcadas de bovinos. É um processo mais longo, que pode chegar a várias semanas, e o propósito dele é destruir certas cadeias químicas ainda presentes no colágeno. A gelatina obtida do tratamento com os álcalis é referida como gelatina de tipo B.

As enzimas são também utilizadas para o tratamento da matéria-prima, sendo a mais nova utilizada pela indústria. Tratamentos com enzimas apresentam algumas vantagens sobre aqueles com tratamento à base de álcalis. O tempo requerido pela ação enzimática é mais curto, gratifica um rendimento de produção de quase 100%, a pureza é maior e as propriedades físicas da gelatina final são também superiores.

EXTRAÇÃO

Após a seleção da matéria-prima crua, inicia-se o processo que vai reduzir os elos do colágeno e das demais impurezas, tais como a gordura e os sais. Esse colágeno será parcialmente purificado e convertido em gelatina pela extração, tanto por água como por soluções ácidas a temperaturas controladas (é um dos mais importantes passos na produção de gelatina). Todos os processos utilizados pela indústria são baseados em um pH neutro ou ácido porque um tratamento com pH alcalino poderia apressar a conversão, mas ao mesmo tempo promover processos de degradação. A extração por meio do uso de ácidos é extensivamente utilizada pela indústria, mas o grau do ácido alterna de acordo com a variação de processos. Nessa etapa da extração propriamente dita, um aumento de temperatura reduz ao máximo a degradação que ocorre em virtude do calor.

DEPURAÇÃO E ACABAMENTO

Esses processos incluem uma multiplicidade de passos, como filtragem, evaporação, esterilização, secagem, moagem e peneiragem. Tais operações variam de acordo com a concentração de gelatina do produto final e também do uso que será feito dela. A retrogradação deve ser evitada ou minimizada o máximo possível, para o que se aplica um rigoroso controle de temperatura. Um processamento rápido na realização desse processo é fundamental para se evitar uma deterioração extensiva da estrutura péptica, pois, caso contrário, um poder de gelificação inadequado seria obtido.

USOS

Provavelmente, o mais reconhecido uso da gelatina é na própria culinária, como um agente gelificador. Entretanto, ela pode ter outras finalidades, associadas ou não à indústria alimentícia.

ALIMENTÍCIO

Os exemplos mais comuns de alimentos que contêm gelatina são as próprias gelatinas e receitas em que funciona como base: marshmallow (a nossa conhecida maria-mole, por exemplo), pudins, mousses, confeitos e doces, como a bala de goma e as balas em geral. A gelatina pode ser ainda usada por suas propriedades estabilizantes, espessantes ou texturizantes em produtos tais como sorvetes, geleias, iogurte, margarina, etc. Outra face muito explorada é na indústria de alimentos de gordura reduzida, pois simula a textura e a aparência de produtos, criando volume sem adicionar calorias lipídicas. Ela também pode ser utilizada na clarificação de sucos, como o suco de maçãs e o vinagre.

Na confeitaria, os usos mais comuns da gelatina são:

- combinar ou aglutinar ingredientes;
- formação de textura;
- agente espessante;
- formação e estabilização de emulsão;
- formação e estabilização de espuma.

TÉCNICO

A gelatina é o componente mais comum na fabricação das cápsulas de medicamentos; a indústria farmacêutica utiliza-se dela para facilitar a deglutição das cápsulas. Outros usos dela são:

- COLAS: colas de produtos animais são essencialmente gelatinas não refinadas ou processadas.
- INDÚSTRIA DE PAPEL: cartas de baralho, papéis brilhantes.
- INDÚSTRIA FOTOGRÁFICA: utiliza a gelatina na produção de filmes e papéis fotográficos.
- MATERIAL DE CONSTRUÇÃO: as lixas d'água são graduadas com a adição de mais ou menos gelatina.
- COSMÉTICOS: contêm uma variante não gelificante chamada colágeno hidrolisado, usada em cremes, gel para cabelo, mousses, etc.

PROPRIEDADES NUTRICIONAIS E MEDICINAIS

Apesar de quase 99% do peso da gelatina ser proteína, ela apresenta menor valor nutricional que outras fontes de proteína. Concentra pouca presença dos aminoácidos não essenciais glicina e prolina (produzidos naturalmente pelo corpo humano), enquanto apresenta falta de outros aminoácidos essenciais.

A gelatina é um dos poucos alimentos que podem causar perda de proteína se ingerida sozinha, como nas dietas de proteínas líquidas populares na década de 1970, que chegaram a matar muitos seguidores mais entusiastas.

Por décadas, ela foi anunciada pelos meios de comunicação como uma excelente fonte de proteína, capaz de fortalecer o cabelo e as unhas, mas não existem estudos que provem essa afirmação. O que aconteceu foi que a companhia americana Knox, por meio de técnicas de marketing, divulgou que a falta de proteína encontrada na gelatina causa deformação nas unhas e torna os cabelos quebradiços. Na verdade, o próprio corpo humano produz naturalmente uma grande quantidade de proteínas encontradas na gelatina.

A gelatina auxilia no tratamento de problemas gástricos, especialmente na redução do tamanho de úlceras. Entretanto, uma das mais populares ações relacionadas aos benefícios trazidos pela ingestão do produto, segundo um estudo da Ball State University, pago pela Nabisco (do mesmo conglomerado da Knox), é melhorar a saúde das articulações. Citamos esses estudos para entender os mitos propagados junto à população e financiados pela indústria, a verdadeira beneficiária da ignorância e mitificação de produtos pelos consumidores.

PREJUÍZOS À SAÚDE

A doença da vaca louca trouxe novas preocupações sobre a utilização da gelatina obtida de animais possivelmente infectados. Logo após o lançamento dessa questão, a indústria da gelatina encomendou estudos para verificar se o processo de elaboração da gelatina tornaria seguro qualquer material infectado. Desde 1997, a Food and Drug Administration tem monitorado o risco de transmissão de doenças de animais a humanos, e as marcas de gelatina são um dos ítens de análise.

TEMPERATURA DE GELIFICAÇÃO

O gel formado pela gelatina existe apenas em uma restrita variação de temperatura, sendo o limite superior o ponto de derretimento do gel (dependendo do tipo de gelatina e de sua concentração), e o limite inferior, o ponto de congelamento, ou o ponto em que os cristais de gelo se formam.

Podemos concluir que as propriedades mecânicas da gelatina são extremamente sensíveis à variação de temperatura e à concentração de material gelatinoso, ambos acarretando importantes efeitos na viscosidade: quanto maior a concentração, maior a viscosidade obtida.

A gelatina, quando dissolvida, aquecida e esfriada, apresenta a capacidade de tornar-se sólida. Para melhores resultados, deve ser dissolvida em água ou líquido frio (20 °C), aquecida a 30 °C ou até que fique completamente derretida (nunca deverá ser fervida) e então aplicada à preparação. O líquido se endurecerá a 20 °C.

A gelatina sem sabor é mais comumente vendida em duas formas: em pó e em folhas. Ambas podem ser utilizadas em receitas, substituindo-se uma à outra em pesos iguais de 1 para 1, ou seja, 1 folha equivale a 1 colher de chá (3 gramas). No Brasil, usualmente 1 envelope de gelatina (10 gramas) corresponde a aproximadamente 5 folhas, dependendo da qualidade. Ambas devem ser hidratadas com água gelada, escorridas e então ativadas em líquido quente, seja em banho-maria, micro-ondas ou fogo brando, ou o líquido da receita deve ser aquecido, para enfim serem utilizadas prontamente. A seguir estão os passos mais detalhados para a preparação:

GELATINA EM FOLHAS 1 folha = 3 g	Mergulhe a quantidade requerida de gelatina em água gelada por 10 minutos. Remova e esprema gentilmente para retirar o excesso de água. Pese a gelatina; seu peso final deverá ser exatamente cinco vezes maior que o peso inicial. Por exemplo, se a receita pedir 5 gramas de gelatina, após hidratação o peso final deverá ser 25 de gramas. Após pesada, esquente a gelatina em fogo brando até dissolver, ou adicione diretamente à preparação ainda quente, ou dissolva em parte do líquido quente separadamente antes de adicionar a preparações frias.
GELATINA EM PÓ 1 envelope = 3 col. chá = 7 g	Misture 1 envelope de gelatina (7 gramas) a cinco vezes mais seu peso (35 gramas) de água gelada. Misture e deixe hidratar por 15 minutos. Aqueça em banho-maria ou dissolva diretamente na preparação ainda quente.

INFORMAÇÕES GERAIS

- CONSERVAÇÃO: em local arejado e seco, a gelatina pode ser utilizada indefinidamente. Sempre retorne a gelatina à geladeira após retirá-la do molde. Em geral, ela se firma em cerca de 2 a 4 horas para aquelas com adições; as com camadas podem demorar mais tempo, pois cada camada deve ser resfriada e levemente gelificada antes da adição da próxima.
- FRUTAS E GELATINA: não adicione frutas frescas, como papaia, abacaxi (fresco ou congelado), figo, goiaba, manga, maracujá e kiwi, ou gengibre fresco, pois eles contêm uma enzima (bromelaína) que quebra a gelatina, causando a perda de suas propriedades espessantes ou gelificantes. Essa enzima simplesmente digere a gelatina, deixando a mistura como uma sopa, sem textura nem apelo visual. Entretanto, é destruída quando se aquece a fruta a pelo menos 80 °C, ou seja, essa e outras enzimas contidas em frutas podem ser desativadas por meio da cocção. Frutas enlatadas podem ser utilizadas sem risco porque suas enzimas já estão inativadas.

- **AÇÚCAR:** muito açúcar pode inibir a gelatinização, pois produz itens menos firmes e pode requerer uma quantidade um pouco maior de gelatina.
- **FIRMEZA:** a razão de firmeza da gelatina varia de acordo com a proporção e a temperatura da água (líquido). Caso não consiga o resultado desejado, você pode derreter a gelatina (não ferva, apenas traga de volta ao estado líquido) e resfriá-la muitas vezes, sem que perca sua habilidade espessante.
- **SAL:** diminui a força do gel, pois interfere na maneira como as moléculas se juntam.
- **LEITE OU PRODUTOS LÁCTICOS:** na presença desses produtos, a gelatina demora quase o dobro do tempo para se dissolver. Outros líquidos, como suco de frutas, de vegetais, vinhos e caldos (carnes/peixe), podem substituir a água nas mesmas proporções.
- **MODO DE SERVIR:** para retirar a gelatina do molde mais facilmente, aplique spray ou unte o molde com óleo vegetal antes de usá-lo, ou simplesmente enxágue-o em água fria. Depois de a gelatina ficar firme, a melhor maneira é correr uma ponta de faca ao longo do molde, ou afundá-lo em água morna (não fervente) por 10 segundos. Para posicionar a gelatina em um prato de servir, molhe (e não seque) o prato antes de inverter a gelatina, acomodando-a até o centro.
- **REGRA GERAL:** use 1 envelope (10 gramas ou 5 folhas) de gelatina sem sabor para firmar até 2 xícaras.

VARIEDADES

A gelatina em pó, ou granular, é usualmente embalada em envelopes individuais. Cada um contém 10 gramas ou 2 ¼ colher de chá. Ela deve ser previamente hidratada em líquido gelado, na proporção de cinco vezes seu volume ou peso, por pelo menos 5 minutos. A coloração e o odor são pouco mais acentuados na gelatina em pó do que na gelatina em folhas.

A gelatina em folhas é a mais usada pelos *chefs* doceiros. Encontra-se em três variedades: bronze, prata e ouro, com diferentes quantidades de folhas por caixa, variando de 1,7 gramas a 3,3 gramas no Brasil. Em lojas de produtos profissionais na Europa e nos Estados Unidos, encontramos três classes de gelatina em folhas: *platinum*, *gold* e *bronze*. A gelatina *platinum* oferece as vantagens de odor reduzido, melhor coloração e um nível de clareza mais fino. É vendida em caixas que usualmente contêm o mesmo peso (1 quilo), independente da qualidade.

GELEIA ANIMAL, OU ASPIC

Do grego *aspis*, é uma geleia firme e limpa, usualmente aplicada para proteger o alimento do contato com o ar, para decorar e para dar brilho a terrines, canapés, peixes frios, mousses, etc. Na culinária geral, a geleia animal é elaborada a partir de caldos de carne e peixe, que contêm gelatina natural o suficiente para gelificar sem a necessidade de adição de outro recurso como o sal e outros flavorizantes. Usada para fazer um molho com que se pincelam carnes frias, peixe e vegetais, quando terminado, o prato é descrito como "servido em aspic". Na confeitaria, a geleia animal não é muito utilizada, e deriva de vegetais e frutas espessados com gelatina, usada para pincelar preparações como charlotes e outras à base de frutas, protegendo, dando brilho e prolongando o frescor da preparação. É também vendida em folhas, chamadas folhas de aspico. Não é consumida por vegetarianos exatamente por ser elaborada a partir do caldo de carne, de peixe ou de vegetais clarificados e gelatina animal.

[Verrines]

APLICAÇÃO 4.
Verrines, creme bávaro, charlote, terrine, panna cotta, entremets e mirroir

VERRINES

As verrines podem ser doces ou salgadas, frias ou quentes, cruas ou cozidas, sedosas ou aeradas, líquidas ou cremosas, e levar quaisquer elementos que contrastem entre si e surpreendam seu convidado.

Para a confeitaria, são sobremesas apresentadas individualmente, em pequenos copinhos transparentes e degustadas às colheradas. São várias camadas arranjadas artisticamente em uma taça ou copo de cristal fino (*verrine*, em francês), de modo a destacar as variações de texturas, sabores e aromas, temperaturas ou cores. Essa nova moda começou recentemente na França e se espalhou por todo o mundo.

Gelée de morango com mousse de lichia e parfait de baunilha

Para 240 gramas de líquido, 3 gramas de gelatina devem ser suficientes. A gelée tem uma textura mais firme que outros produtos espessados por gelatina, mas não deve ficar excessivamente compacta, do tipo que pula como uma bola de borracha. Se acontecer isso, diminua a quantidade de gelatina, ou aumente a quantidade de líquido, até chegar a uma textura firme, mas deglutível.

INGREDIENTES			PROCESSO
GELÉE DE MORANGO			**GELÉE DE MORANGO**
4	g	gelatina em folhas	Coloque a gelatina em água gelada e deixe hidratar por pelo menos 15 minutos antes de agregá-la à preparação.
200	g	água gelada	
240	g	água	
100	g	morango	Coloque em uma panela a água, os morangos e o açúcar; deixe fervilhar por cerca de 30 minutos, até que a fruta solte todo o seu suco. Despeje em um processador e faça um purê.
20	g	açúcar	
			Esprema a gelatina e adicione ao purê quente, misture bem e coe. Despeje uma camada fina em taças decorativas. Refrigere por pelo menos 15 minutos. Certifique-se de que esteja firme antes de despejar a próxima camada.
MOUSSE DE LICHIA E CRÈME FRAÎCHE			**MOUSSE DE LICHIA E CRÈME FRAÎCHE**
140	g	lichia, purê	Coloque a gelatina na água gelada e deixe hidratar por pelo menos 15 minutos antes de agregá-la à preparação.
250	g	açúcar	
10	g	gelatina em folhas	
480	g	água gelada	Processe a lichia com o açúcar e coe. Esprema a gelatina e adicione ao purê quente.
350	g	crème fraîche	
600	g	creme de leite fresco	Deixe esfriar até atingir a temperatura ambiente (24 °C) e misture o crème fraîche. Bata o creme de leite com a baunilha a ponto médio e incorpore ao creme de lichia com crème fraîche. Despeje sobre a gelée de morango gelada. Refrigere.
1	col. sopa	baunilha	

(cont.) ▶

CROCANTE DE PISTACHE

100	g	manteiga fria, cubos
100	g	açúcar
100	g	farinha de trigo
100	g	pistache, tostado, moído

PARFAIT DE BAUNILHA

1	col. chá	gelatina em pó
5	col. chá	água gelada
200	g	creme inglês, morno
240	g	creme de leite
1	col. sopa	baunilha

CROCANTE DE PISTACHE

Misture todos os ingredientes pelo método sablage, com as pontas dos dedos, até obter um granulado semelhante à areia (sable).

Asse a 180 °C até dourar levemente. Esfrie e processe até obter pequenos pedaços de tamanho irregular.

PARFAIT DE BAUNILHA

Hidrate a gelatina na água gelada por 15 minutos. Adicione ao creme inglês morno e deixe esfriar à temperatura ambiente.

Bata o creme de leite com a baunilha a um ponto médio e adicione com delicadeza ao creme inglês frio.

Congele em molde de silicone de esferas pequenas. Quando estiver congelado, junte duas pequenas esferas em uma bola e passe pelo crocante.

APRESENTAÇÃO FINAL

Despeje uma camada fina de gelée de morango e refrigere. Depois, despeje uma camada de mousse e refrigere novamente. Congele o parfait e role-o no crocante. Coloque uma esfera congelada sobre as camadas firmes. Decore com tuiles.

Verrine de goiaba com especiarias

INGREDIENTES			PROCESSO
CREME INGLÊS DE CARDAMOMO E BAUNILHA			**CREME INGLÊS DE CARDAMOMO E BAUNILHA**
8	g	gelatina	Hidrate a gelatina na água gelada por 15 minutos.
40	ml	água gelada	
350	g	creme de leite fresco	Faça o creme inglês, aqueça todos os ingredientes até obter o ponto *nappe* (85 °C), depois coe e adicione a gelatina hidratada.
130	g	gema	
100	g	açúcar	
1	col. chá	cardamomo	
1	un.	fava de baunilha	Distribua nos copos e refrigere.
GELÉE DE GOIABA			**GELÉE DE GOIABA**
4	g	gelatina em pó	Hidrate a gelatina na água gelada por 15 minutos.
20	ml	água gelada	
200	g	purê de goiaba	Aqueça ⅓ do purê de goiaba e adicione à gelatina hidratada, misturando bem. Adicione o restante do purê.
			Despeje sobre o creme inglês de cardamomo e baunilha. Refrigere.

Fricassê de frutas tropicais

Do francês *fricassé*, essa palavra significa "mistura de diferentes coisas"; neste caso, de frutas tropicais. Utilize este fricassê sobre um creme inglês firme com aproximadamente 500 gramas.

INGREDIENTES			PROCESSO
100	g	banana, cubos	Misture as frutas.
100	g	manga, cubos	
100	g	abacaxi, cubos	Ferva os sucos e adicione a mistura de pectina de maçã e açúcar. Despeje sobre o fricassê de frutas.
100	g	mangostim, cubos	
60	g	suco de limão	
100	g	suco de abacaxi	
1	col. sopa	pectina de maçã	Disponha cuidadosamente sobre o creme inglês firme. Refrigere.
4	col. sopa	açúcar	

Verrine de morango
PÂTE DE FRUIT

INGREDIENTES			PROCESSO
PÂTE DE FRUIT DE MORANGO			**PÂTE DE FRUIT DE MORANGO**
190	g	morango, purê	Aqueça o purê de morango a 40 °C. Misture o açúcar com a pectina de maçã e adicione ao purê. Sem parar de mexer, ferva a preparação.
30	g	açúcar	
7	g	pectina de maçã	
200	g	açúcar	Adicione o açúcar e a glicose; cozinhe até atingir 106 °C. Adicione a solução tartárica e misture bem.
40	g	glicose	
7	g	solução tartárica (7 g de água e 7 g de ácido tartárico)	
			Despeje uma camada extrafina sobre um papel-manteiga ou um tapete de silicone. Resfrie.
CREME DE MORANGO			**CREME DE MORANGO**
2	un.	gelatina em folhas	Hidrate a gelatina na água gelada e reserve. Ferva o purê de morango; misture a pectina de maçã e o açúcar e agregue ao purê fervendo, mexendo o tempo todo, em fogo brando até ferver.
240	g	água gelada	
300	g	morango, purê	
1	col. chá	pectina de maçã	
1	col. chá	açúcar	
6	un.	gemas	Em uma tigela, misture as gemas, o sal e o açúcar. Quando o líquido voltar a ferver, despeje sobre a mistura de gemas com açúcar e retorne à cocção lenta, mexendo sempre até obter o ponto *nappe* (85 °C).
¼	col. chá	sal	
100	g	açúcar	
250	g	creme de leite fresco	
			Esprema bem a gelatina, adicione a mistura quente e coe. Deixe descansar até que atinja temperatura ambiente. Bata o creme de leite a ponto médio e incorpore à mistura. Disponha nas taças e refrigere até endurecer.
			MONTAGEM
			Decore as taças: corte pequenos círculos de pâte de fruit e disponha nas paredes da parte inferior da taça. Deixe congelar por 10 minutos. Despeje o creme de morango até a metade do recipiente e resfrie por 15 minutos, até que fique firme o suficiente para receber outra camada. Despeje uma camada fina de pâte de fruit e refrigere. Despeje a camada final do creme de morango e refrigere. Decore com morangos caramelizados.

Morangos caramelizados

Frutas caramelizadas dão uma excelente decoração, acrescentando cor e textura para as verrines.

INGREDIENTES			PROCESSO
450	g	açúcar	Molhe a panela com água e suco de limão ou vinagre; escorra, mas não seque. Coloque o açúcar, a glicose e a água aos poucos, cuidando para que grânulos de açúcar não atinjam as paredes da panela (pois podem cristalizar).
200	g	glicose	
100	g	água	
450	g	morango (ou a fruta de sua escolha)	
			Com o auxílio do termômetro para açúcar, mexa delicadamente; prenda o clipe do termômetro na panela. Cozinhe em fogo brando médio. Observe a cocção: não deixe adquirir coloração. Mexa com o próprio termômetro.
			Despeje em uma tigela de vidro (pode voltar ao fogo sobre um banho-maria para reaquecer e recuperar a fluidez correta) para interromper a cocção.
			Espete as frutas em um palito e mergulhe-as no caramelo, depositando sobre um tapete de silicone ou papel-manteiga.

RECEITAS

Creme de chocolate branco tostado com coco e abacaxi caramelizado com baunilha

INGREDIENTES			PROCESSO
CREME AO CHOCOLATE TOSTADO			**CREME AO CHOCOLATE TOSTADO**
3	g	gelatina em pó	Hidrate a gelatina na água gelada por 15 minutos.
21	g	água gelada	
170	g	chocolate branco	Pique o chocolate branco e toste a 130 °C por cerca de 30 minutos, revolvendo a cada 2 minutos para distribuir a temperatura. Ferva o leite e a glicose.
1	col. sopa	glicose	
120	g	leite	
210	g	creme de leite fresco, ponto médio	
			Adicione a gelatina hidratada e misture bem.
			Despeje a solução sobre o chocolate tostado e emulsione.
			Adicione o creme de leite batido em ponto médio de maneira delicada. Preencha um molde até ⅓ e refrigere.
CREME DE COCO			**CREME DE COCO**
2	g	gelatina em folhas	Hidrate a gelatina na água gelada e reserve. Em uma tigela, disponha as gemas, o açúcar e o sal. Ferva o creme de leite com o leite de coco e despeje-os sobre a mistura de gemas, temperando. Retorne à cocção lenta, mexendo ininterruptamente, até obter o ponto *nappe* (85 °C).
240	g	água gelada	
250	g	creme de leite fresco	
250	g	leite de coco	
6	un.	gemas	
100	g	açúcar	
½	col. chá	sal	
			Adicione a gelatina bem espremida, misture bem e coe.
			Preencha as verrines com o creme de chocolate branco tostado, cerca de ⅔ do molde. Refrigere.

(cont.) ▶

ESPESSANTES NA CONFEITARIA

ABACAXI CARAMELIZADO COM BAUNILHA

1	un.	abacaxi, descascado, inteiro
1	xíc.	açúcar
2	col. chá	extrato de baunilha
4	un.	favas de baunilha, cortadas ao meio

ABACAXI CARAMELIZADO COM BAUNILHA

Encha uma panela com água e ferva. Role o abacaxi na mistura de açúcar com extrato de baunilha até cobri-lo completamente. Com um palito grosso, faça furos no abacaxi e neles introduza as metades de favas de baunilha. Enrole em filme plástico sete vezes, garantindo que esteja hermético. Coloque na água fervente e diminua o fogo completamente, deixando que o abacaxi cozinhe vagarosamente até ficar transparente, por 45 minutos. Retire da água, deixe esfriar e retire o plástico.

Deposite o abacaxi em uma assadeira alta, forrada com papel-alumínio (para conter os sucos) e asse a 170 °C por 35 minutos, até o abacaxi estar completamente tostado e caramelizado.

Pique em pedaços e disponha nas verrines.

Decore com o abacaxi caramelizado e flambado.

[Blanc-manger ao manjericão, menta e melancia]

Blanc-manger ao manjericão, menta e melancia

O termo *blanc-manger* é corrente em francês para denominar um pudim branco servido como sobremesa. Deu origem ao blancmange, usado em inglês para um pudim semelhante.

INGREDIENTES			PROCESSO
BOLO SEM GLÚTEN			**BOLO SEM GLÚTEN**
120	g	gema	Método esponjoso para bolo, por separação: bata a gema, o sal e o açúcar até triplicarem de volume. Bata a clara com o cremor de tártaro até espumar.
½	col. chá	sal	
60	g	açúcar	
180	g	clara	Adicione o açúcar à clara aos poucos, montando um merengue brilhante, mas ainda flexível.
¼	col. chá	cremor de tártaro	
130	g	açúcar	
60	g	cacau em pó	Peneire o cacau em pó sobre a mistura de gemas; cuidadosamente adicione o merengue.
			Asse a 170 °C por 13 minutos ou até ficar firme, mas levemente úmido. Corte em círculos do tamanho da verrine, duas fatias para cada uma delas. Antes de dispor o blanc-manger, embeba com o xarope flavorizado.

(cont.) ▶

BLANC-MANGER

4	g	gelatina
1	xíc.	água gelada
100	g	leite
100	g	creme de leite fresco
100	g	farinha de amêndoa
1	un.	ovo
100	g	açúcar
250	g	creme de leite fresco, batido, flavorizado
1	col. chá	licor Frangelico
4	col. sopa	açúcar

BLANC-MANGER

Hidrate a gelatina em água bem gelada e reserve. Caso esteja utilizando a gelatina em pó, adicione 20 g de água gelada e misture bem. Caso opte por gelatina em folha, submerja-a em água gelada suficiente para cobrir as folhas. Deixe hidratar por 15 minutos e esprema bem antes de acrescentá-la à preparação. Ferva o leite com o creme de leite e a farinha de amêndoas. Bata o ovo com o açúcar e entorne a mistura fervente, incorporando. Retorne ao fogo brando até obter o ponto *nappe* (85 °C). Adicione gelatina hidratada. Deixe chegar à temperatura ambiente e acrescente delicadamente o creme de leite batido flavorizado com o licor e o açúcar.

CALDA DE LICOR DE MENTA

1	xíc.	água
1	xíc.	açúcar
1	xíc.	licor de menta
1	col. sopa	pectina
5	col. sopa	açúcar
200	g	melancia, em bolinhas
10	g	manjericão, picado
5	g	menta, picada
200	g	chantilly

CALDA DE LICOR DE MENTA

Ferva a água com o açúcar por 3 minutos. Adicione ¼ de xícara de licor de menta (reserve ¼ de xícara de licor para umedecer o bolo).

No licor restante, adicione a pectina e o açúcar já previamente misturados, mexendo bem. Despeje sobre a melancia (em bolinhas), o manjericão e a menta picados em tiras bem finas (reservar uma pequena quantia para ser utilizada na decoração).

Disponha as frutas sobre o círculo de bolo de chocolate umedecido. Decore com uma roseta de chantilly no topo, folhas de menta e manjericão.

MONTAGEM

Em um copo para Martini, despeje o blanc-manger e deixe resfriar.

Quando estiver firme, disponha uma camada do bolo esponjoso umedecida, outra de blanc-manger e mais uma camada do bolo. Distribua as frutas flavorizadas imediatamente e decore.

Verrine de baunilha, pistache e cerejas

INGREDIENTES			PROCESSO

ARROZ DE PISTACHE

100	g	arroz jasmim	
500	g	água fria	
1	col. chá	sal	
400	g	leite	
200	g	água	
100	g	açúcar	
2	un.	gemas	
20	g	pasta de pistache	
40	g	manteiga	
100	g	pistache torrado	

ARROZ DE PISTACHE

Coloque o arroz em uma panela e cubra com água. Ferva e depois drene. Retorne a panela ao fogo, adicionando o sal, o leite e a água, então cozinhe o arroz.

Em uma tigela, misture o açúcar, as gemas, a pasta de pistache e a manteiga. Quando o arroz estiver cozido, despeje-o sobre essa mistura e mexa rapidamente, permitindo que as gemas cozinhem pelo calor.

Adicione o pistache torrado. Despeje sobre as verrines e deixe esfriar antes de prosseguir com a próxima camada.

GELÉE DE CEREJA

7	g	gelatina em folhas	
1	xíc.	água gelada	
270	g	purê de cerejas, coado	
60	g	açúcar	
1	col. chá	gengibre ralado	
1	col. sopa	Kirsch	

GELÉE DE CEREJA

Hidrate a gelatina na água gelada.

Em um processador, faça um purê com a cereja, adicione o açúcar e o gengibre ralado.

Ferva e adicione a gelatina espremida e o destilado de cereja (Kirsch). Coe, despeje sobre o arroz-doce frio e refrigere.

BÁVARO DE BAUNILHA

150	g	leite	
50	g	creme de leite fresco	
1	un.	fava de baunilha	
2	un.	gemas	
1	pitada	sal	
50	g	açúcar	
5	g	gelatina em folhas	
1	xíc.	água gelada	
330	g	creme de leite fresco, montado	

BÁVARO DE BAUNILHA

Hidrate a gelatina na água gelada por 15 minutos.

Siga o método do creme inglês: ferva o leite, o creme de leite e a fava de baunilha aberta.

Em uma tigela, misture gemas, sal e açúcar. Quando o líquido ferver, entornar pausadamente sobre a mistura de gemas, mexendo bem, temperando. Retorne à cocção branda até obter o ponto *nappe* (86 °C). Adicione a gelatina hidratada e espremida.

Coe e deixe esfriar até a temperatura ambiente (24 °C). Adicione delicadamente o creme de leite batido a ponto médio.

Despeje sobre a gelée de cereja. Refrigere até firmar.

VERRINES PARA ACABAMENTOS

Estas verrines podem substituir outras preparações ou intercalar-se com elas. Brinque com as cores, os sabores e a textura de suas tortas, adicionando uma camada fina de uma geleia de champanhe, por exemplo. Use sua imaginação, e sempre preste atenção ao ponto de açúcar, pois algumas frutas e elementos podem ser mais ou menos neutros.

Verrine au champagne

INGREDIENTES			PROCESSO
3 ½	col. chá	gelatina sem sabor em pó	Hidrate a gelatina na água gelada por 15 minutos. Aqueça a gelatina em banho-maria, adicione o açúcar e mexa até ficarem bem derretidos. Não cozinhe a gelatina, apenas dissolva-a.
1	xíc.	água gelada	
¾	xíc.	açúcar	
750	g	champanhe	
			Adicione a champanhe vagarosamente, mexendo sempre, mas sem fricção. Coe e despeje no molde.

Campari de laranja

INGREDIENTES			PROCESSO
3 ½	col. chá	gelatina sem sabor em pó	Hidrate a gelatina na água gelada por 15 minutos; depois, esprema bem e meça; deve apresentar cinco vezes mais peso que o inicial.
250	g	água gelada	
¼	xíc.	açúcar	
500	g	suco de laranja	
170	g	Campari	Aqueça a gelatina a banho-maria, adicione o açúcar e o suco de laranja. Não cozinhe a gelatina, misture até que o açúcar e a gelatina se dissolvam.
			Adicione o Campari vagarosamente, mexendo sempre, mas sem formar espuma. Coe e despeje no molde.

Gelée de frutas

INGREDIENTES

4	un.	gelatina em folhas
300	g	água gelada
300	g	purê concentrado de frutas
300	g	açúcar

PROCESSO

Hidrate a gelatina na água gelada por 15 minutos; esprema bem e meça; deve apresentar cinco vezes mais peso que o inicial.

Ferva o purê de frutas e o açúcar; adicione a gelatina espremida e pesada. Coe e despeje no molde desejado.

OBSERVAÇÃO

Uma camada de geleia flavorizada e transparente é um excelente acabamento para tortas.

Compota de bananas

INGREDIENTES

500	g	banana, madura
1	col. sopa	suco de limão
1	col. sopa	extrato de baunilha
280	g	açúcar mascavo
180	g	manteiga
1	un	fava de baunilha, aberta
1	col. chá	pectina NH
5	col. chá	açúcar
25	g	rum

PROCESSO

Corte as bananas maduras em rodelas, adicione o suco de limão e o extrato de baunilha.

Derreta o açúcar mascavo, a manteiga e a fava de baunilha; adicione as bananas e a pectina misturada com o açúcar. Cozinhe somente até as bananas estarem parcialmente cozidas, mas ainda espessas. Adicione o rum e mexa bem.

Transfira para o molde de silicone de sua preferência e congele. Pode também ser utilizada como entremet, parte de verrines e recheio para macarons.

Pera em marmelada

INGREDIENTES		
400	g	pera, em cubos
200	g	água gelada
1	col. sopa	suco de limão
1	col. chá	gelatina em pó
10	col. chá	água gelada
800	g	purê de pera
200	g	glicose
100	g	açúcar
60	g	açúcar
6	g	pectina NH

PROCESSO

Retire a casca das peras e corte-as em cubos, mantendo-as em uma mistura de água gelada e suco de limão para prevenir oxidação.

Hidrate a gelatina na água gelada.

Misture o purê de pera, as peras em cubo, a glicose e o açúcar. Quando chegar a 40 °C, adicione a mistura de açúcar e pectina e ferva, mexendo sempre. Adicione a gelatina hidratada e misture cuidadosamente. Mantenha refrigerado até necessário.

Pode ser servido puro, como recheio ou como parte em entremets, verrines e tortas.

Laranja em marmelada

INGREDIENTES		
800	g	laranjas, em segmentos
200	g	maçãs verdes
6	g	pectina de maçãs
60	g	açúcar
1	col. sopa	suco de limão
2	un.	canela em pau
80	g	glicose
180	g	açúcar
3	col. sopa	Grand Marnier (licor de laranja)

PROCESSO

Descasque e corte as laranjas em segmentos inteiros; elimine os caroços cuidadosamente. Descasque e corte as maçãs em fatias finas.

Mescle a pectina ao açúcar e reserve.

Misture todos os ingredientes, exceto o licor e a pectina com o açúcar, e cozinhe por 10 minutos; adicione a mistura de pectina, mexendo sempre para não empelotar, e cozinhe por mais 10 minutos. Adicione o Grand Marnier e misture bem, sem cozinhar.

Caso deseje, passe a mistura pelo processador, ou deixe com pequenos pedaços de frutas.

Utilize como recheio, para decorar pratos de sobremesa ou em parfaits e verrines.

Verrine de pot de crème, cheesecake e gelée de romã

INGREDIENTES			PROCESSO
POT DE CRÈME AO CHOCOLATE BRANCO			**POT DE CRÈME AO CHOCOLATE BRANCO**
200	g	leite	Método creme inglês: ferva o leite e o creme de leite, temperando sobre as gemas com o açúcar e o sal.
300	g	creme de leite fresco	
6	un.	gemas	
75	g	açúcar	
½	col. chá	sal	Retorne e cozinhe até obter o ponto *nappe* (85 °C). Despeje sobre o chocolate e misture até homogeneizar. Despeje sobre a verrine e refrigere até firmar.
350	g	chocolate branco, picado	
GELÉE DE ROMÃ			**GELÉE DE ROMÃ**
5	g	gelatina em folhas	Hidrate a gelatina na água gelada. Combine o purê de romãs processado com o açúcar e o suco de limão; ferva.
1	xíc.	água gelada	
200	g	purê de romãs	
100	g	açúcar	
2	col. chá	suco de limão	Drene a gelatina e adicione. Coe e despeje sobre a camada de pot de crème e refrigere até firmar.
CHEESECAKE MOUSSE MOLECULAR			**CHEESECAKE MOUSSE MOLECULAR**
150	g	cream cheese, temp. ambiente	Bata o cream cheese até ficar cremoso, raspando o fundo da tigela algumas vezes. Quando estiver completamente cremoso, adicione o crème fraîche.
150	g	crème fraîche	
150	g	açúcar	
½	col. chá	sal	Combine o açúcar, o sal, as raspas de limão, a baunilha e o creme de leite, depois ferva.
1	un.	raspas de limão	
1	un.	fava de baunilha, aberta	
150	g	creme de leite fresco	
0,2	g	iota (carragena)	Adicione o iota vagarosamente, misturando com firmeza, e retorne à fervura, mexendo sempre.
250	g	creme de leite fresco, batido a ponto médio	

Despeje o creme quente sobre a mistura de cream cheese lentamente, batendo até ficar homogêneo.

Com a mistura ainda morna, adicione o creme de leite batido, despeje na verrine e refrigere.

Decore com sementes de romã.

CREME BÁVARO | BAVAROISE | BAVARIAN

Inicialmente, a bavaroise era uma infusão de folhas, bebida comum entre os príncipes da Baviera. Foram adicionados ingredientes para modificar a textura e o paladar, tais como ovos, leite e Kirsch. A mistura era batida, para formar uma espuma, e servida. Ao longo dos anos, muitas mudanças foram incorporadas, até chegar à sobremesa que conhecemos hoje, leve, delicada e de textura cremosa.

O creme bávaro consiste em quatro elementos: creme inglês (ou anglaise), gelatina, creme de leite fresco batido a ponto médio e flavorizante.

Pode ser preparado em porções individuais, em moldes ou fôrmas, e ainda em compoteiras. Emprega-se em preparações de tortas, bolos e charlotes, por exemplo.

Dedique um cuidado especial à dosagem de gelatina, uma vez que o excesso pode provocar uma textura emborrachada, desagradável ao paladar, e a falta pode fazer sua preparação desmontar, ficando com textura de sopa. A gelatina não deve ser notada, ou melhor, deve ser um elemento de textura subliminar, que auxilie na exacerbação do sabor e na apresentação.

FLAVORIZANDO O CREME BÁVARO

Adicione o sabor de sua preferência ao creme inglês quente.

- PRALINA: 100 gramas de pasta de pralina.
- FRUTA: substitua 250 ml de leite do creme inglês pela mesma medida de purê de fruta (morango ou framboesa). Coe.
- CHOCOLATE: adicione 170 gramas de chocolate picado ao creme inglês quente e mexa até derreter. Coe.
- CAFÉ: primeira opção: adicione licor de café (2 colheres sopa) e extrato de café (1 colher sopa); segunda opção: faça uma infusão com grãos de café ao leite fervente e deixe por 30 minutos, como para a fava de baunilha, ou adicione café instantâneo (2 colheres de chá).

[Creme bávaro]

Creme bávaro de piña colada

INGREDIENTES

CREME BÁVARO

5	un.	gelatina em folhas
200	g	leite de coco
80	g	suco de abacaxi concentrado
350	g	creme de leite fresco
50	g	açúcar
120	g	gema
80	g	açúcar
1	col. chá	sal
½	xíc.	Malibu
400	g	creme de leite fresco, montado a ponto médio

MONTAGEM

1	un.	genoise, 3 camadas
2	xíc.	calda simples, flavorizada com rum
250	g	abacaxi em lata, picado
2	xíc.	chantilly
1	xíc.	fitas de coco

PROCESSO

CREME BÁVARO

Hidrate a gelatina no leite de coco e no suco de abacaxi gelado por 15 minutos.

Faça um creme inglês: aqueça o creme de leite com o açúcar até a fervura; tempere sobre a gema batida com o açúcar e o sal; cozinhe até obter o ponto *nappe* (79 °C).

Adicione a gelatina e misture bem; adicione o Malibu.

Quando a mistura estiver a 35 °C ou à temperatura ambiente, adicione delicadamente o creme de leite montado a ponto médio.

MONTAGEM

Disponha uma camada de genoise, pincele com a calda simples flavorizada e despeje metade do creme bávaro. Espalhe o abacaxi picado. Deixe esfriar por 15 minutos no freezer.

Repita a operação e termine com a terceira camada de genoise.

Cubra com o chantilly, nivelando o topo e as laterais. Cubra as laterais com coco ralado e a parte de cima com fitas de coco e abacaxi.

[Creme bávaro de piña colada]

Creme bávaro de pistache

INGREDIENTES		
5	un.	gelatina em folhas
2	xíc.	água gelada
750	g	leite
170	g	pasta de pistache
270	g	gema
180	g	açúcar
½	col. chá	sal
30	g	Kirsch

PROCESSO

Hidrate a gelatina com água fria ou gelada por 15 minutos, depois esprema para retirar o excesso da água. A proporção correta de água é em torno de 5 vezes o peso inicial: para 10 gramas de gelatina, o final deve ser de 50 gramas aproximadamente.

Ferva o leite. Adicione a pasta de pistache e misture bem, até dissolver completamente.

Bata a gema com o açúcar e o sal até formar uma espuma clara; coloque o líquido fervente aos poucos, mexendo vigorosamente. Coe e retorne ao fogo brando, mexendo sempre, com colher de pau, até a mistura coagular, em torno de 81 °C. Outra maneira de verificar o grau de coagulação é observar o verso da colher de pau: passe o dedo e busque uma mistura espessa, que forme uma linha firme.

Adicione a gelatina bem espremida e misture bem. Coe novamente e adicione o Kirsch.

Despeje sobre o molde, forrado com bolo de sua preferência. Esfrie por 12 horas antes de desenformar. Sirva frio.

CHARLOTE

Ao que tudo indica, as charlotes surgiram na Grã-Bretanha, e a primeira publicação relevante com uma receita de charlote assada data de 1796. O nome pode ter sido uma homenagem à rainha Charlotte (1744-1818), esposa do rei George III, que muito defendeu e ajudou os plantadores de maçã.

A charlote assada, ou quente, tem recheio de frutas, mais comumente a maçã, e é chamada de charlotte aux pommes ou charlote de maçã. Há também a charlote russa, criada pelo *chef* Carême. A charlote de maçã consiste em um espesso purê de maçãs assado em fôrma ou molde forrado com fatias finas de pão, fartamente embebidas em manteiga derretida ou pinceladas com ela. Ao contrário das outras charlotes, a de maçã é assada e servida quente.

Existe um molde próprio para charlotes: redondo, fundo e com duas alças que facilitam na hora de virar e desenformar; mas qualquer molde ou fôrma pode ser empregado. O molde deve ser forrado com uma camada de bolo fina e depois uma ou mais camadas de creme espessado por gelatina. Gele e retire da fôrma antes de servir.

Charlote de maçã

INGREDIENTES

1.000 g		maçã verde
120	g	suco de limão
50	g	manteiga derretida
1	un.	raspas de laranja
1	col. chá	canela
1	col. chá	cardamomo
80	g	geleia de damasco
80	g	Calvados, licor
80	g	açúcar
2	un.	pão de forma
150	g	manteiga derretida

PROCESSO

Descasque as maçãs, corte-as em cubos e mantenha no suco de limão. Adicione a manteiga, as raspas de laranja, a canela e o cardamomo. Cozinhe em fogo moderado até que as maçãs estejam em ponto de purê espesso.

Adicione a geleia, o Calvados e o açúcar.

Unte o molde para charlote ou uma fôrma de base removível redonda de 15 centímetros. Molhe as fatias de pão na manteiga derretida e forre o fundo e as laterais da fôrma, com uma ligeira sobreposição entre as fatias.

Despeje o purê e cubra com o restante das fatias de pão embebidas em manteiga.

Asse a 200 °C por 25 a 35 minutos ou até o pão estar bem dourado.

Deixe esfriar à temperatura ambiente e desenforme. Sirva quente, com sorvete de baunilha e calda de caramelo.

Charlotte royale

O molde é forrado com fatias de rocambole fino (rocambole suíço, ou roulade), recheado com geleia de frutas vermelhas e enrolado firmemente, depois preenchido com um creme bávaro ou uma mistura para charlote.

INGREDIENTES			PROCESSO
ROULADE			**ROULADE**
1	un.	rocambole	Faça um rocambole e recheie com geleia de framboesa. Enrole usando um pano úmido, bem apertado, para fazer um rolo bem fino. Corte o bolo em rodelas finas. Reserve.
100	g	geleia de framboesa	
CREME INGLÊS			**CREME INGLÊS**
500	g	leite	Ferva o leite com a fava de baunilha aberta. Deixe em infusão por meia hora. Ferva novamente e tempere sobre a gema com o sal e o açúcar. Cozinhe até obter o ponto *nappe* (79 °C).
1	un.	fava de baunilha	
130	g	gema	
½	col. chá	sal	
130	g	açúcar	
CREME BÁVARO			**CREME BÁVARO**
200	g	creme de leite fresco, batido	Bata o creme de leite a ponto médio e reserve.
4	un.	gelatina em folhas	Hidrate a gelatina em água fria por 15 minutos. Esprema e adicione ao creme inglês ainda quente. Coe. Reserve até chegar à temperatura ambiente.
330	g	creme inglês, morno	
			Incorpore o creme de leite batido a ponto médio à mistura de creme inglês frio. Use imediatamente.
			MONTAGEM
			Prepare o molde para o creme bávaro e forre-o com um filme plástico. Cubra toda a superfície com as fatias de rocambole, sem deixar espaços pelos quais o creme possa escapar. Refrigere até firmar, por 8 horas ou mais.
			Desenforme e pincele com uma geleia de brilho.

[Charlotte royale]

[Charlotte royale]

Charlote russa

Inventada pelo *chef* Carême quando ele se mudou para a Rússia, o nome da preparação é uma homenagem à princesa Carlota de Gales, filha única do seu antigo patrão, o rei Jorge IV, e ao seu patrão naquele momento, o czar russo Alexandre I.

INGREDIENTES

CHARLOTE

1	camada	bolo genoise fino, cortado para forrar a base do molde
200	g	biscoito champanhe

CREME BÁVARO

7	un.	gelatina em folhas
2	xíc.	água gelada

300	g	leite
200	g	creme de leite fresco
9	un.	gemas
½	col. chá	sal
170	g	açúcar
1	un.	baunilha

500	g	creme de leite fresco, batido a ponto leve ou médio

PROCESSO

CHARLOTE

Forre o molde para charlote com uma camada de bolo genoise: passe um spray desmoldante ou unte e cubra com filme plástico; deposite os biscoitos nas laterais, alinhando-os, e refrigere.

CREME BÁVARO

Siga o método do creme inglês.

Hidrate a gelatina na água gelada. Leve o leite e o creme de leite à fervura. Tempere sobre a mistura de gemas, sal, açúcar e baunilha; cozinhe até obter o ponto *nappe* (85 °C). Esprema bem a gelatina e adicione-a ao creme quente. Coe e deixe chegar à temperatura ambiente.

Adicione cuidadosamente o creme de leite batido a ponto leve ou médio.

Despeje sobre os biscoitos. Deposite a camada de bolo para vedar. Refrigere por 6 horas. Tire do molde e pincele com geleia de brilho.

(cont.) ▶

BRILHO NEUTRO

750	g	água
400	g	açúcar
400	g	açúcar
60	g	pectina
100	g	glicose

BRILHO NEUTRO

Leve a água e a primeira porção de açúcar à fervura completa.

Misture a segunda fração de açúcar mais a pectina e adicione ao líquido fervente. Ferva novamente.

Adicione a glicose e ferva novamente. Com uma escumadeira, retire as impurezas da superfície e coe. Refrigere e mantenha a 4 °C.

Aqueça a 36-40 °C para utilizar.

ELABORAÇÃO

Forre o molde com filme plástico. Cubra o centro com biscoitos champanhe, cortando-os em triângulos para forrar toda a superfície. Forre as laterais do molde completamente com os biscoitos, sem deixar espaço.

Despeje o creme bávaro e refrigere até ficar firme.

Desenforme e decore com rosetas de chantilly.

TERRINES

A palavra *terrine*, de origem francesa, denomina o molde de cerâmica (ou travessa) em que se prepara este prato, tradicionalmente em forma de bolo inglês raso, embora também possa ser oval, retangular, quadrado, etc.

As terrines são normalmente salgadas, como uma lasanha de berinjela, por exemplo; na cozinha doce, apresentam-se em forma de uma gelatina de diversas cores, com frutas dentro, desde que sejam realizadas em molde de terrine e cortadas em fatias para serem servidas, como em um nougat congelado.

Terrine de chocolate

INGREDIENTES			PROCESSO
BOLO DE AMÊNDOA E CHOCOLATE			**BOLO DE AMÊNDOA E CHOCOLATE**
300	g	pasta de amêndoa	Misture a pasta de amêndoa, o açúcar e o sal
80	g	açúcar	por 5 minutos. Adicione os ovos mais as gemas
½	col. chá	sal	e bata até branquearem.
2	un.	ovos	
3	un.	gemas	Bata a clara até espumar, então vá adicionando o açúcar aos poucos, até que se forme um
275	g	clara	merengue firme e brilhante.
90	g	açúcar	
100	g	farinha de trigo	Peneire a farinha e o cacau em pó sobre
50	g	cacau em pó	a mistura de ovos montados. Adicione o
150	g	chocolate 56%, derretido	chocolate derretido.

Agregue o merengue, movimentando-o delicadamente.

Despeje sobre uma fôrma forrada com papel-manteiga e untada, fazendo uma camada bem uniforme e nivelada. Asse a 170 °C até firmar no centro, por 10 minutos, dependendo da espessura. Quando frio, corte a camada do tamanho do molde de terrine.

(cont.) ▶

BASE

3	xíc.	creme de leite fresco
3	un.	ovos
15	un.	gemas
250	g	açúcar

SABORES DE CHOCOLATE

½	col. chá	gelatina em pó
2	col. chá	água gelada
180	g	chocolate branco
⅓	receita	base

½	col. chá	gelatina em pó
2	col. chá	água gelada
150	g	chocolate amargo
⅓	receita	base

½	col. chá	gelatina em pó
2	col. chá	água gelada
180	g	chocolate ao leite
⅓	receita	base

BASE

Método do creme inglês: ferva o creme de leite e tempere sobre a mistura de ovos, gemas e açúcar até obter o ponto *nappe* (85 °C).

Divida em três partes e prossiga com os chocolates.

SABORES DE CHOCOLATE

Hidrate cada porção de gelatina em água gelada por 15 minutos.

Prepare três tigelas para derreter cada um dos chocolates; comece pelo chocolate ao leite, depois derreta o branco e, por último, o amargo.

Adicione a gelatina hidratada a ⅓ de base (creme inglês) quente e misture bem.

Adicione o chocolate derretido. Resfrie a cada adição. Refrigere ou congele, retire do molde e sirva cortado aos pedaços com calda de chocolate quente e frutas silvestres.

PANNA COTTA

Sobremesa à base de gelatina e creme de leite, simples e refrescante. De origem italiana, elabora-se a partir de creme de leite (em italiano, *panna*), que é aquecido (ou cozido, *cotta*) com açúcar e um flavorizante.

Panna cotta

INGREDIENTES			PROCESSO
4 ½	un.	gelatina em folha	Hidrate a gelatina em folha em água bem gelada por 15 minutos.
2	xíc.	água gelada	
2	xíc.	leite	Ferva o leite, as raspas, o chá, a erva-cidreira e o açúcar. Deixe em infusão por 5 minutos e coe. Esprema bem a gelatina e aqueça-a em banho-maria ou em micro-ondas, mas nunca ferva! Adicione a mistura. Adicione o creme de leite, misturando bem.
10	g	raspas de limão	
10	g	raspas de laranja	
1	saquinho	chá de camomila	
	talos	erva-cidreira, fresca	
1	xíc.	açúcar	
2	xíc.	creme de leite fresco	

Despeje em taças decorativas, tipo *mini shots*. Refrigere por pelo menos 4 horas. Sirva com frutas maceradas.

Pode-se substituir o creme de leite por leite de coco, iogurte, mascarpone, cream cheese ou crème fraîche; o açúcar pode ser substituído por mel; os flavorizantes podem simplesmente ser retirados e também se pode adicionar baunilha ou algum licor.

Panna cotta citrus com pralinas de noz-pecã

INGREDIENTES

PANNA COTTA CITRUS

4	un.	gelatina em folhas
2	xíc.	água gelada
250	g	leite
250	g	creme de leite
10	g	raspas de limão
10	g	raspas de laranja
250	g	açúcar impalpável
1	saquinho	chá de erva-cidreira

PRALINA DE NOZ-PECÃ

120	g	manteiga
120	g	açúcar mascavo
⅓	xíc.	glicose
120	g	farinha de trigo
700	g	noz-pecã
1	col. chá	canela em pó

PROCESSO

PANNA COTTA CITRUS

Hidrate a gelatina com a água gelada e deixe descansar por 15 minutos.

Ferva o leite, o creme de leite, as raspas e o açúcar impalpável. Retire do fogo e introduza o saquinho de chá, deixando em infusão por 30 minutos. Coe.

Esprema bem a gelatina e aqueça o suficiente para derretê-la corretamente. Adicione 2 xícaras da mistura à gelatina quente, para temperá-la; misture bem e certifique-se de que não existam caroços. Adicione o restante do líquido e coe novamente.

Despeje nos recipientes de sua escolha (transparentes). Refrigere por pelo menos 6 horas antes de servir. Sirva gelado. Adicione os flavorizantes de seu gosto.

PRALINA DE NOZ-PECÃ

Ferva a manteiga e o açúcar mascavo.

Adicione a glicose e misture bem. Adicione a farinha e despeje sobre a noz-pecã.

Despeje a mistura em uma assadeira forrada com papel-manteiga e untada. Asse por 15 minutos a 160 °C, ou até que a mistura esteja caramelizando.

Salpique a canela em pó, deixe secar à temperatura ambiente e acondicione em recipiente hermético. Conserve também à temperatura ambiente.

RECEITAS

Blanc-manger estilo francês

O termo *blancmange*, corrente em inglês, tem origem no francês *blanc-manger*; ambos indicam um pudim branco.

INGREDIENTES			PROCESSO
12	g	gelatina em pó	Hidrate a gelatina na água com gelo por 15 minutos.
125	g	água com gelo	
250	g	amêndoas peladas	Leve as amêndoas com açúcar ao processador e misture até virarem uma farinha. Ferva o leite e a mistura de amêndoas e deixe de molho por 30 minutos.
300	g	açúcar	
350	g	leite	
½	col. chá	essência de amêndoa	
300	g	creme de leite fresco	
200	g	mascarpone	

Adicione a gelatina hidratada. Coe e adicione a essência de amêndoa. Deixe esfriar à temperatura ambiente.

Bata o creme de leite a ponto médio, adicione o mascarpone e agregue delicadamente à mistura. Coloque nos moldes (fleximoldes são indicados).

Refrigere por pelo menos 4 horas ou congele, desenforme e sirva frio.

Namelaka

O nome em japonês significa "textura cremosa". Receita simples, de grande versatilidade e apelo visual, pode ser preparada com infusão de ervas, menta ou manjericão, ou com chás, sucos reduzidos e licores, deixando refrigerar por algumas horas. Pode ser servida em pequenos copos ou taças (verrines) ou em composição de uma sobremesa, em colherada.

INGREDIENTES			PROCESSO
6	g	gelatina em folhas	Hidrate a gelatina na água gelada por 15 minutos e esprema.
2	xíc.	água gelada	
200	g	leite	Ferva o leite e adicione a gelatina, que deve pesar cinco vezes o peso inicial (30 gramas). Coe e reserve.
200	g	chocolate branco, tostado	
2	col. sopa	glicose	
420	g	creme de leite fresco	

Com o forno a 160 °C, toste o chocolate branco sobre um tapete de silicone ou papel-manteiga, mexendo de vez em quando para fazer uma coloração uniforme. Adicione a glicose e emulsione bem.

À mistura de gelatina coada, adicione o chocolate tostado. Acrescente o creme de leite e misture até ficar bem cremoso.

Despeje em verrine ou ramequim e deixe gelificar por 4 horas.

Pode-se dividir a mistura, agregando chocolate tostado a uma parte e pasta de pistache à outra. Então, gelifique primeiro um sabor, depois complete com o segundo e resfrie até firmar.

[Namelaka panna cotta de framboesa em verrine]

Namelaka panna cotta de framboesa em verrine

INGREDIENTES | PROCESSO

7	un.	gelatina em folhas
2	xíc.	água gelada
400	g	framboesa
200	g	açúcar
450	g	iogurte integral
200	g	creme de leite fresco
5	gotas	corante alimentício vermelho

Hidrate a gelatina na água gelada por 15 minutos e esprema.

Processe a framboesa até formar um purê e leve ao fogo, reduzindo a ⅓; peneire e meça ½ xícara. Adicione a gelatina derretida em banho-maria ao purê ainda quente e misture bem. Coe.

Adicione à mistura fria o iogurte e o corante, até que atinja um tom vermelho próximo da cor natural da fruta. Bata o creme de leite a ponto médio e despeje a preparação em uma tigela, misturando até que fique homogênea. Distribua em dez taças (aproximadamente 100 gramas de panna cotta), permeando com o rocher de framboesa. Refrigere por pelo menos 4 horas.

ROCHER DE FRAMBOESA | ROCHER DE FRAMBOESA

100	g	cereal matutino de milho
15	g	framboesa desidratada, picada
70	g	pistaches moídos, tostados
100	g	chocolate branco, tostado
230	g	chocolate branco, temperado

Misture o cereal, a framboesa desidratada e o pistache tostado.

Tempere o chocolate branco e despeje sobre a mistura acima, envolvendo bem. Adicione o chocolate branco tostado.

Dispense sobre o papel-manteiga e espalhe; deixe secar. Mantenha em recipiente fechado.

ENTREMETS

Termo francês que significa "entre serviços", na moderna cozinha francesa é um prato pequeno, servido "entre os pratos", ou uma sobremesa. Originalmente era uma preparação elaborada e criativa, servida nos salões da nobreza do oeste da Europa, na época final da Idade Média e no começo da Idade Moderna. Um entremet marcava o final do serviço e podia ser algo simples, como um guisado flavorizado com especiarias exóticas e caras. Na *Larousse Gastronomique* (2001), entremet denomina um prato doce ou sobremesa, sempre servido após o prato de queijos.

Para nós, entremet corresponde a uma sobremesa específica, uma composição de cores, sabores e texturas, que incluem esponjas, cremes, geleias, mousses, pudins e flavorizantes. São várias pequenas produções arranjadas de maneira artística, com uma incrível quantidade de passos, e a elaboração deles requer excelente domínio de técnicas e degustação.

Por exemplo, um entremet au chocolat et mangue pode começar com um bolo esponjoso delicado e aerado, embebido com calda simples aromatizada. A parte externa, decorativa e cheia de requinte é um bolo joconde decorado com uma pasta de cigarette, distribuída em desenhos sobre um tapete de silicone ou papel-manteiga e congelada; então uma massa esponjosa joconde é colocada sobre a camada congelada e assada, para que os desenhos sejam transferidos para a massa de joconde. A cocção deve atingir o ponto exato, pois se for muito assada perderá a flexibilidade e se ficar pouco assada não apresentará a estrutura necessária à produção.

Em seguida prepara-se uma mousse, em que a técnica e um controle rígido de temperatura garantem a suavidade e a consistência final, quando todos os componentes forem agrupados. O topo do bolo apresentará um brilho espelhado, uma mistura de açúcar, pectina e ácido cítrico. Após montar todas as camadas com precisão, há uma técnica para fazer o corte preciso e uniforme. Além de seu aspecto final, a textura e o sabor de cada camada têm de apresentar uma característica única e justificar-se na preparação.

Na confeitaria, entremet é tipicamente uma preparação de várias camadas de mousse e bolo de sabores complementares, com contraste de coloração e textura. Um entremet bem executado deve seguir os princípios de apelo visual e contraste de textura, além do sabor. A beleza dos entremets vem da infinidade de formas que podem apresentar (redonda, pirâmide, retangular, oval, hexagonal, abóbada) e da abundância de cores das múltiplas camadas desse bolo-mousse. Os receptores de sabor em nosso paladar devem ser agraciados e confundidos com as combinações de sabores: azedo, doce, amargo ou salgado.

Planeje a construção de seu entremet balanceando os sabores, como se combinam, se sobrepõem e se complementam. Depois de ler tudo isso, você talvez esteja assustado pela complexidade da preparação, mas não desanime: na verdade não é tão difícil assim obter sucesso.

Coco em três estilos

INGREDIENTES			PROCESSO
MOUSSELINE DE COCO			**MOUSSELINE DE COCO**
10	g	gelatina em folhas	Hidrate a gelatina na água gelada. Bata o creme de leite a ponto médio e refrigere.
2	xíc.	água gelada	
300	g	creme de leite fresco, ponto médio	Aqueça o leite de coco e despeje sobre a gelatina. Coe e adicione ao creme de confeiteiro com Malibu. Misture bem. Adicione a manteiga derretida.
130	g	leite de coco	
420	g	creme de confeiteiro	
45	g	Malibu	
70	g	manteiga derretida	Acrescente o creme de leite batido a ponto médio. Despeje sobre o dacquoise. Resfrie.
DACQUOISE DE COCO			**DACQUOISE DE COCO**
300	g	clara	Faça um merengue em estilo francês: claras envelhecidas por 1 dia e cremor de tártaro; bata até espumar e acrescente o açúcar aos poucos, até ficar firme e brilhante.
1	pitada	cremor de tártaro	
100	g	açúcar	
50	g	amêndoas tostadas, moídas	Processe as amêndoas, o açúcar impalpável e o coco ralado até um tamanho uniforme. Pulverize sobre o merengue.
250	g	açúcar impalpável	
200	g	coco ralado sem açúcar	
			Espalhe sobre dois aros de 5 cm sobre o tapete de silicone ou papel-manteiga e nivele com uma régua. Pulverize com açúcar impalpável duas vezes. Asse a 170 °C por 13 a 15 minutos.
GELÉE DE COCO			**GELÉE DE COCO**
3	col. chá	gelatina em pó	Hidrate a gelatina na água gelada.
100	ml	água	
60	ml	água de coco	Ferva a água de coco com o xarope simples (1 parte de água e 1 parte de açúcar). Adicione sobre a gelatina hidratada. Adicione o leite de coco e o Malibu, mexa sem formar espuma.
60	ml	xarope simples	
60	ml	leite de coco	
1	col. sopa	Malibu	
			Entorne sobre a mousseline. Refrigere.

Semolina, manga, maracujá e chocolate

INGREDIENTES			PROCESSO
SEMOLINA			**SEMOLINA**
250	g	leite	Ferva o leite e despeje sobre a semolina.
45	g	semolina	
3	un.	ovos	Bata os ovos com o açúcar e o extrato de baunilha até dobrarem de volume. Adicione a mistura de semolina esfriada e o cacau em pó.
70	g	açúcar	
1	col. chá	extrato de baunilha	
40	g	cacau em pó	
			Asse a 170 °C por 12 a 13 minutos. Corte em círculos de 19 cm de diâmetro.
BRÛLÉE DE LIMÃO E MARACUJÁ			**BRÛLÉE DE LIMÃO E MARACUJÁ**
2	un.	gelatina em folhas	Hidrate a gelatina na água gelada.
1	xíc.	água gelada	
300	g	creme de leite fresco	Método do creme inglês: aqueça o creme de leite com as raspas até a fervura; tempere sobre a mistura de gemas, açúcar e sal. Cozinhe até obter o ponto *nappe* (85 °C). Adicione a gelatina, seguida do suco reduzido e coe.
1	col. chá	raspas de limão	
1	col. chá	raspas de laranja	
3	un.	gemas	
40	g	açúcar	
1	pitada	sal	
130	g	suco de maracujá, reduzido a 50%	
			Despeje sobre um molde com 15 cm (menor que o aro em que será montado o entremet). Congele.

(cont.) ▶

MOUSSE DE CHOCOLATE E MARACUJÁ

4	g	gelatina em folhas
2	xíc.	água gelada
150	g	polpa de manga
150	g	suco de maracujá, reduzido a ⅓
80	g	glicose
300	g	creme de leite fresco batido a ponto médio
230	g	chocolate ao leite 36%

COULIS DE MARACUJÁ

10	g	gelatina em folhas
2	xíc.	água gelada
250	g	polpa de manga
150	g	suco reduzido de maracujá
90	g	açúcar invertido

MOUSSE DE CHOCOLATE E MARACUJÁ

Hidrate a gelatina na água gelada. Ferva a polpa de manga, o suco de maracujá e a glicose até obter um total de 150 gramas de redução. Esprema e adicione a gelatina.

Adicione o creme de leite e misture até incorporar. Derreta o chocolate a 50 °C e misture ao creme.

Prepare um aro de 9 cm de altura, forrando com acetato. Disponha uma camada do bolo e a metade da mousse, depois outra camada do bolo e o crème brûlée congelado. Despeje o restante da mousse e congele por 1 hora.

Despeje o coulis de maracujá e refrigere. Decore a gosto.

COULIS DE MARACUJÁ

Hidrate a gelatina na água gelada.

Reduza a polpa, o suco e o açúcar invertido.

Esprema e adicione a gelatina, misturando cuidadosamente para não formar espuma. Coe e despeje sobre a última camada de mousse frio. Refrigere até ficar firme.

Champanhe Delight

INGREDIENTES			PROCESSO
BOLO DE CHOCOLATE			**BOLO DE CHOCOLATE**

190	g	gema	Bata a gema, o açúcar e o sal até triplicarem de volume.
160	g	açúcar	
¼	col. chá	sal	
90	g	farinha de trigo	Bata a clara e o açúcar até a obtenção de um merengue firme e incorpore metade do merengue à mistura de gema.
60	g	cacau em pó	
190	g	clara	
40	g	açúcar	
60	g	manteiga derretida	Adicione os ingredientes secos e peneirados até obter uma mistura homogênea.
70	g	avelãs tostadas, levemente picadas	

Acrescente a manteiga derretida, as avelãs e o restante do merengue delicadamente.

Asse a 190 °C por 35 minutos ou até que esteja firme no centro.

COMPOTA DE PÊSSEGO

COMPOTA DE PÊSSEGO

40	g	manteiga	Aqueça a manteiga; adicione o pêssego descascado e cortado em cubos grandes; acrescente a fava de baunilha aberta e o açúcar e cozinhe por 10 minutos.
400	g	pêssego	
1	un.	fava de baunilha	
50	g	açúcar	
30	g	açúcar	Adicione a mistura de açúcar com pectina, e cozinhe por mais 2 minutos.
10	g	pectina	
2	col. sopa	rum	

Adicione o rum e flambe. Distribua uma camada fina sobre o bolo de chocolate embebido em xarope simples (200 gramas de água e 200 gramas de açúcar).

(cont.) ▶

MOUSSE

8	g	gelatina
2	xíc.	água gelada
160	g	açúcar
50	g	água
160	g	gema
400	g	creme de leite fresco, batido a ponto médio
1	col. sopa	de licor de pêssego
1	col. sopa	baunilha

MOUSSE

Hidrate a gelatina na água gelada.

Faça uma pâte à bombe cozinhando o açúcar na água a 118 °C e despejando sobre as gemas montadas. Bata até montar. Esprema bem a gelatina e agregue. Coe.

Incorpore o creme batido a ponto médio e flavorizado com licor de pêssego e baunilha.

Espalhe sobre o bolo de chocolate, embebido com xarope simples e forrado com uma camada fina de compota de pêssego.

GELÉE DE CHAMPANHE

7	un.	gelatina em folhas
2	xíc.	água gelada
70	g	xarope simples (1 x 1)
400	g	champanhe rosée

GELÉE DE CHAMPANHE

Hidrate a gelatina na água gelada. Ferva o xarope simples e esprema e adicione a gelatina.

Agregue o champanhe. Despeje sobre a camada fria e firme da mousse.

Café & chocolate

INGREDIENTES				PROCESSO

BOLO DE CHOCOLATE

190	g		gema
160	g		açúcar
¼	col. chá		sal
190	g		clara
40	g		açúcar
90	g		farinha de trigo
60	g		cacau em pó
60	g		manteiga derretida
70	g		avelã, tostada, levemente picada

BOLO DE CHOCOLATE

Bata a gema, o açúcar e o sal até triplicarem de volume. Bata as claras e o açúcar até formarem um merengue brilhante. Adicione a mistura dos secos e peneirados às gemas e então acrescente a metade da clara batida. Envolva o restante das claras delicadamente; adicione a manteiga derretida e as avelãs.

Asse a 180 °C por 25 minutos ou até firmar no centro. Divida o bolo em três camadas iguais. Embeba todas as camadas de bolo com uma calda simples flavorizada com café espresso (½ xícara de água, ½ xícara de açúcar, ¼ xícara de café e 1 colher de sopa de licor de café).

CROCANTE DE PRALINA

25	g	chocolate para cobertura
100	g	pasta de pralina
100	g	feuilletine ou flocos de milho

CROCANTE DE PRALINA

Derreta o chocolate, adicione a pasta de pralina e misture bem. Adicione o crocante (feuilletine ou flocos de milho).

Despeje sobre o bolo de chocolate em uma camada fina e nivelada. Deixe esfriar e inverta, com o crocante virado para baixo.

MOUSSE DE CHOCOLATE

1 ½	xíc.	chocolate 56%
120	g	chocolate amargo
½	xíc.	clara
½	xíc.	açúcar
500	g	creme de leite fresco, batido a ponto médio

MOUSSE DE CHOCOLATE

Derreta os chocolates, o creme de leite e reserve. Bata as claras e o açúcar até fazer um merengue brilhante.

Despeje o chocolate a 48 °C sobre o merengue, trabalhando rapidamente. Adicione o creme de leite batido a ponto médio, de maneira envolvente. Caso a mousse esteja muito espessa, suavize ou amoleça com creme de leite líquido: 2 colheres de sopa ou o suficiente para obter uma textura cremosa e fácil de espalhar.

(cont.) ▶

CRÈME BRÛLÉE DE CAFÉ

3	un.	gelatina em folhas
1	xíc.	água gelada
250	g	leite
2	col. sopa	café, grãos
70	g	açúcar
270	g	creme de leite fresco
135	g	gema
70	g	açúcar
1	col. sopa	licor de café

CRÈME BRÛLÉE DE CAFÉ

Hidrate a gelatina na água gelada.

Ferva o leite com os grãos de café e deixe infusionar por 30 minutos. Coe.

Ferva o leite flavorizado com a primeira parte do açúcar e o creme de leite; em uma tigela, misture a gema e a segunda parte do açúcar. Entorne o líquido fervendo, misturando ininterruptamente, temperando. Cozinhe em fogo brando, mexendo sempre, até obter o ponto *nappe* (85 °C).

Adicione a gelatina espremida e o licor. Despeje na fôrma e congele.

MONTAGEM

Camada de bolo com pralina, embebido, na parte superior.

Mousse de chocolate; bolo embebido; mousse de chocolate; crème brûlée de café (centro) – cubra com mousse de chocolate.

Torta de pistache e framboesa

INGREDIENTES			PROCESSO

ESPONJA DE PISTACHE

120	g	gema
70	g	açúcar
½	col. chá	sal
50	g	suco de limão
70	g	óleo de girassol
140	g	farinha de trigo
1	col. chá	fermento químico
80	g	pistache moído
180	g	clara
¼	col. chá	cremor de tártaro
130	g	açúcar

ESPONJA DE PISTACHE

Bata a gema, o açúcar e o sal até triplicarem; adicione o suco de limão; acrescente o óleo em fio, emulsionando.

Peneire a farinha e o fermento químico; adicione à mistura com o pistache.

Adicione a clara montada com o cremor de tártaro. Adicione o açúcar vagarosamente (açúcar em chuva) e incorpore o merengue à massa.

Prepare 3 assadeiras redondas e distribua o bolo entre elas. Asse a 170 °C por 15 minutos ou até ficar levemente corado e firme no centro.

Embeba com xarope simples flavorizado com Grand Marnier.

CREME BÁVARO DE FRUTAS VERMELHAS

14	g	gelatina em folhas
2	xíc.	água gelada
200	g	leite
230	g	creme de leite fresco
3	un.	gemas
1	pitada	sal
100	g	açúcar
80	g	frutas vermelhas, reduzidas
250	g	creme de leite fresco, batido a ponto médio

CREME BÁVARO DE FRUTAS VERMELHAS

Hidrate a gelatina na água gelada.

Método creme inglês: aqueça o leite e o creme de leite até a fervura e tempere sobre as gemas, o sal e o açúcar. Cozinhe até obter o ponto *nappe* (85 °C).

Esprema e adicione a gelatina e coe. Adicione o purê de frutas reduzido. Deixe esfriar à temperatura ambiente e agregue o creme de leite em ponto de suave a médio.

Despeje ⅓ sobre a esponja de pistache embebida em calda flavorizada com baunilha. Refrigere. Repita a operação em mais 3 camadas entre bolo e recheio. Termine com o coulis de frutas vermelhas. Refrigere.

COULIS DE FRUTAS VERMELHAS

5	un.	gelatina em folhas
2	xíc.	água gelada
300	g	frutas vermelhas, purê
1	col. chá	suco de limão
60	g	açúcar invertido

COULIS DE FRUTAS VERMELHAS

Hidrate a gelatina na água gelada.

Ferva o purê, o suco de limão e o açúcar invertido. Esprema e adicione a gelatina, mexendo bem, mas sem fazer espuma. Coe e deixe esfriar.

GLAÇAGEM, COBERTURA E ACABAMENTO

As expressões glaçage, crémage e nappage, ou glaçagem, cobertura e acabamento, são utilizadas para definir um item de revestimento decorativo aplicado a numerosas preparações culinárias, principalmente as elaboradas na confeitaria. Há uma infinidade de coberturas e acabamentos que provocam um apelo visual na preparação, como fondant, glacê real, marshmallow, caramelo, ganache, chantilly, mousses, cremes à base de manteiga, geleias, entre outros, e podem ser intercalados de maneira criativa e artistíca. Aqui estão algumas sugestões para tornar suas apresentações impecáveis.

Cobertura de gianduia

INGREDIENTES			PROCESSO
175	g	creme de leite fresco	Coloque os ingredientes em banho-maria, misturando cuidadosamente, sem que levante bolhas.
35	g	xarope simples (uma parte de água e uma parte de açúcar, fervidas juntas)	
45	g	glicose	Homogeneize e mantenha a 40 °C para utilização.
50	g	chocolate 65%	
200	g	pasta de gianduia	
25	g	óleo vegetal de milho	

Nappage de limão e limoncello

INGREDIENTES			PROCESSO
250	g	suco de limão concentrado	Misture o suco de limão com o açúcar e deixe ferver, atingindo 40 °C.
70	g	açúcar	
25	g	açúcar	Adicione o açúcar e a pectina NH à mistura e aguarde ferver, mexendo sempre; adicione 2 colheres de sopa de limoncello e misture bem.
5	g	pectina NH	
2	col. sopa	limoncello	

Utilize à temperatura ambiente (antes de gelificar). Caso esteja muito gelificado, aqueça suavemente e aplique na receita.

Cobertura ao caramelo

INGREDIENTES			PROCESSO
15	g	gelatina em folhas	Hidrate a gelatina em folhas na água gelada por 15 minutos. Esprema a gelatina até atingir cinco vezes o peso inicial e reserve.
3	xíc.	água gelada	
450	g	açúcar	Prepare o caramelo com o açúcar e a água e misture ao creme de leite quente, mexendo até que se torne um caramelo homogêneo.
350	g	creme de leite fresco	
1	col. sopa	amido de milho	
250	g	água	
60	g	chocolate ao leite	

Misture o amido de milho com a água e adicione ao caramelo até que ferva, mexendo ininterruptamente. Adicione a gelatina espremida e mexa bem.

Adicione o chocolate ao leite e homogeneize. Caso a coloração do caramelo não esteja de seu agrado, revitalize com a adição de poucas gotas de corante vermelho e amarelo.

Glaçage de merengue italiano

INGREDIENTES			PROCESSO
300	g	açúcar	Misture o açúcar com a água e aqueça a 120 °C. Adicione a clara em pó batida com uma pitada de cremor de tártaro. Bata até formar um merengue estabilizado, brilhante e flexível. Use imediatamente. A sobra pode ser conservada na geladeira; se for reutilizar, bata usando a batedeira.
80	g	água	
180	g	clara em pó	
1	pitada	cremor de tártaro	

Mirroir neutro com gelatina

INGREDIENTES			PROCESSO
3	col. sopa	gelatina em pó, sem sabor	Hidrate a gelatina em pó na água gelada por 15 minutos.
1	xíc.	água gelada	
1	xíc.	xarope simples	Ferva o xarope simples (1 x 1).
			Adicione a gelatina hidratada e misture bem. Coe e utilize morno.

Mirroir neutro com pectina

INGREDIENTES			PROCESSO
400	g	açúcar	Misture o açúcar e a água e deixe ferver.
750	ml	água	
400	g	açúcar	Misture o açúcar e a pectina e adicione ao liquído fervente, mexendo bem.
60	g	pectina NH/ pectina de maçã	
100	g	glicose	Incorpore a glicose e ferva. Coe e guarde a 4 °C. Aqueça a 40 °C para utilizar.

Mirroir de chocolate

INGREDIENTES			PROCESSO
24	g	gelatina em folhas	Hidrate a gelatina em folhas na água gelada por 15 minutos; pese cinco vezes o peso inicial, ou seja, o final deve estar com 120 gramas.
3	xíc.	água gelada	
200	g	água	
400	g	açúcar	Ferva a água, o açúcar, a glicose e o leite condensado.
100	g	glicose	
270	g	leite condensado	
450	g	chocolate 70%	Adicione a gelatina ao líquido fervido e despeje tudo sobre o chocolate. Com uma batedeira portátil, homogeneize o mirroir. Utilize a 40 °C ou a uma consistência despejável, sem formação de grumos.

Mirroir de morango

INGREDIENTES			PROCESSO
420	g	morangos, picados	Misture os morangos com o açúcar e ferva a fogo médio, mexendo sempre, até que os morangos soltem todo o seu suco.
100	g	açúcar	
100	g	açúcar	
50	g	glicose	Coe e retorne ao fogo médio adicionando a outra parte do açúcar e a glicose. Deixe ferver. Adicione o glacê e mexa para combinar. Mantenha à temperatura ambiente.
230	g	geleia de damasco incolor ou brilho neutro	

O morango pode ser substituído por outras frutas.

Gelée de abacaxi para cobertura
MIRROIR

INGREDIENTES			PROCESSO
50	g	glicose	Aqueça a glicose a fogo médio e adicione o suco de abacaxi. Misture a pectina e o açúcar e adicione ao líquido fervente. Misture rapidamente e deixe ferver.
200	g	suco de abacaxi concentrado	
1 ½	col. chá	pectina NH	
7 ½	col. chá	açúcar	
1,5	g	ácido cítrico	Adicione o ácido cítrico e misture bem. Coe e despeje sobre gateaux, verrines ou moldes de silicone (congele e tire do molde).

Chantilly ao chocolate ao leite

INGREDIENTES			PROCESSO
500	g	creme de leite fresco	Aqueça o creme de leite e entorne sobre o chocolate ao leite, mexendo bem. Refrigere. Bata a ponto de chantilly antes de utilizar.
200	g	chocolate ao leite	

PARTE 3
Espessantes à base de polissacarídeos
AMIDOS E MASSAS

AMIDOS E MASSAS

Amidos

O amido vem sendo usado sem restrições como espessante por cozinheiros, *chefs* e pela indústria de alimentos há centenas de anos. Algumas das fontes de amido são milho, trigo, batata, arroz e mandioca. É um componente presente em muitos alimentos e desempenha papel significativo na obtenção de viscosidades diferenciadas em pudins, molhos e recheios de tortas, além de ter importante função em batatas, cereais e produtos manufaturados, como pães, bolos, biscoitos, etc. Emprega-se como um espessante para líquidos e agente texturizador. Os diferentes tipos de amido possuem diversos graus de viscosidade, apresentam capacidade de aglutinar misturas líquidas e habilidades na contenção da água. Em virtude do fato de os amidos absorverem tão bem a água, sua utilização é importante para o paladar em muitos produtos alimentícios, e são usados como substitutos de gordura (encorpam sem adicionar gordura).

O amido é um carboidrato natural ($C_6H_{10}O_5$), encontrado em sementes, frutas, tubérculos, raízes e plantas. Varia em aparência de acordo com sua fonte, mas comumente é um pó branco, amorfo e sem sabor. Trata-se de um polissacarídeo produzido por todas as plantas verdes como uma reserva de energia, composto por um grande número de unidades de glicose ligadas umas às outras por elos glicosídicos. Além de batata, trigo, milho, arroz e mandioca, outros alimentos ricos em amido são: araruta, banana, cevada, sagu, batata-doce, centeio, katakuri, kudzu (feijões japoneses) e outros tantos tipos de feijões, como fava, lentilha, ervilha e grão-de-bico.

CRITÉRIOS PARA A ESCOLHA DO AMIDO

Com tanta variedade de amidos, deve-se selecioná-lo por suas propriedades e principalmente pelas condições em que será empregado:

- ESTABILIDADE: a capacidade de extensão de estabilidade de um amido em particular quando misturado a um líquido. A temperatura é o fator que ativa o poder espessante de um amido, e além disso existe uma reação quanto ao tempo de cocção desse polissacarídeo: um processo de cocção longo pode separar as moléculas de determinados amidos, provocando perda de espessamento.
- CONSISTÊNCIA: pode ser observada quando a mistura de amido é cozida. A textura da preparação pode ser medida com a colher; recolha um pouco da preparação e deixe que caia: observe se apresenta fluidez intensa, média ou suave, longas cadeias, ou se forma grumos.
- SABOR: repare se o amido responsável por espessar dá à preparação um sabor acentuado. Leve em consideração o volume e a força de formação de gel.
- FORÇA DE COESÃO: quantidade de amido necessária à preparação antes de que se espesse até a textura pretendida.
- OPACIDADE, COLORAÇÃO E TRANSPARÊNCIA: após ser incorporado pelo líquido, reparar se a mistura se apresenta transparente, levemente opaca ou intensamente opaca e se o amido afeta a coloração natural da preparação.

TEXTURIZANTES À BASE DE AMIDO

Diferente de outros agentes espessantes, o amido é um componente de nossa dieta diária, molécula na qual a maioria das plantas estoca sua energia gerada pela fotossíntese e que corresponde a cerca de ¾ das calorias ingeridas pela população mundial, majoritariamente em forma de grãos e raízes de vegetais. É o menos dispendioso e o mais versátil espessante ao alcance dos cozinheiros, comparado à gelatina e à gordura. A primeira imagem que nos ocorre quando se fala em amido talvez seja a do amido de milho, um ingrediente sedoso, feito apenas da parte do endosperma (o próprio amido) do grão de milho.

No entanto, pode-se escolher o tipo preferido dentre uma grande variedade de amidos, cada um com suas qualidades específicas. Eles podem ser classificados em duas categorias: originados de grãos, como o amido de milho, de arroz e de trigo, ou originados de tubérculos e raízes, como a fécula de batata, tapioca e araruta.

Muitas produções culinárias devem ao menos parte de suas agradáveis e únicas consistências ao amido. Diferentemente de outros agentes espessantes, o amido está presente na nossa dieta diária.

O amido puro é um pó branco, sem sabor ou odor, insolúvel em água fria ou álcool; consiste em dois tipos de moléculas: uma linear, amilose em forma de hélice, e uma em ramas, a amilopectina. Esta última é uma cadeia de polímeros de glicose, que contém cadeias longas que contribuem primariamente para a viscosidade. Dependendo da planta, o amido contém de 20 a 25% de amilose e de 75 a 80% de amilopectina. O glicogênio, depósito de glicose em animais, é a versão mais ramificada da amilopectina.

ESTRUTURA

As moléculas de amido se arranjam dentro da planta em grânulos semicristalinos. Cada espécie vegetal apresenta um tamanho de grânulo de amido único: o do arroz, por exemplo, é relativamente pequeno (2 micrômetros), enquanto o amido da batata apresenta grânulos maiores (de até 100 micrômetros). Em massa absoluta, apenas ¼ dos grânulos do amido presente nas plantas converte-se em amilose, mas as moléculas de amilose são cerca de 150 vezes mais frequentes do que as moléculas de amilopectina. As moléculas de amilose são muito menores do que as da amilopectina.

FUNCIONALIDADE

O amido se torna solúvel em água quando aquecido. Os grânulos incham e explodem, então a estrutura semicristalina se perde e as minúsculas moléculas de amilose começam a se separar dos grânulos, formando uma cadeia capaz de absorver água e aumentando a viscosidade da mistura. Esse processo é chamado de gelatinização. Durante a cocção, o amido se torna uma pasta e aumenta sua viscosidade; durante o esfriamento ou a conservação prolongada da preparação, a estrutura semicristalina parcialmente se recupera e a pasta de amido se espessa, expelindo água. Isso é causado principalmente pela retrogradação da amilose.

As enzimas que metabolizam ou fazem hidrólise do amido em açúcares são chamadas de amilases, e as alfa-amilases são encontradas em plantas e em animais. A saliva humana é rica em amilase, assim como o pâncreas, que processa a enzima.

Se submetermos o amido a um calor intenso e seco, ele se metabolizará formando pirodextrinas, em um processo conhecido como dextrinização. As pirodextrinas são marrons, efeito causado quando torramos um pedaço de pão.

VARIÁVEIS DA VISCOSIDADE E MANEIRAS DE ADICIONAR AMIDO A UMA MISTURA

A viscosidade de uma preparação espessada com amido depende de diversas variáveis. A primeira é a quantidade de amido; a segunda corresponde ao tipo e às proporções dos outros ingredientes: sólidos com pouca água ou gordura têm efeito espessante, ao passo que ácidos como açúcar e limão têm efeito oposto. A terceira é a maneira como o amido foi adicionado à mistura.

Há três maneiras básicas para adicionar o amido a uma mistura:
- dissolvê-lo em um pouco de água ou em outro líquido frio;
- pela beurre manié, que é a manteiga misturada à farinha;
- pelo roux, uma mistura de manteiga e farinha que é cozida.

Uma quarta variável é o tempo em que se expõe a mistura ao calor, ou seja, o tempo de cocção. Como vimos, é necessário cozinhar os grânulos de farinha para aumentar sua capacidade de reter líquido. Se a mistura for cozida por tempo demais ou aquecida depressa demais, sua viscosidade e sua estabilidade diminuirão; isso ocorre porque a estrutura molecular do amido se encolhe muito, permitindo que as moléculas de água que foram aprisionadas escapem. O ponto crítico da cocção de cada amido varia de acordo com o tipo de amido.

A quinta variável é a temperatura em que a preparação será servida e por quanto tempo será guardada. As preparações à base de amido aumentam sua viscosidade quando esfriadas e resfriadas. Deve-se levar esse detalhe em consideração ao se adicionar um amido a qualquer preparação, pois uma viscosidade "borrachuda" não é nada apetitosa. Leve ainda em consideração o tempo que essa preparação será conservada: quanto mais tempo uma preparação à base de amido for conservada, mais espessa se tornará, por causa da perda de umidade.

Neste exemplo, foi usada a farinha de trigo. Mas a seleção do amido espessante deve considerar aspectos de viscosidade, estabilidade, textura e transparência, pois, como vimos, eles são diferentes em cada tipo.

O PERIGO DA SINÉRESE

Quando combinamos água com farinha e amido de milho, a mistura não se espessa enquanto não se aplicar calor, que ativa o agrupamento das moléculas de amido e água. Os grânulos de amido então começam a crescer, aprisionando água enquanto se inflam. Finalmente, na faixa de temperaturas de 66 °C até um pouco abaixo da ebulição da água (100 °C), a estrutura rígida dos grânulos se quebra, criando uma teia de amido e água agrupados. Essa teia evita o movimento livre de moléculas de água e resulta em um molho espesso. Podemos notar ainda que, a esse ponto, a mistura começa a se tornar mais limpa, cada vez menos opaca, porque as moléculas de amido não estão mais empilhadas juntas; encontram-se em uma cadeia mais solta após a exposição ao calor – e, assim, a luz tem mais dificuldade em refletir (efeito Tyndall). A temperaturas acima de 96 °C, as moléculas encolhem em tamanho, deixando vazar as partículas de amido para a mistura. Enquanto esses grânulos inchados se deflacionam (ou murcham), a mistura se torna mais fina. Caso continuemos cozinhando, a mistura vai se apresentar mais e mais fina. Se você chegar a esse ponto, comece tudo de novo. Seu insucesso é chamado de sinérese.

TIPOS DE ESPESSANTE

Em resumo, os grânulos dos espessantes à base de amido, quando aquecidos a 60-70 °C, desenvolvem uma textura pastosa e firme. Espessantes à base de amido dão ao alimento um brilho transparente; uma geleia de amido em uma torta de frutas pode resultar em uma aparência exagerada e artificial, que seria aceitável apenas em um molho.

Os espessantes à base de amido em geral não adicionam muito sabor à preparação, mas podem insinuar um gosto de amido cru se não forem cozidos completamente. Se estiver preparando um prato muito delicado, opte pela araruta, o mais neutro em sabor de todos os amidos espessantes, a ser apresentada a seguir.

Todo o amido consiste em grânulos de 1 a 100 micrômetros e contém cadeias de duas moléculas de glicose: amilopectina e amilose. As cadeias retas de amilose são menos viscosas e mais solúveis que as cadeias não retas de amilopectina. Os espessantes à base de alta amilose são utilizados, por exemplo, em biscoitos e cereais crocantes, uma vez que sofrem uma hidratação vagarosa. Eles estendem a vida de prateleira, ou seja, a durabilidade do produto.

Por outro lado, cada amido espessante possui uma organização cristalina diferenciada em seus grânulos e diferentes teores de amilose. Isso faz com que se espessem ou se expandam em maneiras diferentes e em várias formas de viscosidade, de que veremos alguns exemplos.

O amido de milho pode tolerar altos níveis de calor e estresse e apresenta propriedades adesivas superiores, sendo ideal na elaboração de snacks. Já a goma de tapioca, brilhante e mais quebradiça, é adequada para produtos sensíveis a flavorizantes, que requerem um sabor mais limpo, como recheios de cremes. A farinha de arroz possui excelentes qualidades de congelamento, por apresentar pouco retrocesso ou encolhimento de moléculas após a cocção. A fécula de batata apresenta ótima qualidade expansora e proporciona uma textura crocante, além de ser agente ativo na durabilidade do produto.

Os espessantes à base de trigo apresentam notável qualidade em textura, derretendo – ou "desaparecendo" – na boca facilmente, mas há exceções. Na confeitaria, quando espessamos tortas de frutas, por exemplo, a adição da farinha de trigo resulta em uma aparência turva, opaca, de textura que parece grumosa. Mas, além desses aspectos mais óbvios, é a textura da farinha de trigo em recheios de frutas que a elimina como espessante. Diferente de outros espessantes, a farinha de trigo contém proteínas e outros componentes, além do amido. Como espessante, temos de utilizá-la em maior quantidade, pois a presença do amido é menor, com pelo menos o dobro da quantidade; em consequência, o sabor, a aparência e a textura da torta de fruta serão seriamente comprometidos. Já as misturas com frutas espessadas por araruta, tapioca e amido de tubérculos em geral ganham uma aparência brilhante e limpa, e o sabor da fruta não sofre muita alteração. Nesse caso, a tapioca apresenta em geral mais poder espessante que outros amidos, o que a torna nossa favorita para espessar recheios de tortas de frutas, além de ser consideravelmente mais barata.

Outro ponto que merece atenção são os ingredientes adicionais. Para tortas, agregamos, além do espessante, uma quantidade de açúcar e cada fruta apresenta um nível de acidez, ou um pH mais predominantemente ácido. Então, além do poder espessante do carboidrato de sua escolha, lembre-se de que o excesso de acidez ou de açúcar pode inibir em algum grau a força do espessante.

DIFERENÇAS ENTRE OS AMIDOS

Algumas das diferenças entre os amidos estão na capacidade de espessamento, aderência, facilidade e velocidade de hidratação, e a taxa de hidrólise por diástase. Ambiguamente, o amido é uma substância homogênea existente em diferentes condições coloidais e, por outro lado, é um sistema heterogêneo construído a partir de um polissacarídeo (ou de vários polissacarídeos parentes), juntamente com substâncias orgânicas ou inorgânicas que o acompanham.

Os amidos são usados fora da alimentação. As indústrias têxtil, química, farmacêutica e de papel, adesivos e polímeros usam o amido e os derivados. Ácidos orgânicos e solventes orgânicos, enzimas, hormônios, antibióticos e vacinas são industrialmente produzidos a partir do amido.

AMIDO RESISTENTE E USOS INDUSTRIAIS DO AMIDO

Nem todos os amidos presentes nos alimentos são digeridos; a porção que não é absorvida pelo organismo é chamada de amido resistente, considerada uma fibra dietética. Trata-se também de uma fonte nutricional para a flora intestinal, e elabora vitaminas importantes (e gases). Amidos são adicionados a vários produtos, como:
- embutidos à base de carne processada (salsichas, linguiças, etc.) como um aglutinador, retentor de umidade, agente de volume e substituto de gordura;
- sopas, molhos e cremes, como espessantes;
- cereais matinais e petiscos, para manter a forma ou a estrutura do produto.

TERMINOLOGIA COMERCIAL: O AMIDO MODIFICADO

O amido está presente em vários alimentos, direta ou indiretamente. O direto, nativo da planta, pode ser modificado para alterar suas propriedades, desenvolvendo características ideais para usos específicos, que alteram ou adequam o poder e a característica da pré-gelatinização de um amido.

A modificação do amido é realizada por tratamento físico ou químico para desenvolver propriedades especiais altamente vantajosas para a indústria alimentar, como a mudança na força de gel, fluidez, cor, clareza e estabilidade de colagem. O amido modificado ácido resulta do tratamento ácido que reduz a viscosidade da cadeia (usado em produtos de confeitaria). O amido derivatizado refere-se aos derivados químicos como éteres e ésteres, e mostram propriedades como gelatinização reduzida em água quente e uma maior estabilidade aos ácidos e álcalis (amido "estabilizado"); é útil no caso de alimentos que têm de resistir a um tratamento térmico, como enlatados, ou em alimentos ácidos. Mais graus de tratamento podem resultar em um amido sensível a água fervente e que vai perder suas propriedades relativas à formação de gel.

Identificar o tipo de espessante à base de amido utilizado pela indústria de processamento de alimentos é um desafio, uma vez que o rótulo em geral apenas indica "espessante de alimento" ou "espessante de alimento modificado". O ingrediente ativo pode ser amido de milho, trigo, batata ou qualquer espessante. No geral, a nomenclatura se divide nos seguintes grupos:

AMIDO NÃO MODIFICADO

Amidos que não foram quimicamente modificados, indicados no rótulo por seu termo genérico: amido de milho, espessante à base de trigo ou espessante à base de tapioca ou mandioca. Tais produtos, apesar de não sofrerem modificações químicas, podem ter sofrido modificações físicas que geram efeitos como pouco brilho, temperaturas de cocção baixas ou cocção breve.

AMIDO MODIFICADO

Amidos que sofreram modificações químicas para apresentar características não encontradas em amidos não modificados ou naturais. Um exemplo é estabilizar o amido, preparando-o para suportar atividades que naturalmente não suportaria, como congelamento. Recheios de frutas requerem amido modificado para associar alta viscosidade e estabilidade a altas temperaturas. Em vários produtos de panificação com teor de umidade elevado, a migração da umidade é um problema que torna as crostas extremamente encharcadas.

ESPESSANTE DE AMIDO INSTANTÂNEO

Amidos instantâneos, que podem ser modificados ou não, têm a característica de se dispersar facilmente nas aplicações. Aumentam a estabilidade e atuam como extensores do prazo de validade. São apropriados para alimentos assados a baixas temperaturas, em forno micro-ondas.

ESPESSANTE DE AMIDO PRÉ-GELATINIZADO

Usualmente denominado pré-gelificador ou amido de reação em água fria. Uma pasta de amido é aquecida a uma temperatura de gelatinização, seca e moída em um pó fino. Quando se adiciona água, o amido pré-gelificado fica mais fino do que outros amidos e gelifica mais facilmente. Ideal para produtos com pouca umidade, como misturas prontas para bolos, por exemplo, que se beneficiam de sua rápida hidratação, características de viscosidade e melhor volume.

ESPESSANTE DE AMIDO PRÉ-GELIFICADO

Utilizado em aplicações que necessitam de uma rápida hidratação e/ou são produzidos à temperatura ambiente. Auxilia na retenção de umidade.

AMIDO MODIFICADO DE COCÇÃO

Amido modificado para preparações em que o uso de calor seja indispensável. Usualmente aplicado quando as temperaturas alcançarão 82 °C por pelo menos 10 minutos. Pode ser utilizado para preparações frescas ou congeladas, adiciona viscosidade, apresenta boa resolução na presença de ingredientes ácidos e mantém boa durabilidade conservado sob refrigeração ou congelamento.

AMIDO DE RESISTÊNCIA

Atua similarmente a fibras, sendo resistente à digestão no intestino delgado e à fermentação no intestino grosso. Emprega-se em produtos de teor de umidade médio, como pães ricos em fibras. Auxilia na sensação de paladar do produto, é mais suave que as fibras e tem acentuada qualidade de expansão e crocância.

FARINHAS E ESPESSANTES

O amido é isolado comercialmente a partir de várias fontes: grãos de cereais e sementes, como milho, trigo, aveia, sorgo e arroz; raízes e tubérculos, como batata, batata-doce, mandioca, araruta e sagu.

Os grãos de cereais são mergulhados em água, para soltar os grânulos de amido contidos na matriz do endosperma, seguido da moagem do produto ainda molhado. Raízes e tubérculos são moídos para se obter uma suspensão que contenha os grânulos de amido. Daí seguem-se peneiragem, lavagem, centrifugação, escorrimento e secagem.

Amidos variam em tamanho, forma e propriedades. Tais variações são atribuídas a dois fatores: supõe-se que o amido é uma substância homogênea existente em diferentes condições coloidais; ou então, que o amido é um sistema heterogêneo construído a partir de um polissacarídeo (ou de vários polissacarídeos parentes), com substâncias orgânicas ou inorgânicas que o acompanham. O primeiro caso ocorre em virtude das diferentes condições coloidais e o segundo por conta de componentes que reagem com o amido, o que poderia modificar suas características.

Cada tipo de amido tem propriedades específicas, além de serem substitutos do trigo. Apresentam déficit ou completa ineficiência na formação de glúten, o que pode ser extremamente vantajoso; alguns têm alto conteúdo de proteína ou aminoácidos ausentes no trigo; outros contêm mais fibras ou oferecem fitoquímicos específicos ausentes no trigo. Alguns tipos de farinha adicionam sabores incomuns ou desempenham papéis diferenciados como espessantes em misturas líquidas, como sopas, pudins, etc. Os vários tipos de amido exercem importantes papéis na alimentação, tanto quando ocorrem naturalmente em um ingrediente como quando são adicionados para se obter características funcionais específicas.

A característica funcional de espessar, gelificar, aderir ou combinar ingredientes, melhorar a resistência acídica, a aparência e o brilho não pode ser obtida pelo amido nativo.

O amido deve ser alterado física, química ou enzimaticamente para produzir amidos modificados e melhorados que assegurem qualidades e propriedades específicas. Na prática, porém, muitos são os obstáculos ao se lidar com as farinhas alternativas, seja na elaboração de massas, seja na adição da farinha como agente texturizador ou espessante. Exatamente pela alta variação da quantidade de glúten associada a diferenciais significativos na quantidade e qualidade para espessar uma mistura, as farinhas necessitam tratamento especial ao serem manipuladas e exercerem funções como estrutura, crescimento, textura, etc.

A FARINHA DE TRIGO

Extraída de diversas espécies do gênero Triticum, na Europa e nos Estados Unidos, as farinhas de trigo em geral informam sua quantidade de proteína e há uma instigante variedade de grãos, que são tratados, moídos e adicionados a preparações para enriquecer seu valor nutricional e acrescentar texturas e sabores únicos. No Brasil, não contamos com essa variedade, e os tipos de farinha carecem de informações mais pormenorizadas. O jeito é fazer testes para descobrir a farinha ideal para cada preparação.

A farinha de trigo pode ser mais fraca, mais neutra ou mais forte. Por exemplo, se fizermos um teste com um bolo genoise, a farinha com menos proteína ("mais fraca") resulta em produtos leves e macios, de sabor delicado, fazendo uma mistura mais líquida (quanto menor o conteúdo de proteína da farinha, menor sua capacidade de absorver líquidos), com leve inclinação no centro quando assada. Quanto maior a quantidade de proteína, menos líquida fica a mistura; os produtos tendem a exibir uma cúpula pronunciada (domo), e uma textura mais borrachuda, com interior levemente úmido e granuloso.

Se o bolo afunda no meio, na próxima vez escolha uma farinha mais forte, com maior conteúdo de proteína. Caso forme uma espécie de cúpula no centro, tente uma farinha com menos proteína. Obviamente outros fatores como a qualidade da esponja dos ovos, a assadeira ou o molde, a temperatura do forno, o tempo de cocção e a própria receita devem ser considerados, pois também podem causar protuberância no centro do produto.

CLASSIFICAÇÃO E ESTRUTURA

Segundo um padrão de definição, a farinha de trigo pode ser classificada como dura ou fraca, de acordo com o teor de glúten que pode formar. As farinhas duras são utilizadas em panificação devido às suas excelentes qualidades de formação de estrutura; após a formação dessa estrutura, características únicas das farinhas duras fazem com que suportem de maneira única o processo de fermentação, cocção e extensa durabilidade. Já as farinhas fracas são comparativamente baixas em formação de glúten e por isso resultam em produtos com textura fina, uma estrutura mais frágil e suave. As farinhas médias, que apresentam um nível de formação de glúten intermediário, servem para a produção de artigos variados.

As partes do grão que podem ser moídas para fazer a farinha são três: o gérmen, a casca e o endosperma, que armazena o amido. As farinhas comuns são elaboradas apenas com endosperma; a farinha de trigo integral contém todas as partes.

O clareamento do grão moído, também conhecido como branqueamento, ocorre naturalmente quando o grão fica armazenado e oxida lentamente por certo tempo. Em grande escala, isso pode ser feito com agentes branqueadores e/ou oxidantes, tais como peróxidos de acetona e benzoíla, dióxido de hidrogênio ou cloro.

Em alguns mercados, a variedade de farinha de trigo é rotulada de acordo com o conteúdo mineral (massa de cinzas) que sobra depois da incineração (tipicamente entre 550-900 °C, pelos padrões internacionais ISO 2171). Esse indicador representa a fração do grão inteiro que terminou na farinha, porque o conteúdo mineral do endosperma/amido é muito mais leve do que as outras partes do grão. Por exemplo, farinhas integrais, elaboradas com todo o grão (taxa de extração de 100%), deixam um resíduo de 2 gramas de minerais ou mais em 100 gramas de farinha seca, enquanto a farinha branca, elaborada só com o endosperma (extração a 50-60%), deixa apenas 0,4 grama de cinzas.

As farinhas alemãs são diferenciadas por números que indicam a quantidade de cinzas (medida em miligramas) obtida de 100 gramas de massa seca da farinha. São padronizadas (definidas em DIN 10355) e oscilam entre o tipo 405 (farinha branca de uso geral ou suave), os tipos fortes 550, 650, 812 (para a fabricação de pães) e os tipos escuros 1050 e 1600 (utilizados na elaboração de pães integrais).

As farinhas francesas são diferenciadas por números dez vezes menores do que os utilizados pela indústria alemã. O foco é a concentração de conteúdo de minerais por 10 gramas de farinha. O tipo 45 é a farinha padrão para qualquer uso; os tipos 65, 80 e 110 são as farinhas mais fortes e mais escuras, que chegam até o tipo 150, referente à farinha integral.

GLÚTEN

O glúten é uma proteína que forma uma cadeia elástica que auxilia na contenção de gases que fazem diferentes massas crescerem durante sua cocção.

Abaixo está uma classificação de farinhas quanto ao teor de glúten e suas indicações:

- FARINHA DE TRIGO ESPECIAL PARA USO GERAL: elaborada de uma mistura de trigo duro e trigo suave, deve conter entre 10% e 11% de glúten, servindo a variados propósitos, desde massas de pão até massas mais finas, como bolos e biscoitos.
- FARINHA ESPECIAL PARA PÃO: embora vendida sem indicação de alto conteúdo ou teor de proteína, pode-se identificá-la como uma farinha mais amarelada, mais compactada.
- FARINHA PARA BOLOS E CONFEITOS: de textura fina, tem menor teor de proteína, aparência mais branca e pulverizada, em virtude do alto conteúdo de amido. Usada na elaboração de bolos e confeitos de textura delicada e suave.
- FARINHA COM ADIÇÃO DE FERMENTO: usualmente uma farinha de médio teor de proteína com fermento químico em pó e sal.
- FARINHA DE TRIGO INTEGRAL: contém o gérmen do trigo e a casca; possui fibras, diferenciado conteúdo nutricional e gordura.
- FARINHA DE TRIGO GRANO DURO: elaborada com trigo de uma espécie dotada de maior conteúdo de proteína, emprega-se em pastas e massas finas.

FARINHA DE AMARANTO OU FARINHA DE TRIGO-SARRACENO

Sem glúten de origem e com sabor pronunciado, é feita com grãos de amaranto, planta conhecida desde a Antiguidade. Apresenta umidade alta, doura rapidamente e forma crostas grossas. Disponível nas variedades clara e escura (a clara dá melhores resultados em receitas sem glúten). Apesar do nome, não contém trigo nem é da família do trigo; ela é extraída da espécie *Fagopyrum esculentum*, em inglês *buckwheat* e em francês *sarrasin*, que pertence à família

Polygonaceae (a mesma do ruibarbo). Essa farinha acrescenta proteínas, fibras, vitaminas e minerais em receitas sem glúten e faz panquecas deliciosas. É tradicionalmente empregada para fazer o cereal kasha, típico da Rússia, e o soba, um macarrão japonês. Leia os rótulos cuidadosamente quando comprar produtos que contêm trigo mourisco. Esta farinha funciona bem em receitas com baixa quantidade de líquidos; use-a na proporção desejada, até no máximo 25% do total de secos, para misturas sem glúten como pães, panquecas, muffins, bolinhos e scones, pães rápidos em geral, biscoitos e até em massa de pizza. É também um excelente espessante em roux e molhos.

Esse grão apresenta um conteúdo de proteína maior que qualquer outro e tem mais fibra do que o trigo e o arroz. Apresenta ainda alto conteúdo do aminoácido lisina, o qual, segundo acreditam alguns cientistas, forma uma proteína mais completa do que farinhas elaboradas a partir de outros grãos. A farinha de amaranto pode ser usada na elaboração de biscoitos, bolos e outras preparações, substituindo parte da farinha de trigo comum (embora mais cara e mais difícil de ser encontrada comercialmente).

A RESTRIÇÃO AO GLÚTEN

O trigo, talvez o mais comum e acessível texturizante à base de carboidrato, vem sofrendo questionamentos e restrições a seu uso. Pessoas alérgicas ao glúten ou que têm doença celíaca precisam reduzir ou eliminar o glúten da alimentação, além das pessoas que aderem à dieta sem glúten, ainda que não precisem.

De repente, todo o mundo tem alergia ao glúten ou restrições a ele. A indústria da (des)informação chega a tal ponto que atores famosos declaram que foi graças a uma dieta sem glúten que conseguiram seu visual rejuvenescido e plastificado. Desde o início do século XXI, a moda é banir o trigo e criticá-lo por muitos dos males da humanidade; então, vemos "novos estudos" mostrando a necessidade disso ou daquilo, sugerindo a adição de grãos diversos, de suplementos alimentares, vitaminas, gotas e pílulas mágicas. Nessa diversidade de opções, ainda que não haja estudos conclusivos sob suas utilizações, não sabemos como esses grãos diferenciados vão ser tolerados na dieta a longo prazo.

O glúten é composto de duas proteínas únicas, responsáveis por seus poderes de extensão e estruturação: glutenina e gliadina. A alergia está centrada na gliadina. Admitindo a epidemia de doenças alérgicas causadas por glúten, a obrigação dos *chefs* é aprender a usar combinações de farinhas sem glúten, a chave para uma bem-sucedida dieta sem esse componente. Essas farinhas têm gostos diferentes, características, utilizações e conteúdo nutricional distintos.

[QUAL É O PAPEL DO GLÚTEN?

- ESTRUTURA: é a proteína que provê a estrutura básica de pães, bolos, biscoitos, basicamente todos os artigos assados em confeitaria. A fragilidade de estrutura dos produtos que utilizam farinhas sem glúten é um dos desafios inerentes à preparação desses produtos.
- ELASTICIDADE: atua como um agente elástico, que oferece qualidades de expansão e características vitais a massas levedadas.
- FERMENTAÇÃO E EXPANSÃO: as moléculas de glúten são desalinhadas quando sovadas e esticadas; após adquirir sua característica flexível, a presença de glúten prende o gás dióxido de carbono, exalado como um subproduto da fermentação, em paredes resistentes, o que faz com que a massa cresça e adquira a famosa e desejável textura leve e volumosa.

AMIDO, FARINHA, FÉCULA E QUINOA

Para alguns autores, fécula e amido são sinônimos, mas a legislação brasileira os diferencia pela Portaria nº 354, de 18 de julho de 1996 – Farinha de trigo: variedades e classificação. Embora tenham composição similar, o amido e a fécula apresentam um padrão de cozimento muito diferente.

O amido é o produto amiláceo extraído das partes aéreas comestíveis dos vegetais, em geral grãos ou sementes, partes que crescem acima da terra.

A fécula é o produto amiláceo extraído das partes subterrâneas comestíveis dos vegetais: tubérculos, raízes e rizomas, partes que crescem embaixo da terra.

Já o polvilho é um subproduto do processo simples de fazer farinha de mandioca. O suco tem um amido fino, semelhante à fécula do arroz ou da batata quando embebidos em água. O suco fresco é colocado para secar ao sol e produz polvilho doce (fécula de mandioca doce); do suco fermentado vem o polvilho azedo (fécula de mandioca azeda).

AMIDO DE MILHO | MAISENA

Chamado em espanhol de *crema de maíz*, é o próprio grão de milho cru mais importante para a indústria de amido. O amido de milho é um material pulverizado, resíduo dos grãos de milho que são secos depois de uma imersão em água, que auxilia a soltar o embrião da proteção externa. O líquido que sobra desse processo é utilizado pela indústria de tinturaria como goma na elaboração de adesivos e de papel. A culinária utiliza o amido de milho amplamente: a dextrina, o amido líquido de milho ou o açúcar de milho são produzidos pela hidrólise do amido de milho.

Trata-se de uma farinha de pó superfina, obtida do endosperma da espiga de milho, mais comumente utilizada como agente espessante para pudins, molhos, sopas, etc. Tende a formar grumos, então, deve ser misturado a uma pequena quantidade de líquido frio antes de ser adicionado à mistura em cocção. Se misturado a um sólido granular, como o açúcar, esse processo auxiliará sua dispersão em um líquido quente. Molhos espessados com amido de milho tendem a apresentar-se limpos, ao contrário dos espessados com farinha de trigo. Entretanto, o excesso de cocção ou de agitação resulta em uma mistura mais rala. Por isso o amido de milho é frequentemente misturado à farinha de trigo como agente espessante, para evitar essas perdas – além disso, essa combinação oferece textura mais fina e um produto mais compacto do que a farinha sozinha. O amido de milho não suporta congelamento nem cocção prolongada.

Afetada pela variedade do milho, pelo cultivo e pela manufatura, a composição do amido de milho fica em torno de 25% de amilose e 75% de amilopectina.

A PLANTA ZEA MAYS

Pertencente à família das gramíneas, o milho é a espécie *Zea mays*; sua semente é um cereal com altas qualidades nutritivas, bastante utilizado na alimentação humana e de animais. Acredita-se que seja de origem americana, já que era cultivado desde o período pré-colombiano na América e desconhecido pela maioria dos europeus até a chegada deles em território americano.

Cultivado em diversas regiões do mundo, a maior produção é dos Estados Unidos, e o Brasil também é um grande produtor e exportador desse cereal. São Paulo e Paraná são os estados líderes na sua produção.

Hoje, 5% da produção brasileira se destina ao consumo humano, principalmente na composição de outros produtos. Isso pode ser atribuído à pouca divulgação das suas qualidades nutricionais.

MILHO BRANCO

Uma das variedades mais difundidas no Brasil, o milho branco tem como principais finalidades a produção de canjica, grãos e silagem.

A planta tem altura próxima de 2,20 metros, sendo que a espiga nasce a 1,10 metros do solo. A espiga é grande, cilíndrica e apresenta alta compensação. O sabugo é fino e os grãos são brancos, pesados e de textura média. O colmo tem alta resistência física e boa sanidade, e a raiz tem boa fixação.

É especialmente resistente às principais doenças foliares do milho, em diferentes altitudes e épocas de plantio. Podem ser colhidas até duas safras de milho branco por ano.

Em algumas épocas e regiões do Brasil, a cotação da saca de milho branco supera em até 50% a do milho tradicional. O auge da demanda ocorre no período imediatamente anterior à Quaresma, pois a canjica é um prato típico dessa festividade.

Bastante difundido nos estados do Paraná e de São Paulo, há plantações isoladas em Santa Catarina, Minas Gerais e Mato Grosso. Entre os principais municípios produtores estão Londrina, Irati e Pato Branco, no Paraná, e Tatuí e Itapetininga, em São Paulo.

MILHO TRANSGÊNICO

O milho comum tem como variedade transgênica mais conhecida a RR GA21, tolerante ao herbicida glifosato, desenvolvida pela Companhia Monsanto – indústria multinacional de agricultura e biotecnologia – e utilizada extensivamente nos Estados Unidos.

Entre as outras empresas atuantes no ramo estão a Syngenta, a DuPont e a Novartis. A última, em 1999, foi a primeira empresa a receber autorização do governo brasileiro para realizar testes com o milho transgênico BT, resistente a insetos.

Segundo os produtores de sementes, o milho transgênico aumenta em média 8% da produtividade. Nos Estados Unidos, mais de 70% do milho plantado é transgênico. A produção de variedades transgênicas na Argentina e no Brasil é crescente, embora nem sempre seu cultivo seja legal.

Há também relatos de milho transgênico em Honduras (terra de origem do milho), onde as variedades transgênicas "contaminaram" as variedades locais. No México, o milho transgênico também enfrenta séria oposição governamental: em 1998, foram proibidas a experimentação, o cultivo e a importação.

O milho é um exemplo da manipulação de espécies pelo homem, utilizado tanto pelos defensores quanto pelos opositores dos transgênicos. A variedade cultivada pelos índios pouco lembra o milho atual, pois tinha espigas pequenas, cheias de falhas nos grãos, e boa parte da produção se perdia por doenças e pragas. Por meio do melhoramento genético feito em laboratório, o milho atingiu sua forma atual.

Os defensores dos transgênicos utilizam o exemplo do milho para argumentar que a manipulação das características genéticas de vegetais não é novidade e já foi feita com muito menos controle do que atualmente. Os opositores dos transgênicos utilizam o mesmo exemplo para defender que há alternativas para a manipulação direta dos genes de espécies vegetais, técnica à qual se opõem.

O milho importado dos Estados Unidos chega aos países da América Latina sem rotulagem que indique aos consumidores se é transgênico ou não. Pesquisas mexicanas indicam que a contaminação do milho nativo pode ter sido causada por polinização acidental, que talvez tenha ocorrido também em outros países centro-americanos.

USOS CULINÁRIOS DO AMIDO DE MILHO

Usualmente, o amido de milho é adicionado ao açúcar para prevenir a formação de grumos, por isso receitas que pedem açúcar devem sofrer uma cocção mais ligeira, apenas o necessário para eliminar o sabor de amido cru da mistura.

Emprega-se como agente de aglutinação em pudins e similares; a maioria das misturas para pudim instantâneo vendidas nos supermercados contém amido de milho.

Um dos amidos mais importantes na cozinha, tem força média e não é muito forte se comparado ao amido de tapioca ou ao de batata. Emprega-se normalmente o amido de milho mais para estabilizar do que para espessar (não negamos que muita gente usa esse ingrediente como agente de espessamento). A estabilidade é médio/fraca, também tem o potencial para desnaturar-se se cozinhar a mistura demasiadamente, ou se sua temperatura não é alta o suficiente. Apresenta ainda sabor muito forte, cor nebulosa, opacidade média e consistência macia. Sempre aqueça seu líquido até a fervura completa antes de adicionar o amido de milho.

OUTROS USOS

O amido de milho é considerado um bom substituto da farinha de trigo; ele consta de maneira modificada em muitos produtos sem glúten. Geralmente é utilizado pela indústria de produtos alternativos na fabricação de produtos não poluentes e de degradação simplificada. A companhia japonesa de eletrônicos Pioneer anunciou em 2004 testes com um produto revolucionário: um blu-ray biodegradável que, no lugar de plástico, utilizaria um material desenvolvido a partir do amido de milho.

O uso para o plástico extraído do amido de milho é vasto exatamente porque se trata de um plástico de fonte renovável e biodegradável. Além disso, o amido de milho é adicionado na fabricação de talco para adultos e bebês.

FARINHA DE MILHO

Oriunda da América, esta farinha varia enormemente de acordo com sua fonte, ou seja, a qualidade do milho que é moído. De sabor adocicado e textura crocante, utiliza-se para fazer cornbread, panquecas de milho, muffins e polenta. Contribui também para alimentos empanados para fritura.

ARARUTA

Extraída de raízes da planta caribenha *Maranta arundinacea*, não contém glúten e é rica em nutrientes. Trata-se de uma fécula branca, fina, e um excelente espessante em molhos. Proporciona textura e corpo a preparações sem glúten e funciona bem para empanar frango, peixe e legumes. Pode ser usada para substituir o amido de milho em receitas.

A planta araruta-verdadeira é extraída da espécie *Maranta arundinacea*, e as outras ararutas são as espécies *Maranta ramosissima*, *Maranta allouya* e *Maranta nobilis*. A araruta dos Estados Unidos, originária da Flórida, é a *Zamia integrifolia*; a brasileira é a *Manihot palmata*; a araruta taitiana é a *Tacca oceanica*; e a do Oriente Médio é a *Curcuma augustifolia*. Alguns desses amidos podem se assemelhar quimicamente ao da araruta-verdadeira na culinária, já na indústria medicinal não se garante que todas as variedades possuam as mesmas propriedades. Quem quiser experimentar a araruta deve procurar a *Maranta arundinacea*.

A raiz mede 25 centímetros de comprimento por 13 centímetros de diâmetro, sendo branca por dentro e coberta por uma casca marrom-clara.

A parte da planta que cresce acima do solo pode alcançar até 180 centímetros e produz flores. É cultivada especialmente no Brasil, na Austrália, nas Bermudas, no Caribe, no sudeste da Ásia e na África do Sul; e as lojas de produtos orientais nos Estados Unidos vendem araruta fresca, que pode ser cozida em água, como castanhas. Seu uso mais popular, no entanto, é como amido espessante.

O amido espessante é extraído de plantas com menos de um ano de idade. As raízes são lavadas e batidas até formarem uma polpa, à qual se adiciona água; esse líquido leitoso passa por um processador manual, fica em descanso, depois é escorrido, reservando-se o sedimento. Esse último é então lavado e seco novamente, até restar um pó bem seco. Mantém-se bem quando seco, não apresenta odor, nem sabor.

A forma mais comum de comercialização é a araruta em pó. Porém, alguns produtos encontrados nas prateleiras com o nome de "amido de araruta" ou algo similar muitas vezes contêm amidos de outros produtos, como batata, arroz e banana. Preste atenção na embalagem para não comprar um produto de menor qualidade.

Assim como outros amidos extraídos de raízes ou tubérculos, como a tapioca, a araruta não tem sabor e espessa mais eficientemente do que os amidos provenientes de grãos e sementes (como a farinha de trigo). De fato, a araruta tem duas vezes mais poder de espessar do que a farinha de trigo. Devido à necessidade de menos agente espessante para fazer o serviço, a araruta dilui menos os sabores dos molhos e de outras preparações. Além disso, espessa mais rapidamente, porque seu amido gelatiniza a temperaturas mais baixas, o que a torna muito especial na preparação de pratos que não suportam uma intensa e prolongada aplicação de calor ou cocção.

A araruta, assim como o amido de milho, produz molhos mais "limpos", que não ficam tão opacos quanto os feitos com farinha de trigo, por exemplo. É utilizada em produtos que peçam maior transparência e leveza, por isso é indicada para molhos à base de frutas, pudins e afins. Devem estar no ponto certo em tortas de frutas, do contrário, o suco liberado vai se gelatinizar antes mesmo da cocção de toda a fruta. Na preparação de brilhos, pode ser uma boa opção, pois misturá-la a um pouco de água ou suco frio dá um brilho leve e eficaz.

O amido da araruta e o da tapioca se assemelham quanto à fonte, manufatura e características de espessamento; por isso são bastante confundidos. De fato, algumas ararutas comercializadas como farinha de araruta ou amido de araruta, na verdade, são tapioca.

VANTAGENS DO AMIDO DE ARARUTA SOBRE O AMIDO DE MILHO

A araruta tem várias vantagens sobre o amido de milho. Uma delas é o aroma neutro, que a torna indicada para a preparação de molhos delicados. Funciona a temperaturas baixas, tolera ingredientes ácidos e aguenta uma cocção prolongada. Enquanto molhos e preparados realizados com amido de milho se tornam uma massa esponjosa quando congelados, os molhos elaborados com a araruta podem ser congelados e descongelados com frequência. O pequeno contratempo está no preço mais caro e na qualidade dos molhos à base láctica, que tendem a se tornar aguados rapidamente.

DICAS DO USO CULINÁRIO DA ARARUTA

- Não adicione a araruta direto ao que está cozinhando; dissolva o pó em líquido frio antes.
- Utilize em pudins, geleias, molhos quentes, biscoitos, bolos, etc.; na cozinha coreana, é usada em noodles, caldos ou adicionado a flavorizante e dado às crianças para auxiliar na digestão.
- A araruta não forma glúten e produz um líquido de gel leve, ideal para pincelar tortas de frutas e evitar a formação de cristais em sorvetes caseiros. Emprega-se ainda como espessante em preparações de alimentos ácidos, como os molhos agridoces da cozinha oriental.
- Aqueça em fogo brando somente até que a mistura se espesse e remova do fogo imediatamente, para evitar que a mistura se quebre e volte ao estado líquido. A alta temperatura faz com que a araruta perca sua habilidade formadora de gel.

- Substitua 2 colheres de chá de araruta por 1 colher de sopa de amido de milho ou farinha de trigo quando necessitar de uma cocção mais prolongada.
- Não mistura bem com lácticos, o resultado tende a ser meio pegajoso, e não firme.
- Espessa a temperaturas mais baixas do que outros amidos e bem abaixo da ebulição. Deve ser misturada com um líquido frio antes de ser adicionada à mistura quente. É ideal para alimentos sensíveis e não é adequada para recheios de tortas de frutas, que serão assadas até ferver.
- Por firmar-se em um gel limpo, é ideal para geleias de brilho, mas não tão adequada para molhos em que se espera uma aparência mais opaca.
- Congela e descongela bem.
- Sua ação espessante e seu sabor não são afetados na presença de ingredientes ácidos.
- Como agente espessante, substitui a farinha e o amido de milho em pudins, molhos para saladas, molhos para doces e brilho para uso geral.

FARINHA/AMIDO E FÉCULA DE ARROZ

A planta pertence ao gênero *Oryza*, da família *Poaceae*, ou gramíneas; o arroz comum é a espécie *Oryza sativa*. A farinha de arroz, ou amido de arroz, serve como espessante e, apesar de ser utilizada ainda com certa timidez, tem atributos únicos.

Alimento básico mais consumido no mundo, o arroz contém proteína e vitaminas do complexo B, E e K. Anualmente, cerca de 500 milhões de quilos são colhidos, produzidos em diversos climas, solos e culturas; há cerca de 240 mil variedades registradas pelo mundo afora. Essa variedade traz uma série de produtos derivados ou subprodutos do arroz. Como espessante, o amido de arroz e suas diversas características resultam em diferenças nas temperaturas em que começam a gelatinizar, texturas, viscosidade e estabilidade no processamento – o que significa que o arroz pode suprir a estabilidade necessária ao processamento de alimentos, sem ter de ser modificado quimicamente.

A maioria da fécula de arroz é extraída do arroz branco, embora possa ser obtida do integral. A farinha de arroz branco e a farinha de arroz integral adicionam textura a receitas sem glúten cozidas, proporcionando-lhes leveza. As farinhas de arroz integral e de arroz selvagem acrescentam fibra e qualidade nutricional. A farinha de arroz selvagem é amarronzada, com sabor agradável, adocicado. As farinhas de arroz branco e integral apresentam sabor neutro, são um pouco saibrosas e fazem assados secos, quebradiços.

Use farinhas de arroz combinadas com outras farinhas sem glúten, para obter melhores texturas e qualidades nutricionais. Adicione em pequenas quantidades para melhorar a textura e a deglutição dos produtos sem glúten, como espessante em molhos, por exemplo.

QUINOA

A quinoa é originária da região andina, abundante no Peru, na Bolívia, na Colômbia e no Equador, onde foi domesticada para o consumo humano há mais de 3 mil anos, tornando-se o grão principal da alimentação da civilização inca. Seu nome científico é *Chenopodium quinoa* e pode ser encontrada em grãos, flocos e moída, como farinha. Por ser consumida da mesma maneira que cereais gramíneos (como trigo, cevada e aveia), não é um cereal, mas um membro da mesma família de alimentos como o espinafre, a beterraba e a couve. Por isso é chamada por muitos de "pseudocereal", termo que descreve alimentos não gramináceos, mas que facilmente podem ser processados em farinha.

PERFIL NUTRICIONAL

A quinoa é chamada de superalimento devido à alta quantidade e qualidade de sua proteína (completa). Tipicamente, é promovida como um recurso adequado de aminoácidos essenciais, incluindo a lisina e isoleucina. Apresenta uma variedade de antioxidantes fitonutrientes e polissacarídeos anti-inflamatórios; é também uma fonte de manganês, fibras dietéticas, magnésio, ferro, fósforo e cobre. A quinoa é um excelente provedor de cálcio, especialmente para dietas com restrições à lactose ou para os veganos. Por não conter glúten, é de fácil digestão.

Os grãos podem substituir o arroz e a cevada em receitas de pilaf, cuscuz e sopas. Antes de cozinhá-los, lave cuidadosamente em água fria. Já os flocos podem substituir cereais laminados como a aveia. A farinha de quinoa tem sabor amargo e um pouco forte; ela é empregada em pequenas quantidades em misturas sem glúten para melhorar a qualidade nutricional. Adicione algumas colheradas dessa farinha à sua receita de muffin ou biscoito.

FARINHA DE SOJA

Naturalmente rica em proteínas e gorduras, é considerada um produto de baixo teor de gordura. Tem cor amarelo-pálida e um sabor forte; proporciona textura e umidade. Contém quase três vezes a quantidade de proteína que a farinha de trigo, e também é uma boa fonte de riboflavina.

A soja é listada como um dos oito alérgenos alimentares mais frequentes, juntamente com leite, ovos, trigo, amendoim, nozes, peixe e mariscos.

SORGO

Também conhecido como *jowar* ou *milo*, está crescendo em popularidade na culinária sem glúten. Trata-se de um pó fino, fonte de proteína, isoflavonas, ferro e cálcio. Não tem a textura arenosa encontrada na farinha de arroz ou feijão. Use esta farinha nutritiva e sem glúten como até 25% do total de farinha, para todos os fins sem glúten, como massa de pão, bolo, cookie, panqueca e pizza. Em pães, combine com outras farinhas.

FÉCULA (KATAKURIKO) E FARINHA DE BATATA

Produz amido sem glúten, é utilizada como espessante em preparações culinárias, como ingrediente em biscoitos e pães. A dieta *kosher* não permite uso de amido de milho, mas aceita a fécula de batata, sendo um excelente mercado para esse produto. Após a adição da fécula, o líquido a ser espessado não deve ser fervido. As batatas são boa fonte de amido, assim como o milho, que também produz a fécula, maltodextrinas e dextrose.

TIPOS DE BATATA

Existem centenas de variedades de batata agrupadas no gênero *Solanum* (família *Solanaceae*), sendo a branca comum à espécie *Solanum tuberosum* (a batata-doce, que veremos adiante, não é sequer da família). As batatas plantadas em regiões arenosas são mais adequadas para produção dos tipos favoritos de britânicos e americanos; solos pesados e úmidos produzem o tipo firme preferido pelos outros europeus. As variedades mais populares na Grã-Bretanha são King Edward, Pentland Crown e Maris Piper. Sua composição é: 75% de água, 18% de amido, 1,5% de fibra, 2,2% de proteína, 1% de cinzas (substâncias inorgânicas), 0,1% de gordura e um pouco de açúcar.

A batata produzida para a fabricação de amido pode conter até 22% de matéria seca e 75% de seu peso seco é hidrato de carbono. A batata é uma importante fonte de amido para a fabricação de adesivos e álcool, e também contém muitas vitaminas e minerais, com destaque para riboflavina, niacina e vitamina C.

A batata é extremamente sensível à temperatura; se guardada a menos de 7 °C, suas moléculas de amido convertem-se em açúcar e ficam escuras. Caso congeladas, o problema se torna ainda maior. A indústria resolve isso usando conservantes à base de sulfitos, nas batatas congeladas e nas desidratadas. Na fécula de batata, emprega-se dióxido de enxofre para clarear o produto final, dando-lhe uma aparência branca e leve – então, caso você sofra de alergia ao sulfito e não conheça muito bem a procedência da batata à sua frente, não a coma!

PRODUÇÃO INDUSTRIAL DA FÉCULA DE BATATA

Na produção industrial da fécula, os tubérculos são cuidadosamente limpos; toda terra deve ser retirada e as impurezas mais finas passam por um intenso tratamento com água. Máquinas abrem as células da batata, que quebram a matéria-prima em dois segmentos básicos: grânulos de amido e a polpa, ou suco. O amido cru forma um líquido leitoso (amido e suco) e purificado. A maioria da água é removida por filtros rotativos, e a massa final é então seca por ar quente, em secadoras super-rápidas.

O amido ou fécula de batata é um dos mais caros entre outras farinhas. Suas características são as seguintes:

- GRANDE RESISTÊNCIA E FORÇA: basta um pouco para produzir um molho espesso.
- ESTABILIDADE: bastante fraca. Ao aquecer um molho que requer espessamento, ferva por pouco tempo; após adicionar a mistura de fécula, desligue o fogo, o superaquecimento fará com que as moléculas de fécula de batata sofram interrupção, e isso resultará em um líquido fino com espessamento insuficiente.
- SABOR: semilight. Graças à sua força, não é preciso trabalhar com grandes quantidades, o que deixará o líquido transparente e livre do sabor afarinhado.
- COR: não influencia na preparação.
- CONSISTÊNCIA: aveludada.
- USO: molhos finos, de cozimento rápido. Para se obter um agente de espessamento consistente, a taxa de farinha para água é, pelo menos, 1:5. Misture-os bem, porque, depois de descansar por algum tempo, a fécula vai afundar e ficará uma camada de água por cima.

FARINHA DE BATATA

Não deve ser confundida com a fécula de batata. Trata-se de um pó amarelado, úmido, empregado em pequenas quantidades na mistura de farinha em receitas de pães sem glúten. É um amido refinado que acrescenta textura e umidade. Como todos os outros amidos, incluindo o de milho, a araruta e a tapioca, é rico em carboidratos refinados e escasso em fibras e nutrientes.

BATATA-DOCE

Nativa da América tropical e cultivada em solos argilosos ou arenosos de regiões quentes, a batata-doce pertence à família *Convolvulaceae*, classificada como batata *Ipomoea*. Faz parte do grupo de alimentos importantes em vários países, principalmente por suas raízes grossas, com significativo teor de açúcar. Dois tipos principais são comumente cultivados: um seco, farinhento, e um macio, amarelo-claro e úmido. Há uma espécie chamada batata-doce--selvagem, *manroot* ("homem da terra"), que não é comestível, sendo cultivada como videira ornamental (*Ipomoea pandurata*).

Os carboidratos constituem de 80% a 90% do peso seco das raízes de batata-doce e produzem um amido importante, usado como alimento e tecnicamente para dimensionamento têxteis e artigos adesivos e de lavanderia. O processo de extração e refino desse amido é semelhante ao processo de fécula de batata. As variedades mais rosadas e amareladas contêm mais caroteno, e o conteúdo de amilose é de 19% a 25%.

TAPIOCA | FARINHA DE MANDIOCA

Chamada também de aipim ou macaxeira (Brasil), *yuca* (Colômbia), *kassav* (Haiti) e *manioke*, *tapioka* ou *manioka* (Polinésia), já era extraída pelos índios quando os europeus chegaram. Tem sabor quase imperceptível e é utilizada por suas excelentes propriedades como espessante. As variedades de mandioca pertencem à família *Euphorbiaceae*. Existe uma variedade conhecida como amarga; outra, como doce. Ambas são classificadas como *Manihot esculenta* ou *Manihot utilissima* ou *Manihot aipi*.

A mandioca é cultivada em diversos lugares do mundo e substitui, por vezes, o arroz e a batata. De grande popularidade, a raiz tem conteúdo de proteína extremamente baixo e grande teor de amido, que, quando extraído, apresenta-se em grânulos. Os grânulos em estado natural são insolúveis e só começam a absorver água quando aquecidos. Para a extração do amido, a mandioca absorve a água e elimina moléculas de amido, que estouram dentro dos grânulos, resultando em um espessante menos delicado, com textura mais grosseira. Para evitar que os grânulos explodam, a manufaturação da tapioca é processada até alcançar uma textura menos granulosa, conservando uma mais cremosa durante o espessamento.

Encontra-se a tapioca de várias formas: grânulos, instantânea ou semi-instantânea, flocos, perolada e farinha. A farinha de tapioca é bastante utilizada como agente espessante em recheios de frutas, brilho, sopas, etc., bem similar ao amido de milho.

A tapioca perolada que se encontra no mercado passa por um processo de aquecimento e é parcialmente gelatinizada, depois compactada em grãos para melhorar seu poder espessante. Ou seja, os grânulos da tapioca são tratados para que não explodam, o que prejudicaria a textura e a sensação de paladar da receita. A tapioca perolada é utilizada principalmente na elaboração de pudim e pode ser encontrada em diferentes tamanhos e formas.

Use a tapioca como usaria o amido de milho; primeiro misture com um pouco de água à temperatura ambiente e mexa até obter uma pasta fina; depois adicione à preparação em ebulição. Continue mexendo em fogo brando e não deixe que volte a ferver, evitando que fique borrachuda.

O amido de mandioca é um produto branco ou branco-amarelado com umidade menor que 13% e seu pH em uma mistura costuma ser neutro. Não mascara os outros sabores e, quando cozido, ele forma um gel bastante limpo, com textura levemente pegajosa. Perde sua capacidade como espessante se exposto à cocção prolongada e/ou na presença de elementos ácidos. Depois de esfriar, apresenta uma textura gelatinosa pouco pronunciada, muito similar à do amido da batata, porém menos glutinosa e de sabor ainda mais subpronunciado, o que a torna uma excelente opção para espessar pratos delicados e doces.

Utiliza-se em pudins para reduzir a superfície de rachaduras, em alimentos para bebês como agente estruturador e, em geral, se comporta muito bem em alimentos que não estejam sujeitos a rigoroso processamento. Na culinária caseira, a tapioca é utilizada como espessante em doces com frutas, pois compõe uma sobremesa limpa em sabor neutro e textura mais dura do que o amido de batata ou a farinha de trigo, por exemplo.

DICAS DO USO CULINÁRIO DA TAPIOCA

O congelamento não afeta a propriedade espessante da tapioca, tornando-a uma excelente opção para alimentos que serão congelados. A tapioca crua pode ser armazenada por até dois anos.

Pode ser uma boa opção para espessante de tortas de frutas, pois espessa a baixas temperaturas (comparada ao amido de milho, por exemplo), mantém-se estável congelada e auxilia na formação de um brilho natural. O tipo de tapioca ideal para essas preparações é uma farinha que pode ser obtida pela moagem da tapioca em pérolas ou instantânea. A utilização da tapioca instantânea deixa pequenas bolhas que não se dissolvem completamente e pelotinhas gelatinosas que se suspendem no líquido, no topo ou face da preparação. Esse não é um grande problema em tortas fechadas, revestidas por outra camada de massa em cima.

A tapioca raramente é utilizada nas preparações como molhos, sopas e afins porque deixa um brilho excessivo e não natural, além de modificar levemente a textura para uma massa mais "borrachuda".

TIPOS DE TAPIOCA

[TAPIOCA INSTANTÂNEA

Formada por grânulos pequenos para espessar sopas e molhos. Se necessário, as pequenas pérolas podem ser moídas em moedor de café, processador de alimentos ou até mesmo liquidificador (esse último não muito indicado). Caso prefira evitar esse trabalho, compre a tapioca pulverizada ou em farinha.

Tolera cocção prolongada e congelamento, e oferece uma aparência brilhante para recheios. Ao utilizá-la em recheios de torta, misture com os outros ingredientes e deixe descansar por 5 minutos, para que absorva o líquido. Não confunda a tapioca instantânea com a vendida em lojas de produtos orientais, que são em pérola e têm indicação de uso e resultados diferentes.

[TAPIOCA COMUM | FARINHA DE TAPIOCA

Essas pequenas pérolas são na realidade a tapioca comum, utilizada para a elaboração de pudim de tapioca. As pérolas não se dissolvem completamente, oferecendo um produto final com pequenas bolinhas gelatinosas suspensas no pudim.

[TAPIOCA EM PÉROLA | TAPIOCA BALLS | SA KHU MET LEK

Essas pequenas bolinhas são elaboradas da raiz de mandioca. Em lojas de produtos orientais, é encontrada em caixinhas. Para a elaboração de pudins, deve ficar de molho por horas antes de ser adicionada à receita.

AMIDO DE TAPIOCA

O amido de tapioca é mais forte que o amido de milho e normalmente é usado como uma alternativa aos outros amidos. Suas características:

- AGENTE DE ESPESSAMENTO MÉDIO/FORTE: quando há uma quantidade pequena de molhos, a farinha de tapioca é usada para engrossar sucos, principalmente para fins de criação de um molho mais espesso em vez de uma textura fina;
- ESTABILIDADE FRACA: se decompõe um pouco mais rápido do que o amido de milho, especialmente em uma temperatura muito elevada; tende a afinar mais rápido do que a fécula de batata ou de milho;
- SABOR: não acrescenta nenhum;
- OPACIDADE: clara, baixa e quase transparente em cores;
- CONSISTÊNCIA: viscoso;
- ODOR: nenhum.

Segundo a Embrapa, a fécula de mandioca, a goma e o polvilho doce são a mesma coisa e deveriam ser chamados apenas de fécula de mandioca. O mesmo raciocínio vale para batata (fécula de batata), arroz (amido de arroz) e milho (amido de milho).

FARINHA DE AVEIA

A farinha de aveia é processada a partir dos grãos inteiros, ou do endosperma, da *Avena sativa*, um cereal da família *Graminae*. Os grãos são empregados crus na alimentação de animais; para o consumo humano, são processados de alguma forma. Há várias formas de aveia, sendo importante conhecer as diferenças antes de escolher a mais adequada a cada preparação.

- **AVEIA EM FLOCOS:** o grão inteiro é processado a vapor, pressionado com rolos e seco. Essa aveia leva em torno de 15 minutos para cozinhar e permanece firme; só uma pequena parcela do amido se espessa. É ideal para biscoitos, bolos e pães, mas pouco indicada para espessar alimentos.
- **AVEIA INSTANTÂNEA:** o grão é cortado finamente, pré-cozido e seco. Não é necessária cocção, basta acrescentar um líquido fervente.
- **FARINHA DE AVEIA:** processada a partir dos grãos de aveia, não contém glúten. Contém antioxidantes naturais, que podem auxiliar a prolongar a vida de prateleira de produtos assados.
- **AVEIA ESTILO ESCOCÊS (*STEEL-CUT*):** o tipo de aveia que não foi achatada nem processada por rolos, cortada em dois ou três pedaços. Ainda com um maior período de cocção, apresenta uma textura borrachuda.

FARINHA DE GRÃO-DE-BICO E DE OUTROS FEIJÕES

Leguminosa de coloração creme, rica em vitamina B e minerais, o grão-de-bico é um carboidrato complexo, de sabor acentuado, baixo teor de gordura e significante quantidade de proteínas e fibras (incluindo fibras solúveis que auxiliam na redução do colesterol), vitaminas do complexo B (especialmente ácido fólico), isoflavonas e inibidores de protease (chamados de fatores antinutricionais).

Chamado também de feijão-garbanzo, o grão-de-bico e sua farinha são importantes na culinária do Oriente Médio (provável origem), da Índia e também da Espanha, da Itália e de outras partes do Mediterrâneo. Participam da preparação de sopas, cozidos, pizzas, pães, bolinhos, panquecas e crepes.

Seu sabor delicado e adocicado torna o grão-de-bico eminentemente adaptável a todos os tipos de receitas: saladas, sopas, massas ou grãos. Também é base do falafel, um prato do Oriente Médio no qual os grãos são moídos com coentro, óleo de gergelim e especiarias, cujo purê é moldado em pequenas bolas e frito. Auxilia na proteção da umidade e proporciona boa textura e qualidade nutricional em receitas sem glúten. Misturado com a farinha de feijão-fava, faz a farinha de feijão garfava.

As farinhas de feijão podem ser empregadas na mistura de farinha e em outras receitas. São cremosas, coloridas e têm um sabor doce, claro que lembrando o feijão. Alguns fabricantes tratam essas farinhas por exposição ao calor extremo durante o processamento, para torná-las mais digeríveis, mas isso pode causar desconforto digestivo em algumas pessoas.

O uso ideal da farinha de grão-de-bico é de 25% da farinha, em todos os produtos sem glúten. As farinhas de feijão também podem ser usadas para substituir o arroz em receitas sem glúten.

FARINHAS NA SUBSTITUIÇÃO DE PRODUTOS COM GLÚTEN

A tendência atual de substituição do glúten requer conhecimento de quais farinhas e ingredientes podem ser utilizados para elaborar produtos de qualidade. Existem várias preparações à base de amidos e polissacarídeos para substituir a farinha de trigo e não formar glúten, as quais foram tratadas nas seções anteriores.

As farinhas mais comuns, como a cevada e centeio, também contêm ou formam glúten. Entretanto, as farinhas tratadas neste capítulo podem oferecer alternativas viáveis ao trigo. Os tipos de ingredientes utilizados nas preparações sem glúten variam enormemente, e os mais comuns seguem na lista a seguir:

TABELA 16. INGREDIENTES COMUNS NAS PREPARAÇÕES SEM GLÚTEN

INGREDIENTE	DEFINIÇÃO	PROPÓSITO OU BENEFÍCIO NA MASSA
Ovos	Ingrediente de alta proteína.	Muito importantes na produção de itens sem glúten, adicionando estabilidade. Também proveem umidade e proteína.
Farinha de amaranto	Farinha das sementes de amaranto.	Combina bem com outras farinhas e auxilia na obtenção de texturas suaves em bolos e pães. Tem altos teores de proteína, fibra, cálcio e ferro.
Quinoa moída	Grão com proteína completa (estrutura).	Excelente para pães, adiciona odor e sabor adocicados, além de uma textura crocante. De admirável valor nutricional, é chamado de "grão perfeito".
Farinha de arroz	A partir de arroz branco ou integral (ambos sem glúten).	Auxilia na manipulação de massas sem adicionar sabor. O arroz integral contém a casca, adicionando valor nutricional e fibras.
Farinha de soja	Elaborada a partir de grãos de soja tostados.	Boa fonte de proteína, de sabor adocicado. Muda a textura em produtos assados.
Fécula de batata	Elaborada a partir de batatas que foram secas e moídas em pó bem fino.	Proporciona densidade e interior úmido quando misturada a outras farinhas e grãos.
Tapioca	Amido extraído da raiz da mandioca.	Melhora a textura e proporciona crocância, caramelização ou coloração; dá textura borrachuda, ou de goma.
Maisena	Pó processado a partir da parte mais intensa do grão de milho.	Proporciona leveza e maciez em pães e bolos.
Goma xantana	Aditivo alimentar; goma derivada do microrganismo *Xanthomonas campestris*.	Bom substituto do glúten.
Goma guar	Aditivo alimentar; goma derivada de uma semente da *Cyamopsis tetragonolobus*.	Bom substituto do glúten.

AS MISTURAS DE FARINHAS

Pode-se controlar a força das farinhas ou a formação de glúten, bem como outros efeitos, misturando farinhas e amidos. Para conseguir o efeito de crocância, recorra à fécula de tapioca e à de batata. Para um resultado mais denso, empregue quinoa. Para um resultado mais adocicado, experimente sorgo ou o arroz integral.

Uma das melhores e mais eficientes maneiras de fabricar produtos sem glúten é antes preparar algumas misturas, combinando várias farinhas e amidos que não formam glúten. Depois, basta adicionar a essas proporções os ingredientes extras: ovos, óleo, manteiga, leite, etc. Experimente e ajuste as proporções segundo a textura e o valor dietético e funcional de cada farinha ou grão.

Muitas farinhas sem glúten já são encontradas prontas em lojas especializadas ou pela internet e podem conter dois ou três tipos de amidos, sementes, cereais e gomas. Abaixo está uma tabela básica, que pode e deve ser expandida para agradar ou atender suas necessidades dietéticas e culinárias:

TABELA 17. MISTURAS DE FARINHAS SEM GLÚTEN

INGREDIENTE	MISTURA 1 Fraca, alto carboidrato	MISTURA 2 ++ fibra	MISTURA 3 Proteína + carboidrato	MISTURA 4 Forte + proteína	MISTURA 5 A mais forte, ++ proteína
Farinha de arroz branca	270 g	280 g	150 g	230 g	270 g
Farinha de arroz integral	X	200 g	X	X	X
Tapioca	200 g	115 g	X	230 g	170 g
Fécula de batata	200 g	85 g	400 g	X	X
Goma guar	X	X	30 g	X	X
Albumina	X	X	100 g	X	X
Farinha de soja	X	X	X	230 g	170 g
Soro em pó	X	X	X	X	80 g

SAGU

Extraído da planta *Metroxylon sagu*, nativa da Indonésia e da Samoa, é um amido em pó quase puro, sem proteína, obtido do tronco de certas palmeiras. Emprega-se na Ásia como espessante alimentar e na indústria têxtil. Os grãos são preparados para consumo do sagu (*Metroxylon sagu*) e do açúcar de uma palmeira (*Arenga pinn*).

A palmeira de sagu cresce rapidamente, até 1,5 metro de altura a cada ano, em regiões tropicais ou em vizinhanças de água fresca. Seus ramos são fortes e crescem ligeiramente inclinados para cima, fica madura entre sete e quinze anos e seu auge é alcançado exatamente antes da florada, que ocorre uma só vez antes de morrer. Na hora da colheita, suas ramificações estocam grande quantidade de amido.

UTILIZAÇÃO DO SAGU

Embora parecido com a tapioca por também ter forma de grãos aperolados de amido, não deve ser utilizado da mesma maneira, pois apresenta características de cocção diferentes daquele.

Em produtos de confeitaria, é utilizado na forma de uma farinha extremamente aglutinadora, um espessante poderoso para doces, pudins e sopas, sendo seu uso comum na Ásia como farinha. Seu amido pode ser utilizado como ingrediente ou misturado à água fervente para a elaboração de uma pasta servida como sobremesa.

O amido da palmeira do sagu também é utilizado para tratamento de fibras têxteis, tornando-as mais maleáveis e oferecendo-lhes mais corpo. No Brasil, o sagu é preparado usualmente com suco de uva e servido como sobremesa. Na Malásia e na Indonésia, o sagu de *Metroxylon* é utilizado como amido na elaboração de macarrão, pão branco e do sagu pérola (similar à tapioca). Na Indonésia, o sagu pérola é chamado *sabudana* e utilizado em inúmeras preparações que incluem pratos típicos, pudins e biscoitos.

POLVILHO DOCE E POLVILHO AZEDO

Produto amiláceo extraído da mandioca (*Manihot utilissima*), de acordo com o teor de acidez classifica-se em polvilho doce ou polvilho azedo. Pela legislação, polvilho é fécula, e tecnicamente polvilho doce e fécula são o mesmo produto. Comercialmente, a denominação polvilho doce identifica o produto obtido por secagem solar, processado em unidades menos automatizadas, de menor escala. O polvilho azedo é obtido da mesma forma que o doce, mas passa por fermentação após a decantação da fécula e antes da secagem, que é obrigatoriamente feita por método solar. O polvilho azedo é um amido modificado, indispensável para a fabricação de biscoitos de polvilho e do pão de queijo.

MODO DE PRODUÇÃO DO POLVILHO

Tanto o polvilho azedo quanto o doce são produzidos pelo mesmo processo industrial. Quando chega à fábrica, a mandioca é limpa, lavada e moída, e o caldo mais concentrado, com o amido, fica coberto por água até decantar e depois é colocado em caixas de cimento para fermentar naturalmente por 30 dias. A fase seguinte é a secagem em tabuleiros, sob o sol. No caso do polvilho doce, o amido não é fermentado e vai direto para os tabuleiros de secagem. Também conhecido como goma, o polvilho doce é usado por padarias, consumidores e na indústria, em várias aplicações.

A secagem pode ser realizada em três processos: rudimentar, industrial de pequena capacidade e industrial de grande capacidade. Para a produção caseira, ou processo rudimentar, as raízes são lavadas com água, escovadas e raladas. Posteriormente, acrescenta-se água e a mandioca é peneirada, lavando-a até que a água não esteja mais leitosa. Esse material vai para cochos de madeira para decantar e depois passa pela coagem ou filtragem, que deve ser repetida até eliminar todas as impurezas. Depois disso, o bloco de amido é quebrado e colocado para secar ao sol e ao vento.

POLVILHO AZEDO

Considerado um amido modificado por oxidação, a principal característica desse tipo de polvilho é sua propriedade de expansão sem o uso de agentes levedantes (fermento químico ou biológico). Uma flora microbiana age sobre a fécula doce úmida e produz ácidos orgânicos, modificando suas características físicas e químicas.

Os biscoitos de polvilho azedo crescem muito e ficam torradinhos. O pão de queijo com polvilho azedo cresce mais do que com o polvilho doce, porém seu sabor acentuado – azedo, como o próprio nome diz – nem sempre agrada. O ideal é balancear os dois amidos por suas características físico-químicas em expansão e aparência, mas também por seu sabor. Um pão de queijo elaborado com predominância em polvilho doce fica com a massa mais compacta, mas com sabor mais suave.

APLICAÇÃO 5.
Massas, pâtes, tortas, cobbler, broas e receitas sem glúten

Todos os amidos funcionam absorvendo água ou outro líquido por grãos microscópicos. A quantidade de líquido que cada tipo absorve e a concentração desenvolvida pelos grãos de amido na presença de um líquido afetam o espessamento final de uma preparação. Em alguns casos, a presença de amido consome todo o líquido, saturando a preparação, que se transforma em um "tijolo gelatinizado".

Não basta acrescentar o amido a um líquido para espessá-lo, é preciso aquecer a mistura, porque o calor é o catalisador; sem ele os grãos microscópicos de amido se assentam no fundo do recipiente sem encapsular líquido o suficiente para espessar. Quando o líquido é aquecido, suas moléculas começam a se mover rapidamente; chocam-se com os grãozinhos de amido até que a solução alcance uma certa estabilidade, quando os grãos de amido ainda quase intactos começam a absorver o máximo de líquido possível. Conforme prossegue a aplicação de calor, o amido se torna muito instável e os grãos perdem sua capacidade de encapsular água e espessar a mistura. Isso acontece quando cozinhamos demais a mistura de um amido.

As preparações espessadas por amido, após o término da cocção, ainda continuam se firmando. Isso acontece porque, sem a interrupção constante das moléculas que estão em movimento, o amido encontra uma estrutura estável com a água que permeia a preparação. Geralmente o reaquecimento da mistura faz com que a preparação recupere seu espessamento inicial.

DICAS PARA APLICAÇÃO DO AMIDO

Espessantes à base de amido não adicionam muito sabor a uma preparação, exceto quando não são cozidos o suficiente. A araruta é uma boa opção para preparações em que não se deseja o menor vestígio da presença de um amido, por ser o mais neutro em sabor de todos os amidos espessantes.

- Espessantes à base de amido oferecem um brilho transparente ou semitransparente, dependendo do tipo utilizado. O amido que deixa sua torta de blueberry brilhante e apetitosa não necessariamente é a melhor escolha para um molho, no qual pareceria muito artificial. Para se obter brilho, considere a tapioca ou a araruta, e para baixo brilho, o amido de milho.
- Em uma base láctea, o amido de milho é a melhor escolha e a araruta, uma das piores.
- Em caso de congelamento, o amido de milho se torna esponjoso; a melhor opção é a tapioca ou a araruta.
- Em um líquido ácido, a araruta funciona melhor que o amido de milho, que em tais circunstâncias perde parte de sua potência espessante.
- A tapioca espessa rápido e a uma temperatura relativamente baixa, sendo excelente para corrigir texturas *à la minute*!
- Espessantes à base de amido tendem a formar grumos se não forem adicionados da maneira correta. Para evitar os indesejáveis "caroços", prepare o amido fazendo uma pasta com um pouco de água e adicione essa pasta à preparação, cozinhando ligeiramente o amido. Não cozinhe demais, pois o excesso de cocção quebrará as cadeias de amido, liquefazendo a mistura novamente.

Juntos na mesma mistura, amido e açúcar:
- retardam a gelatinização e diminuem a viscosidade;
- competem pelo líquido disponível para a gelatinização;
- aumentam a temperatura de gelatinização;
- quanto mais açúcar, mais a gelatinização do amido será retardada.

TABELA 18. COMPARATIVO DA COCÇÃO COM ALGUNS AMIDOS

ESPESSANTE	RESISTÊNCIA À COCÇÃO PROLONGADA	FORMAÇÃO DE GEL	CONGELAMENTO E RECOCÇÃO
Amido de milho	boa	boa	não suporta congelamento
Araruta	boa	regular	não suporta recocção
Tapioca	pouca	pouca	suporta congelamento
Fécula de batata	regular	pouca	suporta congelamento
Farinha de arroz	boa	pouca	suporta congelamento

Os produtos elaborados com amido, quando guardados, são suscetíveis a sinérese e a retrogradação, provocando rachaduras por perda de líquido, descoloração, perda de apelo visual e de qualidade. Assim, sugere-se que produtos à base de amido não sejam refrigerados por mais do que dois dias.

TORTAS E TARTES

Uma torta é uma preparação assada envolta por uma massa que enclausura ou segura o recheio. Já uma tarte seria mais corretamente definida como uma preparação aberta (de pâte brisée, sablée ou sucrée) recheada por um creme (de confeiteiro, ou pâtissière), por uma ambrosia (curd de limão, por exemplo), um flã (creme cru), uma pâte de amêndoa (frangipane) ou uma simples camada de geleia.

Normalmente, a massa não é o que define uma torta; o que vem dentro dessa massa, que pode ser frutas, vegetais, carne, frango, queijo, nozes, etc., é o que realmente estabelece sua classificação. Na expressão "torta de maçã de massa podre", por exemplo, é descrita a característica da massa, mas o foco da preparação está na maçã: se ácida ou doce, firme ou suave (ou em purê), quanta gelatinização desenvolveu, qual o aspecto do recheio, a quantidade de açúcar e de flavorizante, ou seja, o que define o produto como um todo.

AS MASSAS (PÂTES) CLÁSSICAS

A deliciosa experiência de degustar uma torta deve começar já na mordida de sua casca. Os vários tipos de massa de torta são feitos basicamente com os mesmos ingredientes, a diferença está na maneira como a manteiga foi introduzida na massa ou, em outras palavras, no método de elaboração e na proporção entre gordura, farinha e açúcar.

As massas de torta são classificadas pela quantidade e qualidade de flocos, que podem ser curtos (pâte sucrée), médios (pâte sablée) ou longos (pâte brisée). Ao partirmos um pedaço de massa sucrée, vemos uma massa de flocos curtos, de característica neutra, crocante e adocicada. A massa que se esfarela um pouco, que não é muito doce e que tem flocagem média é a sablée. Se é extremamente flocada e, acima de tudo, frágil e farelenta, será uma massa brisée, também conhecida como massa podre.

Uma torta de boa qualidade só pode ser feita com uma base – massa para torta – de boa qualidade, bem elaborada tecnicamente e a partir de manteiga, única e exclusivamente, em minha opinião pessoal. O tipo de gordura escolhido por um *chef* confeiteiro revela sua preocupação com o aspecto nutricional (gorduras plásticas nocivas devem ser banidas) e com a criatividade de seu repertório, tudo em nome de um casamento perfeito entre a textura e o sabor da massa com seu recheio. A escolha da gordura implica em um padrão de qualidade; apesar de mais trabalhosa, a manteiga é uma opção mais saudável do que a margarina, as gorduras hidrogenadas ou mesmo a banha de porco.

[INGREDIENTES DA MASSA DE TORTA

- **FARINHA:** de quantidade proteica média.
- **GORDURA:** manteiga, a opção por gorduras diferentes dessa pode ser necessária para adequar custos, temperatura de trabalho e conservação, textura final e sabor.
- **AÇÚCAR:** granulado, mascavo ou impalpável, dependendo da qualidade da massa.

- SAL: para exacerbar os outros sabores.
- LÍQUIDO: água, leite, ovos e lácticos, sempre em temperatura fria ou gelada (entre 4-6 °C).

COMO FAZER PÂTE BRISÉE | MASSA PODRE | MASSA FLOCADA

A manteiga fria e os ingredientes secos são misturados com as pontas dos dedos até a obtenção de uma farofa de flocos com pequenos pedaços de manteiga, que não serão desfeitos. O tamanho da gordura na massa é o que diferencia a massa sablée da massa brisée: a sablée fica com a gordura em pedaços uniformes e pequenos, como areia (sablée in francês); a brisée apresenta pedaços de gordura em partículas de tamanhos variados e maiores, que lhe dá uma característica flocada, reduzida e macia. Um dos maiores problemas com essa massa ocorre quando se trabalha demais a manteiga, derretendo-a e compactando-a com farinha, desenvolvendo glúten: isso resulta em uma massa dura e elástica, difícil de manipular.

[PROCEDIMENTO

1. Corte a manteiga fria em cubos pequenos. Trabalhe com as pontas dos dedos até que ela esteja praticamente incorporada, mas com pedaços ainda visíveis através da massa. Adicione a água gelada e misture apenas até formar uma massa.
2. Envolva em filme plástico e refrigere por pelo menos 30 minutos.
3. Durante a cocção, a gordura da massa flocada derrete e separa as camadas entre líquido/farinha. O vapor liberado durante a cocção expande a massa levemente. Quando seca a maior parte da umidade, a gordura da massa auxilia a caramelização do amido (açúcar) e desenvolve uma crosta dourada e crocante. A massa brisée não contém açúcar.

COMO FAZER PÂTE SABLÉE | MÉTODO SABLAGE

Neste método, a gordura e os ingredientes secos são misturados com as pontas dos dedos até a obtenção de uma farofa de flocos pequenos (*sablée*, literalmente, é "grão de areia"). Adiciona-se o líquido e mistura-se apenas o suficiente para juntar ou compor a massa. A massa sablée pode conter açúcar. Uma das dificuldades dessa massa é evitar o desenvolvimento de glúten, que ocorre caso se trabalhe a manteiga e a farinha muito prolongadamente.

Entre as preparações que a utilizam, destacam-se scones, biscotti e outros biscoitos. Também pode ser utilizada como crosta de tortas.

[PROCEDIMENTO

1. Corte a manteiga em cubos pequenos e trabalhe nos ingredientes secos até que a textura fique parecida com a de farinha de rosca, ou que a manteiga não esteja mais em cubos visíveis.
2. Misture o líquido e ajuste a textura até formar uma massa levemente pegajosa.
3. Embrulhe com filme plástico e refrigere por pelo menos 30 minutos.

COMO FAZER PÂTE SUCRÉE | MASSA DOCE

Com conteúdo de açúcar elevado, a pâte sucrée é elaborada por método sablage ou pelo método cremoso. A massa ainda pode conter cream cheese, nozes moídas, ovos ou gemas ou claras, fermento em pó químico, suco de limão, flavorizantes em geral e outros ingredientes.

O método cremoso é usualmente utilizado para a elaboração da pâte sucrée, a massa com a maior quantidade de açúcar. O açúcar e a manteiga são trabalhados até a obtenção de um creme, então adicionam-se os ovos ou gemas ou claras, mais o flavorizante (raspas de frutas cítricas, essências, etc.) e por fim os ingredientes secos. Às vezes a massa deverá ser ajustada com a incorporação de uma ou duas colheradas de algum líquido. Uma das mais evidentes falhas na manipulação da pâte sucrée é o excesso de ar incorporado durante a mistura de açúcar e manteiga: os ingredientes devem ser misturados em velocidade baixa, sem a adição de ar, apenas trabalhando o açúcar dentro da manteiga até que não se notem mais grumos ou pedaços de manteiga. A manteiga deve estar fria e cortada em cubos.

[PROCEDIMENTO

1. Misture em velocidade baixa a manteiga com o açúcar, o sal, as raspas ou o flavorizante. Com uma espátula de borracha, raspe o fundo da tigela pelo menos três vezes durante esse processo.
2. Adicione os ovos, um a um, misturando a cada adição.
3. Adicione a farinha e misture apenas até que a massa se aglutine ligeiramente.
4. Embrulhe com filme plástico e refrigere por pelo menos 30 minutos.

[DICAS PARA TRABALHAR OS TRÊS TIPOS DE MASSA

- PREPARO: corte a manteiga na farinha manualmente ou com um cortador de massas, batedeira ou processador de alimentos. Não tenha pressa de introduzir o líquido; trabalhe até obter o tamanho de gordura desejado; só depois adicione o líquido, aos poucos. Lembre-se de que, quando trabalhamos com farinha de trigo, diferentes teores de proteína afetarão a quantidade de líquido absorvido: algumas farinhas absorvem mais, outras menos. A consistência correta deve ser úmida, mas não excessivamente pegajosa.
- AO ABRIR: depois que a massa estiver resfriada, pulverize a mesa levemente com farinha de trigo ou com açúcar impalpável para massa sucrée, e passe também nos dois lados da massa. Achate a massa com suas mãos e, se estiver muito firme, bata com o rolo até que se afine e pare de resistir à pressão. Abra a massa do meio para as laterais, virando-a 180 graus. Certifique-se de soltá-la da mesa, correndo uma espátula por baixo. Deixe a massa descansar em refrigeração antes de sua cocção para evitar encolhimento.

- **AO ASSAR:** as massas que serão assadas "às cegas", ou seja, sem recheio ou pré-assadas, necessitam de calor intenso e rápido para que as moléculas de manteiga não comecem a se derreter dentro da farinha. Asse-as entre 180 a 200 °C.
- **TEMPERATURA DE TRABALHO E ARMAZENAMENTO:** quaisquer que sejam os ingredientes, a massa deve ser trabalhada em ambiente fresco e com ingredientes frios, e sua temperatura no fim da manipulação não deve exceder os 16 °C. Após finalizada, deve ser mantida sob refrigeração até minutos antes de sua utilização. Pode ser congelada por até 30 dias ou refrigerada por 5 dias, embalada em filme plástico.

[TÉCNICA PARA PRÉ-ASSAR

1. Abra a massa e disponha sobre uma fôrma untada (spray); perfure toda a superfície, para evitar a formação de bolhas.
2. Unte o lado externo de outra fôrma um pouco menor e coloque sobre a massa, fazendo um sanduíche das duas fôrmas com a massa ao meio.
3. Corte o excesso nas laterais e asse de cabeça para baixo por 12 minutos, a 200 °C.
4. Esfrie antes de rechear e assar de vez.

Pâte sucrée

INGREDIENTES			PROCESSO
500	g	farinha de trigo	Use o método sablage, trabalhando a farinha, o açúcar, o sal e a manteiga fria em cubos até obter uma textura fina e arenosa.
100	g	açúcar	
½	col. chá	sal	
300	g	manteiga, fria, cubos	
1	col. chá	baunilha	Adicione a baunilha e os ovos, e incorpore até formar uma massa lisa e homogênea.
2	un.	ovos	
			Refrigere até a hora de usar.

Diamante

Esta massa pode ser usada para cookies e para tortas. Se for manipulada corretamente, não vai encolher.

INGREDIENTES

310	g	manteiga
280	g	açúcar
1	col. chá	sal
1	col. chá	baunilha
10	g	raspas de laranja
140	g	gema
650	g	farinha para bolo (cake flour)
1	col. chá	fermento em pó

PROCESSO

MÉTODO CREMOSO

Bata a manteiga, o açúcar, o sal, a baunilha e as raspas de laranja até atingir uma consistência de pomada (cremosa, mas não derretida), em primeira velocidade, raspando a tigela algumas vezes para garantir que a manteiga do fundo se misture com os demais ingredientes.

Adicione a gema em duas etapas, incorporando sem bater.

Adicione os ingredientes secos peneirados e misture apenas até formar uma massa. Divida em porções pequenas, embale em filme plástico e mantenha refrigerado.

Na hora de usar, pincele com gemas, faça desenhos na superfície e pulverize com açúcar cristal. Asse a 180 °C por 12 minutos ou até ficar levemente dourada.

Para cookies, abra sobre uma superfície levemente enfarinhada e use cortadores de sua preferência.

Para tortas, abra em uma massa fina e forre o molde.

Massa para torta de maçã americana
Pâte brisée

INGREDIENTES		
2 ½	xíc.	farinha de trigo
2	col. sopa	açúcar
½	col. chá	sal
150	g	manteiga, fria, cubos
6	col. sopa	água gelada (consistência)

PROCESSO
MÉTODO SABLAGE

Misture os ingredientes secos com a manteiga fria cortada em cubos. Trabalhe com as pontas dos dedos, até obter uma mistura fina e uniforme.

Hidrate com água gelada (variável). Não trabalhe a massa em excesso, nem a sove.

Divida a massa em pedaços de 200 gramas e embrulhe em filme plástico. Mantenha em geladeira até a hora de usar.

Massa para quiche e...

INGREDIENTES			PROCESSO
MASSA			**MASSA**
625	g	farinha de trigo	**MÉTODO SABLAGE:** misture os ingredientes secos com a manteiga fria cortada em cubos. Trabalhe com as pontas dos dedos, até obter uma mistura fina e uniforme.
½	col. chá	sal	
300	g	manteiga, fria, cubos	
2	un.	gemas	
175	g	água gelada	
			Hidrate com as gemas e a água gelada (variável).
			Não trabalhe a massa em excesso nem a sove. Divida a massa em pedaços de 200 gramas e embrulhe com um filme plástico. Mantenha em geladeira até a hora de usar.
APPAREIL			**APPAREIL**
200	g	ovo	Misture bem o ovo e a gema; introduza o líquido e bata até incorporar o ovo completamente.
100	g	gema	
400	g	leite	
400	g	creme de leite	
A gosto		sal, pimenta, noz-moscada	Adicione sal, pimenta e noz-moscada a gosto. Despeje sobre o recheio de sua preferência, em massa pré-assada.
			Asse vagarosamente para obter uma quiche cremosa a 150 °C por 35 minutos ou até formar uma cúpula no centro, mas antes que os ovos se supercoagulem, rachem e provoquem sinérese.

...cinco recheios clássicos

QUICHE DE BRÓCOLIS E CHEDDAR	400	g	appareil
	400	g	brócolis, salteado
	A gosto		pimenta-caiena, pimenta-do-reino
	1	col. chá	sal
	150	g	cheddar
QUICHE QUATRO QUEIJOS	400	g	appareil
	1	col. chá	ervas de Provença
	100	g	parmesão
	100	g	gouda ralado
	100	g	ricota
	100	g	muçarela
QUICHE DE ESPINAFRE	300	g	espinafre, salteado
	600	g	appareil
QUICHE DE QUEIJO FETA E ABOBRINHA	300	g	appareil
	50	g	pesto
	3	col. sopa	azeite extravirgem
	A gosto		ervas de Provença
	150	g	abobrinha, rodelas
	300	g	feta
QUICHE LORRAINE	300	g	appareil
	200	g	presunto, cubos
	100	g	bacon picado
	A gosto		noz-moscada, pimenta-branca e sal
	150	g	queijo gruyère

APLICAÇÃO 5. MASSAS, PÂTES, TORTAS, COBBLER, BROAS E RECEITAS SEM GLÚTEN

FARINHA & ROUX: A TORTA DE PALMITO

O roux é uma mistura espessante elaborada com pesos iguais de farinha e gordura, que devem ser mesclados em fogo médio, o que acrescenta sabor (carameliza a manteiga e a farinha) e remove possíveis grumos.

O roux é adicionado a molhos, frutas e a preparações similares, auxiliando a espessá-los enquanto cozinham. Outros ingredientes, como cream cheese, queijo, creme de leite, tomate, gemas, limão e outros tantos, podem ser adicionados. A consistência final de um molho ou uma preparação varia de acordo com a proporção do roux para o líquido.

Para fazer um roux, aqueça a manteiga e gradualmente adicione a farinha. Cozinhe a mistura, mexendo sempre, por pelo menos alguns minutos, então aos poucos adicione o líquido quente que será espessado. Aqueça até que a mistura cozinhe todo o sabor de amido e o líquido esteja espesso de acordo com a sua preparação.

O amido é o agente espessante dos três molhos matrizes da culinária francesa clássica: bechamel, velouté e espagnole. O amido de milho misturado com água, araruta e outros agentes pode ser utilizado no lugar de um roux. Esses itens, no entanto, não contribuem com o sabor da preparação e são utilizados apenas como agente espessante do líquido.

Hoje, muitos *chefs* se voltaram para um grupo de químicos naturais chamados hidrocoloides, que será explorado na próxima parte deste livro. Além de não apresentarem sabor, possuem a capacidade de atuar como agentes espessantes, de textura resultante de excelente qualidade, a partir de dosagens muito pequenas.

Torta de palmito

INGREDIENTES

½	xíc.	farinha de trigo
½	xíc.	manteiga
½	xíc.	vinho branco
1	xíc.	água
1	un.	cebola
3	col. sopa	azeite
½	dente	alho, picado
1	xíc.	leite
1	xíc.	creme de leite fresco
500	g	palmito, cubos

PROCESSO

Aqueça a farinha de trigo e a manteiga até fazer um roux claro, mexendo sempre, cozinhando vagarosamente.

Adicione o vinho branco e a água, e misture bem, deixando cozinhar por 1 minuto.

Salteie a cebola, o azeite e o alho picado; adicione ao roux.

Acrescente o leite com o creme de leite e tempere a gosto (com sal e pimenta). Adicione o palmito picado.

Despeje sobre a massa de sua preferência (quiche ou brisée). Cubra com um círculo de massa. Pincele com água/ovos.

Asse por 45 minutos ou até dourar completamente.

TORTAS DOCES

Aqui estão destacadas as preparações clássicas, mas principalmente os métodos de mistura, cocção e apresentação. Atente à mistura e à cocção, seja criativo e desenvolva sabores deliciosos.

Creme de baunilha 3
CREME DE CONFEITEIRO 3 | CRÈME PÂTISSIÈRE 3

O conteúdo de amido de milho ou de amido espessante neste creme protege os ovos da cocção excessiva e consequente sinérese. Ao creme de confeiteiro básico, adicione o flavorizante de sua preferência: café (solúvel), chocolate, raspas de laranja, pasta de pistache ou de avelã, água de flor de laranjeira, água de rosas, maracujá, manga, coco, etc.

INGREDIENTES			PROCESSO
1.000 g		leite	Ferva o leite, a fava de baunilha com as sementes e o açúcar.
1	un.	fava de baunilha	
165	g	açúcar	
90	g	amido de milho	Misture o amido de milho, o açúcar e o sal; junte a gema e mexa bem.
150	g	açúcar	
1	pitada	sal	
200	g	gema	Quando o líquido ferver, tempere na mistura da gema: despeje metade do líquido, mexa bem e adicione o restante do líquido. Volte a mistura à panela e cozinhe em fogo brando, mexendo sempre, até que o amido esteja cozido (o que acontece após sua entrada em ebulição).
70	g	manteiga	

Retire do fogo e adicione a manteiga; cubra com um filme plástico tocando a superfície do creme completamente, para evitar a formação de uma película indesejável. Deixe esfriar à temperatura ambiente e conserve em geladeira até o momento de usar.

Antes de utilizá-lo, revolva a mistura até que se torne novamente cremosa e de fácil manipulação.

Torta de frutas

Diferente de outras tortas, nas quais a crosta e o recheio são assados juntos, as tortas de creme começam com uma base de torta assada; depois, despeja-se um creme resfriado. Este creme de baunilha é a base para uma variedade de outros sabores.

INGREDIENTES			PROCESSO
2	xíc.	leite	Proceda como no creme de confeiteiro. Quando terminar a cocção, adicione o rum e a manteiga, ou o flavorizante de sua escolha.
½	xíc.	leite evaporado	
1	un.	fava de baunilha	
½	xíc.	açúcar	Despeje a mistura morna na crosta assada, nivelando-a com uma espátula. Cubra com um plástico tocando diretamente o creme.
1	pitada	sal	
2	col. sopa	amido de milho	
5	un.	gemas	
¼	xíc.	rum	Refrigere ao menos por 4 horas.
2	col. sopa	manteiga	
			Bata um chantilly com açúcar a gosto a ponto firme e distribua decorativamente sobre a torta. Esfrie ao menos 2 horas antes de servir.
			VARIAÇÕES
			CREME DE CHOCOLATE: adicione 2 colheres de sopa de cacau em pó ao amido de milho, mais 100 gramas de chocolate picado à manteiga.
			CREME DE COCO: adicione 1 xícara de coco ralado tostado ao creme de baunilha após a manteiga haver derretido. Reserve ½ xícara de coco ralado tostado para distribuir sobre a camada de creme chantilly.
			CREME DE BANANA: despeje metade do creme na crosta e distribua uma camada de bananas cortadas em rodelas (imersas rapidamente em suco de limão para prevenir a oxidação/escurecimento). Despeje a outra metade do creme e cubra com chantilly.

Gâteau basque

Torta típica da região basca da França, o gâteau basque é elaborado com uma camada de massa de torta com farinha de amêndoas, recheio de cerejas em conserva e creme de confeiteiro fechado com a massa. Principal elemento dessa torta, a massa deve ficar quebradiça e extremamente leve.

INGREDIENTES			PROCESSO
250	g	manteiga, temp. ambiente	**MÉTODO CREMOSO**
200	g	açúcar mascavo	Bata a manteiga, o açúcar, a farinha de amêndoas, o sal, a fava de baunilha, as raspas de limão e o rum até ficarem cremosos. Raspe a tigela duas vezes, para ter certeza de não deixar grumos.
125	g	farinha de amêndoas	
½	col. chá	sal	
1	un.	fava de baunilha	
10	g	raspas de limão	
2	col. sopa	rum	
2	un.	ovos	Adicione os ovos e misture até incorporá-los.
300	g	farinha de trigo	Misture os ingredientes secos peneirados. A massa deve ficar bem aerada e suave.
2	col. sopa	fécula de batata	
½	col. chá	fermento químico	
100	g	geleia de amora	

Refrigere a massa por 12 horas. Abra sobre uma superfície enfarinhada e disponha em uma fôrma para bolo de 15 cm forrada com papel-manteiga. Congele por 15 minutos.

Retire do congelador e espalhe uma camada fina de geleia de amora. Congele de novo.

Espalhe uma camada de creme de confeiteiro flavorizado com rum. Cubra com uma camada de massa para gâteau basque e pincele com ovos. Congele por uma hora.

Asse a 190 °C por 15 minutos, depois abaixe a temperatura para 170 °C e asse por 20 minutos ou até ficar intensamente dourado. Deixe esfriar, retire do molde e polvilhe com açúcar de confeiteiro.

Torta de noz-pecã

INGREDIENTES			PROCESSO
RECHEIO			**RECHEIO**
1 ½	xíc.	glicose de milho escura	Misture a glicose de milho, o açúcar mascavo, a manteiga, a maisena e a baunilha, mexendo bem; ferva.
1 ½	xíc.	açúcar mascavo	
100	g	manteiga	
1	col. sopa	maisena ou araruta	
1	col. sopa	baunilha	Adicione sobre os ovos, mexendo sempre.
5	un.	ovos	Pré-asse a massa de sua preferência (sablée ou sucrée) e nela distribua as nozes-pecã picadas.
3	xíc.	noz-pecã, pedaços	
1	xíc.	nozes-pecã inteiras, para decoração	

Despeje o recheio líquido até cobrir as nozes completamente.

Decore com nozes-pecã inteiras, em toda a circunferência ao redor da borda da massa.

Asse a 160 °C por 50 minutos. Pincele uma geleia de brilho.

Para a crosta, utilize uma pâte brisée ou uma pâte sucrée pré-assada.

Far de maçãs

Trata-se de um flã que é assado dentro de uma crosta de massa doce e enriquecido pela adição de fruta.

INGREDIENTES			PROCESSO
FAR (APPAREIL)			**FAR (APPAREIL)**
200	g	açúcar	Faça uma mistura com o açúcar, os ovos, o sal e o rum, batendo bem. Adicione a farinha de trigo e misture até dissolvê-la.
7	un.	ovos	
½	col. chá	sal	
100	g	rum	
150	g	farinha de trigo	Adicione o leite, misturando bem. Mantenha refrigerado até o momento de usar.
200	g	leite	
RECHEIO			**RECHEIO**
3	un.	maçãs	Descasque as maçãs, corte-as em lâminas finas e mantenha-as no suco do limão. Escorra bem antes de usar.
60	g	suco de limão	
			MONTAGEM
			Forre um molde para quiche (com a borda franzida e raso) com uma pâte sucrée ou sablée, bem fina. Fure com um garfo e refrigere por 30 minutos. Pré-asse a 180 °C até começar a dourar.
			Coloque o far (appareil) em uma manga com um bico liso médio e distribua em espiral. Distribua as maçãs e asse a 200 °C até ficar dourado.
			OUTROS RECHEIOS: banana, pêssego, mirtilo, framboesa, damasco, figo ou pera. Proceda da mesma maneira.

Torta de maçã americana
AMERICAN APPLE PIE

Utilize a crosta descrita na receita de massa para torta de maçã americana (pâte brisée).

INGREDIENTES			PROCESSO
9	un.	maçãs verdes	Descasque e corte as maçãs em oito; coloque-as no suco de limão.
90	g	suco de limão	
1	col. chá	pectina	Misture a pectina e o açúcar, combinando-os com os demais ingredientes.
300	g	açúcar	
100	g	farinha de trigo	
1	col. chá	noz-moscada	Coloque o recheio na massa aberta, distribuindo-o e finalizando com outra camada de massa. Pincele *eggwash* e faça um furo no centro; polvilhe com açúcar e canela.
1	col. chá	canela	
100	g	manteiga derretida	
1	pitada	sal	
			Asse a 180 °C até ficar com um dourado intenso e borbulhando.

DICAS

• coloque uma assadeira forrada com papel na grade inferior do forno e a torta na grade intermediária; assim, quando a mistura começar a borbulhar, o líquido cairá na fôrma, sem sujar seu forno.

• o *eggwash* é a pincelagem de ovo inteiro, de claras ou de gemas com um pouco de água sobre massas a serem assadas. Os ovos inteiros são os mais apropriados. A utilização de gemas dará um resultado mais escuro, mais brilhante e com um odor pronunciado. Com a utilização de claras, o brilho será menor. As claras são mais apropriadas para dar um acabamento posterior, como no caso de um gergelim, um açúcar cristal ou ervas.

Torta de blueberry

INGREDIENTES

150	g	suco de laranja
200	g	açúcar
30	g	araruta
1	col. chá	canela
1	col. chá	sal
1	col. chá	cardamomo
50	g	manteiga
1	col. sopa	pectina de maçã
5	col. chá	açúcar
500	g	blueberry (mirtilo)

*Utilize como crosta uma pâte sucrée.

PROCESSO

Ferva o suco de laranja, o açúcar, a araruta, a canela, o sal e o cardamomo. Adicione a manteiga e reserve.

Misture a pectina ao açúcar e distribua sobre o blueberry. Despeje a base cozida sobre as frutas, misture bem e distribua sobre a crosta* pré-assada.

Asse a 200 °C por 10 minutos e depois por mais 35 minutos a 160 °C, ou até borbulhar.

Torta de chocolate

INGREDIENTES

MASSA

250	g	manteiga, temp. ambiente
150	g	açúcar de confeiteiro
½	col. chá	sal
2	un.	ovos
420	g	farinha de trigo
40	g	cacau em pó

RECHEIO

4	un.	ovos
175	g	açúcar
1	col. chá	baunilha
½	col. chá	sal
150	g	chocolate 56%
150	g	manteiga
2	col. sopa	glicose
2	col. sopa	farinha de trigo

PROCESSO

MASSA

Misture a manteiga, o açúcar de confeiteiro peneirado e o sal até obter um creme.

Adicione os ovos e misture.

Adicione a farinha peneirada com o cacau em pó e misture apenas até obter uma massa. Não sove.

Refrigere por 4 horas. Abra sobre uma superfície enfarinhada e transfira para a fôrma. Faça furos com um garfo.

Asse a 180 °C por 13 minutos ou até ficar firme e crocante.

RECHEIO

Bata os ovos, o açúcar, a baunilha e o sal.

Derreta o chocolate com a manteiga e a glicose; despeje em movimento rápido sobre os ovos montados.

Adicione a farinha peneirada. Despeje sobre a crosta pré-assada.

Asse a 160 °C por 12 minutos ou até começar a inflar no centro.

Torta de abacaxi com coco

INGREDIENTES (APPAREIL)			PROCESSO
200	g	manteiga, temp. ambiente	Misture todos os ingredientes.
2	xíc.	açúcar	
4	un.	ovos	Despeje-os sobre uma crosta de pâte sucrée pré-assada.
1	col. chá	sal	
½	col. chá	essência de coco	Arranje as frutas e distribua uma porção de appareil suficiente para cobri-las, o mais alto possível.
1	col. chá	baunilha	
5	xíc.	coco ralado fresco	
1	xíc.	abacaxi em lata, escorrido e picado	
			Asse a 170 °C por 15 minutos ou até estar firme ao toque.
			Passe geleia de brilho.

Torta de abóbora em estilo americano

INGREDIENTES (APPAREIL)			PROCESSO
400	g	purê de abóbora	Misture todos os ingredientes do appareil.
1	col. sopa	farinha de trigo	
1	col. chá	canela	Despeje-os sobre uma crosta de pâte sucrée pré-assada.
½	col. chá	gengibre em pó	
½	col. chá	noz-moscada	
1	col. sopa	baunilha	Asse a 160 °C por 35 minutos ou até ficar firme ao toque.
2	un.	ovos	
270	g	leite condensado	
100	g	leite	
2	col. sopa	manteiga derretida	
4	col. sopa	melado	

[Torta de abóbora em estilo americano]

Torta de batata-doce

INGREDIENTES (APPAREIL)		
400	g	purê de batata-doce
1	col. chá	sal
1	col. chá	canela
½	col. chá	cardamomo
½	col. chá	cravo
1	col. sopa	baunilha
3	un.	ovos
170	g	açúcar
400	g	leite
230	g	creme de leite fresco
3	col. sopa	manteiga noisette

PROCESSO

Misture o purê, o sal, a canela, o cardamomo, o cravo e a baunilha.

Adicione os ovos um a um e misture bem.

Acrescente o açúcar, o leite, o creme de leite e a manteiga noisette.

Despeje sobre a crosta de sucrée ou sablée de fubá pré-assada.

Asse a 160 °C por 30 minutos ou até ficar firme ao toque.

[Torta de batata-doce]

COBBLER

Vários pratos, particularmente nos Estados Unidos e no Reino Unido, recebem este nome. Quando os pudins eram elaborados com banha de porco, em épocas de escassez de ingredientes e mesmo de equipamentos, era mais fácil fazer um recheio e apenas dispor uma massa sobre a preparação que se assaria, enriquecendo, assim, o prato. Depois de assada, a superfície apresentava a aparência similar a de uma pavimentação de rua com paralelepípedos, ou cobbler *stone*. Exatamente por sua "cara" de poucos amigos, os cobblers deveriam ser servidos em porções individuais ou em um grande prato de cerâmica, no estilo tamanho família.

Hoje o cobbler consiste em um recheio de frutas, ou às vezes salgado, disposto em um recipiente de cerâmica e coberto com uma massa, que pode ser de biscuit, de cookie ou de torta doce. Diferente de uma torta de fruta, o cobbler nunca tem uma camada de massa.

Cobbler de pêssego

INGREDIENTES

FRUTA

1.000	g	pêssegos
100	g	suco de limão
100	g	açúcar
80	g	açúcar
20	g	pectina
1	col. chá	canela
1	col. chá	gengibre em pó
100	g	manteiga, cubos

MASSA

50	g	açúcar
500	g	farinha de trigo
100	g	farinha de amêndoas
100	g	manteiga, cubos
360	g	creme de leite fresco, gelado

PROCESSO

FRUTA

Lave os pêssegos, retire o caroço e corte-os em 6 pedaços, deixando a casca. Adicione o suco de limão e o açúcar e deixe macerar por 15 minutos.

Misture o açúcar com a pectina e adicione a canela e o gengibre em pó. Polvilhe sobre os pêssegos.

Disponha em um recipiente de cerâmica untado com manteiga e polvilhado com açúcar. Coloque um pequeno cubo de manteiga sobre os pêssegos.

Disponha a camada de massa, aos pedaços ou cortada em modelagens especiais (corações, estrelas, etc.).

Asse a 200 °C por 35 a 40 minutos, ou até que a massa esteja pronta, e a fruta, borbulhando. Retire do forno e deixe que a massa absorva o líquido antes de servir.

Sirva morno, acompanhado de sorvete de baunilha ou com um pouco de calda de caramelo.

MASSA

MÉTODO SABLAGE: misture o açúcar, a farinha de trigo e a farinha de amêndoas; adicione a manteiga em cubos. Trabalhe com a ponta dos dedos até obter uma farofa com pedaços pequenos de manteiga.

Adicione o creme de leite gelado até dar o ponto, que será levemente pegajoso.

Divida a massa em pequenas quantidades, como 3 colheres de sopa; faça pequenas bolas e achate com as mãos. Disponha sobre a mistura de frutas. Pulverize com açúcar e coloque canela a gosto.

TAPIOCA

Sem glúten por natureza, esse ingrediente versátil, de sabor neutro e de baixo índice glicêmico, é excelente para espessar tortas de frutas, para um pudim flavorizado com leite de coco ou para um bubble tea refrescante. Como vimos na apresentação dos amidos, a tapioca é extraída da raiz da mandioca. Esse amido espessa e gelifica quando hidratado com água, e pode ser encontrado em várias cores, tamanhos e formas, em pó, pérolas ou flocos. Quando aquecida, a tapioca se mantém transparente e proporciona preparações, recheios e molhos limpos e claros.

CHÁ DE TAPIOCA PEROLADO | BUBBLE TEA

Também chamado de *boba tea*, *tapioca tea* ("chá de tapioca"), *boba nai*, *pearl tea*, *milk tea* ("chá de leite"), *bubble drink* ("bebida bolha"), *zhen zhu nai*, *momi*, *momi milk tea* ou qualquer combinação desses nomes. É uma infusão de chá leitoso ou de sabor frutado, uma bebida que pode ser comida. Em São Francisco (EUA), pequenas sorveterias e casas de chá costumam vender esse "chá bolha", com base de tapioca. O chá pode ser verde, oolong ou preto, como o do Ceilão ou o de Darjeeling; isso é o que vai oferecer a qualidade suave do bubble tea.

[PEQUENAS BOLHAS

As bolhas no chá de tapioca nomeiam duas coisas: as pequenas bolhas que se formam, pois a bebida é efusivamente chacoalhada antes de ser servida, e as pérolas de tapioca umedecidas ao leite, que podem ser adicionadas à bebida (*boba*). A tapioca em pérolas de tamanho grande é geralmente transparente, com cores tão variadas quanto um arco-íris. Servida em um copo alto com canudo, as bolinhas – pela textura, sabor e consistência – oferecem uma combinação inusitada.

Uma enorme quantidade de opções é anunciada nos grandes painéis desses pequenos estabelecimentos: qual o sabor do chá que você deseja? Mate ou chá verde, com cafeína ou sem? Qual dos vinte sabores ou mais você deseja? Aceita pérolas de tapioca? Em caso afirmativo, prefere verdes, amarelas ou multicoloridas? Que tal tapioca extra para o seu pedido? Quer adicionar sorvete? Aceita cubinhos de geleia de lichia ou de coco para uma combinação inusitada? E pode-se também escolher entre chá frio e quente.

[SUGESTÕES: INGREDIENTES BÁSICOS

- CHÁ: oolong, verde, do Ceilão, preto, cafeinado ou não.
- MEL OU AÇÚCAR, EM CALDA SIMPLES: uma parte de água para cada parte de açúcar, fervida até o açúcar estar dissolvido; manter em refrigerador até necessário.
- TAPIOCA PEROLADA: pode ser comprada em lojas orientais em diversos tamanhos; para mais autenticidade, escolha as pérolas grandes. Deixe de molho 1 xícara de tapioca para 7 xícaras de água fervente por 1 hora e depois cozinhe em fogo médio, até as pérolas ficarem transparentes. Enxágue em água corrente e adicione a mesma proporção (1 xícara para 1 xícara) de calda de açúcar. Conserve em recipiente fechado sob refrigeração.
- FLAVORIZANTE EM PÓ OU LÍQUIDO: manga, morango, lichia, coco, etc., a gosto, suco concentrado ou natural.
- LEITE OU CREME DE LEITE PARA OS CHÁS LÁCTICOS: adicione a gosto.
- CANUDOS DE PLÁSTICO GROSSOS: capazes de permitir a passagem das pérolas.

ARARUTA

Como visto no capítulo anterior, a araruta não tem muito sabor, sendo perfeita para receitas que peçam um agente aglutinador de menor força de adesão. Este amido funciona melhor quando associado a outro grão ou à farinha sem glúten, sendo raramente utilizado só. Use até 50% de araruta para dar leveza e suavizar a textura de bolos e pães.

RECEITAS

Biscoito chinês de araruta e coco

INGREDIENTES		
2 ½	xíc.	araruta
1	xíc.	açúcar
1	col. sopa	manteiga derretida
1	un.	gema
120	g	leite de coco

PROCESSO

Toste levemente a araruta em uma panela *wok* ou em micro-ondas por 1 ou 2 minutos. Deixe esfriar.

Adicione os demais ingredientes. Caso a massa esteja muito seca, adicione um pouco mais de leite de coco; se estiver muito suave, adicione um pouco mais de araruta tostada. Preste atenção ao adicionar o líquido, para que não necessite correção.

Sobre uma superfície enfarinhada, abra a massa em 2 cm e corte com cortadores decorativos. Disponha sobre uma assadeira forrada com papel-manteiga e asse a 170 °C por 13 minutos, ou até dourar levemente.

Pudim de araruta
SEM GLÚTEN

INGREDIENTES		
¾	xíc.	araruta
½	xíc.	leite
2 ½	xíc.	leite
½	xíc.	açúcar
1	col. sopa	baunilha
½	col. chá	cardamomo
1	col. sopa	coco ralado
3	col. sopa	manteiga clarificada

PROCESSO

Misture a araruta com ½ xícara de leite; certifique-se de que não há grumos.

Ferva o restante do leite com o açúcar, a baunilha e o cardamomo; retorne à cocção, mexendo sempre, em fogo baixo por 7 minutos.

Adicione o coco ralado e a manteiga clarificada.

Despeje sobre um molde de pudim levemente untado com manteiga e açúcar.

RECEITAS VARIADAS

Torta de tâmara e noz-pecã

INGREDIENTES			PROCESSO
720	g	tâmaras, picadas	Hidrate as tâmaras em uma mistura de bicarbonato com água fervente. Deixe descansar por 30 minutos. Reserve.
1 ½	col. sopa	bicarbonato de sódio	
500	g	água, quente	
100	g	manteiga	Bata a manteiga com o açúcar mascavo, o açúcar, o mel, a baunilha e o sal. Adicione os ovos um a um.
180	g	açúcar mascavo	
450	g	açúcar	
150	g	mel	
1	col. chá	baunilha	
1	col. chá	sal	
5	un.	ovos	Peneire os ingredientes secos e comece a adicioná-los à mistura cremosa de manteiga, intercalando com as tâmaras hidratadas. Adicione as nozes-pecãs picadas e misture bem.
720	g	farinha de trigo	
100	g	farinha integral	
50	g	fécula de batata	
270	g	noz-pecã, picadas	

Despeje em moldes para bolo inglês untados e forrados com papel-manteiga.

Asse a 160 °C por cerca de 1 hora ou até que firmem no centro.

Envolva ainda morno com papel-manteiga e conserve à temperatura ambiente por um dia, ou até 15 dias em refrigeração.

APLICAÇÃO 5. MASSAS, PÂTES, TORTAS, COBBLER, BROAS E RECEITAS SEM GLÚTEN

Broa de fubá aerosa

Esta broinha de fubá – oca e leve – é elaborada em um método muito similar à pâte à choux.

INGREDIENTES		
480	g	leite
80	g	açúcar
1	col. chá	sal
200	g	manteiga
200	g	farinha de trigo
100	g	fubá
400	g	ovo
2	col. chá	erva-doce

PROCESSO

Aqueça o leite, o açúcar, o sal e a manteiga até a fervura; adicione a farinha misturada com o fubá de uma só vez e cozinhe até a mistura desgrudar do fundo da panela, por 2 minutos.

Transfira para uma tigela e incorpore os ovos, um a um. Adicione a erva-doce.

O ponto dessa broa é de fundamental importância para que não perca sua forma. Similar à produção de um pâte choux, a quantidade de ovos deve obedecer à absorção dos secos. Adicione os ovos um a um, até que quando levantar o batedor a massa se despegue em forma de V, caindo lentamente.

Despeje em um saco de confeitar com bico liso e disponha sobre uma assadeira untada e forrada com papel-manteiga. Polvilhe uma camada fina de fubá.

Asse a 180 °C por cerca de 30 minutos ou até ficar dourado e leve (a umidade se seca).

As broas podem ser recheadas com doce de leite, creme de confeiteiro, ganache e também com uma pâte ou massa cremosa salgada.

Broa caxambu

INGREDIENTES		
400	g	manteiga, temp. ambiente
400	g	açúcar
1	col. chá	erva-doce
1	un.	ovo
240	g	farinha de trigo
400	g	fubá
20	g	fermento químico
270	g	leite

PROCESSO

MÉTODO CREMOSO

Bata a manteiga, o açúcar e a erva-doce até obter uma mistura cremosa e sem grumos.

Adicione o ovo e misture bem.

Acrescente os ingredientes secos peneirados e misture. Adicione o leite aos poucos, até obter a consistência desejada.

Com um boleador de sorvete de cerca de 30 gramas, disponha as bolas em assadeira untada e forrada com papel-manteiga.

Asse a 170 °C por 15 a 17 minutos, até ficar firme e levemente úmido no centro.

Polvorones de canela 1

INGREDIENTES

240	g	manteiga
¾	xíc.	açúcar impalpável
1	col. chá	baunilha
½	col. chá	sal
1	col. chá	canela
2	xíc.	farinha de trigo
¼	xíc.	fécula de batata
½	xíc.	nozes, picadas

PROCESSO

MÉTODO CREMOSO

Faça um creme com a manteiga, o açúcar impalpável, a baunilha, o sal e a canela.

Adicione a farinha, a fécula e as nozes, e misture apenas até incorporar.

Faça bolinhas e, antes de assar, gele por 15 minutos.

Asse a 180 °C por cerca de 10 minutos, ou até dourarem as bordas.

Retire do forno e imediatamente passe em açúcar impalpável. Deixe esfriar e polvilhe uma segunda camada de açúcar. Mantenha em um recipiente hermeticamente fechado.

Crumiri

INGREDIENTES			
420	g		manteiga
280	g		açúcar
½	col. chá		sal
½	col. sopa		baunilha
4	un.		ovos
500	g		farinha de trigo
240	g		fubá

PROCESSO

MÉTODO CREMOSO

Bata a manteiga, o açúcar, o sal e a baunilha até fazer uma mistura completamente cremosa (bata sem incorporar ar).

Acrescente os ovos, um a um.

Adicione os ingredientes secos peneirados, misturando apenas até incorporar.

Mangueie com bico liso grande.

Asse a 180 °C até dourar.

RECEITAS SEM GLÚTEN

Para as preparações sem glúten há várias opções: araruta, amido de milho, fubá, aveia, tapioca, fécula de batata, etc. Uma infinidade de grãos, cereais e polissacarídeos moídos em forma de farinha exerce a função de combinar, juntar, dar estrutura e textura. É óbvio que mudam de maneira drástica a aparência, a coloração, o odor, a textura e o valor nutricional, mas, ainda assim, resultam em preparações deliciosas e nutritivas.

O aglutinador mais comum em massas e preparações é o ovo, pois ele cumpre muitas das funções do glúten, como juntar, aglutinar, estruturar e modificar a textura. Além de ovos, as gomas guar, xantana e outras também auxiliam na obtenção de certos resultados. Esses produtos alternativos são enormemente interpermutáveis e são utilizados em porções mínimas (½ colher de chá por xícara de farinha ou mais), para adicionar volume e textura.

Pão de queijo

Produto de confeitaria que não contém glúten, apresenta ótima reação ao congelamento e permite grande experimentação na quantidade de ovos e com diferentes queijos e polvilhos. O uso do queijo meia cura produz um pão de queijo com sabor e odor mais pronunciados; além disso, conta com menos umidade que o queijo fresco. Experimente com as combinações de sua preferência.

INGREDIENTES			PROCESSO
500	g	polvilho azedo	Misture o polvilho, a fécula de mandioca, o queijo e o sal.
500	g	fécula de mandioca	
420	g	queijo meia cura	
20	g	sal	
250	g	óleo	Ferva o óleo junto com o leite. Despeje-os sobre a mistura de polvilho e queijo.
250	g	leite	
6	un.	ovos	Adicione os ovos um a um e misture bem.
			Molhe as mãos em água fria ou passe um pouco de óleo; faça bolinhas de cerca de 20 gramas ou no tamanho desejado.
			Asse a 200 °C até que fiquem levemente dourados, por cerca de 20 minutos.

Muffin de maçã e gengibre
SEM GLÚTEN

INGREDIENTES			PROCESSO
1	xíc.	farinha de arroz	Misture os ingredientes secos: farinha de arroz, aveia integral, farinha de linhaça, bicarbonato, canela em pó, noz-moscada, gengibre ralado e araruta. Reserve.
¼	xíc.	aveia integral em flocos	
1	col. chá	farinha de linhaça	
1	col. chá	bicarbonato	
1	col. chá	canela em pó	
½	col. chá	noz-moscada	
1	col. sopa	gengibre, ralado	
1	col. sopa	araruta	
⅔	xíc.	iogurte	Em uma tigela, misture o iogurte, o ovo, a manteiga derretida, as maçãs em cubos e o suco de abacaxi. Adicione os ingredientes líquidos aos secos.
1	un.	ovo	
½	col. sopa	manteiga derretida	
2	un.	maçãs, cubos	
¼	xíc.	suco de abacaxi	

Despeje em fôrmas untadas e forradas com papel a ⅔ do topo.

Asse a 170 °C, de 25 a 30 minutos.

Biscuits
SEM GLÚTEN

INGREDIENTES

¼	col. chá	sal
½	col. chá	goma xantana
1	col. sopa	fermento em pó
1	col. chá	açúcar
¼	xíc.	farinha de tapioca
¼	xíc.	fécula de batata
½	xíc.	farinha de sorgo
¼	xíc.	manteiga, fria, cubos
½	xíc.	leite de soja

PROCESSO
MÉTODO SABLAGE
Misture todos os ingredientes secos peneirados; adicione os cubos de manteiga e trabalhe com as pontas dos dedos. Coloque o suficiente de leite de soja para obter uma massa uniforme (pode ser que não seja necessário todo o líquido).

Abra a massa sobre uma superfície polvilhada com a farinha sem glúten de sua preferência e corte com cortadores redondos de 5 centímetros de diâmetro.

Asse a 200 °C por 10 a 12 minutos ou até dourar levemente.

Cookies com gotas de chocolate
SEM GLÚTEN

INGREDIENTES			PROCESSO
1	xíc.	manteiga	**MÉTODO CREMOSO**
¾	xíc.	açúcar	Faça um creme com a manteiga,
¾	xíc.	açúcar mascavo	os açúcares e o sal.
1	col. chá	sal	
1	un.	ovo	Adicione o ovo e a baunilha.
1	col. chá	baunilha	
200	g	gotas de chocolate	Acrescente as gotas de chocolate.
1 ¼	xíc.	farinha de sorgo	Adicione os ingredientes secos peneirados.
¾	xíc.	farinha de tapioca	
1	col. chá	goma xantana	Asse a 170 °C por 8 a 10 minutos.
1	col. sopa	maisena	
1	col. chá	bicarbonato de sódio	

Scones
SEM GLÚTEN

INGREDIENTES			PROCESSO
½	xíc.	farinha de tapioca	Em um processador, coloque todos os ingredientes secos. Pulse até combinar.
1	xíc.	farinha de sorgo	
¼	col. chá	cremor de tártaro	
1¼	col. chá	goma xantana	Adicione a manteiga fria em cubos e pulse quinze vezes, ou até ficar uniforme e sem pedaços de manteiga.
1	col. chá	bicarbonato de sódio	
¾	col. chá	sal	
4	col. sopa	açúcar	
4	col. sopa	manteiga, fria, cubos	Adicione o ovo, a baunilha e o iogurte até combinar.
1	un.	ovo	
1	col. sopa	baunilha	
⅔	xíc.	iogurte	Acrescente as uvas-passas.
⅓	xíc.	uva-passa	Faça um retângulo com a massa e corte-a em triângulos.
⅓	xíc.	pistache, tostado, picado	
½	xíc.	leite de soja	Pincele com o leite de soja e polvilhe açúcar.
			Asse a 180 °C, de 12 a 15 minutos.

Bolo inglês
SEM GLÚTEN

INGREDIENTES

1	xíc.	manteiga
1	xíc.	açúcar
½	col. chá	sal
1	col. sopa	baunilha
1	col. sopa	raspas de laranja
4	un.	ovos
1	xíc.	farinha de arroz
½	xíc.	farinha de sorgo
¼	xíc.	amido de milho
2	col. chá	fermento em pó
1	col. chá	goma xantana

PROCESSO

MÉTODO CREMOSO

Bata a manteiga com o açúcar, o sal, a baunilha e as raspas de laranja até a mistura ficar leve e fofa, por aproximadamente 5 minutos.

Adicione os ovos, um a um, misturando bem entre cada adição.

Acrescente os ingredientes secos peneirados e misture até incorporar.

Unte uma fôrma para bolo inglês.

Asse por 50 minutos ou até firmar no centro.

Biscoitos picantes
SEM GLÚTEN

INGREDIENTES			PROCESSO
⅓	xíc.	manteiga	Em um processador, misture a manteiga, o melado, o açúcar mascavo e a baunilha até fazer uma pasta cremosa.
¼	xíc.	melado	
½	xíc.	açúcar mascavo	
1	col. chá	baunilha	
¾	xíc.	farinha de sorgo	Adicione os ingredientes secos peneirados e trabalhe até formar uma massa. Caso esteja muito seca, ajuste com 1 ou 2 colheres de sopa de água fria. A massa deve ficar firme.
½	xíc.	farinha de tapioca	
¼	xíc.	farinha de soja	
1	xíc.	goma xantana	
½	col. chá	sal	Cubra e deixe refrigerar por 1 hora.
1	col. chá	bicarbonato de sódio	
1	col. chá	gengibre em pó	Forme bolinhas e role sobre o açúcar granulado.
1	col. chá	canela em pó	
1	col. chá	cravo em pó	
1	col. chá	noz-moscada em pó	Asse e deixe esfriar por mais 1 hora.
½	col. chá	pimenta-do-reino	
2	col. sopa	açúcar granulado	Asse por 10 a 12 minutos ou até ficar firme e começando a rachar.

A confeitaria de massas

Para explicar as massas básicas da confeitaria, começo com a pergunta: O que são merendas (pastries)?

São os artigos de confeitaria à base de massas, espessados e/ou estruturados com um amido, em geral elaborados a partir de uma preparação firme à base de farinhas (trigo, fécula, tapioca, fubá, aveia), com uma alta proporção de gordura e uma pequena porção de líquido em forma de lácteo, água, sucos, chás ou ovos. Esses itens podem ou não conter açúcar em várias formas, adições de sabor e enriquecedores como frutas secas, nozes, raspas de casca de laranja e baunilha. A maioria dessas massas contém quantidades insignificantes de fermentadores e, para atingir seu volume, beneficia-se da formação de vapor gerado durante a cocção (desde os ovos ou até um líquido).

Neste grupo de massas, que chamo de "merendas", incluo: biscoito ou cookie, massa choux, petit-four ("pequeno forno", em francês), pão de queijo, pão rápido levedado por fermento químico (scone), strudel alemão e muitos outros produzidos a partir de uma massa consistente de características variáveis.

Na Antiguidade, as merendas eram elaboradas por romanos, gregos e fenícios. Fortes evidências indicam que os egípcios já produziam suas merendas a partir de uma massa firme e teriam confeiteiros ou padeiros profissionais, habilitados para trabalhar com ingredientes como farinha, mel e óleo ou gordura; a culinária romana cobria suas carnes e frutas com uma massa; a cozinha medieval do norte da Europa acrescentava ovos ou gemas nas merendas mais saborosas.

[Massa linzer]

Porém, foi só no século XVI que muitas das preparações que conhecemos atualmente foram adaptadas ao redor do mundo, fazendo uma miríade de tradições de merendas: desde os pastéis portugueses, de nata e de santa-clara, ao blini russo. O uso do chocolate se tornou comum quando portugueses e espanhóis levaram o cacau das colônias da América para a Europa. O francês Marie-Antoine Carême (1784-1833) é apontado como o primeiro grande *chef pâtissier*, ou confeiteiro, dos tempos modernos. Na Ásia, esses pequenos e deliciosos itens eram tradicionalmente elaborados com farinha de arroz, pouco açúcar, pasta de feijão doce ou gergelim e outros ingredientes regionais. Hoje, o Japão é um dos grandes vencedores e inovadores da indústria de confeitaria.

Uma merenda se distancia do pão por conter alto teor de gordura e também pela incorporação da gordura ser o principal método de mistura: dependendo da técnica adotada, o resultado será uma massa flocada ou semiflocada, leve ou pesada, etc.

Uma boa merenda é leve – embora não se sinta tanto o sabor da gordura, sem dúvida ela é rica em gordura – e firme o suficiente para suportar o peso de um recheio. Nessas massas, é importante preocupar-se com a quantidade de mistura que se aplicará aos ingredientes; se for excessiva, resultará em merendas secas e duras, pois a massa desenvolverá o glúten ou vai derreter demais a gordura.

Como a maioria utiliza farinha de trigo, pela sua própria natureza é importante ter em mente que, quando misturada com um líquido e sovada, resulta em uma massa que contém glúten. É exatamente isso o que faz com que as massas de pães sejam firmes e elásticas, porém, em uma merenda típica, essas características não são apreciadas e, por isso, adiciona-se mais gordura, para manter baixo o desenvolvimento de glúten.

Era comum o uso de banha de porco até tempos atrás em alguns lugares, que, por conter uma estrutura grossa e cristalina, era muito eficiente para essas produções. Atualmente, contamos com uma variedade de gorduras, muitas delas óleos que são hidrogenados até adquirirem uma textura firme, similar à manteiga – mas que permanecem, da mesma maneira como entraram no corpo humano, causando doenças vasculares e aumentando o risco de obesidade. Por isso, as receitas contidas neste livro consideram apenas a manteiga como opção de gordura.

A MARAVILHOSA E VERSÁTIL PÂTE À CHOUX

Traduzida literalmente, a expressão francesa *pâte à choux* significa "pasta de repolho", pela similaridade visual de seu produto final: gordinho, rechonchudo e com rachaduras. É a massa mais versátil da confeitaria, amplamente utilizada em bombas, éclairs, profiteroles, croquembouches, Paris-Brest, beignets, gougères, Gâteau St-Honoré e outras aplicações decorativas. As apresentações incluem sorvetes, calda de chocolate, caramelo crocante, frutas, creme de confeiteiro, chantilly, ganache, etc.

HISTÓRIA

A história dessa massa diz que ela foi inventada pelo *chef* italiano Panterelli em 1540, alguns anos após ter saído de Florença com a corte de Catarina de Médici. O *chef* utilizava essa massa para elaborar o que chamou de pâte à Panterelli. Anos depois, essa preparação era conhecida como pâte à Popelin e empregada na preparação de popelins. Avice, um *pâtissier* do século XVIII, criou produtos com a mesma base, e a chamou de pâte à choux. O grande Marie-Antoine Carême, laureado como o pai da pâtisserie francesa moderna, fez pequenas modificações, resultando na receita que utilizamos até hoje.

OS INGREDIENTES DA MASSA CHOUX

São apenas quatro ingredientes: um líquido (água ou leite), manteiga, farinha de trigo e ovos. Seu agente expansor é a umidade excessiva, que gera vapor durante a cocção, expandindo o produto e permitindo que seja preparado em apenas alguns minutos.

- **FARINHA DE TRIGO:** o glúten se combina para formar uma rede elástica que aprisiona bolhas de ar enquanto assa. O amido da farinha se firma ao calor intenso e auxilia na estrutura final. Por isso, uma farinha proteinada, de preferência para pão, é a mais indicada para obter uma estrutura firme. Adicione a farinha de uma só vez à mistura de água e manteiga enquanto fervem, para que o amido infle e absorva o líquido, dando a estrutura necessária à massa.
- **ÁGUA E MANTEIGA:** quanto mais gordura, mais densa e aerada a choux. Por isso, as receitas com leite resultam em produtos mais adocicados – devido à lactose – e mais densos do que a choux feita com água, que resulta em massas mais leves e crocantes. É fundamental que a mistura de líquido e manteiga esteja em completa ebulição, com a manteiga completamente derretida, pois os grânulos de amido presentes na farinha vão se hidratar e absorver o líquido para formar a pasta. Após a adição da farinha, mexa sem parar com uma colher de pau, distribuindo o calor o mais igualmente possível.
- **OVOS:** são os verdadeiros agentes expansores e levedantes da massa choux. A gema funciona como emulsificante, sendo responsável pela textura suave e consistente do produto final, e as proteínas do ovo proporcionam estrutura. Adicione os ovos um a um, cuidando para que cada um seja absorvido completamente na massa antes de adicionar o próximo. A mistura se desintegrará no começo, mas se tornará uma massa homogênea, brilhante e lisa. Ao final, levante a massa com uma espátula e deixe-a cair, para observar a fluidez: a massa deverá formar um "v" na ponta da espátula, escorrendo de maneira consistente; se estiver líquida demais, produzirá uma choux de pouco volume, meio encruada. Então, lembre-se: adicione os ovos um a um, porque não há como corrigir o excesso. A quantidade de ovos é um pouco variável e depende diretamente da qualidade da farinha (mais proteína, maior absorção de líquido).

PROCESSO DE COCÇÃO

1. Comece com temperatura alta, entre 200-210 °C. A massa choux deve ser aquecida rapidamente, para gerar o vapor que dará a estrutura da massa.
2. Mantenha nessa temperatura por 15 minutos, para gerar vapor e expandir a massa.
3. Após a estrutura estar formada, diminua a temperatura para 180 °C, apenas para acabar de secar a choux internamente, firmando mais a estrutura.

PROCESSO DE ELABORAÇÃO

Ao contrário da maioria das preparações em confeitaria, a choux é sempre elaborada pelo mesmo método. Ao final, a massa atingirá uma coloração dourada intensa, e, quando atingido o ponto certo, ela se torna seca e oca.

1. Aqueça o líquido, a manteiga e uma pitada de sal até a fervura completa.
2. Despeje a farinha de uma só vez. Mexa rapidamente a massa formada e cozinhe por 2 a 3 minutos, até que se solte das paredes da panela e comece a secar no fundo.
3. Retire do fogo e deixe esfriar por 1 ou 2 minutos a 140 °C. Adicione os ovos (batidos ou não) um a um, misturando para incorporar completamente cada um antes de adicionar o próximo, até formar uma massa brilhante e pegajosa.
4. Verifique o ponto da massa. Se a receita pede 5 ovos, adicione 4 ovos e misture-os completamente. Então, levante a massa com uma espátula e verifique a fluidez, ou o ponto: deve escorrer vagarosamente e formar um "v". Como a massa depende de uma série de elementos, principalmente da potência proteica da farinha, algumas vezes não serão necessários todos os ovos e outras vezes serão necessários mais.
5. Coloque a massa em mangas, com o bico de sua preferência (liso ou em roseta), e mangueie no formato e modelagem escolhidos.

[Massa choux]

CHURROS, ÉCLAIRS, PROFITEROLES E OUTROS PRODUTOS DA MASSA CHOUX

O produto final da massa choux apresenta um centro vazio, que deverá ser recheado de acordo com sua forma e utilização, se doce ou salgada.

- **CHOUX À LA CRÈME:** devem ser recheadas com um creme chantilly e finalizadas com açúcar impalpável peneirado. Os profiteroles devem ser recheados com creme de confeiteiro (crème pâtissière), e as bombas, ou éclairs, com o mesmo creme flavorizado ao café, com cobertura de chocolate ou de um fondant.

- **PROFITEROLES:** diminutivo de *profit*, "lucro, ganho", em francês, etimologicamente significa "pequenos ganhos". Parece denotar "algo extra", preparado ao largo do prato principal.

- **ÉCLAIRS:** a maioria das enciclopédias não descreve os éclairs, o que suscita a ideia de que é um produto em evolução; há algumas referências ao *chef* Carême, que teria melhorado uma pasta de farinha e ovos e a tornado popular.

- **GOUGÈRES:** são os equivalentes salgados dos profiteroles e contêm queijo gruyère na massa. Podem ser recheados com uma mistura cremosa ou algum patê (como o de aves). Geralmente são usados como hors-d'œuvre, como acompanhamento ou como decoração para sopas, tábua de queijos, vinhos, etc.

- **GÂTEAU SAINT-HONORÉ:** é uma preparação que homenageia o santo padroeiro dos padeiros e confeiteiros, São Honório (falecido no ano 600), bispo de Amiens. Criado em uma pequena confeitaria parisiense na rua Saint-Honoré, cujo dono era um *pâtissier* chamado Chiboust, utiliza duas massas: uma base circular de pâte brisée e uma linha de pâte à choux. São pequenos profiteroles recheados com creme de confeiteiro, banhados em caramelo e dispostos em volta do produto assado. Então, o centro do bolo é recheado com um creme chiboust (creme de confeiteiro

[Gougères]

suavizado por um merengue e firmado por gelatina), com um bico de confeitagem especial.
- PARIS-BREST: consta que foi criada para celebrar a corrida de bicicleta entre as cidades de Paris e Brest. Trata-se de uma choux em forma de anel (como uma roda de bicicleta), salpicada com amêndoas laminadas, cortada ao meio e recheada com creme de manteiga de sabor de pralina (massa de avelãs e chocolate ao leite).
- CHURROS: massa ao estilo choux mangueada, ou expelida, por uma seringa; pode ser reta, curva ou em espiral. No Brasil, os churros são oferecidos com recheio de doce de leite, chocolate ou creme de baunilha, polvilhados com açúcar e canela ou com açúcar impalpável.
- CROQUEMBOUCHES: também chamadas de pièces montées, são uma preparação armada com profiteroles recheados e cobertos com caramelo, usualmente decorada por fios de caramelo. Servidas em festas de casamento e outras celebrações, seu nome em francês literalmente significa "crocante na boca".
- BEIGNETS: massa choux frita, consumida quente e fresca. Várias massas podem ser empregadas na preparação de beignets, incluindo uma levedada biologicamente chamada de boules de Berlin ou donuts Berliner. Os beignets são recheados com geleias e conservas de frutas.

[Croquembouches]

[Pâte à choux em formato de cisne]

Pâte à choux e gougère

Esta receita básica é excelente para a produção de qualquer item em que se utilize a massa choux. Pode ser mangueada em qualquer modelo e tamanho; se sobrar massa, pode ser guardada no refrigerador por até três dias sem perda de qualidade, ficando apenas com um pouco menos de expansão.

INGREDIENTES

500	g	água
½	col. chá	sal
1	col. chá	açúcar
220	g	manteiga
280	g	farinha para pão
500	g	ovo

PROCESSO

Misture a água, o sal, o açúcar e a manteiga, levando à fervura completa.

Adicione a farinha de uma só vez e mexa por 2 a 3 minutos em fogo médio, com uma colher de pau. A massa deverá se despregar da panela.

Transfira para uma tigela e deixe que esfrie por 2 a 3 minutos.

Comece a adicionar os ovos, um a um, mexendo até a incorporação total. Antes das duas últimas adições, verifique o ponto da massa: deve escorrer da espátula formando um "v". Bata até chegar à temperatura ambiente.

Mangueie com o bico de sua preferência, ou de acordo com a modelagem em questão.

Asse a 200 °C por 12 minutos; diminua a 180 °C e asse até obter um dourado intenso. Ao ser levantada, a choux deve ser leve e sem umidade.

GOUGÈRES

Substitua 250 gramas de água por 250 gramas de leite.

Adicione 200 gramas de queijo gruyère ralado, após a mistura chegar à temperatura ambiente.

Mangueie e depois asse a 400 °C.

Recheie a gosto ou sirva como acompanhamento de uma salada ou aperitivo, ou com um bom vinho.

Profiterole suíço

INGREDIENTES			PROCESSO
25	g	água	Misture a água, o leite, o sal, o açúcar e a manteiga e ferva. Adicione a farinha de uma só vez e mexa por 2 a 3 minutos em fogo médio, com uma colher de pau. A massa deverá se despregar da panela.
250	g	leite	
½	col. chá	sal	
1	col. chá	açúcar	
210	g	manteiga	
280	g	farinha de trigo	
500	g	ovos	Transfira para uma tigela e deixe que esfrie por 2 a 3 minutos.

Comece a adicionar os ovos, um a um, mexendo até a incorporação total. Antes das duas últimas adições, verifique o ponto da massa: deve escorrer da espátula formando um "v". Bata até chegar à temperatura ambiente.

Mangueie com o bico de sua preferência, em pequenos profiteroles.

BISCOITO 1, 2, 3 (PETIT-FOUR)

100	g	açúcar	**MÉTODO SABLAGE:** misture o açúcar, a baunilha, a manteiga e a farinha até começar a formar uma massa; adicione a gema e misture bem. Refrigere.
1	col. chá	baunilha	
200	g	manteiga, temp. ambiente	
280	g	farinha de trigo	
1	un.	gema	

MONTAGEM
Corte a massa de biscoito com cortadores do tamanho do profiterole; passe um brilho de ovo e centralize a massa de cookie no profiterole.

Asse a 200 °C por 12 minutos; diminua a 180 °C e asse até obter um dourado intenso. Ao ser levantada, a choux deve ser leve e sem umidade.

FINALIZAÇÃO
Faça um pequeno orifício lateral no profiterole e deposite um creme de confeiteiro flavorizado com raspas de limão, até que o profiterole esteja completamente recheado.

[Profiterole suíço]

BISCOITOS, COOKIES E BOLACHAS

Essas preparações surgiram como um teste: os cozinheiros experimentavam assar uma pequena quantidade da massa de bolo para testar a temperatura do forno e as qualidades de expansão e textura. Eram chamados em alemão de *koekje*, que significa "pequeno bolo". No século XIX, a Inglaterra incorporou essas delícias ao chá da tarde, chamando-as de biscuits. Isso ocorreu também em outras cozinhas europeias, com as conhecidas galletas espanholas, os biscotti italianos e os springerle alemães, feitos em moldes com desenhos em relevo.

Em sentido amplo, chamamos de biscoitos todas as preparações com massa choux. Em sentido restrito, os biscoitos são modelados em relevo (bolinhas, nós e outros) enquanto as bolachas se caracterizam pela forma plana, achatada – como os cookies e as bolachas recheadas industrializadas.

Nos Estados Unidos, no Canadá e na Austrália, cookies são biscoitos pequenos, achatados e assados em geral ricos em gordura e flavorizados. A origem do nome "biscoito" indica que passa por duas cocções, ou é assado duas vezes: "bis"-cotti, em italiano.

Os primeiros cookies foram levados pelos imigrantes ingleses, escoceses e alemães aos Estados Unidos. Conta-se que nos anos 1930 uma senhora chamada Ruth Wakefield, dona de uma pequena pousada na área de Boston, não tinha nozes para colocar em seus cookies, então, quebrou chocolate em pequenos pedaços e adicionou à massa. Para homenagear a pousada, deu aos cookies o nome de The Toll House Cookie. Foi um sucesso completo.

TIPOS

Existem vários estilos de biscoitos ou cookies, uma infinita variedade de texturas e sabores, tamanhos e formas; de crocantes a macios, em figura de mãos ou de pés, em sanduíches ou recheados, finos ou grossos, etc. São comumente classificados pelo método de preparação: boleado, moldado, mangueado, aberto e então recheado, assado em tabuleiro e servido aos pedaços.

[Cookies]

O ingrediente principal também pode ser um parâmetro de classificação; dessa forma, temos cookies de nozes, de frutas, de chocolate, de especiarias, de aveia, de manteiga, etc.

- BOLEADO: feito com um boleador de sorvete ou mesmo com pequenas porções dispostas a colheradas (cookie de chocolate, de aveia, de manteiga de amendoim, etc.).
- MOLDADO: feito à mão, em formato de bolinhas, meia-lua ou outros (polvorone, chifrinho de amêndoas, biscotto).
- MANGUEADO: distribuído por um dispositivo ou simplesmente mangueado em diferentes formas e desenhos (spritz).
- ABERTO E RECHEADO: começa com a elaboração de uma massa, que descansa em geladeira, para facilitar sua abertura em uma espessura fina; então, aplica-se um recheio, enrola-se, corta-se em pedaços e assa-se a 200 °C até dourar (rugelach).
- ASSADO EM TABULEIRO: a massa é preparada usualmente com um método cremoso e então distribuída em uma assadeira e assada; depois de fria, é cortada em pedaços para servir (brownie).

A CIÊNCIA NOS COOKIES

Como toda aplicação de ciência à culinária, as reações físico-químicas em um simples biscoito são fascinantes e por vezes frustrantes. Afinal, por que um biscoito se torna quebradiço ou resseca após algumas horas? Por que alguns se esparramam na assadeira em um biscoito fino e crocante enquanto outros se mantêm firmes e compactos?

Uma pequena variação nos ingredientes ou na temperatura deles, a maneira como se incorporam os secos à gordura, ou como se utilizam ovos inteiros em vez de claras, qual açúcar se usa, qual tipo de farinha, se peneirada ou não, pode desencadear reações paralelas que mudarão completamente a característica de uma preparação.

São seis os principais ingredientes que contribuem para o sucesso de um biscoito:

- **FARINHA:** integral, aveia, farinha de amêndoas, fubá, féculas, etc.
- **AÇÚCAR OU EDULCORANTES:** açúcar refinado, açúcar mascavo, açúcar impalpável, melado de cana, mel, glicose, glicose de amido, agave, substitutos de açúcar, suco de maçãs ou frutas.
- **GORDURA:** manteiga, margarina, óleo vegetal, gorduras hidrogenadas.
- **LEVEDANTE QUÍMICO:** fermento em pó químico, amônia, cremor de tártaro, bicarbonato de sódio, etc.
- **OVO:** expansor, umidade, texturizante, flavorizante, aglutinante.
- **FLAVORIZANTE:** raspas de frutas cítricas, concentrados de frutas, baunilha e outros extratos, especiarias, chocolate e cacau em pó, água de flor de laranjeira, de rosas, flores de lavanda, de camomila, de alecrim, pasta ou farinha de amêndoas ou afins, etc.

COMO JULGAR UM BISCOITO

O produto final expressa como a massa do biscoito absorveu as reações físicas e químicas que sofreu durante sua manipulação. O julgamento de um biscoito deve considerar algumas questões:

- **ALASTRAMENTO:** Por quanto tempo o biscoito assou antes que começasse a se alastrar/esparramar?
- **AMPLITUDE DO ALASTRAMENTO:** Qual quantidade de expansão horizontal e de volume se observou no produto?
- **FLAVORIZAÇÃO:** Como os agentes flavorizantes afetaram a qualidade do biscoito?
- **TEXTURA:** Os biscoitos estavam arenosos ou quebradiços? O biscoito apresentou espessura uniforme? Qual a característica de textura do biscoito: crocante, borrachuda, macia ou dura? Lembre-se de que o grau de crocância, maciez e resistência é afetado pela proporcionalidade dos ingredientes em uma receita balanceada, pelo método de mistura ou de manipulação correto e também pela cocção correta.

- **PERFIL DE SABORES:** Quais são os tons de sabor do biscoito? (Especiarias, licor, flavorizantes naturais e artificiais, ervas.)
- **DURABILIDADE E FRESCOR:** Como o biscoito foi estocado? (Geladeira, congelador, temperatura ambiente.) Como se comporta sob cada circunstância? Após 12 horas ainda mantém a textura inicial?

TABELA 19. AVALIAÇÃO DO BISCOITO

CARACTERÍSTICA	SATISFATÓRIA	NÃO SATISFATÓRIA	COMENTÁRIO
Alastramento			
Amplitude do alastramento			
Flavorização			
Textura			
Perfil de sabores			
Durabilidade e frescor			

REAÇÃO QUÍMICA DE COESÃO PELA GORDURA

A massa de um cookie, quase na totalidade de suas formas, retira a água como um meio de coesão. Por exemplo, a água ou umidade, nas receitas de bolo, funciona como base para afinar a massa, o que facilita a formação e a retenção de bolhas, responsáveis pela leveza do bolo. Já na massa de cookie, o agente de coesão é alguma gordura (manteiga, gemas, óleo vegetal), muito mais viscosa do que a água e capaz de evaporar livremente a temperaturas muito mais altas. É por isso que um bolo feito com manteiga e ovos, em vez de simplesmente ovos e um líquido, fica muito mais denso depois de assado.

TABELA 20. TIPOS DE REAÇÕES QUÍMICAS NOS BISCOITOS

TIPO DE BISCOITO	INGREDIENTE	CAUSA/EFEITO
Borrachudo	Manteiga derretida e à temperatura ambiente	A manteiga se juntará (compactará) com a farinha.
Crocante	Mais açúcar	O açúcar se torna fluido no forno e ajuda o cookie a se espalhar.
Muito leve (textura de bolo)	Mais ovos	As gemas fazem cookies mais ricos e cremosos. As claras levantam e secam a massa.
Interior aberto	Bicarbonato de sódio	Reage rapidamente com os ingredientes ácidos (melado, açúcar mascavo, mel, iogurte), criando muitas bolhas de ar.
Interior fino e apertado	Fermento em pó químico	Causa uma reação química e permite um crescimento mais uniforme.

Biscotti Riverside

Chamados também de biscotti di Prato, ou cantuccini, são assados duas vezes e originaram-se na cidade italiana de Prato. São modelados primeiramente em um pão oblongo, ou retangular, que é cortado em fatias na diagonal, secas ao forno até virarem um biscoito seco e crocante. Desenvolvi essa receita para o Riverside Hotel, em Ft. Lauderdale, quando ocupava o cargo de *executive pastry chef*.

INGREDIENTES			PROCESSO
210	g	manteiga, cubos	**MÉTODO CREMOSO**
1 ½	xíc.	açúcar	Faça um creme (pomada) com a manteiga, o açúcar, o sal e a baunilha.
½	col. chá	sal	
1	col. sopa	baunilha	
4	un.	ovos	Adicione os ovos um a um, até incorporar.
4	xíc.	farinha de trigo	Acrescente os ingredientes secos peneirados, até formar uma massa.
1	col. chá	fermento em pó	
2	col. sopa	anis, semente	Adicione os enriquecedores (semente de anis e pistache). Não trabalhe a massa.
1 ½	xíc.	pistache, inteiro	

Modele em forma de cilindro e pincele com brilho (ovo inteiro).

Asse a 175 °C por 17 minutos ou até ficar firme no centro, com certa umidade e sem dourar muito. Deixe esfriar.

Corte no sentido longitudinal. Asse pela segunda vez no momento de servir.

Biscotti de nozes e figos secos

INGREDIENTES

200	g	manteiga, fria, cubos
1 ½	xíc.	açúcar
1	col. chá	sal
1	col. chá	extrato de baunilha
4	un.	ovos
1	col. chá	canela em pó
1	col. chá	cardamomo
4	xíc.	farinha de trigo
1	col. chá	fermento em pó
1 ½	xíc.	nozes, picadas
1	xíc	figo seco, picado

PROCESSO

MÉTODO CREMOSO

Faça um creme (pomada) com a manteiga, o açúcar, o sal e o extrato de baunilha.

Adicione os ovos um a um, até incorporar.

Acrescente os ingredientes secos peneirados, até formar uma massa.

Adicione os enriquecedores (nozes e figos).

Modele em forma de cilindro e pincele com brilho (ovo inteiro).

Asse a 175 °C por 17 minutos ou até ficar firme no centro, com certa umidade e sem dourar muito. Deixe esfriar.

Corte no sentido longitudinal. Asse pela segunda vez no momento de servir.

Biscotti di espresso e macadâmia

INGREDIENTES		
240	g	manteiga
360	g	açúcar
2	col. chá	sal
1	col. sopa	baunilha
1	col. sopa	café solúvel
1	col. chá	extrato de café
200	g	ovo
600	g	farinha de trigo
16	g	fermento em pó
200	g	macadâmia

PROCESSO

MÉTODO CREMOSO

Faça um creme (pomada) com a manteiga, o açúcar, o sal, a baunilha, o café solúvel e o extrato de café.

Adicione os ovos um a um, até incorporar.

Acrescente os ingredientes secos peneirados, até formar uma massa.

Adicione o enriquecedor (macadâmia).

Modele em forma de cilindro e pincele com brilho (ovo inteiro).

Asse a 175 °C por 17 minutos ou até ficar firme no centro, com certa umidade e sem dourar muito. Deixe esfriar.

Corte no sentido longitudinal. Asse pela segunda vez no momento de servir.

Biscotti de pralina ou Nutella

INGREDIENTES		
200	g	manteiga
240	g	açúcar
100	g	pasta de pralina (ou Nutella)
1	col. chá	sal
2	col. sopa	Frangelico
1	col. sopa	baunilha
4	un.	ovos
500	g	farinha de trigo
½	xíc.	farinha de avelã
2	col. chá	fermento em pó
200	g	avelãs, tostadas

PROCESSO

MÉTODO CREMOSO

Faça um creme (pomada) com a manteiga, o açúcar, a pasta de pralina, o sal, o Frangelico e a baunilha.

Adicione os ovos um a um, até incorporar.

Acrescente os ingredientes secos peneirados, até formar uma massa.

Adicione o enriquecedor (avelãs tostadas).

Modele em forma de cilindro e pincele com brilho (ovo inteiro).

Asse a 175 °C por 17 minutos ou até ficar firme no centro, com certa umidade e sem dourar muito. Deixe esfriar.

Corte no sentido longitudinal. Asse pela segunda vez no momento de servir.

[Biscotti]

RECEITAS

Biscotti de chocolate Decadence

INGREDIENTES		
325	g	farinha de trigo
50	g	cacau em pó
230	g	açúcar
½	col. chá	sal
1	col. chá	fermento em pó
½	col. sopa	baunilha
120	g	manteiga, fria, cubos
3	un.	ovos
225	g	chocolate, pedaços ou gotas

PROCESSO
MÉTODO SABLAGE
Peneire os ingredientes secos.

Adicione a baunilha e a manteiga fria cortada em cubos, e faça um sablage (pedaços imperceptíveis de manteiga, como uma farofa).

Adicione os ovos um a um. Acrescente o chocolate.

Modele em forma de cilindros compridos. Passe um brilho e polvilhe açúcar.

Asse a 180 °C até que esteja com o centro firme e levemente úmido.

Corte longitudinalmente e asse a 160 °C por 7 minutos; vire e asse por mais 5 minutos, ou até ficar seco e crocante, mas sem muita cor.

Boda mexicana

INGREDIENTES

1	xíc.	manteiga, temp. ambiente
¾	xíc.	açúcar impalpável, peneirado
½	col. chá	sal
1	col. sopa	extrato de baunilha
¾	xíc.	pistaches, moídos
2 ¼	xíc.	farinha de trigo
2	xíc.	açúcar impalpável, para finalizar

PROCESSO

MÉTODO CREMOSO

Faça um creme com a manteiga, o açúcar impalpável, o sal, o extrato de baunilha e os pistaches moídos.

Adicione a farinha peneirada, trabalhando até atingir a consistência em que se possa enrolar o biscoito em bolinhas. Faça bolinhas pequenas.

Asse a 180 °C por 10 a 12 minutos, até ficar levemente dourado.

Retire do forno e imediatamente polvilhe uma camada intensa de açúcar impalpável, peneirando até cobrir todos os cookies. Deixe esfriar e role em uma tigela com açúcar impalpável peneirado. Mantenha em um recipiente hermeticamente fechado.

Gingersnaps

INGREDIENTES		
240	g	manteiga, fria, cubos
½	xíc.	açúcar
½	xíc.	açúcar mascavo
6	col. sopa	melado de cana-de-açúcar
1	un.	ovo
120	g	gengibre cristalizado, picado
2 ½	xíc.	farinha de trigo
2	col. chá	bicarbonato de sódio
½	col. chá	fermento em pó químico
1	col. chá	sal
1	col. chá	canela em pó
1	col. chá	noz-moscada
¼	col. chá	pimenta, moída
2	xíc.	açúcar impalpável, para finalizar
2	col. sopa	gengibre em pó

PROCESSO

MÉTODO CREMOSO

Misture a manteiga, o açúcar, o açúcar mascavo e o melado até fazer uma pomada sem pedaços de manteiga.

Incorpore o ovo e o gengibre picado.

Adicione os ingredientes secos peneirados, até obter uma massa, sem trabalhar em excesso.

Modele com boleador de sorvete ou enrole em bolinhas; achate levemente. Polvilhe um pouco de açúcar impalpável com gengibre em pó.

Asse a 180 °C até ficar crocante.

[Gingersnaps]

Cookies Spritz

INGREDIENTES			PROCESSO
90	g	pasta de amêndoa	Misture a pasta de amêndoa aos pedaços, o sal, os extratos e o açúcar até fazer uma farofa.
5	g	sal	
15	g	extrato de baunilha	
15	g	extrato de amêndoa	
150	g	açúcar	
300	g	manteiga, cubos, temp. ambiente	Adicione a manteiga em cubos e misture até fazer uma massa cremosa e sem pedaços de amêndoas.
75	g	clara	Adicione a clara e misture.
350	g	farinha para bolo (cake flour)	Acrescente a farinha peneirada. Se necessário, adicione um pouco mais de clara, até a consistência de manguear.

Mangueie na forma que preferir: em s, 8, roseta, línguas, conchas, etc.

Asse a 175 °C por cerca de 10 minutos, até dourar levemente nas bordas. Termine com linhas de chocolate, com açúcar impalpável ou junte em sanduíche com geleia ou com o recheio de sua preferência.

Chifrinhos de amêndoas
SEM GLÚTEN

Produção tradicional da doçaria judaica, estes cookies em forma de chifrinhos são simples de fazer: consistem em uma pasta de amêndoa aerada com a adição de claras, para unir o açúcar impalpável e as amêndoas laminadas adicionadas à massa. Não contêm glúten.

INGREDIENTES			PROCESSO
580	g	pasta de amêndoa	Misture a pasta de amêndoa, o sal, o extrato de amêndoa e o açúcar de confeiteiro até incorporar completamente. Adicione as claras e misture bem. Adicione as amêndoas laminadas.
¼	col. chá	sal	
1	col. chá	extrato de amêndoa	
350	g	açúcar de confeiteiro	
3	un.	claras	Divida a massa com as mãos e estenda pequenas tiras. Modele em forma de meia-lua ou ferradura.
1	xíc.	amêndoas laminadas	

Pincele com as claras e salpique com amêndoas laminadas.

Asse a 170 °C por 10 minutos. Após esfriar, mergulhe as duas pontas em chocolate derretido.

Biscoito de blue cheese com queijo gorgonzola ou roquefort

INGREDIENTES			PROCESSO
350	g	blue cheese	Amasse o blue cheese com um garfo, juntando o sal e o açúcar, até esfarelar.
½	col. chá	sal	
2	col. sopa	açúcar	
2	xíc.	manteiga, temp. ambiente, cubos	MÉTODO CREMOSO: misture a manteiga e a pimenta até desfazer os pedaços de manteiga; adicione as gemas uma a uma, até emulsionar completamente; adicione o blue cheese e a farinha peneirada. Refrigere.
1	pitada	pimenta-caiena	
4	un.	gemas	
4	xíc.	farinha de trigo	

Modele os biscoitos e asse a 200 °C, até ficarem levemente dourados.

Macaron de coco e chocolate branco

INGREDIENTES			PROCESSO
480	g	coco ralado	Misture todos os ingredientes. Faça bolinhas com as mãos ligeiramente úmidas, ou utilize um boleador de sorvete.
395	g	leite condensado	
½	xíc.	chocolate branco, gotas	

Asse a 160 °C até dourar levemente.*

* Asse pouco para fazer um biscoito úmido; dois minutos a mais e o biscoito ficará crocante e mais dourado.

Polvorones de canela 2

INGREDIENTES

240	g	manteiga
¾	xíc.	açúcar impalpável
1	col. chá	baunilha
½	col. chá	sal
1	col. chá	canela
2	xíc.	farinha de trigo
¼	xíc.	fécula de batata
½	xíc.	nozes picadas

PROCESSO

MÉTODO CREMOSO

Faça um creme com a manteiga, o açúcar impalpável, a baunilha, o sal e a canela.

Adicione a farinha de trigo, a fécula de batata e as nozes; misture até incorporar.

Faça bolinhas e gele por 15 minutos, antes de assar.

Asse a 180 °C por cerca de 10 minutos, ou até dourar as bordas.

Retire do forno e imediatamente passe em açúcar impalpável. Deixe esfriar e disponha uma segunda camada de açúcar. Guarde em um recipiente hermeticamente fechado.

Cookies de manteiga de amendoim

INGREDIENTES

175	g	manteiga
150	g	açúcar refinado
225	g	açúcar mascavo
1	col. chá	sal
2	col. sopa	açúcar invertido
125	g	manteiga de amendoim, cremosa
2	un.	ovos
1	col. chá	baunilha
350	g	farinha para bolo (cake flour)
1	col. chá	bicarbonato de sódio

PROCESSO

MÉTODO CREMOSO

Bata a manteiga, o açúcar refinado, o açúcar mascavo e o sal até formar uma pomada.

Adicione o açúcar invertido e a manteiga de amendoim, mexendo bem, sem incorporar muito ar à mistura.

Adicione os ovos um a um.

Acrescente a baunilha e raspe o fundo da tigela; a mistura deve estar cremosa e homogênea, sem pedaços de gordura.

Adicione os ingredientes secos peneirados, raspando o fundo da tigela. Boleie.

Asse a 180 °C por 15 minutos, ou até dourar levemente.

Cookies com gotas de chocolate

Em geral, são boleados com colher e têm as gotas ou pedacinhos de chocolate como ingrediente característico. Dependendo da proporção entre os ingredientes, do método de mistura e da cocção, obtém-se um cookie macio, crocante e fino, ou ainda com textura similar à de um bolo.

INGREDIENTES			PROCESSO
675	g	manteiga, temp. ambiente	**MÉTODO CREMOSO**
500	g	açúcar	Bata a manteiga, o açúcar, o açúcar mascavo, o sal e a baunilha até obter uma pomada, mexendo bem, sem incorporar muito ar à mistura.
500	g	açúcar mascavo	
12	g	sal	
2	col. sopa	baunilha	
3	un.	ovos	Adicione os ovos um a um. Raspe o fundo da tigela, certificando-se de que a mistura esteja cremosa e homogênea, sem pedaços de gordura.
750	g	gotas de chocolate	
1.150	g	farinha de trigo	Adicione as gotas de chocolate. Acrescente os ingredientes secos peneirados, raspando o fundo da tigela. Boleie com um boleador de sorvete.
6	g	bicarbonato de sódio	
6	g	fermento em pó	

Asse a 180 °C por 15 minutos, ou até dourar levemente.

[Cookies com gotas de chocolate]

Biscoito de chocolate com chocolate

A adição de cacau em pó faz um cookie ao estilo Decadence. Os tipos de chocolate, em gotas ou pedaços pequenos, podem ser alternados.

INGREDIENTES

250	g	manteiga
170	g	açúcar
170	g	açúcar mascavo
1	col. chá	sal
1	col. sopa	baunilha
2	un.	ovos
250	g	gotas de chocolate
375	g	farinha de trigo
40	g	cacau em pó
½	col. chá	fermento químico
75	g	glicose
75	g	água
100	g	confeitos de chocolate

PROCESSO

MÉTODO CREMOSO

Bata a manteiga, o açúcar, o açúcar mascavo, o sal e a baunilha até obter uma pomada, mexendo bem, sem incorporar muito ar à mistura.

Adicione os ovos um a um. Raspe o fundo da tigela, certificando-se de que a mistura esteja cremosa e homogênea, sem pedaços de gordura.

Adicione as gotas de chocolate. Acrescente os ingredientes secos peneirados, raspando o fundo da tigela.

Adicione a glicose, a água e os confeitos de chocolate.

Boleie. Asse a 180 °C por 12 minutos, ou até ficar levemente dourado e úmido no centro.

Biscoito de aveia e canela

Esta receita assimila mudanças, ou intercalação de fibras e farinhas, muito bem. Pequenas porções, como 2 colheres de farelo ou 3 colheres de semente de linhaça, aumentam a quantidade de fibras em sua dieta e deixam o biscoito ainda mais saboroso.

INGREDIENTES

350	g	manteiga, temp. ambiente
100	g	açúcar
400	g	açúcar mascavo
1	col. chá	sal
1	col. sopa	extrato de baunilha
3	un.	ovos
1 col. chá		canela
½ col. chá		fermento químico
1 col. chá		bicarbonato de sódio
250	g	farinha de trigo
100	g	farinha integral
400	g	aveia integral
200	g	uvas-passas, sem sementes

PROCESSO

MÉTODO CREMOSO

Bata a manteiga, o açúcar, o açúcar mascavo, o sal e o extrato de baunilha até obter uma pomada, mexendo bem, sem incorporar muito ar à mistura.

Adicione os ovos um a um. Raspe o fundo da tigela, certificando-se de que a mistura esteja cremosa e homogênea, sem pedaços de gordura.

Acrescente os ingredientes secos e de novo raspe o fundo da tigela.

Boleie ou faça um cilindro firme, embalando com filme para cookies pequenos em 800 gramas e, para cookies grandes, em 1.200 gramas. Refrigere ou congele.

Retire do refrigerador e corte em pedaços de mesma espessura. Salpique aveia por cima.

Asse a 180 °C por 14 minutos, ou até os biscoitos ficarem levemente dourados e úmidos no centro.

[Biscoito de aveia e canela]

Biscoitos amanteigados

INGREDIENTES		
300	g	manteiga, temp. ambiente
350	g	açúcar impalpável, peneirado
1	col. sopa	raspas de limão
½	col. chá	sal
1	col. sopa	baunilha
2	un.	ovos
500	g	farinha para bolo (cake flour)

PROCESSO

MÉTODO CREMOSO

Bata a manteiga, o açúcar impalpável, as raspas de limão, o sal e a baunilha até obter uma pomada, mexendo bem, sem incorporar muito ar à mistura.

Adicione os ovos um a um. Raspe o fundo da tigela, certificando-se de que a mistura esteja cremosa e homogênea, sem pedaços de gordura.

Acrescente a farinha peneirada e raspe o fundo da tigela.

Despeje em um saco de confeitar com bico roseta e distribua sobre uma assadeira forrada com papel-manteiga. Asse a 180 °C por 12 minutos, ou até que estejam levemente dourados e úmidos no centro.

Parmigiano sablée

INGREDIENTES			
350	g		manteiga, temp. ambiente
75	g		açúcar
500	g		farinha para bolo (cake flour)
45	g		clara
200	g		queijo parmesão, ralado
1	col. sopa		cebolinha, picada
1	col. chá		pimenta-do-reino
1	col. chá		sal marinho defumado

PROCESSO

MÉTODO CREMOSO
Bata a manteiga com o açúcar. Adicione a farinha peneirada e depois a clara.

Adicione o queijo ralado, a cebolinha picada, a pimenta-do-reino e o sal marinho.

Refrigere.

Disponha a mistura sobre uma superfície levemente enfarinhada. Corte com uma *biciclette* ou em retângulos. Pincele com a clara e salpique um pouco de queijo ralado.

Asse a 190 °C por 5 a 7 minutos, até dourar.

Sablée de chocolate

INGREDIENTES			
300	g		manteiga
½	xíc.		açúcar
2	un.		gemas
½	col. chá		sal
1	col. chá		baunilha
2 ½	xíc.		farinha
½	xíc.		cacau em pó

PROCESSO

MÉTODO CREMOSO
Faça um creme com a manteiga e o açúcar.

Adicione as gemas, o sal e a baunilha, deixando o creme homogêneo.

Adicione os ingredientes secos peneirados.

Refrigere. Utilize como massa para tortas ou para biscoitos, cortando em formato de estrelas, meias-luas, etc.

Asse a 180 °C por 8 minutos, dependendo do produto.

Rugelach

Rugelach são cookies enrolados, no estilo do rocambole. A tradução literal do iídiche seria "pequenos torcidos". Na Europa, originalmente esta massa era levedada por fermento biológico. Imigrou para o mundo afora e se tornou marca registrada das doçarias judaicas.

INGREDIENTES		PROCESSO
500 g	cream cheese, temp. ambiente	Trabalhe o cream cheese por 15 minutos, até deixá-lo completamente livre de grumos, cremoso e suave. Adicione a manteiga e depois a farinha peneirada.
500 g	manteiga, temp. ambiente	
500 g	farinha de trigo	
		Embale em plásticos, em forma de retângulos, e deixe na geladeira por 12 horas antes de utilizar.
		Abra a massa sobre uma superfície levemente enfarinhada, em forma de retângulo longo. Pincele as bordas com ovos batidos e por cima espalhe a geleia, Nutella ou ganache. Cubra com uma camada fina de farelo de bolo seco. Enrole como um rocambole bem firme e apertado. Corte pedaços de 5 cm.
		Refrigere por 30 minutos, depois asse a 200 °C por 20 minutos ou até surgir uma coloração intensa dourada.

[Rugelach]

Cannelé de Bordeaux
CANNELET

Ao lado dos macarons franceses, são muitas "butiques" especializadas somente neste tipo de confeito.

INGREDIENTES			PROCESSO
500	g	leite	Aqueça o leite, a manteiga e o açúcar até a fervura. Deixe esfriar por 10 minutos e tempere sobre a mistura de ovo e gemas. Adicione os flavorizantes e misture bem.
30	g	manteiga	
260	g	açúcar	
1	un.	ovo	
2	un.	gemas	
100	g	rum	Deixe descansar por pelo menos 24 horas, antes de pôr nos moldes de cannelé de silicone.
30	g	extrato de baunilha	

Asse a 190 °C por 15 minutos. Gire a bandeja e asse a 160 °C por 40 minutos.

Retire do forno e deixe descansar por 10 minutos, de cabeça para baixo. Retire do molde.

Mantenha em local fresco ou mesmo em geladeira. Na hora de servir, aqueça por 8 minutos em forno a 150 °C, para "refrescar" e recuperar a crocância correta.

[Cannelé de Bordeaux]

SCONES

Trata-se de um biscoito, ou "pãozinho rápido", originalmente elaborado com farinha de trigo, cevada e aveia. Levedado por fermento em pó químico, fica com sabor adocicado e perfumado pela manteiga presente na massa. É o exemplo mais típico do método sablage, pelo qual os ingredientes secos são misturados com a manteiga fria até formar uma farofa fina, para então se adicionar o líquido. O formato – triangular, hexagonal, redondo ou até mesmo quadrado – não influencia a característica do produto, que se assemelha a uma bolacha ou broinha.

Scones de aveia e passas

INGREDIENTES		
300	g	farinha de trigo
30	g	araruta
200	g	aveia integral
1	col. sopa	fermento químico
½	col. chá	sal
150	g	açúcar
125	g	manteiga, fria, cubos
2	un.	ovos
1	col. sopa	extrato de baunilha
¾	xíc.	creme de leite fresco
100	g	uvas-passas, sem caroço
100	g	nozes, picadas (opcional)

PROCESSO

MÉTODO SABLÉE
Em uma tigela, coloque a farinha, a araruta, a aveia, o fermento, o sal e o açúcar; misture.

Adicione a manteiga fria cortada em cubos e trabalhe ao estilo sablage, com as pontas dos dedos, até obter uma farofa uniforme e sem desenvolver glúten.

Adicione os ovos, o extrato de baunilha e o creme de leite, mexendo apenas até fazer uma massa coesa. Se estiver muito seca, adicione um pouco mais de creme de leite. Adicione as uvas-passas e as nozes; misture delicadamente.

Sobre uma superfície enfarinhada, abra a massa com um rolo, em retângulo. Corte triângulos.

Pincele com ovos e polvilhe com uma mistura de açúcar e canela.

Asse a 180 °C por 18 minutos ou até que o centro esteja praticamente seco.

Scones de pistaches e frutas secas

INGREDIENTES

370	g	farinha de trigo
30	g	aveia
30	g	araruta
15	g	fermento químico
1	col. chá	sal
100	g	açúcar
130	g	manteiga, fria, cubos
150	g	pistache, picado
50	g	tâmaras, picadas
30	g	raspas de laranja
3	col. sopa	laranja cristalizada, picada
2	un.	ovos
1	xíc.	creme de leite fresco (consistência)
1	col. sopa	extrato de baunilha

PROCESSO

MÉTODO SABLÉE

Em uma tigela, coloque a farinha, a araruta, a aveia, o fermento, o sal e o açúcar; misture.

Adicione a manteiga fria cortada em cubos e trabalhe ao estilo sablage, com as pontas dos dedos, até obter uma farofa uniforme e sem desenvolver glúten.

Adicione os ovos, mexendo apenas até fazer uma massa coesa. Adicione as raspas de laranja, as tâmaras, os pistaches e a laranja cristalizada picada, misturando delicadamente. Acrescente a baunilha e o creme de leite (se estiver muito seco acrescente mais creme de leite).

Sobre uma superfície enfarinhada, coloque a massa e abra com um rolo. Use cortadores redondos.

Pincele com ovo e polvilhe açúcar.

Asse a 170 °C por 16 minutos ou até que o centro fique seco.

Chocolate Devil Scones

INGREDIENTES

5	xíc.	farinha de trigo
¼	xíc.	cacau em pó
2	col. sopa	fermento químico
½	col. chá	bicarbonato de sódio
½	col. chá	sal
1	xíc.	açúcar
300	g	manteiga, fria, cubos
2	un.	ovos
1	col. sopa	extrato de baunilha
1	xíc.	creme de leite fresco (consistência)
100	g	pedaços de chocolate
200	g	chocolate em gotas

PROCESSO

MÉTODO SABLÉE

Em uma tigela, coloque a farinha, o cacau em pó, o fermento, o bicarbonato de sódio, o sal e o açúcar; misture. Adicione a manteiga fria cortada em cubos e trabalhe ao estilo sablage, com as pontas dos dedos, até obter uma farofa uniforme.

Adicione os ovos, o extrato de baunilha e o creme de leite, mexendo apenas até fazer uma massa coesa. Se estiver muito seca, adicione um pouco mais de creme de leite. Adicione os chocolates cuidadosamente.

Sobre uma superfície enfarinhada, abra a massa com um rolo, em um retângulo. Corte em triângulos.

Pincele com ovos e polvilhe açúcar com canela.

Asse a 180 °C por 18 minutos ou até praticamente secar o centro.

[Chocolate Devil Scones]

Breakfast biscuits

A terminologia *biscuit* abre um leque para interpretações locais e culturais. Nos Estados Unidos, são pequenos pãezinhos fofos e salgados, à base de farinha de trigo e aerados por um agente levedante (o fermento químico em pó). Esses ingredientes secos são então combinados com uma quantidade significativa de manteiga (no sul dos Estados Unidos eram originalmente elaborados com gordura de porco) e aglutinados com um líquido, ovos ou leite, iogurte ou creme de leite. Então, são servidos quente com manteiga, geleia ou, mais tradicionalmente, com um molho a partir do sumo da carne (gravy) no Dia de Ação de Graças, para acompanhar o famoso peru. Na receita a seguir, que desenvolvi para um pequeno café em São Francisco, o "pãozinho rápido" vem enriquecido dos outros itens populares do café da manhã americano: ovos mexidos com bacon e queijo.

(cont.) ▶

INGREDIENTES

240	g	farinha de trigo
15	g	fermento químico
1	col. chá	sal
30	g	açúcar
100	g	manteiga, fria, cubos
2	un.	ovos
100	g	creme de leite fresco (consistência)

OVOS MEXIDOS

2	un.	ovos, batidos
2	col. sopa	manteiga
100	g	queijo prato ralado
100	g	bacon

PROCESSO

MÉTODO SABLÉE

Em uma tigela, coloque a farinha, o fermento, o sal e o açúcar; misture. Adicione a manteiga fria cortada em cubos e trabalhe ao estilo sablage, com as pontas dos dedos, até obter uma farofa uniforme, sem desenvolver glúten.

Adicione os ovos e o creme de leite, mexendo apenas até fazer uma massa coesa. Se estiver muito seca, adicione um pouco mais de creme de leite.

Sobre uma superfície enfarinhada, coloque a massa e abra com um rolo em um retângulo. Pincele com manteiga derretida toda a extensão do retângulo. Distribua os ovos mexidos frios sobre uma parte da massa e salpique o queijo ralado e o bacon.* Feche com a outra parte da massa, sobrepondo-a, pressionando levemente. Use cortadores redondos. Pincele com ovo.

Asse a 180 °C por 18 minutos ou até praticamente secar o centro.

*BACON

Coloque as fatias de bacon em uma assadeira forrada com papel-manteiga e leve ao forno a 200 °C por 10 minutos ou até o bacon atingir uma textura crocante e tostada. Pique em pedaços pequenos.

Shortcake de morango

INGREDIENTES		
480	g	farinha de trigo
18	g	fermento químico
½	col. chá	sal
90	g	açúcar
320	g	manteiga, fria, cubos
1	col. sopa	baunilha
1	xíc.	creme de leite azedo (sour cream), de preferência
250	g	morangos, lavados, escorridos, fatiados
400	g	chantilly

PROCESSO

MÉTODO SABLÉE

Em uma tigela, coloque a farinha, o fermento, o sal e o açúcar; misture. Adicione a manteiga fria cortada em cubos e trabalhe ao estilo sablage, com as pontas dos dedos, até obter uma farofa uniforme.

Adicione a baunilha e o creme de leite, mexendo apenas até fazer uma massa coesa. Se estiver muito seca, adicione um pouco mais de creme de leite.

Sobre uma superfície enfarinhada, abra a massa com um rolo a uma espessura de 7 cm. Utilize cortadores redondos de 10 cm ou de acordo com sua preferência.

Pincele com creme de leite e polvilhe açúcar.

Asse a 180 °C por 18 minutos ou até praticamente secar o centro. Não asse em demasia.

MONTAGEM

Pulverize os pãezinhos com açúcar impalpável e corte na metade. Com uma manga com bico crespo/roseta, coloque o chantilly e arranje os morangos fatiados decorativamente. Sirva imediatamente.

PARTE 4
Espessantes à base de polissacarídeos
GOMAS

As gomas mais conhecidas

Agentes espessantes à base de polissacarídeos, as gomas podem ser extraídas de várias plantas, por cortes no caule, ou de algas marinhas. São solúveis em água fria ou quente e pegajosas. Atualmente, o termo "goma" indica produtos de origem sintética ou natural e espessantes solúveis em água (os espessantes insolúveis em água são chamados de resinas).

Além de espessar, as gomas também emulsificam, estabilizam e são agentes de suspensão, aumentando a viscosidade de uma solução ou alimento, ainda que em concentração muito pequena. Assim entendidas, as gomas vegetais são agentes espessantes de alimentos e têm poder de reter água. Algumas apresentam propriedades nutricionais, digestivas e ação laxativa.

Uma goma é uma complicada mistura de cadeias curtas e longas de açúcares (arabinogalactana, oligossacarídeos e polissacarídeos) e glicoproteínas (proteínas que contêm carboidrato), em um pó que vira uma cola, grude ou goma quando misturado com água.

AS GOMAS MAIS CONHECIDAS

- GOMA ARÁBICA: extraída de algumas espécies de acácia (*Acacia senegal* e *Acacia seyal*), árvores nativas do deserto do Saara. Tem componentes que se combinam com água e componentes que se combinam com óleo, tornando-se um emulsificante. É usada amplamente pela indústria, desde a cola para envelopes e selos e até em refrigerantes, como estabilizante de sabor e emulsificante.

- ÁGAR-ÁGAR: Polissacarídeo utilizado como agente espessante, que tem capacidade de absorver até cem vezes mais água do que seu peso. Por ser uma fibra solúvel, também é utilizado como laxante e auxilia em dietas. Sua propriedade mais especial está no ponto de derretimento bastante alto (85 °C) e no ponto de solidificação baixo (40 °C). Pode manter-se gelificado à temperatura ambiente. Bastante utilizado na gelificação de produtos lácticos como o iogurte.
- GOMA CELULOSE: O uso desta goma como agente espessante não é novo. Utilizadas pela indústria de construção intensamente nos últimos 50 anos, as gomas vegetais de celulose são solúveis em água exatamente devido à celulose. Na indústria alimentícia, é utilizada na fabricação de bebidas, sorvetes (evita a formação de cristais) e muitos produtos de panificação, como agente que mantém a umidade da preparação.

CARRAGENA

As carragenas, ou gomas gelana, estão localizadas na parede das células e na matriz intercelular do tecido das algas. A carragenina, ou carragenana, é derivada da carragena e começou a ser comercializada recentemente; antes disso era considerada ruim para a saúde.

Chamada também de alga irlandesa, a carragena é utilizada como agente espessante, emulsificante e estabilizante em sorvetes, iogurtes, pudins, geleias, cream cheese, queijo cottage e outros produtos lácticos, bem como em chocolates, molhos de saladas, sopas enlatadas e leite de soja, e ainda como substituto de gordura em carnes processadas.

Classificada como polissacarídeos (galactose) com diferentes graus de sulfatação (15 a 40%), é utilizada como gelificante termorreversível e agente espessante, principalmente na indústria de alimentos. É obtida da extração com água ou agente alcalino de certas espécies de algas das classes *Rhodophyceae* (algas vermelhas), *Kappaphycus alvarezii* e *Eucheuma denticulatum*, que crescem em rochas a até 3 metros de profundidade, originalmente nas águas temperadas da costa do norte do Atlântico, no oeste da Irlanda, da França e outros. Atualmente, esses hidrocoloides são produzidos em pequenas fazendas nas Filipinas com grande sucesso, possibilitando uma seleção acurada da qualidade das algas cultivadas e mais pureza para a matéria-prima; esses fatores facilitam a produção comercial e aumentam sua utilização, com o barateamento da produção e um grande controle de qualidade.

As algas tropicais das Filipinas respondem por 80% da atual produção mundial. São das famílias *Cottonii* (*Eucheuma cottonii*, também chamada *Kappaphycus cottonii*) e *Spinosum* (*Eucheuma spinosum*). A *Spinosa* também é vendida em lojas de produtos orientais e usada como ingrediente de saladas, conhecida como guzo. Essas algas são cultivadas e colhidas a cada três meses pelas próprias famílias produtoras.

Depois de colhida, a alga é seca ao sol, que clareia levemente sua coloração natural, um marrom-claro-amarelado. É então tratada com um branqueador, tornando-se marrom-amarelada. Rica em iodo e vitamina A, produz um gel mais suave que o ágar-ágar.

Como matéria-prima, requer um bom enxágue antes de ser utilizada: mergulhe em água e só depois cozinhe no líquido que deseja espessar. Geralmente não se dissolve por completo, devendo ser coada. Além da extração por fervura, a carragena pode ainda ser processada com álcool ou vários álcalis.

Pode ser empregada como um vegetal nutritivo, mas cozinheiros frequentemente a utilizam por seu poder espessante. Quando cozida vagarosamente, apresenta uma gelificação progressiva. Nas Ilhas Britânicas, ainda é amplamente utilizada em pudins, sopas e doces moldados. Muitos pudins tradicionais preparados na Irlanda são baseados na carragena, que é deixada de molho em água, lavada várias vezes, escorrida e então adicionada a 500 miligramas de leite, em que é fervida e cozida vagarosamente, até que alcance a consistência de pudim; a mistura então é coada e são acrescentados flavorizantes adicionais e açúcar, para depois esfriar e firmar.

São três as principais categorias de carragena:

- **KAPPA:** produzida a partir da alga *Kappaphycus cottonii* e usada para fazer géis limpos e rígidos. É solúvel em água quente e gelifica quando esfria, mas não suporta congelamento e descongelamento.
- **IOTA:** produzida a partir da alga *Eucheuma spinosum*, de até 2 metros de altura, que cresce em água salgada, usada para a elaboração de géis suaves. É também solúvel em água quente, mas necessita da adição de cálcio para interagir e então gelificar. Suporta uma grande quantidade de líquido, além de apresentar boa resistência ao congelamento e descongelamento.
- **LAMBDA:** produzida a partir da alga da família *Gigartina* (durante o estágio da formação de esporos) e de outras da mesma família. Não forma gel e é um excelente espessante, melhor que as duas variedades anteriores. É solúvel em água quente e fria, mas não absorve água. É usada pela indústria de produtos lácticos.

USOS GERAIS DA CARRAGENA

A carragena é utilizada na produção comercial a partir de um extrato usado extensivamente em aditivos emulsificantes, espessantes e gelificantes para sorvetes, geleias e doces congelados. Esse extrato promove gelificação à temperatura ambiente, não necessitando de refrigeração.

Aplica-se a carragena também para estabilizar líquidos que contêm pedaços ou partes sólidas de ingredientes, na medida em que auxilia que se mantenham suspensos no líquido, em vez de afundarem. Por exemplo, em produtos lácticos achocolatados, evita que o chocolate ou o cacau afunde e se concentre no fundo. Pode também ser utilizada com o propósito oposto, auxiliando os pedaços a permanecerem no fundo, como a clarificação da cerveja, do vinagre e do vinho.

Em sorvetes, auxilia a evitar a formação de cristais e ainda melhora a palatabilidade do produto, contribuindo para a maciez e a cremosidade. Não interage com produtos lácticos (especificamente por causa das proteínas do leite), assim não afeta o sabor nem a textura desses produtos.

Usada vastamente como espessante para molhos de saladas, assim como em produtos com carne moída, como hambúrgueres congelados, a carragena pode substituir a gordura e aumentar o peso do produto.

Reforça as estruturas de glúten, possibilitando que mesmo farinhas mais fracas desenvolvam um glúten significativo e possam ser empregadas na fabricação de massas (a farinha durum teria um preço muito maior).

ALGINATO DE SÓDIO E GELOZONE

O alginato de sódio é extensivamente utilizado pela indústria de alimentos como emulsificante, espessante e gelificante para geleias, biscoitos, sorvetes e doces congelados, e pela indústria medicinal e cosmética.

O gelozone é preparado de maneira diferente das outras gomas, e não firma tanto quanto o ágar-ágar. O pó deve ser polvilhado sobre um recipiente com água fria e gentilmente aquecido até começar a fervura, mexendo-se o tempo todo. O gelozone não deve ser fervido, pois não gelificará, sua ação gelificadora ocorre rapidamente e requer refrigeração.

GOMA XANTANA

Polissacarídeo produzido a partir da fermentação do açúcar de milho, é utilizada pela indústria alimentícia como espessante, emulsificante e estabilizante. Cultivada sob condições de laboratório, consiste em um pó branqueado de célula seca, obtido pela fermentação do açúcar de milho por microrganismos.

Descoberta por uma equipe de cientistas comandada por Allene Rosalind Jeanes, no Departamento de Agricultura dos Estados Unidos, em 1968, atualmente é usada de maneira extensiva na indústria como espessante. Trata-se de um ingrediente comum em receitas sem glúten e aumenta a validade de um produto; na panificação, é utilizada como espessante de recheios.

A goma xantana tem seu nome derivado das bactérias usadas no processo de fermentação, as *Xanthomonas campestris* (encontradas no repolho), que são as mesmas responsáveis pelo apodrecimento e formam uma mancha escura nos brócolis, na couve-flor e em outras verduras. Essas bactérias formam uma substância pegajosa que atua como estabilizador natural ou espessante. O Departamento de Agricultura dos Estados Unidos executou uma série de experimentos com bactérias e açúcares para desenvolver um agente de espessamento semelhante ao amido de milho ou à goma guar. Combinando-se *Xanthomonas campestris* com amido de milho, obtém-se um iodo sem cor chamado goma xantana, um ingrediente seco com estabilidade a altas temperaturas e que se dissolve facilmente em líquido, quente ou frio.

Espessante, estabilizante e agente de suspensão, as principais características da goma xantana também são: alta propriedade estabilizante, alta viscosidade a baixas concentrações, solubilidade em água fria ou quente, excelente estabilidade no congelamento e no descongelamento, alta resistência a variações de pH, alta resistência a variações de temperatura, alta resistência a degradação enzimática, baixo valor calórico e ampla compatibilidade com todos os estabilizantes e espessantes comerciais.

Se você pretende ter alguma relação de longo prazo com a culinária sem glúten, precisa conhecer melhor este aditivo alimentar. A goma xantana é um elemento essencial para qualquer prato sem glúten. Serve para dar a assados sem glúten sua viscosidade, ou coesão (capacidade de manter os ingredientes juntos e não desmoronar em pequenos pedaços quando retirado da panela ou assadeira).

Atualmente encontrada em supermercados, na seção de produtos sem glúten, pode parecer cara, mas compensa, porque nunca é usada em grandes quantidades, já que seu cozimento não é como o de uma farinha ou amido. Basta uma colher de chá aqui e outra ali: um pão de banana sem glúten leva uma colher de chá; um cupcake de baunilha sem glúten levará outra colherzinha, e isso será tudo que você deve precisar. Um saco de goma xantana certamente vai ajudar nas suas loucas expedições culinárias sem glúten.

Um parecer mais técnico diz que, ao se eliminar o glúten, a estrutura da preparação sofre, pois perde sua capacidade de aglutinar, porém ela pode ser recuperada pela goma xantana.

PROPRIEDADES E USO

A propriedade mais interessante da goma xantana é sua capacidade de produzir grande aumento de viscosidade com a adição de uma quantidade mínima, como 0,5%, ou mesmo tão baixo quanto 0,05%. Ela permite a formação de um gel fraco para soluções de alta viscosidade a baixas concentrações, é pseudoplástica e funciona como coloide hidrofílico, espessando e estabilizando emulsões, espumas e suspensões.

Por suas qualidades espessantes e estabilizantes excepcionais, mantém os ingredientes suspensos uniformemente em molhos para saladas, por exemplo. Além disso, melhora a palatabilidade de produtos com caldas espessas de açúcar e sucos em pó. Solúvel em água fria ou quente, estável ainda em significativas mudanças de pHs e temperaturas; pode espessar em alta concentração de álcool; compatível com sistemas estáveis contendo grandes concentrações de sais. Utilize essa goma para prevenir sinérese, por exemplo, adicionando uma pequena porção para prevenir que a água escape de purês de vegetais.

Encontra-se à venda para uso doméstico e frequentemente na lista de ingredientes de molhos de saladas sem gordura, oferecendo-lhes corpo que de outra maneira não seria obtido. Pode também ser encontrada como ingrediente em produtos sem glúten, pois mantém as moléculas da farinha coesas, auxiliando-as a se misturarem de maneira adequada, dando suporte ao aprisionamento dos gases obtidos durante o processo de fermentação, o que faz o pão crescer. Em outras palavras, oferece ao pão a estrutura que normalmente é oferecida pelo glúten. A regra geral de uso deve seguir as mesmas medições para utilizar a goma xantana como aditivo para farinhas alternativas ao trigo, tais como a farinha de arroz. Uma vez que nenhuma farinha sem trigo tem todos os atributos de uma farinha de trigo comum, o truque é a mistura de farinhas sem trigo com a goma xantana, tendo a textura do produto final como um guia.

CARACTERÍSTICAS DE ACORDO COM O TEOR DE GOMA XANTANA

- **SORVETES:** 0,2%, previne a formação de cristais.
- **MOUSSES E CHANTILLY:** 0,1%, previne a sinérese e estabiliza a emulsão.
- **RECHEIOS:** previne a sinérese da água ao recheio, protegendo a crocância de crostas.
- **ALTA VISCOSIDADE:** misturada com a goma de alfarroba, produz viscosidade maior com menor quantidade.

ADIÇÃO DE GOMA XANTANA A FARINHAS SEM GLÚTEN

No processo de preparação de bolos e biscoitos, adicionar a cada 140 gramas de farinha sem glúten 1 colher de chá; para pães, 2 colheres de chá.

É importante utilizar proporções iguais (1:1) na substituição de farinhas de trigo regular. A mistura de farinha de glúten sugere, para cada xícara de farinha de trigo comum, usar 1 colher de chá de goma xantana ou goma guar para bolos; 2 colheres de chá de goma xantana ou goma guar para pães ou pizza e 1 colher de chá de goma xantana e goma guar na maioria dos cookies.

A maioria das farinhas que contém glúten exigirá a adição de goma xantana ou goma guar, ou algum substituto que compense a ausência de glúten. A quantidade dependerá do tipo de produto e de poder espessante na estrutura de glúten. Pães dependem fortemente de glúten para manter sua firmeza, bolos em menor grau e biscoitos dependem de quase nenhum. Normalmente, quanto mais amido ou mais refinada a partícula, menor a dependência de glúten. A goma xantana tende a ser cara nos Estados Unidos, elaborada a partir do xarope de milho. A maior parte das gomas xantanas vendidas no Brasil é importada.

Muitas bibliografias desencorajam o uso da goma xantana porque ela geralmente custa quase três vezes mais que a goma guar. Além disso, por possuir uma quantidade de fibra muito alta, é responsável por um possível efeito laxante. No entanto, experimente e decida: se essas gomas não são adequadas para você, alguns sugerem o uso de feijão mung (também chamado de feijão-verde, à base de ¼ de xícara para cada xícara de farinha) ou de farinha de batata pré-gelatinizada. A goma xantana e a goma guar são usadas não apenas na vertente sem glúten, mas também para engrossar e emulsificar ingredientes sem glúten.

GOMA GUAR

A goma guar é produzida por um arbusto pequeno chamado guar, uma planta anual da família dos legumes, comercialmente cultivada na Índia, no Paquistão e na América. Existem diferentes variedades, mas em geral são pequenos arbustos (de 50 cm até 3 metros de altura) que produzem folhas crespas e pequenas flores brancas, que se tornam levemente cor-de-rosa quando as pétalas se abrem, ou azul-arroxeadas quando completamente abertas – o pólen das flores nasce naturalmente. Para serem consumidos como alimento, os frutos devem ser colhidos ainda novos, antes que comecem a desenvolver pelos, e podem ser preparados como vagens. De 38 a 45% de cada vagem é endosperma, e daí se origina seu poder espessante. Para ser extraído o concentrado espessante, apenas a semente é moída em um pó fino.

Este polissacarídeo solúvel em água fria na forma de pó fino tem origem vegetal e é uma fibra dietética, utilizada como emulsificante em óleo e agente espessante estabilizante em alimentos líquidos. É utilizada como estabilizante e espessante pela indústria de alimentos e, em panificação, as preparações tipicamente apresentam uma dosagem próxima de 1% de goma guar. Tem oito vezes mais força de espessamento do que o amido de milho, suporta bem o congelamento e hidrata facilmente na presença de água fria, mas não forma gel. Como suplemento dietético rico em fibras, misture uma colher de chá (5 gramas) para cada xícara de líquido quente ou frio (250 gramas). Na preparação de produtos sem glúten, funciona como estabilizante e aumenta a capacidade de crescimento ou volume do pão. Expande-se em água fria, e seu excelente poder espessante deve-se em parte devido à alta solubilidade de fibras dietéticas (de 80 a 85%).

Utiliza-se a goma guar como espessante em molhos e sorvetes, nos quais evita a formação de cristais, e como um substituto de gordura, pois oferece ao paladar a sensação da gordura, permitindo reduzi-la do produto, e impede a decantação de partículas sólidas. Na fabricação de sorvetes e sorbets, auxilia a controlar o crescimento de cristais, retardando a cristalização ou a perda de qualidade textural do produto.

Em recheios de doces e bolos, previne a sinérese da água para dentro do recheio, o que também mantém a crosta crocante. Apresenta uma viscosidade acentuada mesmo em proporções mínimas. Misturada à goma xantana ou à goma de alfarroba, apresenta mais viscosidade que em seu estado puro, e com isso uma quantidade ainda menor pode resultar em um bom nível de espessamento.

Por mostrar boa estabilidade durante os ciclos de congelamento e descongelamento, a indústria de congelados é o maior mercado de goma guar na indústria alimentar. Em assados, aumenta o rendimento da massa, dá maior elasticidade e melhora a textura e o prazo de validade. Nos recheios de confeitaria, a goma guar impede a desnaturação, mantendo assim as características originais do produto bem nítidas.

Assim como com a goma xantana, meça cuidadosamente para não deixar seus assados pesados e borrachudos. No entanto, a goma guar cria uma textura mais esponjosa (melhor para bolos) do que a goma xantana, a qual produz uma textura mais estruturada e elástica (melhor para pães). Ambos são intercambiáveis à taxa de 1 colher de chá de goma guar para ¾ de colher de chá de goma xantana.

DOSAGEM DE GOMA XANTANA E GOMA GUAR EM MASSAS

- 1 colher de chá de goma xantana ou de goma guar para cada xícara de farinha que contém glúten, em massas de pão, pizza, bolo, muffin e pão rápido.
- Em cookies: ½ colher de chá de goma xantana ou de goma guar por xícara de farinha que contém glúten.

GOMA TRAGACANTO

Obtida do arbusto *Astralagus gummifer*, é utilizada da mesma maneira que as gomas arábica (apenas em menores proporções, pois é muito mais potente), guar e xantana. O Irã é o maior produtor da melhor qualidade dessa goma.

Viscosa, sem odor nem sabor, é uma mistura de sacarídeos solúveis em água; absorve água e se torna um gel que pode ser misturado em uma pasta ou massa. Utilizada nas indústrias têxtil e farmacêutica (contém um alcaloide que combate tosse e diarreia).

Na confeitaria, a goma tragacanto é utilizada na elaboração de rosas de açúcar. Após a modelagem, a massa seca pode ser pintada, permitindo ao artista uma finalização bastante delicada e original.

GOMA DE ALFARROBA

É elaborada a partir da semente da alforrobeira (*carobe*), usada principalmente como agente de coesão de líquido, espessante e agente de resistência. Esta goma vegetal é bastante utilizada na elaboração de sobremesas processadas e em aplicações lácticas, incluindo o cream cheese. A proporção de manose para galactose na goma de alfarroba é ainda maior do que a proporção da goma guar, o que lhe dá propriedades levemente diferenciadas e permite que as duas gomas interajam sinergicamente e juntas formem um gel mais poderoso.

É extraída do endosperma de sementes da árvore *Ceratonia siliqua*, que cresce em países mediterrâneos. O Antigo Egito usava as sementes da alfarroba no processo de embalar suas múmias. Em tempos mais recentes, ela é utilizada como espessante para molhos de saladas, em substituição de gordura e para evitar formação de cristais de gelo em sorvetes. Apresenta grande viscosidade mesmo em pequenas quantidades.

GOMA ÁGAR-ÁGAR, A GELATINA JAPONESA

Também chamada kanten e dai choy goh, esta gelatina vegetal tem na agarose seu componente gelificante e é consumida por vegetarianos. Tal aditivo é usado como agente texturizante, emulsificante, estabilizante e espessante em preparações como geleias, molhos, sorvetes, sherbets, sopas e enlatados de carne e peixe. É utilizado também como agente clarificante na elaboração de vinho e cerveja, preenchedor de poros em produtos da indústria papeleira, em produtos utilizados por dentistas e cosméticos, em adesivos e filmes.

Derivada da espécie *Gelidium* de vegetais do Mar Vermelho, a goma ágar-ágar produz uma preparação firme e transparente, rica em iodo, com traços de minerais e de propriedades laxativas suaves. É um polissacarídeo encontrado na parede das células de algumas algas vermelhas e que contém monômeros de galactose sulfatada. Não requer mais do que a extração e purificação para se tornar ágar-ágar, mas algumas vezes é quimicamente modificada para agarose em aplicações especiais.

O ágar-ágar é o produto genérico, preparado a partir de várias espécies de algas vermelhas ou de algas marinhas desidratadas, vendido em forma de mucilagem, em pó ou em tablete, utilizado como agente endurecedor. Vastamente usado no mercado asiático, no Brasil ainda está restrito às lojas de produtos naturais. A mucilagem é obtida por um método tradicional, em que se cozinha os vegetais marinhos para depois serem pressionados e congelados, cujo resíduo é seco a fim de se formarem barras que serão submetidas à mucilagem para facilitar o empacotamento e o transporte. Os flocos são preferíveis ao pó, que, embora mais econômico, pode ser quimicamente processado usando-se ácido sulfúrico para dissolver os amidos e branqueadores não orgânicos para neutralizar a cor e o odor.

PRODUÇÃO E GELIFICAÇÃO DO ÁGAR-ÁGAR

Estruturalmente relacionado à carragena, esse polissacarídeo derivado de certas espécies de algas vermelhas vem sendo utilizado no Japão desde o século XV. É o resultado do processamento de cocção e pressão de algas, congelado a seco e transformado em barras e então moído em pó. A estação em que a alga foi colhida e a localização de origem são fatores que podem afetar seu poder de firmar uma mistura.

Apresenta propriedades de firmar mais fortes do que a gelatina e forma um gel a aproximadamente 35 °C que não se derrete abaixo de 85 °C. Reduz a cristalização do açúcar e atua como estabilizante em coberturas, brilhos e recheios utilizados na confeitaria. É insolúvel em água fria e vagarosamente solúvel em água quente. Constitui fonte de fibra e pode formar gel em proporções muito pequenas e rapidamente. O gel de ágar-ágar é um ácido-estável com pH entre 4,5 e 9,0.

Os usos mais comuns do ágar-ágar estão nas coberturas e recheios, geleias de brilho, estabilizantes em merengues, cookies, confeitos, géis decorativos, geleias de frutas e produtos enlatados de carne e peixe.

Utilizado como gelatina, contém proteína (embora incompleta) acrescida de minerais. No entanto, sua habilidade gelificadora é afetada pela alcalinidade e acidez dos ingredientes contidos no preparo; então, se estiver gelificando uma mistura ácida, provavelmente terá de aumentar a dosagem. Assim como a gelatina, por outro lado, o ágar-ágar se quebra na presença de certas enzimas encontradas em frutas frescas, tais como kiwi, abacaxi, goiaba, figo, papaia, manga e pêssego, e também com chocolate e espinafre. Caso utilize frutas, use as enlatadas ou cozinhe as frescas para cortar o poder da enzima. Lembre-se de que se os líquidos forem à base de suco de frutas frescas, alguns não gelificarão e outros necessitarão de uma maior quantidade. O cozimento prévio da fruta na maioria das vezes neutraliza as enzimas que impedem a gelificação.

O uso medicinal do ágar-ágar é comum no tratamento da constipação intestinal, mas geralmente é associado à cáscara-sagrada para combater atonia em músculos do intestino. A sua ação não aumenta o movimento peristáltico, mas baseia-se na propriedade do ágar-ágar de absorver líquido. Sua ação é mecânica e análoga à ação da celulose em alimentos vegetais.

CARACTERÍSTICAS

- **TERMORREVERSÍVEL:** resistente ao calor, forma um gel quebradiço, de alta estabilidade, neutro em sabor. O ágar-ágar pode ser reaquecido acima de 70 °C sem qualquer derretimento. Acima de 80 a 90 °C, derrete novamente.
- **PUREZA DO GEL:** limpo a semiopaco.
- **SOLUBILIDADE | DISPERSÃO:** ampla em água fria ou quente.
- **COMO ATIVAR O GEL:** o ágar-ágar precisa ser aquecido a uma temperatura de 90 a 95 °C, mas se solidifica quando a solução atinge de 40 a 50 °C.
- **pH IDEAL:** neutro, mas gelifica a pH entre 3,5 a 10.
- **AGENTES AUXILIARES:** o açúcar e a maltodextrina melhoram a capacidade de dispersão; o sorbitol e o glicerol melhoram a elasticidade.
- **AGENTES INIBIDORES:** ácidos (abaixo de pH 5) ou preparações acima de pH 8.
- **TOLERÂNCIA:** açúcar, álcool e sal.
- **PROPORÇÕES DE UTILIZAÇÃO:** 0,2%: gel macio (de menor força); 0,5%: gel firme; acima de 0,5%: a preparação endurece o suficiente para ser cortada, mas pode perder sabor.

REGRAS DE USO

Deixe o ágar-ágar de molho em um líquido por 10 a 15 minutos. Aqueça devagar, até ferver e se dissolver completamente, o que pode levar 5 minutos para o pó e de 10 a 15 minutos para flocos. Ele também pode ser fervido ou pré-derretido, ao contrário da gelatina. Se não tiver certeza de seu poder gelificador, teste uma pequena porção em um líquido frio, pois ele deverá se firmar entre 20 e 30 segundos. Caso fique mole, será necessária maior quantidade de ágar-ágar; se firmar demais, aumente a proporção de líquido. A presença de um componente ácido diminui o poder gelificante do ágar, então, aumente a proporção.

O ágar-ágar é mais forte que a gelatina comum e sua a dosagem deverá ser menor, não necessitando de refrigeração (alteração de temperatura) para garantir a firmeza.

Geleia de batata-doce e coco

INGREDIENTES		
200	g	batata-doce
200	g	leite de coco
20	g	ágar-ágar
100	g	açúcar
750	g	água
1	col. chá	extrato de coco
1	pitada	sal

PROCESSO

Cozinhe a batata-doce no vapor até ficar macia. Acrescente o leite de coco e bata no liquidificador. Coe.

Misture o ágar-ágar, o açúcar, a água e o extrato de coco. Ferva até que o ágar-ágar esteja dissolvido.

Adicione o purê coado e cozinhe em fogo baixo por 3 minutos. Adicione uma pitada de sal e misture bem.

Despeje no recipiente e deixe esfriar bem antes de cortar na forma desejada.

ALGINATOS

Extraídos de uma alga marrom, encontram-se em três derivados: sódio, amônio e potássio. Eles são solúveis em água quente ou fria e podem texturizar, espessar e aglutinar. Na presença de cálcio e ácido, alguns alginatos podem formar géis resistentes. Formam uma goma quando extraídos das paredes das células das algas marrons, particularmente daquelas que crescem nas águas frias da Escócia, Irlanda, Nova Zelândia, Austrália, África do Sul e Américas. É utilizada pela indústria de alimentos para aumentar viscosidade e como emulsificante.

- **ALGINATO DE SÓDIO:** não apresenta sabor discernível e funciona como um agente gelificante frio, ou seja, não necessita da aplicação de calor para gelificar, mas precisa da presença de compostos de cálcio. Na cozinha molecular, quando combinado com cloreto de cálcio, é utilizado na técnica de esferificação de caviar, diluindo-se enquanto frio, sob agitação firme. O alginato de sódio também é utilizado na elaboração de espumas.
- **CITRATO DE SÓDIO:** é o sal de sódio do ácido cítrico, sendo similar ao citrato de cálcio. Tal como o ácido cítrico, apresenta um sabor ágrio (umami, o quinto sabor) e, como outros sais, salgado. Emprega-se como aditivo alimentar, usualmente como conservante e para flavorizar, como nas águas saborizadas e nos refrigerantes à base de limão. Também pode ser empregado como estabilizante em gorduras emulsionadas.
- **CLORETO DE CÁLCIO:** é um composto químico de cálcio e cloro, um sal-cálcio usado tradicionalmente pela indústria de queijo e em inúmeras outras, como agente antimicrobiano, espessante, realçador de sabor, umectante, controlador de pH e texturizante. Altamente solúvel em água. Usado com alginato de sódio na técnica de esferificação, resultando em esferas que formam um gel exterior e mantêm líquido no centro.
- **LACTATO DE CÁLCIO GLUCONATO:** mistura de dois sais de cálcio (gluconato e lactato), é utilizado na técnica de esferificação reversa. Deve ser

adicionado ao produto que se deseja gelificar e mergulhado em uma solução de alginato de sódio. Ao se remover o produto da imersão, cessa o processo gelificante e dá suporte ao produto até que se esferifique.

PECTINA

A pectina é um carboidrato complexo que auxilia a regular a fluidez de água nas células, utilizada na indústria principalmente como agente espessante. Essa goma vegetal com capacidade de formar gel é um polissacarídeo obtido da casca de frutas cítricas, maçã e entre outras frutas. Encontra-se na maioria dos produtos à base de frutas, como geleias e conservas de frutas, confeitos, bebidas de frutas (incluindo iogurtes com frutas). Sua grande vantagem é não ser termorreversível.

Ocorre naturalmente na maioria das frutas, dos legumes e das verduras. Por natureza, funciona como um "cimento estrutural" que auxilia a manter as células das paredes juntas. Em uma solução, tem a capacidade de formar uma rede coesa que aprisiona o líquido e se firma ao esfriar; no caso das geleias, forma uma suspensão com os pedaços de frutas.

A pectina identifica um grupo diverso e complexo de polissacarídeos encontrados nas células primárias e no espaço intercelular das plantas. Geralmente, a fruta menos madura contém mais pectina do que a madura. Sua composição maior é de um açúcar chamado ácido D-galacturônico. Os polissacarídeos predominantes na pectina são: homogalaturonano, ramnogalacturonano I, ramnogalacturonano II e xylogalacturonano.

Esse polissacarídeo (carboidrato) obtido por meio da drenagem de partículas sólidas de plantas comestíveis é purificado e oferecido em diversas formas. Todas as frutas esverdeadas contêm substâncias pécticas, que, combinadas com a celulose, são responsáveis pelas propriedades estruturais de frutas e vegetais.

Uma vez que está presente em todas as plantas, a pectina sempre fez parte da alimentação humana. Por isso, do ponto de vista toxicológico, é considerada um aditivo natural sem contraindicações, estável e de uso irrestrito. Sua grande capacidade como agente gelificante e espessante melhora a textura de alimentos, especialmente alimentos baseados em frutas.

FONTES DE PECTINA

A cenoura contém elevado índice de pectina, em torno 0,8 grama a cada 100 gramas de seu peso. Por mais que todos os vegetais contenham alguma quantidade de pectina, alguns têm um nível mais elevado, como é o caso da ervilha, do pepino, do salsão e dos feijões, que contam com fibras solúveis, algumas em forma de pectina. Seu consumo também auxilia a diminuir o colesterol e os níveis de glicose.

As frutas cítricas lideram na quantidade de pectina; laranja, limão, damasco e toranja contêm na casca teores de pectina bastante elevados. Por isso, comer a casca de algumas dessas frutas poderia incorporar uma quantidade desejável de pectina à dieta. Pêssegos contêm 0,7 grama de pectina por 100 gramas e maçãs contêm 0,5 grama por 100 gramas, sendo as duas melhores frutas em teor de pectina.

HISTÓRICO

Nas Américas, parecem que foram os colonizadores ingleses que introduziram os segredos de elaboração da sua própria pectina, extraindo-a das cascas de maçãs. Donas de casa há muitos anos intuitivamente utilizam o conhecimento de quais frutas concentrariam mais pectina. Porém, apenas em 1908 na Alemanha a pectina foi separada e comercializada como produto, em versão líquida.

USOS ATUAIS

As geleias são conservas semissólidas, de misturas de suco ou polpa de frutas e açúcar, e a pectina é adicionada a elas para suprir a deficiência natural desse carboidrato em certas frutas. Sua preparação é simples e a atenção maior deve ser prestada à finalização e à embalagem.

Na manufatura de geleias, a pectina assegura uma distribuição uniforme de partículas das frutas, especificamente na fase de gelificação. Melhora a textura do produto, sua durabilidade e até o transporte, além de minimizar a sinérese (quebra). A pectina é também utilizada na produção de geleias de brilho, que cobrem tortas de frutas, pães doces, etc.

As pectinas de baixo éster são usadas para preparar frutas que serão adicionadas a iogurtes, para criar uma textura gelificada macia, assegurando a distribuição uniforme da fruta para sua incorporação pelo iogurte. A dosagem deve ser cuidadosa, pois a pectina pode reduzir a mudança de cor no iogurte durante a fase final do produto.

Quando esfriada, forma fios invisíveis que abraçam o líquido. Um agente ácido, como o suco de limão, ajuda a extrair mais a pectina da fruta quando aquecida; já o açúcar é atraído pela água e a adição dele vai atrair mais água, encharcando as moléculas de açúcar e ligando as moléculas de pectina entre si, reação que firma mais o preparo.

Comparada a outros agentes gelificantes usados na indústria de doces, a pectina oferece maior textura e capacidade de exacerbar e concentra sabores e alta compatibilidade com os métodos de processamento utilizados pela indústria.

A pectina é muito utilizada em doces ou sobremesas lácticas gelificadas, ainda que seu custo por vezes faça com que a carragena seja mais utilizada nesse tipo de preparação. Entretanto, sua capacidade gelificante mais resistente à presença de caseína assegura um prazo de qualidade maior a produtos lácticos azedados.

A pectina necessita de parceiros, nomeadamente ácido e açúcar, para poder cumprir sua função de gelificar de maneira apropriada. O ácido ajuda a extrair a pectina da fruta durante sua cocção e auxilia no processo de gelificação, que não se efetivará caso a mistura não seja de composição ácida. Em frutas como damasco, ou que não são o suficiente ácidas, a receita pedirá a adição de suco de limão. O açúcar reforça a potência do gel por subtrair um pouco da água da pectina; na ausência de água suficiente, as moléculas de pectina vão se unir umas às outras. O açúcar também atua como conservante, endurece a estrutura da fruta e ajuda a geleia ou conserva a manter sua coloração e sabor.

PECTINA NATURAL

Algumas frutas, quando aquecidas com açúcar, se espessam, o que dá a elas uma característica de geleia e compota. Nossas avós provavelmente não adicionaram pectina concentrada em seus deliciosos preparados à base de frutas, mas ficaram em pé ao lado de um fogão quente, mexendo uma mistura que era fervida por horas até pegar uma consistência mais firme, e também perder muitas de suas qualidades naturais pela prolongada cocção.

Nos Estados Unidos, a pectina natural pode ser encontrada em supermercados; já no Brasil, é comum ser vendida em lojas de produtos naturais ou especializadas em culinária.

Alguns livros de receitas indicam a capacidade espessante da maçã para uso em geleias e conservas de outras frutas. Em minha pesquisa, notei que muitas receitas incluíam raspas de limão, que acentuam a formação de pectina.

Pectina caseira

INGREDIENTES			PROCESSO
350	g	água	Aqueça até a fervura branda a água e a maçã, por 35 a 45 minutos, dependendo do grau de amadurecimento e da variedade da fruta.
450	g	maçãs, fatiadas, com casca	
			Passe por um coador de café (novo) e dispense a maçã cozida. Use o líquido para fazer geleias e conservas de frutas com pouco teor de pectina.
			A mistura pode ser congelada.

Geleia básica

INGREDIENTES			PROCESSO
¾	xíc.	açúcar	Adicione o açúcar e as raspas de limão à pectina e aqueça até que a ferva levemente, mexendo sempre, até espessar. Guarde em recipientes esterilizados.
5	g	raspas de limão	
5	col. sopa	pectina caseira (para cada xíc. de purê de fruta)	

AS GOMAS MAIS CONHECIDAS

TEOR DE PECTINA EM FRUTAS

Embora a pectina esteja presente em todas as plantas, sua composição varia de acordo com a espécie, a qualidade, a maturidade, a parte da planta e suas condições gerais de crescimento. Legumes e frutas cítricas apresentam maior índice de pectina do que os cereais. Maçãs, laranja e damasco são considerados os de maior teor de pectina. Geralmente entre 60% a 70% das fibras dietéticas das frutas cítricas é pectina. Outras boas fontes são a cenoura, a banana, a beterraba e o repolho.

Quando a fruta está começando a amadurecer, possui mais pectina do que quando fica madura. O processo de amadurecimento envolve a quebra de pectinas que amolece a fruta. As maçãs pouco amadurecidas são a fonte mais comum da indústria alimentícia, embora cascas das frutas cítricas também sejam bastante utilizadas.

- **FRUTAS DE ALTO TEOR DE PECTINA:** cítricas: laranja e tangerina. A pectina é alta na casca, mas baixa na própria fruta; maçãs: quanto mais ácida, melhor; limão; algumas variedades de uvas; marmelo, amora, ameixa e outras frutas silvestres.
- **FRUTAS DE MÉDIO TEOR DE PECTINA:** maçã e amora bem maduras, cerejas azedas, laranja, ruibarbo, algumas variedades de uva, bem como o seu suco engarrafado.
- **FRUTAS DE POUCO TEOR DE PECTINA:** damasco, cerejas doces, figo, suco de algumas uvas, melão, pera, framboesa, mirtilo e morango.
- **FRUTAS DE TEOR DE PECTINA MUITO BAIXO:** nectarina, pêssego, romã, goiaba, mamão papaia.

TIPOS DE PECTINA COMERCIAL

A pectina líquida pode causar alergia a pessoas alérgicas ao sulfito, já a pectina em pó não contém esse elemento.

Das várias formas de pectina, sempre procure utilizar a em pó, sem adição de açúcar processado; no entanto, caso queira, adicione açúcar demerara, granulado, adoçantes artificiais ou mel – a escolha é sua.

TABELA 21. TIPOS DE PECTINA

FORMA DE PECTINA	VANTAGENS	DESVANTAGENS
Líquida	Já vem dissolvida.	Mais cara; deve ser utilizada completamente depois de aberta a embalagem.
Em pó com açúcar	Espessa com menos cocção do que na ausência de pectina.	Adiciona um montante de açúcar/calorias ao produto.
Em pó sem açúcar	Mesmas vantagens das outras pectinas, mas sem adicionar muitas calorias.	A ausência completa de açúcar deixa as geleias e conservas mais líquidas, menos espessas, com menos brilho. Algumas colheres de suco de frutas podem diminuir esses aspectos.
Sem o uso da pectina	Sem o custo da pectina.	Maior necessidade de açúcar e de tempo de cocção. Menor rendimento e valor nutricional devido à evaporação e à cocção prolongada.

DICAS PARA O USO CULINÁRIO DA PECTINA

Por ser um ingrediente natural e por não interceder nos princípios de frescor, naturalidade, integridade físico-química e sabor dos alimentos, a pectina é sempre bem-vinda. Seu uso comercial produz geleias, marmeladas e outras preparações de qualidade excepcional, além de acentuar o sabor da fruta, exacerbar seu aroma, proporcionar textura sedosa e boa coloração e reduzir o tempo na elaboração de produtos com frutas. No entanto, a maior barreira de seu uso está no fato de que, como ingrediente, expressa graus variados de espessamento. A pectina necessita de uma proporção de acidez e açúcar na elaboração de produtos de frutas – como já apontado, tais proporções variam de acordo com a fruta. Comece por seguir à risca as quantidades e orientações de cada receita e de cada marca de pectina comprada. Experimente!

Não pense que pode se reduzir a quantidade de açúcar indicada pelo simples aumento ou adição de pectina. A receita deve sempre ser balanceada. Não aumente ou diminua nada, não adapte porque acha que deve; basta encontrar uma receita que se adeque ao seu gosto, orçamento e objetivos. Aumentar qualquer ingrediente, como o açúcar, desbalanceia a receita; dessa forma, os outros ingredientes terão de ser rebalenceados. Muita pectina em sua geleia ou conserva vai produzir uma geleia empelotada, seca e indigerível.

A pectina em pó é misturada com a fruta antes da cocção e do aquecimento. Já a forma líquida é adicionada à fruta após a cocção. Ao fazer uma receita que pede a utilização de fruta bem madura, certifique-se de usar uma fruta bem madura mesmo; a fruta verde ou pouco amadurecida tem cerca de ¼ a mais de pectina, e essa quantidade somada à pectina em pó que está sendo adicionada vai tornar o produto firme demais.

Para descobrir quanta pectina há na fruta, coloque uma colher de sopa de álcool doméstico em um copo, adicione 1 colher de sopa do suco da fruta ou polpa e espere dissolver por 2 ou 3 minutos. Uma estrutura gelificada deve se formar. Caso não ocorra uma gelificação suficiente para ser retirada com um garfo e surja apenas um pequeno fio gelificado, a fruta ou polpa não tem pectina suficiente para formar gel. Descarte a mistura feita para a experiência, uma vez que o álcool doméstico não é apropriado para o consumo humano.

CONSERVAÇÃO

A pectina em pó deve ser conservada segundo orientações do fabricante, usualmente à temperatura ambiente e por certo prazo de validade. Já a pectina líquida deve ser refrigerada e utilizada em no máximo sete dias a partir da data em que foi aberta, mas o melhor efeito se consegue ao utilizá-la de imediato. De outra maneira, as bactérias presentes no ar podem atingir a mistura e converter o açúcar em álcool. Sedimentos no fundo do vidrinho não significam que o produto esteja inapropriado para o uso; apenas agite antes de usar, sempre.

APLICAÇÃO DA PECTINA EM GELEIAS E CONSERVAS

Para a elaboração de geleias e produtos de frutas, as substâncias essenciais são fruta, pectina, açúcar (o sabor ácido é usualmente o da própria fruta) e água. O gel ou a gelatina de pectina se forma quando uma concentração balanceada desses ingredientes é atingida. O processo de elaboração de geleias e conservas automaticamente produz açúcar invertido pela combinação do ácido natural da fruta com o açúcar e o aquecimento da mistura.

O açúcar invertido é criado pela combinação de um xarope de açúcar que é aquecido com a adição de uma pequena quantidade de ácido (suco de limão ou cremor de tártaro, por exemplo). Isso inverte ou rompe a sacarose em dois componentes: glicose e frutose, consequentemente reduzindo o tamanho dos cristais do açúcar. Devido a essa estrutura fina dos cristais de açúcar, o açúcar invertido proporciona um produto mais suave e por isso é largamente utilizado na produção de doces, fondants e xaropes.

O sabor da fruta vem do suco de fruta concentrado ou de sua forma natural. Na verdade, o próprio suco da fruta pode fornecer uma parte da pectina e do ácido, além de ser uma fonte de líquido para a gelatinização ocorrer.

Como vimos, frutas completamente maduras contêm menos pectina do que as parcialmente amadurecidas. Por esta razão, algumas receitas de gelatina pedem uma porção da fruta não completamente madura.

Todas as frutas contêm alguma pectina. Maçãs, groselhas, algumas ameixas, e cranberries usualmente contêm pectina o suficiente para formar a pectina gel. Outras frutas, como morangos, cerejas e mirtilos, contêm pouca pectina e por isso podem ser usadas para a gelificação apenas se combinadas com uma fruta rica em pectina ou com produtos com pectina industrializados

O açúcar auxilia na formação de gel, contribui para o sabor da geleia e na concentração de 55% por peso e serve como um conservante natural. Açúcar (sacarose) proveniente da cana-de-açúcar ou da beterraba são as melhores opções para a elaboração de geleias; o melado, o mel e a glicose de milho podem substituir uma pequena parcela do açúcar na receita. O sabor da fruta na presença desses outros adoçantes pode perder sua potência ou mesmo suas características.

Um certo nível de acidez (pH abaixo de 3,5) obrigatoriamente deve estar presente para a formação de gel. Quando o suco da fruta não tem acidez o suficiente, o gel não se formará. Caso contrário, na presença de excesso de acidez, a gelatina formada será fraca e líquida.

Uma maneira generalizada de se medir a acidez de um suco de fruta é seu sabor: quanto mais ácido e amargo, obviamente mais ácido. Para formar gel, o suco da fruta deveria ser tão ácido quanto uma mistura de 1 colher de chá de suco de limão em 3 colheres de sopa de água. Caso a fruta não seja tão azeda, adicione 1 colher de sopa de suco de limão para cada xícara de suco de fruta. Produtos à base de pectina comercial contêm ácidos orgânicos, como o ácido fumárico, que assegura a formação de gel.

MÉTODOS DE ELABORAÇÃO DE GELEIAS E CONSERVAS

[COCÇÃO LONGA OU MÉTODO PADRÃO

O suco e o açúcar são fervidos até que se forme um gel. Esse método deve ser utilizado apenas para frutas que apresentam naturalmente quantidade de pectina suficiente para o espessamento da mistura. Não funciona com sucos industrializados porque o processamento altera significativamente o conteúdo de pectina. Essas geleias apresentam sabor, odor e textura únicos e superiores. A dificuldade desse processo pode ser superada com alguma prática, quando forem conquistados bons resultados.

[COCÇÃO CURTA OU POR ADIÇÃO DE PECTINA COMERCIAL

Misture pectina (líquida ou em pó), açúcar e suco de fruta e ferva até a obtenção de um gel. Siga as instruções e proporções da embalagem da pectina. Geleias e conservas com pectina utilizam mais açúcar, apresentam maior rendimento e requerem menos experiência do que pelo método padrão. A pectina minimiza ou até elimina a necessidade de se testar o gel.

Frutas como peras, marmelos e maçãs antigamente eram conservadas em uma mistura de mel e vinagre, chamada de acetomel. Na Itália, o aceto dolce é uma geleia feita de frutas conservadas em vinagre (aceto) e depois cozidas em uma mistura de suco de uva e mel.

EQUIPAMENTO E RECIPIENTES

[PARA O BANHO-MARIA

Utilize uma panela grande, preferencialmente de 8 a 10 litros, com tampa, alta o suficiente para manter as jarrinhas em pé. Não utilize nada de alumínio, para evitar uma reação química com o ácido da geleia. Utilize também uma grade metálica do tamanho da panela; as jarrinhas deverão ser colocadas sobre a grade para que o calor circule por cima e em volta dela, ou em potinhos para que sejam aquecidas por igual.

[PARA O PROCESSO

Um bom ralador e um pelador auxiliam na remoção de cascas, tanto naquelas que serão raladas finas e utilizadas como flavorizante quanto na extração da casca de frutas que serão descartadas. Uma bolsa de tecido especial (gaze ou algodão) é necessária para a extração do suco para compor a geleia e deve ser descartada após uma única utilização.

Pode ser utilizado um termômetro para açúcar ou confeitos a fim de determinar a firmeza em produtos elaborados sem pectina. A outra maneira de se averiguar a textura é por meio da utilização de uma colher de metal que é introduzida na mistura borbulhante e então levantada fora do alcance do vapor da panela. Vire a colher para que a geleia possa escorrer para o lado. A geleia deverá estar pronta quando a calda formar duas gotas que escorram juntas e formem um fio espesso na beira da colher. Também indicamos um *timer*, pois muitas receitas requerem um tempo específico de cocção.

[RECIPIENTES E TAMPAS

Certifique-se de utilizar recipientes adequados, de preferência já projetados para a produção de geleias e compotas. Nunca utilize material danificado, sujo ou manchado. Lave em água fervente com sabão e enxágue bem. Ferva os recipientes e as tampas por 10 minutos para esterilizar.

[PROCESSO FINAL

Remova a mistura e imediatamente limpe as impurezas da superfície. Encha as jarrinhas esterilizadas utilizando uma concha ou um funil, deixando como 5 cm de espaço entre o produto e a tampa. Limpe as bordas e ajuste as tampas. Lacre e termine o processo padrão.

PROBLEMAS NA GELIFICAÇÃO DA PECTINA

[GELEIA MUITO FIRME OU ENCAROÇADA

Caso a formação de gel seja muito forte, devido ao excesso de pectina, a geleia apresentará uma textura muito firme, encaroçada ou com grãos. Além do excesso de pectina, outros fatores, como a cocção muito prolongada, uma temperatura alta demais ou uma mistura insuficiente durante a cocção, também podem fazer com que a água evapore sem quebrar a pectina, resultando em uma geleia firme demais. Certifique-se de que a fruta utilizada é a pedida pela receita. Usar uma fruta pouco amadurecida ou verde, que contém mais pectina, com a mesma quantidade de pectina pedida pela receita pode resultar em um produto encaroçado, ressecado ou endurecido. A pectina comercial é indicada para uso com frutas maduras (mas não excessivamente amadurecida).

[GELEIA MUITO LÍQUIDA

A cocção incompleta da pectina (que requer ao menos 1 minuto de fervura ou ebulição) ou uma quantidade insuficiente de pectina deixará o produto inconsistente e líquido. A aplicação excessiva de calor – temperatura muito alta ou distribuição de calor não uniforme – causa a quebra da pectina.

GELEIAS, COMPOTAS, CONSERVAS E MARMELADES

Todas essas delícias podem ser servidas com torradas, biscoitos, bolos e pães, mas apresentam diferenças de textura e ingredientes.

TABELA 22. CARACTERÍSTICAS DAS GELEIAS, CONSERVAS E MARMELADES

GELEIAS (TIPOS JAM E JELLY)	Mistura de fruta e açúcar, cozida até a fruta se desmanchar.
	Consistência: a geleia tipo jam pode ser espalhada sobre o pão; a do tipo jelly é mais consistente ou grossa.
	As jams podem ser espessadas apenas pela cocção ou pela adição de pectina. A pectina reduz o tempo de cocção e por conseguinte mantém mais as características da fruta de sabor e aroma. Algumas frutas contêm uma boa quantidade natural de pectina, como maçã, uva e berries.
CONSERVAS	Qualquer alimento tratado para aumentar sua durabilidade e conservado demais, torna-se uma conserva.
	Existem jams elaboradas com uma base de frutas variadas, especialmente quando incluem frutas cítricas, nozes, coco ralado ou uvas-passas.
PRESERVES	Termo que se aplica em inglês a uma variedade de frutas e algumas vezes de vegetais cozidos e depois coados ou peneirados, até a obtenção de uma mistura suave e limpa. Usualmente são cozidas em uma calda limpa, viscosa e levemente gelatinosa.
MARMALADES	Não confunda marmalades, palavra usada em francês e em inglês, com marmelada, doce de marmelo, a fruta do marmeleiro.
	Marmalades são conservas que contêm cascas de frutas, cozidas até espessarem, contendo alguma fruta cítrica. São geleias de viscosidade baixa, com pedacinhos de fruta ou mesmo frutas com casca, uniformemente suspensas em uma geleia transparente.
	Por definição, uma marmalade é uma suspensão de fruta ou vegetal e sua polpa em uma jelly. Pode ser elaborada simplesmente adicionando-se açúcar à fruta e cozendo-se até que atinja a consistência desejada.
GELEIA TRANSPARENTE	Suco limpo ou transparente combinado com açúcar, pectina e um ácido, depois cozido até virar um gel. A maioria das geleias transparentes é elaborada com a adição de pectina, porque assim se reduz o tempo de cocção.

A maior dificuldade em se elaborar uma boa geleia está em extrair a água ou o suco da fruta sem pedaços de polpa. Diferentes espessantes devem ser utilizados em diferentes proporções, infelizmente não especificadas na maioria das receitas, mas aqui estão alguns referenciais.

TABELA 23. DOSAGEM DE ESPESSANTES PARA GELEIAS

ESPESSANTE	500 ML DE LÍQUIDO
Gelatina em pó	2 colheres de chá
Ágar-ágar em pó	2 colheres de chá
Ágar-ágar em mucilo	2 colheres de sopa
Carragena	4 colheres de sopa

USOS GERAIS DAS GOMAS

ATRIBUIÇÕES GERAIS

- Agentes espessantes
- Propriedade de resistir e manter umidade
- Propriedade estabilizante
- Propriedade de formação de gel

PRODUTOS

- Geleias e conservas
- Recheios para tortas
- Glacês e cremes para bolos
- Emulsão em bebidas
- Agente de volume
- Coloides de proteção
- Bebidas

- Emulsões flavorizantes
- Sorvetes
- Géis para doces
- Pudins lácticos
- Xaropes, coberturas e purês
- Frutas congeladas
- Alimentos dietéticos
- Misturas secas prontas

As gomas normalmente são extraídas das algas. Quando imersas em água quente, soltam uma substância viscosa e, ao esfriarem, se firmam. Essas substâncias não são proteínas, como a gelatina, mas carboidratos com propriedades especiais. A indústria alimentícia também os utiliza na elaboração de géis e para estabilizar emulsões em sorvetes e pudins, por exemplo.

Um dos principais carboidratos utilizados largamente é o ágar-ágar, manufaturado pela fervura de algas marinhas. Uma diferença crucial é que ele só se dissolve quando a temperatura chega a 85 °C, fazendo com que não se desmanche na boca ao ser mastigado.

VEGETARIANISMO E DIETA KOSHER

Por definição, a palavra "gelatina" deveria ser aplicada exclusivamente a um subproduto de proteína animal, oriundo da fervura de ossos, peles, cartilagens e tendões de animais. Porém, existem formas que podem atender a dietas vegetarianas e *kosher* (ou judaica), que apresentam propriedades espessantes e gelificadoras similares às da gelatina.

Para atender à dieta judaica, a gelatina *kosher* é ideal, pois contém ingredientes extraídos de animais que foram abatidos segundo rituais da religião judaica e excluem completamente aqueles derivados do porco e de alguns tipos de peixes. A gelatina *kosher* pode ser elaborada a partir de ossos de peixes e também de peles de animais, mas nenhuma parte diretamente contendo sangue. A complexa lei *kosher* diz que os ossos e as peles usados na produção de gelatina são *pareve,* ou seja, não são nem leite nem carne frescas, e sofreram mudanças significativas. Ingredientes certificados como *pareve* podem conter produtos de origem animal, uma vez que a gelatina é elaborada a partir de partes não consideradas propriamente carne fresca.

ESTABILIZANTES E GOMAS EM SORVETES

O alginato de sódio é um sal encontrado em uma alga, com propriedades gelificantes e emulsificantes, e em sorvetes auxilia a massa a se manter macia, dando uma textura leve. A carragena, derivada da alga vermelha, também estabiliza o sorvete da mesma maneira que o alginato de sódio.

Tradicionalmente, os fabricantes de sorvetes contam com o poder emulsificante da lecitina da gema para manter um balanceamento entre textura e sabor. A vantagem de usar um estabilizante é reduzir a quantidade de gordura, pois não se trata apenas da reação entre açúcar e gordura para melhorar a textura. Isso permite diminuir a quantidade de gordura sem reduzir a qualidade de paladar, e ainda economiza o alto custo da adição de produtos lácticos.

Os estabilizantes utilizados em sorvetes ajudam a prevenir a formação de cristais de gelo; sem eles, os cristais poderiam crescer a partir das moléculas de água, presentes no leite, na fruta ou em outro flavorizante dentro do sorvete. Isso mudaria a textura macia e agradável do sorvete em granulosa e cristalizada. Algumas fábricas de sorvete não utilizam esses estabilizantes, e essa informação está contida no rótulo dos produtos. Também é possível perceber se os produtos contêm estabilizantes pela simples observação; aqueles com gomas como estruturador de forma apresentam textura mais macia, entretanto, não se nota uma diferença no sabor.

NÚMEROS E EM ALIMENTOS

Trata-se de aditivos numerados de acordo com uma tabela-padrão elaborada pela Comunidade Econômica Europeia e adotada pela indústria alimentícia no mundo todo. Todos os aditivos alimentares utilizados na Europa são identificados por um número E. Normalmente, cada aditivo recebe um número e alguns recebem também as letras a, b, i ou ii. Os números E são obtidos após a avaliação da Comitê Científico Alimentar da Comunidade Europeia.

Os números são utilizados apenas para substâncias adicionadas diretamente aos alimentos, que deixam enzimas, contaminantes e outros auxiliadores, classificados como aditivos, fora da classificação da Comunidade Europeia.

A convenção para a distribuição desses números E apresenta grupos divididos como na tabela a seguir:

TABELA 24. GRUPOS DE ADITIVOS ALIMENTARES E NÚMEROS E

100 – 199	Corantes alimentícios
200 – 299	Conservantes
300 – 399	Antioxidantes, fosfatos e agentes complexos
400 – 499	Espessantes, agentes gelificantes, emulsificantes, fosfatos e umectantes
500 – 599	Sais e compostos relativos
600 – 699	Acentuadores de sabor
700 – 799	Não aplicável a aditivos alimentares
800 – 899	Adoçantes, gases e superfície de agentes revestidores
1000 – 1399	Aditivos mistos
1400 – 1499	Aditivos à base de amido

TABELA 25. GRUPOS DE ADITIVOS ALIMENTARES E NÚMEROS E

INGREDIENTE	TEXTURA	CLARIDADE	DISPERSÃO	HIDRATAÇÃO	GELIFICAÇÃO	DERRETIMENTO	CONCENTRAÇÃO
Ágar-ágar	Termorreversível, resistente ao calor	Claro a semiopaco	Em água fria ou quente	90 °C: ferver para obter gel	35 a 45 minutos	80 °C a 90 °C	0,2% a 0,5% (firme)
Carragena	Termorreversível	Claro	Água fria, presença de açúcar auxilia	70 °C	30 a 60 minutos	80 °C a 90 °C	1,5%
Gelatina	Termorreversível Gel elástico Derrete na boca	Transparente	Água fria	50 °C	Lenta, a 15 °C	25 °C a 40 °C	Espumas: de 0,5 a 1,5% Géis: de 0,12 a 7,9%
Goma guar	Espessante rápido adequado à suspensão de partículas	Transparente	Água fria	Água fria ou quente	8 vezes mais que amido de milho e 16 vezes mais que farinha de trigo	Não se aplica	Variável
Pectina	Termorreversível	Transparente	Água fria ou quente				
Goma xantana	Termorreversível Alta viscosidade	Limpo, praticamente transparente	Água fria ou quente				0,15% a 3,1%

A GASTRONOMIA MOLECULAR

A gastronomia molecular é uma das categorias que mais se utiliza das gomas e ingredientes mais alternativos à indústria, principalmente os formadores de gel. A expressão "gastronomia molecular" originalmente se referia apenas à investigação científica de alimentos, mas com o tempo começou a ser aplicada à culinária em si ou a um estilo culinário. Foi proposta em 1992, pelo físico húngaro Nicholas Kurti e pelo químico francês Hervé This. Tornou-se o título de uma série de seminários em Erice, na Itália, originalmente chamada Ciência & Gastronomia, que reuniu cientistas e *chefs* profissionais para discutir conceitos da ciência ligados às preparações alimentares tradicionais.

O termo "gastronomia molecular" deu nome à disciplina científica criada por Kurti e This, para exploração de uma perspectiva científica das reações físico-químicas que podem ocorrer em um alimento quando exposto à cocção ou manipulação.

Essa disciplina buscava relacionar a investigação, que parecia fragmentada e isolada, dos processos físico-químicos de culinária a uma disciplina organizada, que iria iluminar a manipulação científica de alimentos; o público-alvo não eram os *chefs*, mas os cientistas. Essas meras investigações voltadas ao processo científico da produção de alimentos envolvem uma prática epicúrea revolucionária que se tornou proeminente no contexto culinário moderno.

Chefs ao redor do mundo parecem ter levado essa ideia ao grau extremo, converteram suas cozinhas em verdadeiros laboratórios na busca de se aproximar do alimento com os cinco sentidos, descobrindo novos sabores e texturas totalmente desconhecidas, que ressaltam aromas intrínsecos, recriando pratos, desconstruindo texturas e modificando-as – por exemplo, as sopas sólidas e a espuma de batata. Nessa cozinha-laboratório, há técnicas novas, como sifão para fazer espumas e diferentes formas de manipulação de elementos, como o nitrogênio líquido. Nesse tipo de gastronomia, não se fritam os alimentos; adiciona-se pouca ou nenhuma farinha, mas sim algas espessantes, gomas e outros ingredientes e métodos texturizantes; não se realçam sabores com sal ou ervas, mas utiliza-se o próprio suco dos alimentos, buscando conservar intacto o sabor original de cada preparação, sem alterar seus valores nutricionais.

TÉCNICAS DA GASTRONOMIA MOLECULAR

- Dióxido de carbono, para adicionar bolhas e fazer espumas.
- Misturadores de imersão, para emulsificar e homogeneizar.
- Nitrogênio líquido, para congelamento relâmpago.
- Máquina de sorvete (sorveteira) para misturar e congelar sabores em combinações inusitadas e inesperadas.
- Circulador de imersão, para o *sous-vide*, uma cocção a baixas temperaturas.
- Desidratador de alimentos.
- Enzimas.
- Centrífuga.
- Maltodextrina, para transformar um líquido com alto teor de gordura em pó.
- Substitutos de açúcar.
- Lecitina como agente emulsificante.
- Hidrocoloides como gomas naturais, gelatina e outros amidos, utilizados como agentes espessantes, gelificantes, emulsificantes e estabilizantes.
- Esferificação, para produzir um efeito similar ao caviar.
- Seringas e tubos diversos, para injetar recheios incomuns.
- Papel comestível, elaborado a partir de soja e fécula de batata.
- Perfumes, em forma de gases aromáticos embalados e substâncias aromáticas.
- Transglutaminase, para aglutinar proteína.
- Apresentações em um estilo mágico ou mais irreverente, que pode contar com um serviço surpreendente de elementos físicos inusitados.

MAIS TÉCNICAS DA GASTRONOMIA MOLECULAR

- **DESCONSTRUÇÃO:** o objetivo é utilizar os mesmos elementos do preparo original, mas sem uni-los, transformando a apresentação e a textura.
- **SIFÃO:** com uma matéria graxa para sua estrutura e textura, essa técnica consiste em derreter o chocolate, colocar no sifão, encher de carga e obter uma preparação com o sabor apenas do próprio chocolate, sem agregar ingredientes extras.
- **TÉCNICAS DE AERAÇÃO:** a lecitina de soja é o ingrediente básico para incorporação de ar; quando se agrega esse ingrediente a qualquer suco ou líquido junto com ar, o resultado são borbulhas flavorizadas.
- **TÉCNICA DE COCÇÃO NO VÁCUO:** utilizada para cozer carnes sem oxigênio, vagarosamente, em seu próprio sugo, o que permite manter sabor e nutrientes inalterados.
- **NITROGÊNIO LÍQUIDO:** incorporado a um alimento e batido por alguns segundos, transformando-o em um sorvete, sem a necessidade de se adicionar ingredientes, a fim de conservar a textura.

A ESFERIFICAÇÃO

Essa técnica consiste em um líquido flavorizado que é encapsulado em uma esfera sem sabor. O método original foi criado pelo renomado *chef* espanhol Ferran Adrià, do El Bulli, para suspender o raviolo (singular para ravioli). Desenvolvido em 2003, permaneceu guardado a sete chaves por um bom tempo.

Adrià descobriu que sais e alginatos reagem um com o outro e criam películas incolores e insípidas, capazes de envolver líquidos flavorizados dentro de suas cápsulas. O alginato se dissolve em um líquido que será esferizado e pingado em uma solução de carbonato de cálcio, na qual os dois reagem enquanto formam pequenas esferas.

Os resultados variam, desde purê de ervilhas até suco de cenoura, gotejados em base de cálcio. Um problema nesse processo era que, ainda quando enxaguada em água fresca, a reação continuava: em cinco minutos a esfera se solidificava e formava uma geleia, em oposição a uma esfera firme recheada com a essência escolhida de início. Uma forma de superar esse problema foi inverter os dois elementos: em vez de adicionar os alginatos (derivados de algas marinhas, da família do ágar-ágar) ao flavorizante desejado, Adrià desenvolveu um solução de alginato que poderia reagir com o sal cálcico presente na mistura. A reação chegou a um produto final quase idêntico, com o benefício de se poder limpá-lo enxaguando as esferas em água pura. Assim, a esferificação não se apresentará como pequenas geleias, mas sim como esferas mais estáveis, capazes de manter o líquido em seu interior por mais tempo. E assim nasceu a esferificação inversa.

Bibliografia

BERNSTEIN, Lesley. *Larousse gastronomique*. Londres: Hamlyn, 2001.

BRASIL. Ministério da Agricultura e do Abastecimento. Secretaria de Defesa Agropecuária. Divisão de Inspeção de Carnes e Derivados. Resolução 005, de 19 de novembro de 1991.

CHARLEY, Helen. *Food Science*. Nova York: Macmillan, 1982.

CHEN, Joanne. *The Taste of Sweet*. Nova York: Random House, 2008.

COOK'S ILLUSTRATED MAGAZINE. Em *Inside America's Test Kitchen: All-New Recipes, Quick Tips, Equipment Ratings, Food Tastings, Science Experiments from the Hit Public Television Show*. Brookline: Boston Common Press, 2001.

COPPEDGE, Richard J. Jr. *Gluten-Free Baking*. Avon: Adams Media, 2008.

CORRIHER, Shirley O. *CookWise: The Hows and Whys of Successful Cooking*. Nova York: William Morrow, 1997.

DAVIDSON, Alan. *The Oxford Companion to Food*. Oxford: Oxford University Press, 1999.

FDA FOOD CODE. Em *Key Temperatures for Egg Safety in Food Service Operations and Retail Food Stores*. Disponível em http://www.fda.gov/food/guidanceregulation/retailfoodprotection/industryandregulatoryassistanceandtrainingresources/ucm192178.htm. Acesso em 3-09-2014.

FINE COOKING MAGAZINE. Em *How to Break an Egg: 1,453 Kitchen Tips, Food Fixes, Emergency Substitutions, and Handy Techniques*. Newtown: The Tauton Press, 2005.

FRIBERG, Bo. *The Professional Pastry Chef: Fundamentals of Baking and Pastry*. Nova York: Jon Wiley & Sons, 2002.

GISSLEN, Wayne. *Professional Cooking*. Hoboken: Wiley, 2012.

HERBST, Sharon Tyler. *The New Food Lover's Companion: Comprehensive Definitions of Over 4000 Food, Wine and Culinary Terms*. Nova York: Barron's Educational Series, 1995.

JOACHIM, David & SCHLOSS, Andrew. *The Science of Good Food*. Toronto: Robert Rose, 2008.

MCGEE, Harold. *On Food and Cooking: The Science and Lore of the Kitchen*. Nova York: Scribner, 2004.

PARSONS, Russ. *How to Pick a Peach*. Nova York: Houghton Mifflin, 2007.

SIMMONS, Marie. *The Good Egg: More Than 200 Fresh Approaches*. Nova York: Houghton Mifflin, 2003.

STADELMAN, William J. & COTTERILL, Owen J. *Egg Science and Technology*. Pensilvânia: Food Products, 1990.

STEINGARTEN, Jeffrey. *It Must've Been Something I Ate: The Return of the Man Who Ate Everything*. Nova York: Vintage, 2003.

_____. *The Man Who Ate Everything*. Nova York: Vintage, 1998.

WOLKE, Robert L. *What Einstein Told His Cook: Kitchen Science Explained*. Nova York: W. W. Norton, 2002.

_____. *What Einstein Told His Cook*. vol 2. Nova York: W. W. Norton, 2005.

YAMAMOTO, Takehiko. *Hen Eggs: Their Basic and Applied Science*. Flórida: CRC Press, 1997.

Índice de receitas

Ambrosia de limão   337
Arroz-doce asiático   298
Biscoito champanhe (massa genoise – método por separação)   152
Biscoito chinês de araruta e coco   546
Biscoito de aveia e canela   603
Biscoito de blue cheese com queijo gorgonzola ou roquefort   596
Biscoito de chocolate com chocolate   602
Biscoitos amanteigados   606
Biscoitos picantes (sem glúten)   559
Biscotti de chocolate Decadence   590
Biscotti de nozes e figos secos   585
Biscotti de pralina ou Nutella   587
Biscotti di espresso e macadâmia   586
Biscotti Riverside   584
Biscuits (sem glúten)   555
Blanc-manger ao manjericão, menta e melancia   425
Blanc-manger estilo francês   450
Boda mexicana   591
Bolo biscuit de chocolate (método frio por separação)   151
Bolo chiffon de chocolate (black velvet)   172
Bolo chiffon de pistache   173
Bolo de cenoura em estilo americano (método em dois estágios)   174
Bolo de chocolate e amêndoas   160, 201
Bolo de claras   169
Bolo de fubá   206
Bolo de fubá cremoso   200
Bolo de milho verde   194
Bolo de semente de papoula e coco, com calda de flor de laranjeira   186
Bolo genoise (método quente com ovos inteiros)   150

Bolo Guinness de chocolate 220
Bolo inglês de amêndoas (método alternativo) 197
Bolo inglês Geórgia 198
Bolo inglês (sem glúten) 558
Bolo Madeira 196
Bolo-mousse Decadence 188
Bolo-mousse de chocolate e especiarias 350
Bolo-pudim 199
Bolo salgado 171
Bolo Veludo Vermelho (Red Velvet) 184
Bom-bocado de queijo 331
Boston cream pie (método de bolo em dois estágios) 176
Breakfast biscuits 616
Broa caxambu 549
Broa de fubá aerosa 548
Brownie 183
Café & chocolate 462
Campari de laranja 428
Cannelé de Bordeaux (Cannelet) 610
Cappuccino semifreddo 379
Champanhe Delight 460
Chantilly ao chocolate ao leite 469
Charlote de maçã 438
Charlote russa 444
Charlotte royale 439
Cheesecake B-52 322
Cheesecake de chocolate branco 320
Cheesecake de chocolate e caramelo 321
Cheesecake de limão 323
Cheesecake de roquefort 324
Chifrinhos de amêndoas (sem glúten) 595
Chocolate Devil Scones 614
Clafoutis Mrs. Child 340
Clafoutis tart 341
Cobbler de pêssego 543
Cobertura ao caramelo 466
Cobertura de cream cheese 219
Cobertura de gianduia 465

Coco em três estilos 457
Compota de bananas 429
Cookies com gotas de chocolate 599
Cookies com gotas de chocolate (sem glúten) 556
Cookies de manteiga de amendoim 598
Cookies Spritz 594
Crema catalana 299
Creme bávaro de piña colada 434
Creme bávaro de pistache 436
Crème brûlée Biltmore 282
Crème brûlée de baunilha (tradicional) 279
Crème brûlée de café (método por infusões) 284
Crème brûlée de caramelo e fleur de sel (em fleximoldes) 283
Crème brûlée de ricota 285
Creme de baunilha 1 (creme de confeiteiro 1 | crème pâtissière 1) 41
Creme de baunilha 1 (creme de confeiteiro 1 | crème pâtissière 1) 257
Creme de baunilha 2 (creme de confeiteiro 2 | crème pâtissière 2) 308
Creme de baunilha 3 (creme de confeiteiro 3 | crème pâtissière 3) 529
Creme de chocolate branco tostado com coco e abacaxi caramelizado com baunilha 422
Creme inglês (crème anglaise) 307
Crumiri 551
Diamante 522
Esponja de iogurte Red Velvet 226
Far de maçãs 533
Financiers 221
Flã de chocolate 314
Fricassê de frutas tropicais 419
Frozen nougat parfait 378
Frozen yogurt 1 377
Frozen yogurt 2 377
Gâteau basque 531
Gelato de amêndoa 376
Gelato de baunilha 376
Gelée de abacaxi para cobertura (mirroir) 469
Gelée de morango com mousse de lichia e parfait de baunilha 416
Gelée de frutas 429
Geleia básica 641
Geleia de batata-doce e coco 635

ÍNDICE DE RECEITAS

Gingersnaps 592
Glaçage de merengue italiano 467
Joconde 161
Kuchen de maçã e nozes 190
Laranja em marmelada 430
Macaron de coco e chocolate branco 596
Macaron francês 246
Macaron italiano 247
Madeleines 223
Massa de quiche 328
Massa para quiche e cinco recheios clássicos 524
Massa para torta de maçã americana (Pâte brisée) 523
Merengue francês 240
Merengue italiano 241
Merengue suíço 240
Mirroir de chocolate 468
Mirroir de morango 468
Mirroir neutro com gelatina 467
Mirroir neutro com pectina 467
Morangos caramelizados 421
Mousse congelado (base de creme inglês) 360
Mousse de chocolate à pâte à bombe 349
Mousse de chocolate branco, lichia, manjericão e Grand Marnier 356
Mousse de chocolate e champanhe 355
Mousse de frutas 352
Mousse de frutas com base de merengue 353
Mousse de mel e chocolate à pâte à bombe 350
Mousse Senegal 354
Muffin de blueberry 215
Muffin de farelo de trigo 211
Muffin de maçã e gengibre (sem glúten) 554
Muffin Morning Glory 214
Namelaka 451
Namelaka panna cotta de framboesa (em verrine) 454
Nappage de limão e limoncello 466
New York cheesecake 318
Nougat de chocolate 251
Oreo cheesecake 319

Ovos nevados (œufs à la neige | île flottante) 250
Panna cotta 448
Panna cotta citrus com pralinas de noz-pecã 449
Panquecas e waffles 210
Pão de banana (estilo americano) 208
Pão de ló 153
Pão de mel 1 202
Pão de mel 2 203
Pão de queijo 553
Pão de tâmaras e nozes 209
Parfait ao chocolate 394
Parmigiano sablée 607
Pâte à bombe 396
Pâte à choux e gougère 575
Pâte à dacquoise 238
Pâte à la japonaise 238
Pâte à macaron de Nancy 249
Pâte à macarons 248
Pâte à progrès 239
Pâte à succès 239
Pâte sucrée 521
Pavlova 242
Pectina caseira 641
Pera em marmelada 430
Petit gâteau ao chocolate 192
Polvorones de canela 1 550
Polvorones de canela 2 597
Pot de crème 303
Profiterole suíço 576
Pudim de araruta (sem glúten) 546
Pudim de caqui 292
Pudim de coco 291
Pudim de gabinete 290
Pudim de leite (crème caramel | flã) 287
Pudim de padaria (torta suíça) 290
Pudim de pão 294
Pudim de tapioca 291
Queijadinha 330

ÍNDICE DE RECEITAS

665

Quiche lorraine e outros recheios 329
Quindim 330
Rocambole 154
Rocambole de chocolate 157
Roulade suisse 156
Rugelach 608
Sablée de chocolate 607
Sachertorte 191
Scones de aveia e passas 612
Scones de pistaches e frutas secas 613
Scones sem glúten 557
Semolina, manga, maracujá e chocolate 458
 Shortcake de morango 618
Sorbet de banana flambada com passas ao rum 388
Sorbet de caipirinha 392
Sorbet de champanhe 390
Sorbet de coco 385
Sorbet de frutas cítricas 389
Sorbet de frutas exóticas 390
Sorbet de limão e manjericão 384
Sorbet de maçã verde 391
Sorbet de maracujá e abacaxi 391
Sorbet de mojito 389
Sorbet de piña colada 392
Sorbet de tomate e baunilha 384
Sorvete de baunilha 375
Sorvete de baunilha e caramelo 371
Sorvete de chocolate maltado 373
Sorvete de gianduia (pasta de avelã) 372
Sorvete de lichia 372
Sorvete de limão e abacate 375
Sorvete de mangostim 374
Sorvete Drunken Monkey 370
Streusel assado 219
Streusel cru 218
Suflê (base) 254
Suflê de baunilha 255

Suflê de camarão e caranguejo 259
Suflê de frutas 256
Suflê de gruyère e parmesão 258
Suflê de queijo 260
Suflê de ricota e chocolate 261
Suflê gelado ao merengue italiano e frutas 262
Suflê glacê 395
Terrine de chocolate 446
Tiramisu 311
Torta al vino e canella 195
Torta de abacaxi 180
Torta de abacaxi com coco 537
Torta de abóbora em estilo americano 538
Torta de batata-doce 540
Torta de blueberry 535
Torta de chocolate 536
Torta de frutas 530
Torta de limão (key lime pie) 334
Torta de maçã americana (american apple pie) 534
Torta de noz-pecã 532
Torta de palmito 527
Torta de pistache e framboesa 464
Torta de tâmara e noz-pecã 547
Torta-mousse de chocolate e manteiga de amendoim 358
Torta-mousse de chocolate (sem glúten) 158
Torta Opéra 162
Torta piña colada com bolo chiffon 178
Tres leches 164
Verrine au champagne 428
Verrine de baunilha, pistache e cerejas 427
Verrine de goiaba com especiarias 418
Verrine de morango (pâte de fruit) 420
Verrine de pot de crème, cheesecake e gelée de romã 431
Zabaione 310

ÍNDICE DE RECEITAS

Este livro foi composto com as fontes Minion e Apex, impresso em
papel pólen bold 90 g/m² no miolo e cartão supremo 250 g/m² na capa.